개정2판

공급사슬관리

supply chain management

장 성 기

도서출판 두남

▌개정2판 머리말▐

최근 매스컴에 공급사슬이란 말이 자주 등장하는데 이는 개별 기업 간의 경쟁에서 공급사슬 구성원들 간의 효율성과 대응성을 바탕으로 전체 최적화를 추구하는 공급사슬관리에 대한 관심이 높아지고 있기 때문이라 할 것이다.

기업을 둘러싼 경영환경은 예측이 불가능할 정도로 급변하고 있으며, 기업들은 이에 대응하여 경쟁력을 확보하고 유지하기 위해서는 경영혁신, 기술개발, 생산성 향상 측면에서 고도화 전략을 수립함으로써 고객이 원하는 제품 및 서비스를 보다 좋게, 보다 싸게, 보다 빨리 만들어 시장에 출시하는 것이 관건이라 하겠다.

공급사슬관리(Supply Chain Management)는 이러한 치열한 경쟁 하에서 경쟁력을 확보하기 위한 하나의 솔루션으로서, 제조업체, 공급업체, 유통업체 및 고객 등이 마치 사슬처럼 엮여져 서로 긴밀한 협조체제를 이루어 공동 운명체를 형성하는 것으로 승승(win-win) 게임을 추구하는 새로운 패러다임의 창조라 할 수 있을 것이다. 과거에는 제조업체가 주도권을 잡고 공급업체들과의 관계가 일방적이었으나, 글로벌시장에서의 경쟁이라는 개념에서 보았을 때, 가능한 적은 비용으로 세계 최고 수준의 제품 및 서비스를 만들어 내지 않으면 안 되기 때문에 이제 더 이상 개별 회사 간의 경쟁이 아니라 공급사슬 간의 경쟁이 불가피하게 된 것이다.

이번 개정판의 몇 가지 특징으로는 분석적 도구의 설명은 최소화하고 최신 국내외 선진사례를 다수 소개함으로써 실제 현장에서 공급사슬관리가 어떻게 적용되는지를 설명하는데 주안점을 두었다. 또한 현업에서 관련 업무에 종사하는 실무자는 물론 대학이나 대학원에서 생산운영관리, 산업공학 등을 전공하는 학생들을 위하여 1학기 15주에 마칠 수 있도록 적합한 내용과 주제를 다루었다.

그리고 마지막으로 최근 기업에서 관심을 많이 가지고 있는 전사적 자원시스템(ERP), 고객관계관리(CRM), 물류관리 및 기타 많은 정보시스템과의 관계를 규명함으로써 하나의 커다란 통합시스템으로서의 공급사슬관리로 접근하는 동시에 공급사슬내의 구성원 각자가 수행하여야 할 구체적 역할과 사명을 서술하고자 하였다.

본서가 공급사슬관리 관련한 학생들과 실무자들에게 조금이라도 보탬이 되기를 기대한다.

2022년 1월

저자 장성기

▌차 례▐

제15장 GSCM과 공급사슬의 도전과제 387

제1장 공급사슬관리의 이해 (SCM: supply chain management)

1 공급사슬관리(SCM: supply chain management)의 개념

오늘날과 같은 치열한 글로벌경쟁 환경 하에서는 핵심역량의 공유를 통한 강한 경쟁력을 지닌 기업만이 생존할 수 있는 상황이다. 공급사슬관리(SCM: supply chain management)는 이러한 차원에서 공급업체, 제조업체, 유통업체 및 고객 등이 마치 하나의 사슬처럼 엮여져 서로 긴밀한 협조체제를 이루어 공동운명체를 형성하는 것이다. 기존에는 제조업체가 주도권을 잡고 공급업체들과의 관계가 일방적이었으나, 세계시장에서의 경쟁이라는 개념에서 보았을 때, 가능한 최소 비용으로 세계최고 수준의 제품을 만들어내지 않으면 안 되기 때문에 이제 개별 회사간의 경쟁이 아니라 공급사슬 간의 경쟁이 불가피하게 되었다. 존 고스만(1997)은 향후 자동차 시장은 완성차업체 대 완성차업체의 경쟁이 아니라, 이들이 가지고 있는 공급사슬 대 공급사슬의 경쟁이 된다고 이미 오래 전에 갈파하였다.

경쟁력을 제고하기 위해서는 공급업체, 제조업체, 유통업체, 고객 등이 일체가 되어 비용을 절약하고 기술력의 향상 등을 확보해야만 한다. 예컨대 공급자 중심의 시장에서는 제조업체의 입장에서 모든 거래가 이루어지게 되어, 적기 생산 및 제품의 납기를 맞추기 위해 제조업체는 물품 공급업체에게 충분한 물량의 공급을 강요하는 경우가 일반적이다. 공급업체에서는 많이 팔면 좋지만 문제는 공급한 물품의 결제는 물품이 사용되는 시점을 기준으로 하기 때문에 자금 수급에 막대한 차질을 빚게 된다는 것이다. 이러한 상황에서 공급업체들은 만성적인 자금난에 허덕일 수

밖에 없으며 전체적으로 보면 심각한 자원의 낭비를 초래하고 이는 경쟁력을 저하시키는 원인으로 지적되고 있다.

공급사슬관리는 이와 같은 불합리한 요소를 시스템적으로 철저히 배격하자는 개념이다. 예를 들면, 제조업체의 가장 큰 골칫거리 중 하나인 과잉재고의 경우 제조업체, 공급업체, 고객 등이 서로의 정보를 투명하게 공유할 수 있다면 간단히 문제가 해결될 수 있다. 즉, 공급업체가 제조업체의 생산현황을 투명하게 파악할 수 있다면 적기에 적량을 납품할 수 있어서 과잉생산으로 인한 과잉재고에 대한 문제도 우려하지 않아도 된다. 제조업체 역시 고객의 정보를 마치 자기 회사 시스템에서 검색하듯이 활용할 수 있다면 필요 이상의 생산을 하지 않게 된다. 이와 같이 공급사슬 상에 존재하고 있는 기업군은 서로 자기 회사의 정보를 투명하게 공개하고, 상대 회사는 이러한 정보에 따라서 자재 및 제품의 생산이나 납품계획을 수립하고 재고를 최소화시키게 된다.

기업의 업무형태가 1980년대에는 기능 중심이던 것이 1990년대에는 프로세스 중심으로, 그리고 최근 2000년부터는 공급사슬(Supply Chain) 중심으로 변화하고 있다.([그림 1-1] 참조)

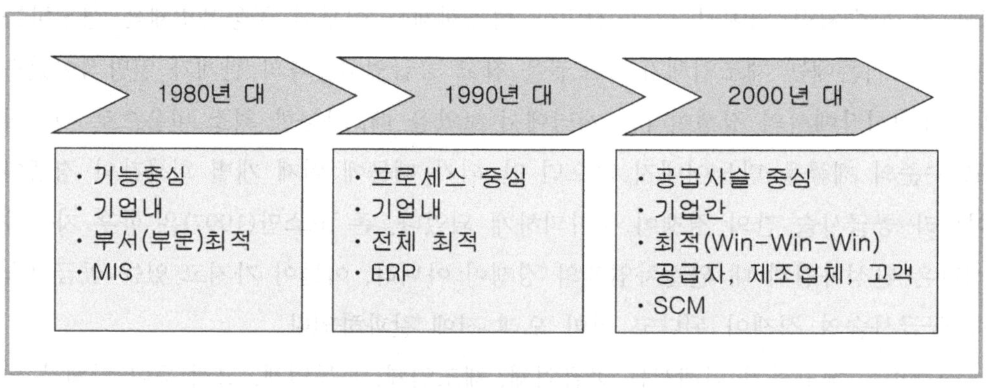

[그림 1-1] 기업 업무형태의 변화

1980년대 후반 미국을 중심으로 전개된 경영혁신운동인 BPR(Business Process Reengineering)의 추진성과가 기대에 못 미치는 경우가 많이 발생하였는데 이는 경영혁신의 결과를 정보기술이 뒷받침하지 않았기 때문으로 지적되고 있다.

이와 같은 BPR 사상을 토대로 첨단 정보기술을 활용하여 패키지로 구현한 것이 전사적 자원관리(ERP: Enterprise Resource Planning)인데, 이는 BPR을 실천적으로 실현하는 수단으로서 대단히 효과적이라 할 수 있다. 또한 ERP는 표준화를 추구하며 기업 내의 통합을 통하여 경영효율화를 촉진하는 수단으로써 기업 또는 그룹(자회사 포함)내에서 고밀도의 업무를 제휴하여 실시간 처리를 실현하게 된다.

ERP는 기업 내 또는 그룹 내의 프로세스 중심의 제휴를 실행하지만 보다 뛰어난 생산성, 최대의 고객만족을 실천하기 위해서는 기업의 틀을 과감히 뛰어넘어 고객위주의 업무 프로세스를 실현해 가지 않으면 안 된다.

그러나 ERP에서 이것을 기대하는 것은 무리가 있다. 왜냐하면 업종, 업태, 규모, 역사, 문화 등이 제각기 다른 기업들이 동일 ERP로 통합된다는 것은 매우 비현실적이기 때문이다. 업무 프로세스 통합의 궁극적인 목표는 [그림 1-2]와 같이 자사(제조업체)를 중심으로 거래처의 고객, 공급자의 공급자까지 기업의 틀을 뛰어 넘어 통합하는 것이다.

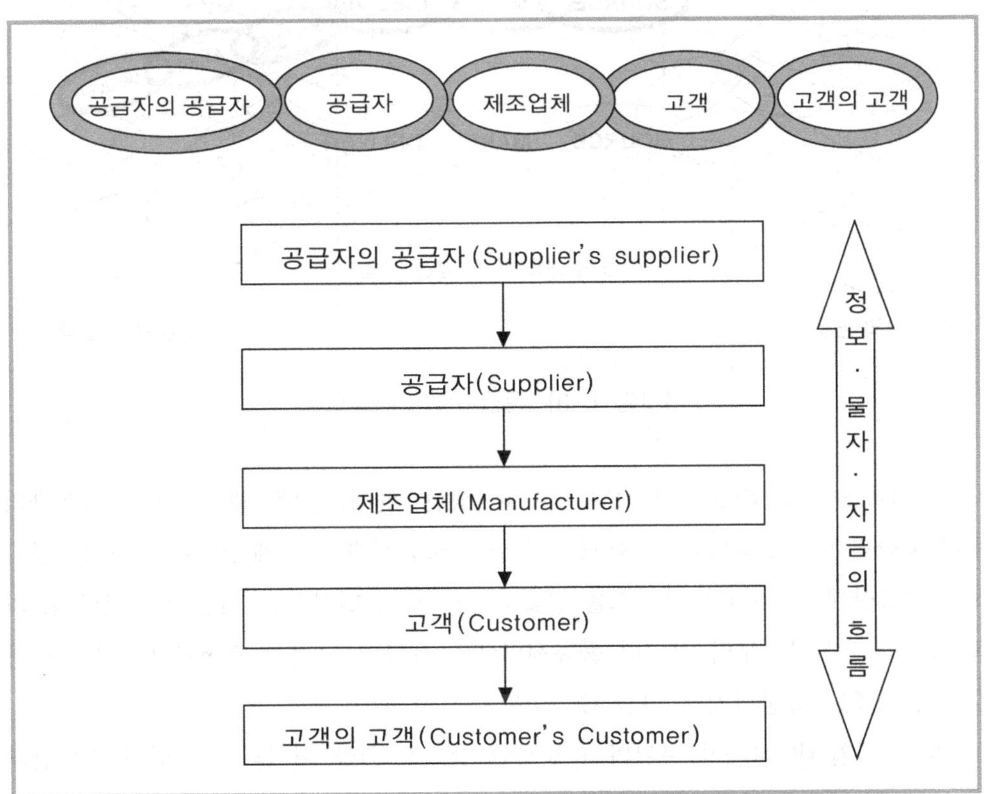

[그림 1-2] 공급사슬(supply chain)

즉 고객의 고객에서부터 공급자의 공급자까지 필요한 기능을 최적의 기업구조로 실현하여 마치 하나의 기업처럼 움직이는 가상 조직(Virtual Organization)을 구축하는 것이 필요하다.

이러한 공급사슬은 [그림 1-3]과 같이 나타낼 수 있다.

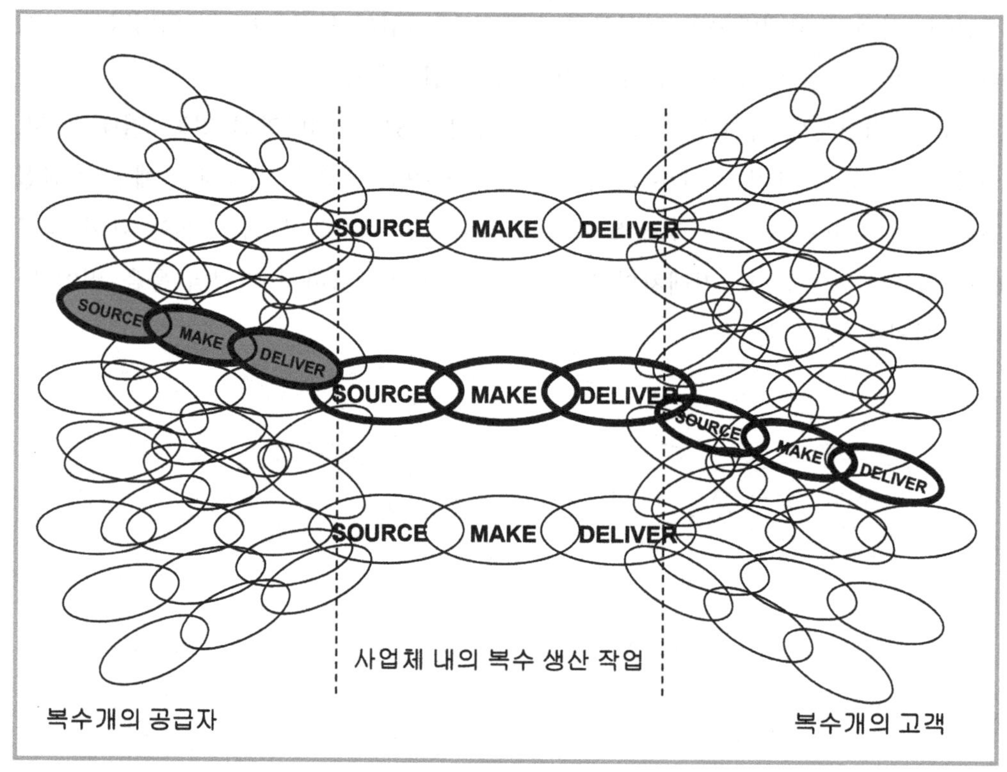

[그림 1-3] 공급사슬의 개념도

공급사슬(Supply Chain)의 개념은 수주, 생산, 판매, 구매, 재고, 배송, 고객관리 등이 통합적으로 운영되어야 한다는 것이다. 공급사슬은 크게 기본적 원료를 공급하는 공급단계, 상품이나 서비스를 만들고 조립하며 변환하는 기능의 생산단계, 최종 상품을 생산자로부터 창고나 물류센터에 운송하고 고객이 요청할 때 적당한 양을 공급해주는 유통단계로 나눌 수 있다.

ERP가 기업 내 전사적 자원의 효율적인 활용을 위한 최적의 시스템이라고 한다면, SCM은 이보다 넓은 개념으로 기업과 기업간의 자원, 정보, 자금 등을 통합 관리하여 이해관계에 있는 모든 기업들의 최적화를 도모하는데 주목적이 있다.

다시 말해서 SCM은 물품의 공급자에서부터 고객에 이르기까지 거래와 관련하여 발생된 정보, 자원, 자금 등의 흐름을 총체적인 관점에서 각 기업간의 인터페이스를 통합하고 관리함으로써 효율성을 극대화하는 전략적 기법이다.

지금까지의 경영혁신 기법은 주로 기업 내의 전략, 구조, 기능 등의 개선 및 혁신에 중점을 맞추어 왔다. 그 결과 정보시스템 등 기업 내에 한정된 시스템 구축에 그 중점을 두어온 반면, SCM은 기업 내 뿐만 아니라 기업 간 부문까지를 관심영역으로 두고 있다. 즉 공급자, 자사, 고객을 모두 통합하여 하나의 파이프라인으로 연결하고자 하는 것이다. SCM은 정보시스템과 파트너십을 기반으로 하여 공급자, 자사, 고객 모두가 승리하는 것을 목표로 하고 있다.

2 공급사슬의 정의

SCM에 대한 정의는 물류관리, 유통관리, 생산관리, 판매관리, 정보시스템 분야 등 바라보는 시각과 범위에 따라 그 정의가 다양하게 내려질 수 있다. 몇몇 연구자들의 공급사슬관리에 대한 정의를 살펴보면 다음과 같다.

- 공급사슬관리는 원재료 공급자로부터 제조업체, 유통업체, 최종소비자에 이르는 과정에서 제품의 생산을 위한 원재료의 흐름을 통제하고, 제품 생산을 위한 제품생산을 계획하고, 제품의 판매에 이르는 과정에 대한 통합화된 경영접근법이다.(Ellram, 1994)
- SCM은 원자재를 조달해서 생산하여 고객에게 제품과 서비스를 제공하기 위한 프로세스 지향적이고 통합된 접근 방법이다.(Peter, 1998)
- 공급사슬(Supply Chain)은 첫째로 최초의 원재료에서 최종적인 완제품의 소비에 이르기까지 공급자-사용기업 간을 연계시키는 과정이다. 둘째로, 제품을 생산하고 고객에게 서비스를 제공하여 가치체인(Value Chain)을 용이하게 하는 기업 내·외부의 기능이다. SCM은 이러한 공급사슬 활동을 계획하고 편성하며 통제하는 것이다.(APICS, 1998)
- SCM은 ERP를 근간으로 하여 전략적 의사결정을 도울 수 있도록 각 공급사슬

과 접점을 이루는 부문에서 계획을 수립하는 시스템이다.(Gartner Group)

- SCM은 원재료로부터 고객에 이르기까지의 전 과정을 공급사슬이라고 하며, 각 부문들 사이의 물류, 정보, 자금의 흐름을 총체적으로 관리하여 공급사슬의 효율을 증가시키는 전략이다.(Thomas and Griffin, 1996)
- SCM이란 조직에 조달되는 모든 공급관련 사슬, 즉 공급자에서부터 제조업체, 운송업자, 유통업자, 소비자에 이르는 일련의 사슬(Chain)을 관리하여 유통에 드는 비용과 시간을 최소화하고 각 주체들(공급자, 제조업체, 운송업자, 유통업자, 소비자)의 이해에 맞는 의사결정을 할 수 있도록 지원하는 것이다.(Bover & Sheffl, 1998)
- SCM은 공급과 수요를 관리하고 원자재와 부품의 출처를 밝혀내며, 제조와 조립, 창고관리와 재고추적, 수주입력과 수주관리, 모든 경로를 통한 유통 그리고 고객에의 인도를 포함한다.(Supply Chain Council)

위에서 언급된 정의와 같이 SCM의 개념으로 공통적으로 표현되는 내용들은 공급자와 소비자의 사슬(chain) 사이에서 속도와 확실성하에서 최적의 효율을 얻을 수 있도록 의사결정을 지원하는 방안으로 설명되고 있다. 다시 말해서 SCM은 공급사슬 참여 기업들의 성공적인 수직적 통합 및 조정을 통하여 다른 공급사슬에 비하여 경쟁우위를 확보하기 위한 과정이라 할 수 있다. 또 이것은 전체적인 공급사슬의 효율성을 극대화시켜 고객의 납기를 준수하고 고객의 만족도를 높이며, 기업의 재고보유량을 최소화시켜 기업의 생산력을 극대화시키려는 총체적 활동이라고 정의할 수 있다.

SCM의 핵심은 수요예측, 경영기획, 조달, 생산, 물류, 판매 등 다차원적으로 전개되는 조직간 업무 프로세스의 통합과 관리를 어떻게 실현하는가에 있다. SCM은 이러한 프로세스와 데이터 통합관리 기술을 기반으로 EDI, 바코드, GPS 등 다양한 정보통신 기술을 결합하여 발전하고 있다.

3 SCM의 발전과정 및 특성

3.1 SCM의 발전과정

SCM은 21세기를 향한 최고의 비즈니스 프랙티스(Business Practice: 사고방식, 기법)로서 거론되고 있으나 SCM이 어느 날 갑자기 등장한 것은 아니며, 다양한 베스트 프랙티스나 정보기술이 진보되고 융합되면서 하나의 커다란 개념으로 통합된 것이다.

공급사슬관리에 대한 중요성은 1980년대 생산관리 및 유통관리 분야에서 대두되었고, 정보시스템 분야에서는 1989년 전자문서교환(EDI: Electronic Data Interchange)이 형성되면서 공급사슬관리가 활성화되었다. 다음의 〈표 1-1〉은 공급사슬관리의 발전과정을 보여주는 통합모델이다.

〈표 1-1〉 공급사슬관리의 발전단계

발전단계	1단계	2단계	3단계	4단계
시기	1980년대 초	1980년대 말	1990년대 초	1990년대 말
공급사슬철학	상품 중심	시장지향	시장 중심	고객 중심
중요한 요인	린(Lean) 기능 품질	린 공급사슬 비용	민첩공급사슬 효용성	고객화된 민첩공급사슬
공급사슬 핵심요인	① 비용 ② 효용성 ③ 리드타임	① 효용성 ② 리드타임 ③ 품질	① 리드타임 ② 품질 ③ 비용	① 품질 ② 비용 ③ 효용성
성과	① 주식가치 ② 생산비용	① 투입시간 ② 물리적 비용	① 시장점유율 ② 총비용	① 고객만족 ② 부가가치

공급사슬관리 1단계는 상품제조에 있어 린 생산을 중시하였다. 린 생산의 핵심은 재고를 최소화함으로써 생산비용을 감소시키고, 제품의 품질을 중시하는데 있다. 이러한 동향은 1980년 말에 들면서 활성화되었다.

공급사슬관리 2단계는 1980년대 말에 시작되었다. 이 시기에 전략적 차원의 공급사슬관리의 개념이 형성되어 기업은 시장지향의 린 공급사슬을 추진하고, 제품의 효용성, 생산 리드타임, 제품의 품질을 중시하면서 기업의 성과로 투입시간과 물리적 비용을 강조하였다.

공급사슬관리 3단계는 시장중심의 민첩공급사슬이 강조되는 1990년대 초에 시작되었다. 공급사슬관리는 1990년 초에 들어서면서 기존의 경영철학이 시장중심으로 변화하였고, 단순한 비용감소가 아닌 공급사슬 전체 성능을 중시하게 되었다.

공급사슬관리 4단계는 1990년대 말을 시작으로 고객 중심의 경영철학이 본격화되었다. 이 단계에서는 제품 생산을 위한 원재료조달, 제품생산, 판매, 고객만족 등을 구현하기 위한 공급사슬관리의 중요성이 증대되었다. 오늘날 공급사슬관리 전략은 기업의 사활을 결정짓는 매우 중요한 요소로, 많은 기업에서 공급사슬관리 전략을 추진하고 있으며, 효율성 증진을 위하여 공급사슬관리 솔루션을 적극적으로 도입하고 있다.

3.2 SCM의 도입 필요성

오늘날 기업경영에 있어서 가장 중요한 이슈는 개별 기업의 수익성 확보가 아닌 공급사슬 파트너와 협업을 강화하고 이에 기반하여 고객과 파트너를 기업경영에 끌어들여 공급사슬 전체의 최적화 도모를 통해 상호 경영성과를 개선하는 것이다. 과거의 기업경영에서 중시했던 사항은 생산 프로세스에서 발생하는 변화, 조직 구조의 변화, 비즈니스 프로세스의 재설계, 정보 및 커뮤니케이션 기술의 확장이었다.

하지만 오늘날 기업경영에 있어서 중시되는 사항은 시장의 불확실성 증대와 글로벌 경쟁 심화로 이를 극복하기 위해 공급사슬 비즈니스 주체 간 상호 협업을 통한 거래가치 증대와 공급사슬의 혁신 강화를 통한 상호 경쟁우위 창출에 있다.

오늘날 포춘지 500대 기업의 경영자들은 SCM을 회사의 캐치프레이즈로 걸고 공급사슬을 강화하기 위한 노력을 하고 있다. 이러한 노력은 글로벌 경쟁의 심화와 위험에 대처할 수 있는 경쟁력을 강화시켜 준다. 예를 들면 기업에서는 SCM전략을 통하여 파트너 간의 교감 개발이라든지 협상력 증진, 혁신 역량 강화, 정보와 커뮤니케이션을 위한 어플리케이션 강화, 창고관리, 수송관리, 유통관리를 강화하고 있으며, SCM의 완벽한 구현을 위하여 조직에서는 관리 프로세스 개선, 핵심 성능 최적화 목표의 설정, 비즈니스의 목표 및 목적 설정, 비즈니스 관계강화, 비즈니스 프로세스의 혁신을 위하여 노력하고 있다.

이에 따른 기업경영 포커스의 변화는 SCM 전략을 수행함으로써 시장경쟁의 불확실성을 극복하게 하고 글로벌경영을 위한 경쟁력 강화를 중시하게 된다. Ross(1998)는 SCM을 추진함으로써 다음과 같은 경쟁 역량 강화 효과를 얻을 수 있다고 하였다.

- 정보기술의 활용과 커뮤니케이션의 확장을 통해 상품 개발의 효율성 강화, 상품판매의 효율성 강화, 상품 수송의 효율성을 높일 수 있다.
- 고객의 요구사항에 대하여 기업간 상호 협업시스템을 통해 상품과 서비스의 설계에 신속하게 반응하도록 풀 시스템(pull system)을 구축해 성과를 높일 수 있다.
- 가상 조직의 구축과 비즈니스 파트너간 전략적 제휴를 원활하게 지원해 주어 시장에서 새로운 기회를 창출한다.
- 공급사슬에서 고객의 원츠(wants)와 니즈(needs)의 파악, 생산 프로세스 혁신, 효율적인 비즈니스 운영, 시장에서의 원활한 유통 전략, 제품 디자인의 강화, 원재료 조달의 단일화 등을 통해 공급사슬 관리를 효율적으로 운영할 수 있도록 해준다.
- 경쟁적 우위를 획득하기 위하여 전략적 채널 파트너 간 협업을 강화해 주고 기업의 관계자들에게 공급사슬에 대한 마인드를 강화해 주며, 이를 통해 생산력을 높이고 프로세스 재설계를 통해 새로운 조직 구조를 창조해 준다.

3.3 SCM의 도입효과

오늘날 SCM을 도입해서 추진한 기업들은 외형적인 업무 효율성의 향상과 공급망 및 고객서비스의 개선, 전산비용의 절감 및 작업시간의 단축, 사내 업무시간의 단축 등 정성적 효과와 정량적인 효과를 얻고 있다.

정량적 효과로는 외형적인 업무 운영 효율화에 의한 비용 절감, 공급망 및 고객서비스 분야의 개선, 그리고 전산 비용 절감차원에서 효과가 나타난다. 보다 세부적으로 외형적인 업무 운영효율화에 의한 비용절감 효과로는 직접 인원 생산성 향상이라든가, 간접 인원 생산성 향상, 그리고 간접 인원 증가요인 억제가 있다.

공급망 및 고객 서비스 분야의 개선 효과로는 자재비의 감소, 생산 사이클 리드타임 감소, 생산량 증가, 구매 사이클 타임 감소, 전체 비용의 감소가 있다. 전산비용 절감효과로는 도입비용의 절감 효과와 관리비용의 절감효과가 있다.

<표 1-2> 제조업체의 공급사슬관리 구축효과

항목	개선 전	개선 후
구매관리	• 담당자의 경험에 의한 발주 • 전화/FAX에 의한 수시 발주	• 원재료별로 분리 발주 • web상으로 예측가능한 발주
생산관리	• 생산계획을 알 수 없어 협력업체의 생산·재고 등 불안정 • 인적자원활용 및 재고관리 부정확 • 부적절한 자재불출 등으로 1일 생산 계획 수시 변경	• 모기업의 월생산 계획이 가시화되어 협력업체의 생산·재고가 안정 • 업무 프로세스의 개선으로 생산관리 합리화
재고관리	• 발주지시서와 관계없이 재고입고 가능 • 비효율적인 재고관리	• 발주지시서에 의한 입고 • 안전재고량에 의한 재고보유 감축 • 발주량 자동충원으로 고객사의 주문에 대응

정성적 효과로는 작업 지연 시간의 단축이라든가 사내 업무의 정형화를 통한 업무시간 단축, 철저한 납기관리와 영업관리로 고객 만족도 향상, 비표준화된 수작업 처리를 자동화함으로써 업무의 오류 제거, 수주 처리시간의 단축, 계획기능 강화로 재고의 감소, 원자재 공급업체 및 제조업체의 신속한 교류로 인한 하청업체의 재고 감소 등이 있다. 더불어 SCM은 공급사슬에서 구매자와 공급자의 협력을 지속시키고, 위험을 공유하며 효과적인 커뮤니케이션을 개선시켜 주고, 지속적으로 혁신을 위하여 노력하게 해주고, 정보 공유를 지원해 주며 이를 통해 업무 효율성을 개선시켜 줌으로써 경쟁우위를 창출해준다.

4 SCM과 타 기법과의 연관성

1970년대 MRP(Material Requirements Planning)와 1980년대 MRP II(Manufacturing Resource Planning)가 생산자원을 계획하고 관리하는 종합생산관리시스템으로 등장하였다. MRP는 자재소요계획이라고 불리는데, 제품을 구성하는 원자재/가공품/반조립품 등에 대한 자재수급계획과 생산관리를 통합시킨 체계적인 제조정보 관리 기술이다. MRP가 구현되기 위해서는 제품명세서(BOM, Bills of Materials), 기준생산일정(MPS, Master Production Schedule) 및 재고기록철(Inventory Status File) 등의 기준정보가 필요하다. MRP는 이들 기준정보를 근거로 하여 어떤 물건(원자재나 가공품, 반제품 등)이 언제, 어느 곳에서 얼마만큼 필요한지를 예측하고, 이에 따라 모든 제조활동과 관리활동이 계획에 근거하여 움직이기 때문에 기업 자원의 비능률과 낭비를 제거하고 생산 활동을 최대한 효율적으로 운영하도록 해 주는 기법이다. 그러나 초기의 MRP 시스템은 확고한 개념의 미정립, 컴퓨터기술의 한계 등으로 인하여 시스템 구현에는 여러 가지 미흡한 점이 많았다. 특히 제조자원의 용량 제한을 고려하지 않거나 일정계획의 변동사항을 실시간으로 반영하지 못했기 때문에 실현 불가능한 생산계획을 수립하는 등의 문제점이 있었다.

1980년대에 이르러 다품종 소량생산의 기업형태가 시장을 주도하고 고객 지향의 업무체계가 각광받기 시작하면서 수주관리, 판매관리, 재무관리의 중요성이 대두되기 시작하였다. 그리고 컴퓨터 기술의 발달로 데이터베이스나 통신 네트워크가 사용 가능한 기술로 등장하자 기존 MRP의 문제점을 개선시키면서 재무관리 등 중요 기능을 새로이 포함시켜 확장된 시스템으로서 MRP II가 탄생하게 되었다. MRP II는 제조자원계획이라고 불리는데 시뮬레이션 등 생산 활동의 분석도구가 추가되면서 더욱 지능적인 생산관리 도구로 발전하게 되었다. MRP와 MRP II를 확대 적용해 기업전반에 걸친 모든 경영자원을 통합컴퓨터시스템에 의해 계획적으로 관리, 낭비요소를 없애고 자원의 생산성을 극대화하려는 시도로 전사적 자원관리(ERP, Enterprise Resource Planning) 시스템이 소개되었다. 또한, 기업 업무를 분석하여 효율적으로 재설계하는 과정이 BPR(Business Process Reengineering)인데 이러한 과정을 소프트웨어로 구현하면 ERP 소프트웨어가 된다.

ERP는 생산, 판매, 자재, 인사, 회계 등 기업 전부분에 걸쳐 있는 인력, 자금, 정보 등 모든 경영자원을 하나의 체계로 통합, 계획 및 관리함으로써 기업의 생산성을 높이는 종합경영관리 시스템으로 발전되었다.

따라서 ERP가 완벽하게 구축되면 자동 자재발주, 최적의 생산 스케줄에 의한 최저원가의 생산이 가능하며 재고의 최소화는 물론 모든 자금의 흐름이 실시간으로 파악되어 기업 내부 업무에 관한 모든 것을 파악할 수 있다.

ERP 기법에서는 주된 대상이 기업 내부가 되었지만, 경영혁신을 회사 내부에만 국한하지 않고 고객과 협력업체 등 전체를 대상으로 변화를 시킴으로써 성과 개선을 극대화하는 시도로서 SCM 개념으로 발전하게 된다. SCM에서는 모든 업무를 협력회사와 연계해 재설계하고 모기업에서 협력회사의 역량을 개선하는데 주안점을 두어 동반자 관계를 구축하는 한편, 제조와 유통을 묶어 최종소비자에게 주는 가치와 만족을 극대화하려는 노력을 목적으로 하고 있다.

SCM 전략을 수립함에 있어서 간과하지 말아야 할 것은 EC(Electronic Commerce)와의 연관성에 관한 것이다. SCM은 EC기술, 전략 그리고 전문가 없이는 진행될 수 없다. QR(Quick Response), JIT(Just In Time) 및 VMI(Vendor Managed Inventory)와 같은 산업분야의 SCM 전략은 EC 기술과 EDI 표준 등과 매우 밀접한 관계가 있으며 지속적으로 Web Commerce와도 연관성이 높아지고 있다. 지금까지 기술한 기존 기법들과 SCM의 연관성은 [그림 1-4]에 표시되어 있다.

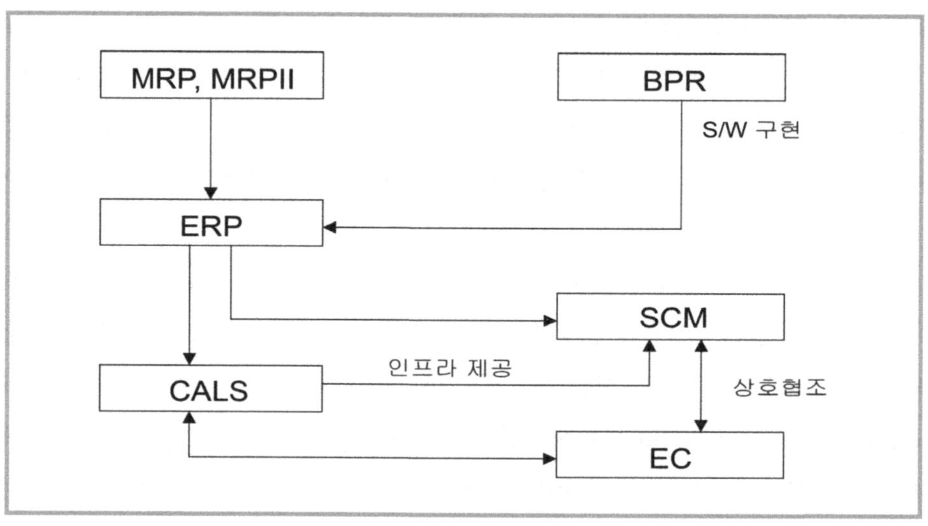

[그림 1-4] SCM과 타기법과의 연관성

5 SCM의 구성

5.1 공급사슬(Supply Chain)의 흐름

공급사슬관리(Supply Chain Management)는 전체적인 공급망의 효율성을 극대화시켜 고객의 만족도를 높이고 기업의 생산성을 극대화시키는 총체적인 활동인데,

다음의 2가지 기능이 핵심적인 역할을 한다.

- 조정
  - 기능 간(설계, 생산, 물류 등)
  - 조직 간(공급자, 매입자 등)
- 사슬에서의 3가지 흐름을 관리
  - 정보, 물자, 자금

3가지 흐름에 초점을 둔 공급사슬의 흐름을 나타내면 [그림 1-5]와 같다.

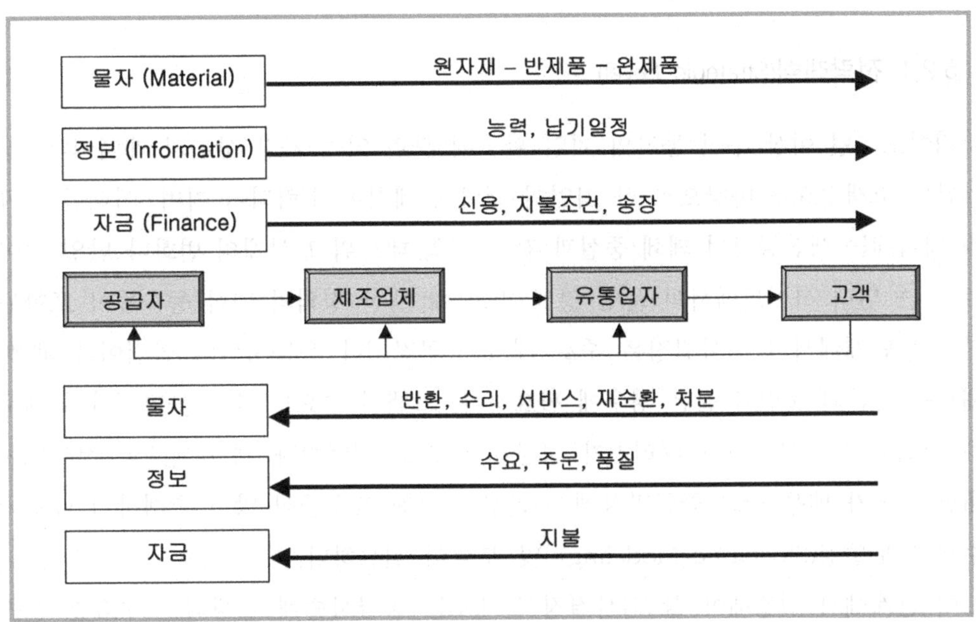

[그림 1-5] 공급사슬의 흐름

5.2 SCM의 구조

SCM에 있어서 필요한 기업의 활동들은 관심영역에 따라 전략레벨(Strategic Level), 전술레벨(Tactical Level) 및 운영레벨(Operational Level)의 3가지 레벨로 분류할 수 있다([그림 1-6] 참조). 특히 SCM은 이중에서도 최상위 레벨인 전략레벨에 더 초점을 두고 있다. 이들 3가지 레벨은 공급사슬의 의사결정 단계가 된다.

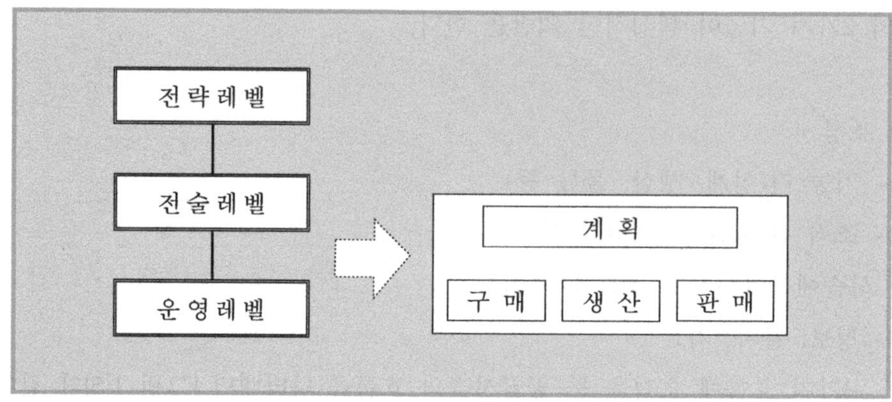

[그림 1-6] SCM의 3계층 구조

5.2.1 전략레벨(Strategic Level)

적어도 1년 이상 수년 동안의 기업 활동에 관련 있는 가장 상위의 레벨이다. 장기간의 고객수요를 바탕으로 한 기업의 전략적 계획이 수립되어 지며, 이러한 전략적 계획에는 생산공장의 폐쇄/증설과 같은 기업 네트워크 설계의 변화나 단일 사이트 또는 멀티 사이트에서의 운영 정책 변화(예: 생산 정책의 변화 등) 등이 포함된다. 이 단계에서의 의사결정은 주로 새로운 공장이나 유통시설의 설립이나 폐쇄, 새로운 상품의 출현과 같은 경우에 필요하다. 고객의 수요는 매우 불확실하기 때문에 합리적인 의사결정을 내리기가 상당히 어려운 레벨이다. 수요예측의 정확도에 대한 요구가 매우 높고 공급망상에 가변성을 가진 요소들이 많이 존재하기 때문에 추계적 모델링(Stochastic Modeling) 및 분석이 필요하다.

이 단계에서 결정해야 할 의사결정 문제로는 공급사슬에 발생되는 수요를 충족시키기 위하여 공급사슬상의 어느 곳에 어떤 종류, 어떤 규모의 공장, 창고, 물류센터와 같은 시설을 설립할 것인지, 공급자의 위치와 개수, 규모, 운송수단 및 선택을 결정하고 파트너와의 협력은 어떻게 할 것인지 등이 포함되며 장기적인 관점과 최고 경영자의 참여가 요구된다.

5.2.2 전술레벨(Tactical Level)

일반적으로 몇 개월에 걸친 기간 동안의 기업 활동을 포함하고 있는 레벨로서 단일 사이트보다는 여러 사이트를 포함하고 있는 지역을 대상으로 하거나 기업전체를 대상으로 하고 있다. 자원의 범위가 단일 기계에서 단일 공장으로 확대가 되고 어느 공장에서 어떤 제품을 생산해야 될 것인가 하는 문제들이 관심분야이다. 자원은 생산공장의 수처럼 고정될 수도 있지만 노동인력의 크기처럼 고정되지 않을 수도 있다.

운영레벨에 비하여 수요의 불확실성이 매우 증가한 상태이다. 일반적으로 전술적 단계의 공급계획 프로세스는 여러 단계의 계획프로세스 또는 계층구조로 분리되기도 한다. 예를 들어, 상위단계에서는 주어진 공급사슬 구조 아래 알맞은 공급자를 선택한다든지 상품을 생산할 수 있는 대체공장이 여러 개 있는 경우, 각 기간의 수요와 대체공장의 용량을 고려한 생산시설을 찾아내는 문제를 다루게 되고 하위단계에서는 좀 더 자세한 공장에서의 생산량과 재고량을 결정하는 문제를 다루게 된다.

수요에 대한 가변성을 통제하기가 어려워지며 수학적 모델의 경우 고려해야 될 제약식의 수가 크게 증가하기 때문에 대상 모델에 대한 단순화가 이루어진다. 이처럼 수요의 불확실성과 모델의 단순화로 인해 최적화 방법론으로 해법을 도출할 경우 문제점이 발생할 수도 있다. 이러한 경우 추계적 모델(Stochastic Model)을 다룰 수 있는 시뮬레이션이 좋은 성과를 거둘 수 있다.

5.2.3 운영레벨(Operational Level)

일반적으로 생산공장, 물류센터와 같은 단일 사이트에서의 단일제품을 대상으로 한 짧은 기간 동안의 활동을 포함하고 있다. 이 레벨은 SCM을 위하여 구체적으로 어떤 일을 하는가의 수준이다. 자원과 수요가 고정적인 경우 자원의 할당과 작업의 우선순위 결정 등에 관련된 영역이다. 이 레벨의 업무를 분류하는 방법은 미국 SCC에서 제시한 SCOR 모델과 같이 기업의 업무영역에 따라 계획(Plan), 구매(Source), 생산(Make), 판매(Deliver)로 구분하는 것이 보편적이다.

SCM업무는 각 기업마다 SCM 전략과 자사의 업태 및 규모, 제품특성, 투자우선순위 등에 따라 다양한 접근이 가능하다. 이 레벨에서는 선형계획법(Linear Programming), 정수계획법(Integer Programming), 혼합정수계획법(Mixed Integer Programming) 등과 같은 확정적 모델의 최적화 방법론에 기초한 문제 해결이 일반적으로 좋은 결과를 얻는다.

〈표 1-3〉은 앞서 언급한 공급사슬 관리의 레벨을 요약한 것이다. 〈표 1-3〉과 같

이 공급사슬 관리는 관리 목적과 기간, 목적 사이트에 따라 3가지 레벨로 분류할 수 있다.

〈표 1-3〉 공급사슬관리의 레벨

레 벨	기 간	목적 사이트	솔루션과 방법론	예
전 략	1년 ~	전사적	시뮬레이션	• 각 사이트에서의 운영정책 결정 • 공장 또는 물류센터의 수 결정
전 술	1개월 ~ 12개월	복수공장 또는 단일지역	최적화 및 시뮬레이션	• 각 공장에서의 제품생산 목록 결정 • 각 사이트에서의 자원분배 문제 결정
운 영	1주 ~ 4주	단일공장	최적화	• 제품의 생산 스케쥴 결정

6 공급사슬 최적화의 단계

공급사슬 최적화의 단계는 〈표 1-4〉와 같이 나타낼 수 있다.

발전의 처음 두 단계는 내부에 초점을 맞춘 것이다. 대부분의 기업들이 현재 이 영역에 속해 있다. 1단계에서 회사는 소싱(sourcing)과 물류 개선을 추구하는데, 주로 적은 수의 공급업자에 대하여 전체 양을 조정한다. 낮은 가격, 재고 절감, 낮은 수송비용, 그리고 인력의 삭감 등이 이 단계에서 이루어진다. 이러한 것들은 현재의 개선노력을 확대함으로 시작되며, 가장 혜택이 있는 프로세스의 변화에 초점을 맞춤으로써 우선순위에 의한 자원의 사용이 이루어질 수 있다. 이 단계에서는 기능 간 그리고 비즈니스 간 단위의 협력은 일반적으로 낮다.

2단계에서는 정교함이 더해지고 내부 우월성을 창출하는 프로세스의 강화를 리드하기 위한 공식적 후원자(sponsor)가 지명된다. 후원자와 최고정보중역(CIO)은 기능 간 협력을 유도하고, 조직 전체에 걸쳐 잠재적 개선의 전체 우선 순위화된 리스트를 만들기 위해 협력한다. 부서 간 그리고 비즈니스단위팀 간에 이러한 개선을 추구하면서 전단계로부터 수행해온 기존 이니시에티브(initiatives)들의 노력을 통합함에 따라서 이 단계에서 과거의 기능적 분류는 사라지게 된다. 회사가 e-공급사슬의 단계로 나아가기 전에 2단계를 완전하게 완성하는 것은 매우 중요하다.

<표 1-4> 공급사슬 최적화 단계

	소싱과 물류 I	내부 우월성 II	네트워크 구축 III	산업 리더십 IV
추진자	구매담당 부사장	CIO 공급사슬리더	비즈니스단위 리더	관리 팀
혜택	freight 절감	네트워크상 우선된 개선	최적 파트너 성과	네트워크 우위; 수익성있는 수입
초점	재고: 프로젝트 물류; freight 주문이행	프로세스 재설계; 시스템 개선	예측: 계획: 고객 서비스: 기업간	소비자: 네트워크
도구	Teaming: 기능적 우월성	벤치마크; 베스트 프랙티스; activity based costing	Metrics; 데이터 마이닝; 전자상거래	인트라넷: 인터넷; 가상정보시스템
활동영역	중간단계 조직	확대된 레벨	전체 조직	전반적 기업 (Full Enterprise)
지침	비용 데이터: 성공 펀딩 (success funding)	프로세스 맵핑	발전된 비용 모델; 차별화 프로세스	수요/공급 연결
범위 (Reach)	주요 비용 분류	비즈니스 유니트	기업	글로벌 인터페이스
모델	없음	공급사슬-기업내부 간	기업 간	글로벌 시장
연합	공급업자 공고화	최적 파트너	부분적 연합	조인트 벤처
훈련	팀	리더십	파트너링	Holistic Processing
	내부(Internal)		외부(External)	

불행하게도 대부분의 기업들은 공급사슬의 보다 더 발전을 저해하는 벽을 치는데 이것은 내부환경과 외부환경을 분리하는 것이다. 그와 같이 구분하는 것은 많은 기업들이 시장에서 수요가 감소된 제품과 서비스를 개선한다 할지라도, 기존의 정적인 비즈니스 모델과 내부 우월성에 초점을 맞추며 지속하기를 고집하는 한 그들이 더 이상 발전을 기대하기 어렵게 될 것이다. 높은 2단계에 있는 회사에서도 소비자의 시각에서 볼 때 거의 가치가 없는 운영을 개선하기 위하여 노력들을 하고 있다.

최고경영층의 강력한 리더십만이 회사를 문화적 벽을 뛰어넘어 공급사슬 개선과 전자상거래가 활발히 사용될 수 있는 외부환경으로 이동하게 된다. 외부 자원이 네트워크 개선을 추구하는 내부 팀에 더해질 때 잠재적 혜택은 상승하게 되며, 이때 네트워크의 목적은 최종 소비자의 만족이라는 진정한 목적으로 전환하게 된다. 새롭고 수익성 있는 수입이 창출됨에 따라 모든 네트워크 구성원들은 이득을 보게 된다. 비즈니스 고객과 최종 소비자로부터의 직접 투입은 공급사슬로 하여금 고객에 대한 “push”로부터 고객이 실제 수요를 통한 제품의 “pulling”을 하는 조건으로의 필요한 이전을 가능케 하는 정보시스템을 설계할 수가 있게 된다.

공급사슬 최적화를 추구하는 비즈니스의 10%정도만이 3단계 이상을 이룩하였다. 실제로 극소수의 기업의 네트워크가 4단계 수준에 진입하였다. 이 단계에서 최초의 가치사슬 성좌(constellation)가 되어 산업계를 지배할 수 있는 기회가 존재한다. 의약품, 은행, 일반적 소비제품, 식음료, 건설, 그리고 산업용품 등이 내부적 중심에서 이동하여 3, 4단계로 발전하려고 지속적으로 노력하는 산업들의 예들이다.

제2장 공급사슬 내의 의사결정문제

공급사슬은 제품이나 서비스를 설계하고, 만들고, 전달하고 그리고 사용하는데 필요한 비즈니스 활동들을 포함한다. 공급사슬 내의 회사들은 다음의 다섯 영역에서 그들의 활동에 관해 개별적 혹은 전체적인 의사결정을 하여야만 한다.

1 공급사슬 의사결정의 영역

1.1 생산

생산은 제품을 만들고 저장하는 공급사슬의 능력을 의미한다. 생산의 설비는 공장과 창고이다. 생산에 관한 의사결정을 내릴 때 관리자들이 당면한 결정은 대응성과 효율성의 상충관계를 어떻게 해결하는가 하는 것이다. 공장과 창고가 많은 초과능력을 보유한다면, 그들은 제품 수요변화에 매우 유연하고 신속하게 대응할 수 있을 것이다. 그러나 모든 능력 혹은 거의 모든 능력을 사용하고 있는 설비들은 수요의 변동에 쉽게 대응할 수 없을 것이다. 반면에 능력은 비용을 수반하고 초과능력은 사용하지 않는 유휴능력이 되고 수입을 창출하지 못한다. 그러므로 초과능력이 많이 존재할수록 비효율적인 운영이 될 것이다.

공장은 제조를 위해 두 가지 접근 중의 하나를 선택할 수 있을 것이다.

① **제품 중심**(product focus) : 제품 중심을 택하는 공장은 주어진 제품을 만들기

위해 서로 다른 부품의 가공으로부터 이들 부품의 조립까지 필요한 서로 다른 작업들을 수행한다.

② **기능 중심**(functional focus) : 기능적 접근은 선택된 같은 적은 수의 작업만을 수행하는 것에 집중한다. 이러한 기능들은 많은 여러 종류의 제품을 만드는데 적용될 수 있다.

제품 접근은 특별한 기능에 대한 전문성 대신에 주어진 제품에 대한 전문성을 발전시키는 결과를 초래하는 경향이 있는 반면에, 기능 접근은 주어진 제품의 전문성 대신에 특별한 기능에 대한 전문성을 가져온다.

창고 또한 다음과 같은 접근방식이 있다.

① **재고유지단위**(SKU: Stock keeping unit) **저장** : 이 전통적 접근에서는 모든 주어진 제품의 형태가 함께 저장되는데, 이는 제품을 저장하기 효율적이고 이해하기 쉬운 방법이다.

② **잡 로트 저장**(Job lot storage) : 어떤 특정한 형태의 고객 혹은 어떤 특정한 잡의 필요에 관련된 모든 서로 다른 제품들을 함께 저장하는 것이다. 이것은 골라서 포장 작업을 하는데 효율적이나 일반적으로 전통적인 재고유지단위 저장 접근보다 더욱 넓은 저장 공간을 필요로 한다.

③ **크로스 도킹**(Crossdocking) : 월 마트에 의해 시작된 이 접근은 공급사슬 내에서 효율성을 증가시킨다. 이 접근에서 제품은 실제적으로 창고에 있지 않는 대신 창고설비가 공급자로부터 트럭이 도착하고 서로 다른 대량의 제품들이 짐을 내리는 프로세스의 장소로 사용된다. 커다란 로트들은 작은 로트들로 분할 된 후, 서로 다른 제품들의 작은 로트들은 하루의 필요에 따라 재결합되어, 그들의 최종 목적지에 제품을 배달하러 나가는 트럭에 재빨리 짐을 싣게 된다.

1.2 재고

재고는 공급사슬 전체를 통하여 산재하여 있으며, 공급사슬 내의 제조업자, 유통업자 그리고 소매업자들에 의하여 보유하고 있는 원자재로부터 중간재 그리고 최종제품까지 모두가 포함된다. 여기서 관리자들은 대응성과 효율성 간의 상충관계에서 그들이 어디에 위치할 것인지를 정하여야만 한다. 많은 양의 재고를 보유하는 것은 회사나 전체 공급사슬을 고객 수요의 변동에 잘 적응할 수 있도록 한다. 그러나 재고의 생성과 저장은 비용을 수반하기 때문에, 높은 효율성 수준을 달성하려면 재고비용은 가능한 낮게 유지하여야 한다.

1.3 위치(Location)

위치는 공급사슬 설비를 지역적으로 어디로 선택할 것인가를 의미한다. 이는 또한 각 설비에서 어떤 활동들이 수행되어져야만 하는가와 관련된 의사결정을 포함한다. 여기서 대응성과 효율성의 상충관계는 규모의 경제와 효율성을 얻기 위하여 소수의 적은 위치에서 활동들을 집중화 하느냐, 혹은 보다 대응력 있게 작업을 하기 위하여 고객과 공급자에 가까운 많은 위치에서 활동들을 분산화 하느냐는 것이다.

위치결정을 할 때 관리자들은 주어진 위치와 관련된 많은 요소들을 고려하여야 한다. 여기에는 설비비용, 인건비, 작업자에게 활용 가능한 기능, 인프라 여건, 세금과 관세, 공급자와 고객과의 근접성 등이 포함된다. 위치 결정은 많은 투자가 수반되기 때문에 전략적 의사결정이 되는 경향이 있다.

위치 결정은 공급사슬의 비용과 성과 특성에 강한 영향력을 미친다. 일단 설비의 크기, 숫자, 위치 등이 정해지면, 제품이 최종고객에게 도달하는 길의 흐름을 통하여 가능한 경로의 숫자가 정의된다. 위치 결정은 시장에 제품을 구축하고 전달하는 회사의 기본 전략을 반영한다.

1.4 수송(Transportation)

수송은 공급사슬 내의 서로 다른 설비 간에 원자재로부터 최종 제품까지의 모든 것의 이동을 의미하며, 수송에 있어서 대응성과 효율성간의 상충관계는 수송 수단의 선택에서 발생한다. 비행기와 같은 빠른 수송수단은 매우 대응력이 높지만 비용이 많이 소요 된다. 반면 선박과 철도와 같은 느린 수송수단은 매우 효율적이나 대응력이 매우 낮다. 수송비용은 공급사슬 운영비용의 약 3분의 1을 차지하기 때문에 이에 관한 의사결정은 매우 중요하다.

회사들이 선택할 수 있는 기본적인 여섯 가지 수단이 있다.

① **선박** : 비용에 있어 매우 효율적인 반면 수송 수단 중 가장 느리다. 운항할 수

있는 수로나 항구, 운하와 같은 시설이 근접해 있는 위치들 간에만 이용할 수 있는 제약이 있다.

② **철도** : 비용 면에서 매우 효율적이나 느리다는 단점이 있다. 이것 역시 철로선에 의해 지원되는 위치 간에만 사용할 수 있다는 제약이 있다.

③ **파이프라인** : 매우 효율적이나 용수, 오일 그리고 천연가스와 같은 액체나 가스 등의 상품에만 적용이 가능하다.

④ **트럭** : 상대적으로 빠르고 유연한 수송수단으로 거의 어디든지 갈 수 있다. 이것의 가격은 연료비가 변동하고 도로조건에 따라 변하는 경향이 있다.

⑤ **비행기** : 매우 빠르고 매우 대응력 있는 수송수단이다. 그러나 수송수단 중에서 가장 비싸고, 적합한 비행장 시설의 가용성에 어느 정도 제한이 있다.

⑥ **전자 수송**(electronic transport) : 수송 수단 중에서 가장 빠르고 매우 유연하고 효율적이다. 그러나 전력과 데이터와 같은 특별한 형태의 제품이나 음악, 그림 그리고 책과 같이 데이터로 구성된 제품의 이동에 한하여 사용될 수 있다.

이와 같이 주어진 서로 다른 수송수단과 공급사슬 내의 설비의 위치에서, 관리자들은 제품의 이동을 위한 경로와 네트워크를 설계할 필요가 있다. 루트(route)는 어떤 제품이 이동하는 경로와 그와 같은 경로에 의해 연결된 경로와 설비의 집합으로 구성된 네트워크이다. 일반적으로 전자제품이나 의약품같이 가치가 높으면 높을수록, 수송 네트워크는 대응력을 보다 강조되어야 할 것이고 곡물이나 원목 등의 대량 상품과 같이 제품 가치가 낮으면 낮을수록 네트워크는 더욱 효율성이 강조되어야 할 것이다.

1.5 정보

정보는 다른 네 가지의 공급 사슬 동인들과 관련한 의사결정을 기본으로 하는데, 이것은 공급사슬의 모든 활동들과 작업들 간의 연결이다.

정보는 어떠한 공급사슬 내에서 두 가지 목적을 위해 사용된다.

① **일일 활동의 조정** : 이것은 다른 네 가지 공급사슬 동인들 – 생산, 재고, 위치 그리고 수송 – 이 수행하는 기능들과 관련이 있다. 공급사슬 내의 회사들은 주간 생산일정, 재고수준, 수송루트 그리고 재고저장 위치 등을 결정하기 위

해서 제품 공급과 수요에 관한 활용 가능한 데이터를 이용한다.

② **예측과 계획** : 활용 가능한 정보를 월간 그리고 분기별 생산일정을 정하는 길잡이를 하는 전술적 예측을 하기 위하여 사용한다. 정보는 또한 새로운 설비를 지을 것인지, 새로운 시장에 진입할 것인지 혹은 기존 시장에서 퇴출해야 할 것인지에 관한 의사결정을 가이드 하기 위하여 전략적 예측을 위해서도 사용된다.

개별회사에서의 대응성과 효율성간의 상충관계는, 좋은 정보가 제공할 수 있는 혜택과 그러한 정보를 얻는데 드는 비용을 따져보는 것을 포함한다. 충분하고 정확한 정보는 매우 효율적인 운영 결정을 할 수 있게 하고 보다 나은 예측을 하게 하지만, 그러한 정보를 제공하는 시스템을 만들고 구축하는 것은 비용이 매우 많이 든다.

전체적 공급사슬에서는 회사들이 정해야 할 대응성과 효율성의 상충관계는 어느 정도까지 정보를 다른 회사들과 공유하고 어느 정도까지 정보를 개인적으로 가져가야 할 것인가를 정하는 것이다. 회사들이 서로 공유하고 있는 제품 공급, 고객

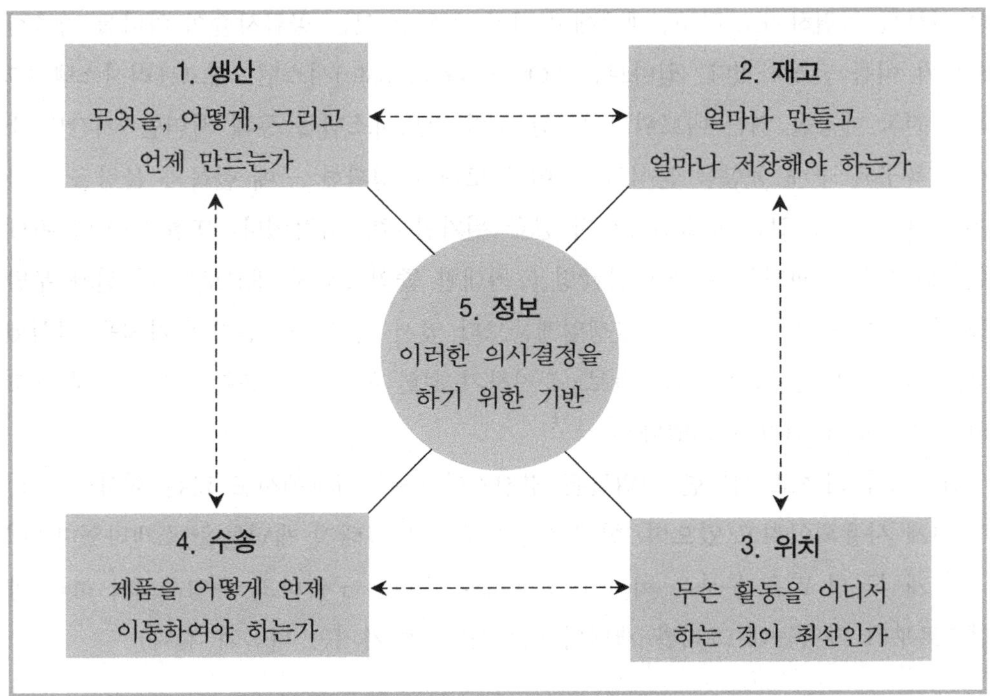

[그림 2-1] 다섯 가지 주요 공급사슬 동인

수요, 예측 그리고 제품 일정에 관한 정보가 많으면 많을수록, 모든 회사들이 더욱 대응력 있게 될 것이다. 그러나 이러한 개방성의 균형을 잡는 것은 각 회사들이 정보를 공개할 때 경쟁자에 의하여 이것이 회사에 적대적으로 사용될 수 가능성과 관련이 있다.

월마트는 미국의 포춘지가 2005년 현재 세계 500대 기업 중 연속 1위로 선정한 기업이다. 월마트는 세계 최고의 기술력을 갖추고 있거나 세계 최고의 제품을 생산하는 회사는 아니며, 다른 기업들이 끊임없는 노력과 투자로 만들어낸 제품을 일반 소비자에게 판매하는 소매 유통업을 하는 회사일 따름이다. 그러한 월마트가 오늘날 세계 최고 기업 중 하나가 될 수 있었던 원동력은 무엇일까? 월마트에서 파는 제품은 경쟁업체에서 판매하는 것과 크게 다르지 않지만, 소비자들은 월마트에서 쇼핑하기를 원한다. 원하는 제품을 가장 싸게 살 수 있기 때문이다. 이는 월마트가 소비자가 원하는 것을 정확히 파악하고 그것을 가장 싸게 확보하여, 언제든지 구매할 수 있는 시스템을 갖추고 있기에 가능한 일이다.

월마트는 초기부터 공급사슬에 의해 형성된 회사이고 공급사슬의 효율성은 그들을 시장에서 리더로 만들었다. 창업자 샘 월튼은 대량시장에서 가격중심의 경쟁을 할 회사를 설립하기로 하고, 세계에서 가장 효율성 있는 공급사슬의 하나를 창출함으로써 이를 달성하였다. 월마트는 POS(Point of Sale)시스템, 재고관리시스템, 그리고 전국 매장을 엮는 네트워크시스템 등의 정보시스템을 통해 지역별·기간별 소비자 욕구와 구매 동향을 분석하고, 이를 토대로 정확한 구매 품목과 물량을 정한 후 구매 물품을 일괄 조달함으로써 공급 원가를 최소화하였다. 또한 매장별 판매 현황을 실시간 파악하여 판매 불균형을 최대한 줄임으로써 재고로 인한 원가 부담을 낮출 수 있었다. 월마트는 경쟁업체들보다 앞서 정보화의 전략적 가치를 인식했고, 정보시스템을 경쟁우위를 확보·유지하기 위한 무기로 활용함으로써 세계 최고의 기업으로 군림하게 되었다.

월마트가 최초로 시도한 기법들은 경쟁자와 다른 시장에서도 많은 회사들에 의해 넓게 사용되어지고 있으며, 현재 산업표준으로 정해진 개념들을 소개하였다. 이러한 개념들의 많은 부분은 회사가 그의 공급사슬을 구축하고 운영하고자 하는 방안으로부터 나왔는데 그러한 개념의 대표적인 네 가지는 다음과 같다.

1.5.1 유통센터(distribution center) 주위를 확대하는 전략

유통센터 주위를 확산하는 전략은 월마트가 새로운 지역시장에 진입하는 방법의 핵심으로서, 단지 하나의 새로운 매장이 아니라 새로운 매장 그룹을 지원할 수 있는 지역을 찾아서 그 지역의 중심위치에 새로운 유통센터를 구축하고, 동시에 첫 번째 매장을 개점하는 것이다. 유통센터는 새로운 지역으로 진입하기 위한 공급사슬의 거점으로, 이는 그 지역에 더욱 많은 새로운 매장을 아주 적은 추가적 비용으로 개점을 지원한다.

1.5.2 공급자와 EDI(electronic data exchange) 사용

공급자와 EDI의 사용은 회사에게 두 가지 커다란 혜택을 제공한다. 무엇보다도 이것은 제품을 주문하고 송장(invoice)을 지불하는 것과 관련된 거래비용을 제거한다. 대부분의 경우 제품을 주문하고 지불하는 것이 EDI를 통해서 매우 생산적이고 효율적으로 될 수 있게끔 잘 정의되고 통상적 프로세스가 된다. 두 번째 혜택은 공급자들과의 이 같은 전자적 연결은 월마트로 하여금 높은 수준의 통제와 일정계획과 제품배달을 받는 것의 조정을 가능케 한다. 이는 모든 월마트 공급자들에 의하여 올바른 제품이 올바른 시간에 올바른 유통센터에 전달되게끔 안정적 흐름을 보증하는데 도움이 된다.

1.5.3 "big box"매점 형태

대형상자(big box) 매장형태는 월마트가 단일 설비에서 매장과 창고를 혼합함으로써 상당한 운영의 효율성을 얻게끔 한다. 대형 상자는 창고처럼 많은 양의 재고를 유지하는데 충분할 정도로 크다. 그리고 이 재고는 고객이 구입하는 곳과 동일 위치에서 보유되고 있기 때문에, 지연발생이나 창고에서 매장으로의 이동과 관련한 비용이 없다.

1.5.4 "Everyday low prices"

EDLP(everyday low price)는 두 가지 역할을 하는 방안이다. 가격에 민감한 고객들에게 그들은 항상 최적의 가격으로 구매한다는 것을 말해준다. 그들은 다른 곳을 찾거나 특별 세일을 기다릴 필요가 없다. 고객들에 대한 이러한 메시지의 효과는 월마트로 하여금 제품 수요예측을 정확하게 할 수 있게 해준다. 즉, 특별 세일을 없애고 고객에게 낮은 가격을 확인시킴으로써, 수요를 보다 안정적이고 예측가능하게 만들어 수요변동을 안정되게 한다.

이러한 네 가지 개념들은 개별적으로 사용되어도 유용하나, 그들의 실제 힘은 각각 서로 연결되어 사용될 때 더욱 발휘된다. 그들은 스스로 비즈니스 프로세스를 강화하는 공급사슬을 형성하기 위하여 합해진다.

2 공급사슬의 발전하는 구조

공급사슬 내의 참여자들은 다섯 가지 공급사슬 동인들을 어떻게 관리하는지에 영향을 미치는 의사결정을 지속적으로 한다. 각 조직은 아웃소싱, 파트너십 그리고 회사 내 전문성의 혼합을 통하여 이러한 동인들을 처리하고 성과를 최대화하기 위하여 노력하고 있다. 급변하는 시장에 있어서, 회사는 보통 공급사슬관리에서 그들이 핵심 경쟁력이라고 생각하는 부문에 초점을 맞추고 그 나머지는 아웃소싱을 하게 된다.

그러나 항상 이러한 경우만 있는 것은 아니다. 산업시대의 매우 안정적인 대량시장에서 성공한 회사들이 그들의 공급사슬의 대부분을 소유하려고 시도했던 것은 일반적이었으며, 그것은 수직 통합화로 알려져 왔다. 수직통합의 목표는 규모의 경제를 통해서 최대의 효율성을 얻는 것이었다.([그림 2-2] 참조)

1900년대 초기에 포드자동차는 그들의 자동차 공장에서 필요로 하는 대부분을 소유하였다. 포드사는 철광석을 추출하는 광산, 철광석을 철제품으로 변환하는 제철소, 자동차 부품을 만드는 공장, 최종 자동차로 변환하는 조립공장 등을 소유하고 운영하였다. 거기에 더하여 그들은 섬유질의 자동차 상층부를 만들기 위한 아마(亞麻)가 자라는 농장과 목재 자동차 부품을 만들기 위하여 숲과 제재소를 소유하였다. 포드사의 유명한 River Rouge공장은 수직 통합의 대표적 사례였다.

이것은 1900년대 초 존재하였던 보다 예측가능하고 안정된 환경에서는 사업을 하기에 수익성이 있는 적절한 방법이었다. 그러나 시장이 발전하고 고객들이 그들이 원하는 제품의 종류에 대하여 보다 다양화되어 질 때, 이러한 모델은 붕괴되기 시작하였다. 이것은 요구되는 다양한 제품을 생산하기 위해 충분한 대응력이 없었다. 1920년대 포드사의 시장점유율은 50%를 넘었으나 1940년대 20% 아래로 떨어졌다. 고객이 원하는 것에 대응하는 대신 효율성에 초점을 맞추는 것은 더 이상 성공적인 사업 모델이 아닌 것이다.

세계화, 치열한 경쟁 그리고 빠른 속도의 기술적 변화가 이루어지는 상황에서 여러 회사들이 함께 일하는 공급사슬의 발전을 가져 왔고, 각 회사는 그들이 가장 잘 할 수 있는 활동에 초점을 맞추게 되었다. 즉, 최근의 기업들은 그들의 핵심사업에

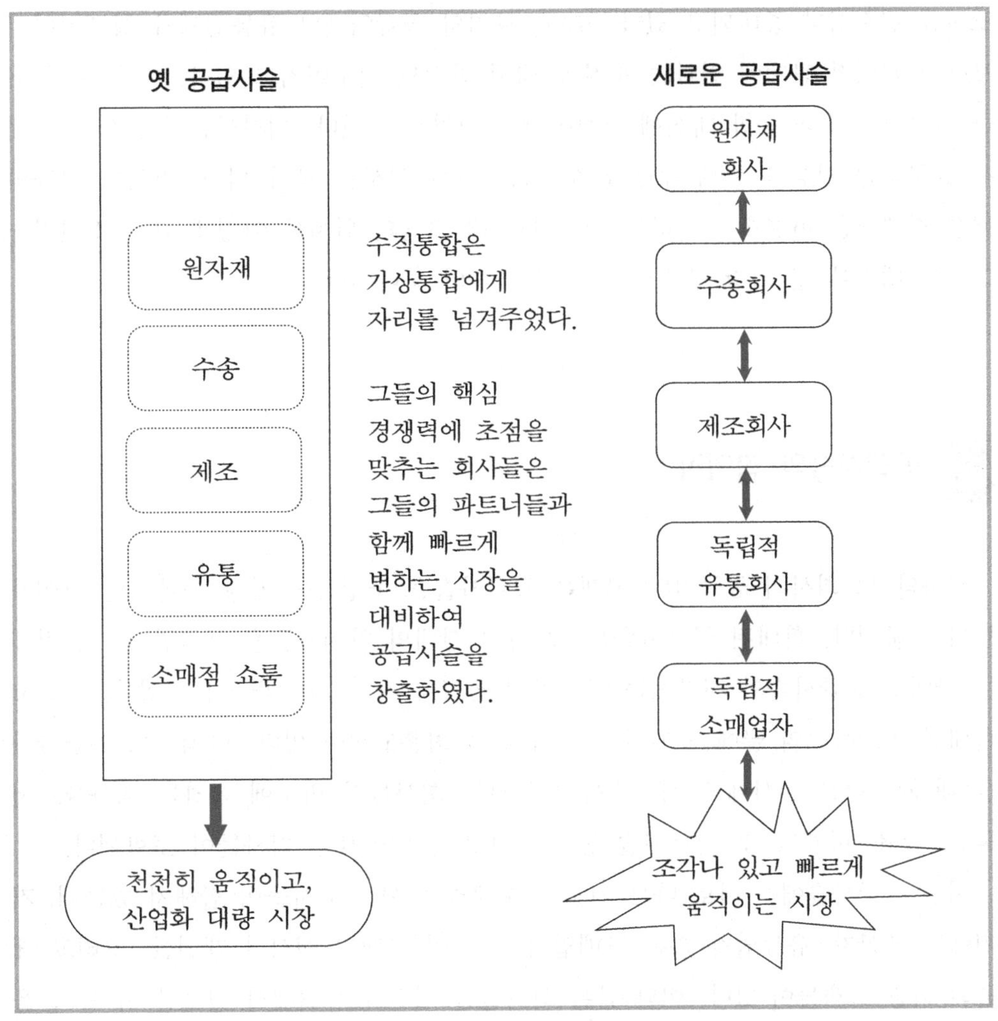

[그림 2-2] 옛 공급사슬과 새로운 공급사슬

초점을 맞추려는 노력을 전개하여 차별적 우위를 지니는 분야에 사업 역량을 집중하고 나머지 분야는 외부조달(outsourcing)함으로써 수직계열화는 퇴조하였다. 이러한 외부조달의 확대로 모든 부품을 자체적으로 제조하던 업체들이 이제는 대부분의 부품을 외부 조달하여 완제품만 조립하거나, 제조 그 자체를 외부조달로 해결하는 컴퓨터 및 관련 업종의 회사들도 생겨나고 있는 것이 현실이다. 더 나아가 배송 및 물류 서비스를 제3업체에게 위임하는 방식을 많은 업체들이 사용하고 있으며, Apple사의 경우에는 범용 애플컴퓨터 매출원가의 93%를 외부 구매에 의존하고 있다.

이러한 외부조달의 확산에 따라 물류관리에 새로운 도전이 형성되고 있다. 즉, 해외를 포함한 다수 공급업체로부터의 물자흐름을 통한 완제품의 물류과정을 통합 조정할 필요성도 증대되고 있다. 또한, 과거의 공급업체나 유통업체가 협조적이기보다는 적대적 관계에 있다는 주장에 대해 반성도 이루어지고 있다. 이와 같이 최근 기업들은 수직 통합 대신에 가상통합을 실천하고 있다. 회사들은 공급사슬 내에서 요구되는 활동을 함께 수행할 수 있는 다른 회사를 찾게 되며, 기업이 그들의 핵심 경쟁력을 어떻게 정의하고 공급사슬 내 그들의 위치를 어떻게 잡을 것인지는 그들이 내려야 할 가장 중요한 의사결정 중의 하나이다.

3 공급사슬의 참여자

회사와 그 회사의 공급자와 고객은 공급사슬을 구성하는 가장 기본적인 참여자들의 그룹이다. 확대된 공급사슬은 세 가지 형태의 참여자들을 포함한다. 첫 번째는 확대된 공급사슬의 시작에는 공급자의 공급자 혹은 최초공급자가 있다. 그리고 확대된 공급사슬의 끝에는 고객의 고객 혹은 최종고객이 있다. 마지막으로 공급사슬 내에서 다른 회사에게 서비스를 제공하는 회사들의 범주에 속하는 회사들로서 물류, 금융, 마케팅 및 정보기술 등의 서비스를 제공하는 회사들이 포함된다.

어떤 공급사슬에는 서로 다른 기능을 수행하는 여러 회사들이 합해져 있는데, 거기에는 생산자, 유통업자 혹은 도매업자, 그들이 고객인 회사나 개인들, 그리고 제품의 최종 고객들이 있다. 이와 같은 회사들을 지원하기 위해서 필요한 서비스들을 제공하는 서비스 제공자들인 다른 회사들이 있다.

3.1 생산자

생산자는 제품을 만드는 조직으로 원자재를 생산하는 회사들과 최종 제품을 생산하는 회사들이 포함된다. 원자재 생산업자는 미네랄 광산, 오일이나 가스 drill 그리고 원목을 절단하는 조직들이다. 또한 토지를 경작하고, 동물을 사육하고 수산물을 잡는 조직들도 포함된다. 최종 제품의 생산자들은 원자재와 다른 생산자들에 의해 만들어진 서브조립품을 이용하여 그들의 제품을 만든다.

생산자들은 음악, 오락, 소프트웨어 그리고 디자인 등과 같이 무형의 제품들을 만들기도 하며, 잔디를 깎는다든지, 사무실 청소, 수술을 하든지 등과 같은 서비스를 제공할 수도 있다.

유형제품과 산업적 제품의 많은 생산자들의 경우 인건비가 저렴한 지역으로 이동하고 있다.

3.2 유통업자

유통업자는 생산자로부터 커다란 양을 재고로 취하여 고객에게 관련제품들을 전달하는 회사들이다. 그들은 전형적으로 다른 비즈니스들에게 판매하고, 한 개인이 보통 구매하는 것보다 큰 양을 판매한다. 유통업자는 재고를 보유함으로써 제품수요가 변동하는 것으로부터 완충을 하고 있으며, 고객들을 발견하고 서비스하기 위한 판매 업무에 많은 일을 하고 있다. 고객을 위해서 유통업자는 "시간과 장소" 기능을 수행하는데 즉, 그들은 고객이 원하는 제품을 원하는 때와 장소에 전달한다.

유통업자는 전형적으로 생산자로부터 그들이 구입한 상당한 양의 제품 재고를 가지고, 그것을 고객에게 판매하는 조직이다. 제품 홍보와 판매 외에, 그들이 수행하는 다른 기능들은 재고관리, 창고운영 그리고 고객지원과 판매 후 서비스뿐만 아니라 제품 수송 등이 있다. 유통업자는 단지 생산자와 고객 사이의 중개자일 수도 있고, 제품의 소유권을 전혀 취하지 않을 수도 있는데, 이러한 종류의 유통업자는 주로 제품 홍보와 판매기능을 주로 수행한다.

3.3 소매업자

소매업자는 재고를 쌓아두고 일반 최종소비자에게 적은 양들을 판매한다. 이 조직은 판매하는 고객의 기호와 니즈를 긴밀하게 추적하며 고객에게 광고하고 종종 이들이 판매하는 제품이 고객을 유인하는 주요 유인책으로서 가격, 제품선택, 서비스 그리고 편의성을 혼합하여 사용한다. 할인 데파트점은 가격과 폭넓은 제품 선택을 이용하여 고객을 유인한다. 고가의 전문점은 제품의 독특한 종류와 높은 서비스 수준을 제공하며, 패스트푸드 음식점은 편의성과 낮은 가격으로 고객을 유인한다.

3.4 고객

고객 혹은 소비자는 제품을 구입해서 사용하는 조직이다. 고객 조직은 제품을 구입해서 다른 고객에게 판매하기 위하여 또 다른 제품을 만들 수도 있다. 아니면 고객은 소비하기 위해 제품을 구매하는 최종 사용자일 수도 있다.

3.5 서비스 제공자

이들은 생산자, 유통업자, 소매업자 그리고 고객들에게 서비스를 제공하는 조직이다. 서비스 제공자들은 공급사슬에 의하여 요구되는 특별한 활동에 초점을 맞춘 전문성과 기능을 개발하여 왔다. 이들은 생산자, 유통업자, 소매업자 그리고 고객들이 그들 자신이 하는 것보다 더 효과적으로 보다 나은 가격에 이러한 서비스를 수행할 수가 있다.

가장 대표적 서비스 제공자들은 수송서비스와 창고서비스를 제공하는 제공자들이다. 이들은 트럭 회사와 일반 창고회사들로 물류제공자로 알려져 있다. 금융서비스 제공자들은 대출을 해주고, 신용분석을 하고, 과거 지난 송장을 회수하는 등의 서비스를 제공하며, 또 다른 회사들은 정보기술과 데이터 수집 서비스를 제공한다. 이 모든 서비스 제공자들은 공급사슬 내에서 생산자, 유통업자, 소매업자 그리고 고객들의 일상적 운영을 크거나 작은 정도로 통합시킨다. 공급사슬은 하나 혹은 여럿이 이런 분류로 나눌 수 있는 참여자들의 계속되는 세트로 구성되어 있다. 일정 기간 동안 전반적인 공급사슬의 니즈는 상당히 안정을 유지한다. 변하는 것은 공급사슬 내에서 참여자의 혼합이나 각 참여자가 하는 역할이다.

어떤 공급사슬에서는 다른 참여자들이 자신들이 이러한 서비스를 수행하기 때문에 매우 적은 수의 서비스 제공자가 있을 수 있다. 다른 공급사슬에서는 전문적인 서비스를 제공하는 매우 효율적인 서비스 제공자들이 발전하여 왔고, 다른 참여자들은 이러한 서비스를 그들이 수행하는 대신에 이와 같은 서비스 제공자들을 활용하여 왔다. 공급사슬 구조의 예는 [그림 2-3]과 같다.

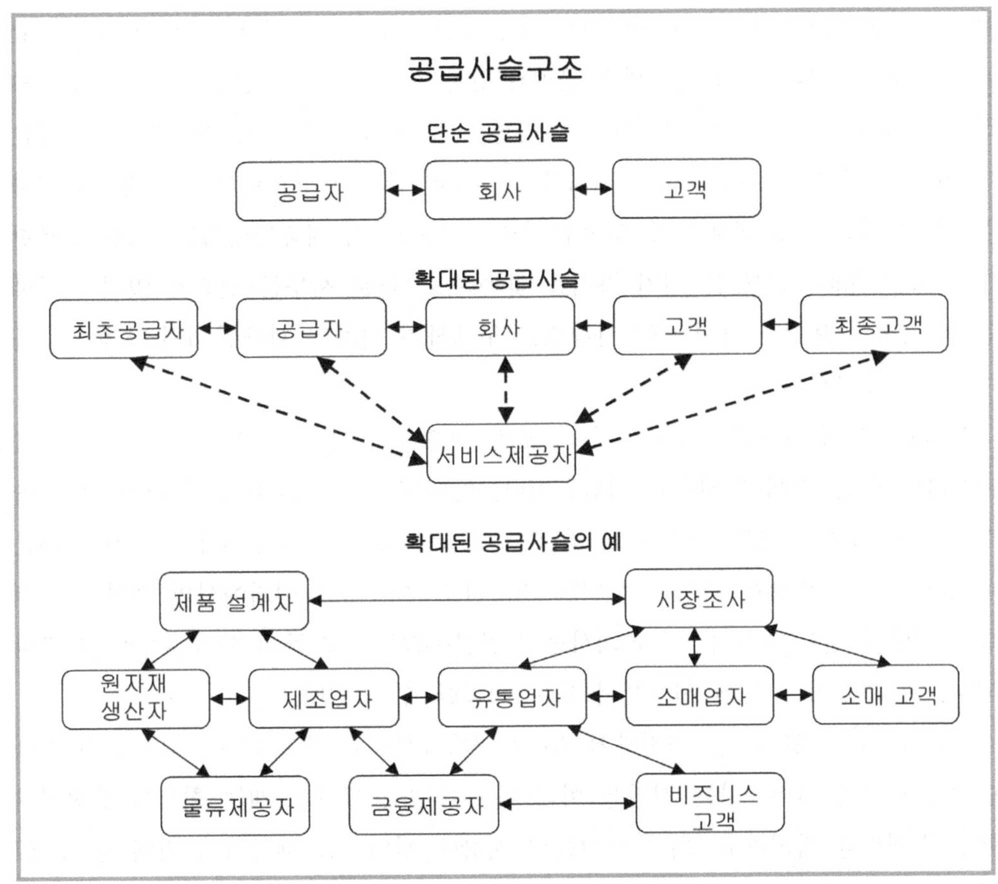

[그림 2-3] 확대된 공급사슬구조

4 공급사슬과 사업전략과의 조정

공급사슬은 시장의 요구에 대응하고 회사의 사업전략을 지원하는 방식으로 되어야 할 필요가 있는데 회사가 사용할 사업전략은 회사가 현재 서비스하고 있고 앞으로 서비스할 고객의 니즈와 함께 시작한다. 고객의 니즈에 따라서 회사의 공급사슬은 대응성과 효율성의 적절한 혼합을 전달하여야만 한다. 고객의 니즈에 보다 효율적으로 대응하는 공급사슬을 갖는 회사는 그 시장에서 다른 회사의 비용으로 시장점유율을 더 할 것이고, 또한 보다 수익이 좋아 질 것이다.

예를 들어 여기 두 회사와 그들의 공급사슬이 대응하여야만 하는 필요를 생각해 보자. 두 회사는 7-Eleven과 월마트의 계열사인 Sam's Club이다. 세븐 일레븐과 같은 편의점을 찾는 고객들은 샘스 클럽과 같은 할인 매장을 찾는 사람들과 필요와 선호가 다르다. 7-Eleven 고객들은 편리성을 찾는 것이지 최저 가격을 찾지 않는다. 이 고객들은 매장이 가까이 위치하고 그들이 급하게 필요로 하는 가정용품이나 식품들의 적은 양을 구매할 수 있게끔 충분한 가짓수의 제품들이 있는 것을 선호한다. Sam's Club 고객들은 최저 가격을 찾는다. 그들은 서두를 필요가 없기 때문에 좀 먼 곳까지 운전해 가서, 최저가격으로 구매하기 원하며 제한된 소수의 품목들을 대량으로 구매한다.

7-Eleven의 공급사슬은 대응성을 강조할 필요가 있다. 이 고객그룹은 편리성을 기대하며 이를 기꺼이 지불할 사람들이다. 반면에 Sam's Club의 공급사슬은 효율성을 크게 강조할 필요가 있다. Sam's Club의 고객들은 가격에 매우 민감하기 때문에 공급사슬은 비용을 줄이는 어떠한 기회라도 찾아내어 여기에서의 절약을 고객에게 전달할 필요가 있다. 이들 회사들의 공급사슬들은 그들의 사업전략과 잘 조화되어있고 그렇기 때문에 시장에서 모두 성공할 수 있었다.

공급사슬과 사업전략을 조정하기 위하여 사용되는 세 가지 단계가 있다. 첫 번째 단계는 회사가 서비스하는 시장을 이해하는 것이다. 둘째 단계는 회사의 장점이나 핵심 경쟁력을 정의하고, 회사가 그들의 시장에 서비스를 제공하기 위해 할 수 있거나 할 수 있었던 역할을 정의하는 것이다. 마지막 단계는 선택한 역할을 지원하기 위하여 필요한 공급사슬 능력을 개발하는 것이다.

4.1 서비스하는 시장의 이해

Chopra와 Meindl은 서비스하는 고객의 요구를 분명하게 하는데 도움을 주는 다음과 같은 속성들을 정의하였다.

- 각 구매로트에 필요한 제품의 양 : 당신의 고객들은 제품을 소량으로 원하는

지 아니면 대량으로 원하는가? 편의점이나 잡화점에서 고객은 소량으로 구매하는 반면, Sam's Club과 같은 할인 매장의 고객은 많은 양을 구매한다.

- 고객이 기꺼이 인내하는 응답시간 : 당신의 고객은 짧은 관찰을 한 후, 빠른 서비스를 기대하는지 아니면 긴 리드타임을 수용하는가? 패스트푸드 식당의 고객들은 빠른 서비스를 기대하지만 맞춤형 기계류를 구매하는 고객은 제품이 전달되기까지 상당히 긴 리드타임을 기대한다.
- 요구되는 제품의 다양성 : 고객들이 폭은 좁으나 잘 정의된 제품의 묶음을 찾는지 아니면 다른 종류의 제품들의 넓은 선택을 찾고 있는가? 패션 뷰티크의 고객들은 좁게 정의된 제품 그룹을 기대하는 반면, 월마트와 같은 할인 매장의 고객들은 활용가능한 제품의 폭넓은 다양성을 기대한다.
- 요구되는 서비스 수준 : 고객들이 모든 제품들이 즉시 배달될 수 있게 되기를 기대하는지 아니면 제품의 부분배달과 보다 긴 리드타임을 허용하는가? 음반가게의 고객들은 그들이 찾는 CD를 즉시 얻기를 기대하며 그렇지 못할 경우 다른 가게로 갈 것이다. 고객 맞춤형 기계도구를 주문한 고객은 배달 전 어느 정도 기다린다는 기대를 하고 있다.
- 제품의 가격 : 고객들이 어느 정도까지 기꺼이 지불할 것인가? 어떤 고객들은 편의성과 높은 서비스 수준에 보다 많이 지불할 것이고 다른 고객들은 최저 가격에 구매하려고 할 것이다.
- 제품혁신의 바람직한 속도 : 신제품이 어느 정도 빨리 소개되어야 하고 현재 제품이 진부화 되기까지 얼마나 걸리는가? 전자제품이나 컴퓨터와 같은 제품들은 혁신의 높은 속도를 기대하나 가정용 페인트와 같은 제품의 경우 고객들은 높은 혁신 속도를 원하지 않는다.

4.2 핵심 경쟁력의 정의

다음 단계는 당신 회사가 공급사슬에의 원하는 역할을 정의하는 것이다. 당신 회사는 어떤 종류의 공급사슬 참여자인가? 당신 회사는 생산자인가, 유통업자인가, 소매업자인가 아니면 서비스 제공자인가? 당신 회사가 당신이 소속된 공급사슬에서 할 수 있는 것이 무엇인가? 당신 회사의 핵심 경쟁력은 무엇인가? 당신 회사는 어떻게 돈을 버는가? 이러한 질문들에 대한 답이 공급사슬에서 무슨 역할이 당신 회사를 위해 가장 적합한 것인지에 대하여 당신에게 가르쳐 줄 것이다.

W. W. Grainger와 같은 회사는 다수의 서로 다른 시장을 서비스하는데 포드와 보잉사와 같은 거대한 국가적 고객에게 시설의 유지 보수용 부품 및 소모성 물품과 서비스(MRO: maintenance, repair and operating)를 판매하는 동시에 소기업이나 빌딩 계약자들에게도 이러한 것을 판매한다. 이와 같은 두 가지 다른 시장은 위의 고객 속성들에 의해 측정함에 다른 요구들을 가지고 있다.

여러 시장을 서비스할 때 당신의 회사는 당신의 핵심 경쟁력을 잘 사용할 수 있는 방안을 찾아봐야 할 필요가 있다. 공급사슬의 어떤 부분은 그들이 서비스하는 시장분할에 독특할 수도 있고 다른 부분은 규모의 경제를 이루기 위해 합쳐질 수도 있다. 예를 들면 어느 회사의 경우 제조가 핵심 경쟁력이라면, 공통 생산 설비에서 다른 제품들의 범위를 구축할 수 있다. 그러면 다른 재고와 운송 선택들이 제품을 다른 시장 분할에 전달하기 위하여 사용될 수 있다.

4.3 필요한 공급사슬 능력의 개발

당신 회사가 어떤 종류의 시장에 서비스를 하고 이 시장의 공급사슬에서 당신회사가 수행하고 있든지 수행할 역할에 대해서 알았다면, 그러면 당신 회사가 수행할 역할을 지원하기 위해 필요한 공급사슬 능력을 개발하는 마지막 단계를 취해야 할 것이다. 이 개발은 다섯 가지 공급사슬 동인에 대한 의사결정에 의해 길잡이가 될 것이다. 각 동인들은 사업 요구조건에 따라서 대응성 혹은 효율성을 강조되도록 개발되고 관리되어 질 수 있다.

① **생산** : 많은 초과 생산능력과 넓은 범위의 품목을 생산하기 위한 유연한 제조기법을 사용하는 공장을 구축함으로써 매우 대응력 있게 만들어 질 수 있다. 더욱 대응력 있게 하기 위하여 회사는 주요 고객 그룹에 가까이 있는 많은 작은 공장에서 그들의 생산을 할 수 있고 이렇게 함으로써 배달시간은 더욱 단축될 것이다. 만약 효율성을 원한다면, 회사는 거의 초과 생산능력을 보유하지 않고 매우 제한된 수의 품목을 생산하기 위해 최적화된 공장을 세울 수 있을 것이다. 보다 더욱 효율성을 추구한다면 규모의 경제를 취하기 위해 대형의 중앙 공장에서 생산을 집중화함으로써 이를 달성할 수 있다.

② **재고** : 대응성은 넓은 범위의 제품을 높은 재고 수준으로 보유함으로써 이룰 수 있다. 추가적 대응성은 많은 위치에 제품을 보유하여 재고가 고객에게 가까이 있게 하고 그들에게 즉시 활용가능토록 함으로써 얻을 수 있다. 재고관리의 효율성은 모든 품목의 재고수준을 줄이고 특별히 자주 안 팔리는 품목의 재고 수준을 줄임으로써 이룰 수 있다. 또한 규모의 경제나 비용절감은 아주 적은 수의 중앙 창고에 재고를 보유함으로써 얻을 수 있다.

③ **위치** : 대응성을 강조한 위치 접근은 회사가 그들의 고객에 물리적으로 가까이 있게끔 여러 위치에 개점하는 것이다. 예를 들면, 맥도날드는 그들의 대량시장에서 많은 매장을 개설함으로써 그들의 고객에 대해 매우 대응력 있게끔 위치를 사용하고 있다. 효율성은 매우 적은 수의 위치에서 운영하고 공통 위치에서 활동들을 집중화함으로써 이룰 수 있다. 이러한 예가 매우 적은 집중화된 위치에서 넓은 범위의 활동을 수행함으로써 넓은 지역적 시장을 서비스하는 Dell사의 경우이다.

④ **운송** : 대응성은 빠르고 유연한 운송수단에 의해 이룰 수 있다. 카탈로그나 인터넷을 통하여 제품을 판매하는 많은 회사들은 그들의 제품을 종종 24시간 내 배달하는 운송수단을 이용함으로써 매우 높은 수준의 대응력을 제공할 수 있다. FedEx와 UPS는 매우 대응력 있는 운송 서비스를 제공할 수 있는 회사들이다. 효율성은 제품을 커다란 묶음(batch)으로 하여 덜 자주 운송함으로써 강조될 수 있다. 선박, 철도 그리고 파이프라인 등과 같은 운송수단의 사용은 매우 효율적이다. 운송이 많은 지점 위치 대신에 중심 허브 공장으로부터 이루어질 수 있으면 더욱 효율적일 것이다.

⑤ **정보** : 정보를 수집하고 공유하는 기술이 보다 확산되고, 사용하기 쉬워지고, 더욱 비용이 저렴하게 됨에 따라 매년 크게 성장하고 있다. 정보는 매우 유용한 상품인데, 왜냐하면 이것은 다른 네 가지 동인의 성과를 직접적으로 제고할 수 있도록 적용될 수 있기 때문이다. 높은 수준의 대응성은 회사들이 다른 네 가지 동인들의 운영에 의해 생성된 정확하고 시기적절한 데이터를 수집하고 공유할 때 이룰 수 있다. 전자제품 시장을 서비스하는 공급사슬은 세계에서 가장 대응력 있는 것들이다. 제조업체로부터 유통업체 그리고 대형 소매업체까지의 공급사슬 내에 있는 회사들은 고객수요, 생산계획 그리고 재고수준 등에 관한 데이터를 수집하고 공유한다.

효율성이 보다 관건이 되는 곳에서는 보다 적은 활동들에 대한 적은 정보들이 수집되어 질 것이다. 회사들은 또한 정보가 그들의 이해에 반해서 사용되는 위험을 갖지 않도록 그들 간에 정보 공유를 적게 하는 것을 취할 수 있다. 그러나 이러한 정보 효율성은 단기적인 면에서 효율성일 뿐이고, 이것은 시간이 흐름에 따라 덜 효율적일 것이다. 왜냐하면 정보비용은 계속해서 떨어질 것이고 다른 네 가지 동인들의 비용은 계속적으로 올라갈 것이기 때문이다. 장기적으로는 다른 동인들로부터 최적의 성과를 얻기 위해 어떻게 정보를 사용할 것인지를 인식하는 회사들과 공급사슬이 최대 시장 점유율과 수익을 얻게 될 것이다.

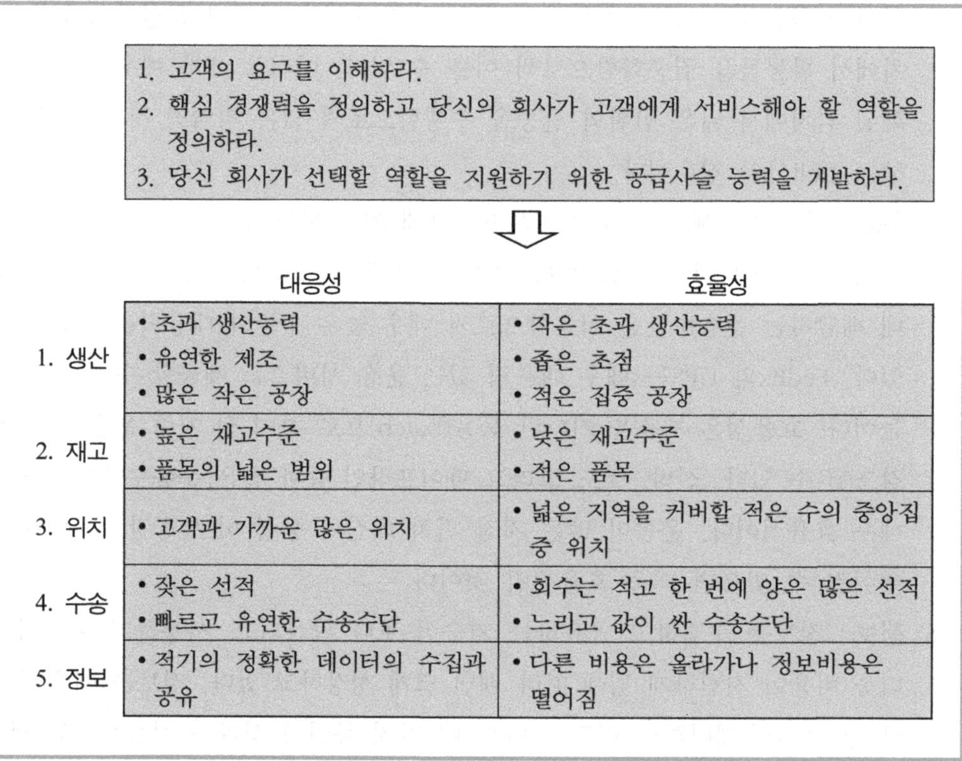

	대응성	효율성
1. 생산	• 초과 생산능력 • 유연한 제조 • 많은 작은 공장	• 작은 초과 생산능력 • 좁은 초점 • 적은 집중 공장
2. 재고	• 높은 재고수준 • 품목의 넓은 범위	• 낮은 재고수준 • 적은 품목
3. 위치	• 고객과 가까운 많은 위치	• 넓은 지역을 커버할 적은 수의 중앙집중 위치
4. 수송	• 잦은 선적 • 빠르고 유연한 수송수단	• 회수는 적고 한 번에 양은 많은 선적 • 느리고 값이 싼 수송수단
5. 정보	• 적기의 정확한 데이터의 수집과 공유	• 다른 비용은 올라가나 정보비용은 떨어짐

[그림 2-4] 공급사슬과 사업전략을 조절하기 위한 단계

제3장 공급사슬 내에서의 계획

1 수요 예측과 계획

공급사슬관리의 의사결정은 어떤 제품이 요구될 것인지, 이러한 제품은 얼마나 요청될 것인지, 그리고 그것들은 언제 필요하게 될 것인지를 정의해주는 예측을 기초로 한다. 이 수요예측은 회사에게 내부운영의 계획을 수립하고 시장수요에 맞도록 이들 각각을 조정하기 위한 기반이 된다.

1.1 예측 방법들

예측을 하는데 네 가지 기본 방법들이 있다. 대부분 예측들은 이러한 네 가지 방법들을 혼용하여 사용함으로써 이루어진다. Chopra와 Meindl(2004)은 이러한 방법들을 다음과 같이 정의하였다.

1.1.1 정성적(Qualitative)

정성적 방법은 시장에 대한 개인의 직관이나 주관적 의견에 의존하는 것으로, 역사적 데이터가 거의 없을 때 가장 적합하다. 새로운 제품이 소개될 때, 사람들은 다른 제품과 비교하거나 그들이 유사하다고 생각하는 상황을 근거로 예측을 할 수 있다. 대표적 정성적 기법으로는 다음과 같은 것들이 있다.

1) 델파이조사법(Delphi method)

랜드사(Rand Corporation)의 헬머(Halmer)와 레쉬(Rescher)에 의해 개발된 것으로 인간의 직관력을 이용하여 미래를 예측하는 기법이다. 델파이기법은 전문가 집단으로부터 일치된 의견을 얻기 위해 설문지를 배포하고, 전문가들의 예측치 및 견해를 회수하여 요약·정리한 후 다시 배포하고 회수하는 과정을 반복하는 방법이다. 이는 위원회법의 보스 의견 집중경향이나 대세편승효과와 같은 단점을 없애기 위해, 전문가들의 이름은 밝히지 않는다. 이 과정에서 전문가들은 예측과 그러한 예측을 지지하는 견해를 밝힌다. 주관자는 이러한 예측치와 견해를 요약·정리하여 다시 설문지와 함께 보내준다. 전문가들은 다른 사람들의 예측 및 견해를 참조하여 다시 수정된 예측을 할 수 있게 된다. 이러한 과정을 반복하면 일치된 예측을 얻을 수가 있다. 보통 2회에서 5회 정도까지 이러한 과정이 진행되면서, 어느 정도의 합의에 이르게 되면 종료한다.

이 방법은 장기 수요예측, 과거의 자료가 없는 신제품의 수요 예측, 그리고 신기술 예측 등에 유용하게 이용된다.

2) 패널(위원회) 조사법

다수의 의견이 소수의 의견보다 더 우월하다는 전제하에서 경영자, 생산자, 소비자, 판매원 등의 위원회를 구성하고 이들이 모여 자유로운 의사개진을 통해 미래수요를 예측하는 방법이다. 한 사람의 전문가가 범할 수 있는 오류를 방지하기 위한 방법이므로 참가한 모든 전문가들의 의견일치를 보았을 때 비로소 결정되는 것이다. 그러나 어느 한 사람이 영향력을 발휘하게 될 경우 그 사람의 견해로 집약되거나, 대세에 편승하는 경향에 따른 오류가 발생된다. 이 방법은 비용이 저렴한 반면에 정확도가 떨어진다.

3) 판매원 이용법

각 지역에 흩어져 있는 판매원들은 그 지역의 고객들과 잦은 접촉을 하게 되어 담당지역의 소비자들을 가장 잘 알고 있으므로, 이들로 하여금 담당 지역의 수요를 예측하게 하여 이를 종합하는 방법이다. 이 조사결과와 경제적 상황 및 경쟁업체 등을 함께 고려하여야만 한다.

이 방법은 비교적 단기간 내에 저렴한 비용으로 쉽게 수행할 수 있다는 것이 장점이다. 그러나 판매원들이 예측할 때, 최근의 동향에 지나치게 영향을 받을 가능성이 크다는 단점이 있다. 예를 들면, 최근 판매량이 호조를 보이고 있으면 낙관적 예측을 하기 쉽다.

4) 시장조사법

실제제품에 대한 수요의 결정주체는 소비자이므로 이들의 의견을 수렴하여 미래 수요를 예측하는 것이 타당성 있는 방법이라 할 수 있다. 이러한 방법을 시장조사법이라 하는데 이를 위해서는 각 필요한 정보를 응답자들로부터 얻기 위해 설문지를 작성하여야 한다. 조사방법은 전화 인터뷰, 우편, 직접면접, 시험판매 등이 있다.

이 기법의 문제점은 대부분의 경우 모집단인 소비자의 범위가 너무 넓고, 특히 신제품에 대한 조사를 하는 경우는 소비자의 존재가 확실하지 않으므로, 조사대상을 파악하기 어렵다는 점이다. 그래서 이 기법은 잠재적인 소비자 중에서 표본 집단을 추출하고, 이들로부터 얻은 의견을 여러 가지 방법으로 통계분석하여 수요예측을 한다.

통계처리 방법을 신중하게 결정하여 정확한 정보를 얻도록 하는 것이 중요하다. 이 방법은 단기예측에서 매우 우수한 방법이나, 조사기간이 길고 많은 비용이 따르는 단점이 있다.

5) 역사적 자료유추법

역사적 자료유추법은 이용하여야 할 자료가 없을 경우 비슷한 제품이나 상황의 자료를 이용하여 결과를 유추하는 방법이다. 예를 들면 신제품에 대한 수요를 예측하는 경우 과거의 자료를 사용할 수 없으므로 어려움을 겪게 된다. 이와 같은 경우, 이용할 수 있는 방법은 신제품과 유사한 기존제품의 과거자료를 통해서 신제품의 미래수요를 예측하는 것이다. 이 방법은 적은 비용으로 예측을 할 수 있으나, 유사제품과 그 역사적 자료를 찾기가 어렵고, 유사제품이 신제품의 수요를 얼마나 정확하게 예측할 수 있는가에 관련해서 정확성의 문제를 발생시킨다.

1.1.2 시계열(Time Series)

시계열 방법은 예측의 가장 보편적 형태이다. 이는 수요의 역사적 패턴이 미래 수요의 좋은 지표가 될 것이라는 가정에 기초한다. 이 방법은 신뢰할 만한 역사적 데이터를 가지고 있으며, 예측하려는 시장이 안정적이고, 그리고 수요패턴이 해마다 크게 변동하지 않는 경우에 최적이다. 이동평균법(moving average)이나 지수평활법(exponential smoothing)과 같은 수학적 기법들이 시계열 데이터를 기초로 한 예측을 창출하기 위해 사용되어 진다. 이러한 기법들은 대부분 예측 소프트웨어 패키지에서 사용되어 지고 있다.

시계열분석의 대표적 기법으로는 이동평균법, 지수평활법 등이 있다.

1) 이동평균법(moving average method)

과거의 자료를 이용하다보면 불규칙적인 변동을 보이는 것을 볼 수 있으며, 이렇게 불규칙적인 변동은 예측에 커다란 오차를 일으키게 한다. 불규칙적인 변동을 고르게 하기 위해 사용하는 방법이 이동평균법이다. 이동평균법은 일정기간 동안의 자료의 평균값으로 다음 기간의 값을 예측하는 방법인데, 이동평균법에는 단순이동평균법과 가중이동평균법이 있다.

단순이동평균법(simple moving average method)

가장 가까운 일정기간 동안의 평균값을 다음 기간의 예측치로 이용하는 방법이다.

단순이동평균법에 의한 예측 :

$$F_t = \sum_{i=1}^{n} \frac{A_{t-i}}{n}$$

$$= \frac{1}{n}(A_{t-1} + A_{t-2} + A_{t-3} + \ldots + A_{t-n})$$

여기서,

F_t : t : 기의 예측치

A_{t-i} : $(t-i)$: 기의 실제치

n : 이동 평균 대상 기간

예제 1 아래의 타이어 판매 자료를 토대로 4기간 단순이동평균을 적용하여 10월의 수요 예측을 하시오.

<표 3-1> 타이어 판매자료

(단위 : 천 개)

월	수요량
5	20
6	24
7	23
8	27
9	26

❙ 풀이 ❙ (10월의 예측치) $F_{10} = \dfrac{(A_9 + A_8 + A_7 + A_6)}{4}$

$$= \frac{(26 + 27 + 23 + 24)}{4}$$

$$= \frac{100}{4}$$

$$= 25$$

그러므로 10월의 기대수요는 25,000개이다.

가중이동평균법(weighted moving average method)

단순이동평균법에서는 모든 기간의 값들이 동일한 조건하에서 변동하고 있다는 가정을 전제로 하고 있다. 그러나 미래의 상태는 일반적으로 먼 과거보다는 최근의 상태에 의해 영향을 받을 가능성이 더 높다고 생각할 수 있다. 이에 따라 시기별로 가중치를 달리하여 예측하는 것이 보다 바람직하다고 볼 수 있다.

가중이동평균법에 의한 예측 :

$$F_t = \frac{\sum_{i=1}^{n} w_{t-i} \cdot A_{t-i}}{\sum_{i=1}^{n} w_{t-i}}$$

여기서,

F_t : t기의 예측치

w_{t-i} : $(t-i)$기에 부여된 가중치

A_{t-i} : $(t-i)$기의 실제치

예제 2 지난 5개월 동안 한 백화점에서의 자동 커피 제조기 판매량은 다음과같다. 가중이동평균법에 의해 6월의 수요예측치를 구하시오. 단, 가중치는 최근 월로부터 각각 0.4, 0.3, 0.2, 0.1로 부여한다.

<표 3-2> 커피제조기 판매데이터

(단위 : 천 개)

월	수요량
1	82
2	70
3	85
4	80
5	90

▌풀이▐ 6월의 수요예측치:

$$F_w = \frac{(0.4 \times 90) + (0.3 \times 80) + (0.2 \times 85) + (0.1 \times 70)}{0.4 + 0.3 + 0.2 + 0.1}$$

$$= 36 + 24 + 17 + 7$$

$$= 84$$

그러므로 6월의 기대수요는 84,000개다.

2) 지수평활법(exponential smoothing method)

일종의 가중평균법에 속하지만 가중치를 부여하는 방법이 다르다. 지수평활법에서 예측치를 구하기 위해 부여하는 가중치는 과거로 거슬러 갈수록 지수 함수적으로 감소하게 된다. 즉, 최신 자료일수록 가중치는 커지고 오래된 자료일수록 가중치는 작아진다. 지수평활법은 정확성이 높고, 지수 함수적 모형의 설정이 비교적 용이하며 이해하기가 쉽다. 그리고 모형을 사용하는 데는 많은 시간이 필요하지 않기 때문에 시계열분석에서 단기예측을 하는 데 가장 많이 활용된다.

지수평활법에 의한 예측 :

$$F_t = F_{t-1} + \alpha(A_{t-1} - F_{t-1})$$
$$= \alpha A_{t-1} + (1-\alpha)F_{t-1}$$

여기서,

α : 지수평활상수$(0 \le \alpha \le 1)$

A_{t-1} : $(t-1)$기의 실제치

A_t : t기의 예측치

지수평활법을 실제 적용할 경우, 두 가지 사항을 고려하여야 한다. 하나는 평활계수(α)의 값을 결정하는 문제이고, 다른 하나는 최초의 예측치이다.

평활상수 α는 '0'과 '1' 사이의 값을 갖는다. '1' 보다 작은 수는 곱할수록 작아지기 때문에 최신의 자료에 부여되는 가중치는 크고 과거로 멀어질수록 가중치는 작아지며, 대상기간 전체의 가중치의 합은 1이다. α값이 1에 가까울수록 최근의 가중치는 커지고 과거로 갈수록 더 빨리 작아진다. 따라서 자료의 안정성이 낮을수록 평활상수(α)의 값은 커져야 함을 알 수 있다.

최초의 예측치를 구하는 방법에는 절대적인 것이 없다. 다만 자료의 개수가 매우 많을 경우에는(보통 20개 이상인 경우) 이등분하여 전반부의 평균을 구하여 이를 후반부의 최초의 예측치로 이용하는 방법이 있다. 그러나 자료수가 아주 작은 경우(보통 5개 이하)에는 최초의 실제치를 최초의 예측치로 놓고 이용하는 방법도 있다. 또한 자료의 수가 중간 정도인 경우 처음 몇 개를 평균하여 이용할 수도 있는데. 이 때 평균대상기간수 (n)는 "$n=(2/\alpha)-1$"를 이용하기도 한다.

예제 3 지난 6개월 동안의 컬러 TV의 판매 실적은 다음과 같다. 0.5의 평활상수를 가지고 지수평활법을 이용하여 컬러 TV의 7월 수요를 예측하시오.

<표 3-3> 컬러 TV판매실적

(단위 : 천 대)

월	수요량
1	10
2	14
3	9
4	13
5	15
6	10

▌풀이▐ 가. 우선 초기예측을 결정한다. 초기예측은 지난 n기간 동안의 자료에 대한 평균을 사용한다. 즉 $n=(2/\alpha)-1=3$이므로, 현재를 기준으로 이전의 3기간만큼의 평균을 초기 예측치(4기 예측치)로 사용한다. 즉 $F_4=(10+14+9)/3=11$이 된다.

나. 각 기간에 대해 지수평활법의 식을 사용하여 수요예측을 계산한다.

$$F_5=F_4+0.5(A_4-F_4)=11+0.5(13-11)=12$$
$$F_6=F_5+0.5(A_5-F_5)=12+0.5(15-12)=13.5$$
$$F_7=F_6+0.5(A_6-F_6)=13.5+0.5(10-13.5)=11.75$$

그러므로 7월의 컬러TV의 기대수요는 11,750 대이다.

1.1.3 인과형 분석(causal analysis)

시계열분석은 시간의 변화에 따른 수요를 관찰하여 미래를 예측하였다. 즉, 수요와 시간과의 관계를 분석하였다. 그러나 수요는 시간에 의해서만 영향을 받지 않는다. 인과형 분석은 시간 외에도 다른 여러 가지 요인들이 수요에 영향을 끼친다는 사실을 근거로 하여 전개된 예측기법이다. 이 기법은 영향을 미치는 변수(독립변수)들과 영향을 받는 수요(종속변수)와의 관계를 통하여 미래를 예측하고자 하는 계량적 기법으로, 장기 예측에 적합한 모형이다. 예를 들면 제품의 매출액은 가격, 품질, 소비자 기호, 경제동향, 경쟁제품의 매출 등 여러 가지 요인들에 의해서 영향을 받는다. 그러므로 각 변수들이 매출에 어느 정도의 영향을 미치는지의 인과관계를 조사하여 이들을 정형화된 수식으로 만들고, 이 수식을 이용하여 미래의 매출액 수준을 예측한다.

이 기법은 역사적 자료를 이용할 수 있고, 영향을 미치는 각 변수들의 종류와 관계가 알려져 있을 때 사용될 수 있으며, 대표적인 분석기법으로는 회귀분석이 있으며, 그 외에도 투입/산출모형, 계량경제모형 등이 있다.

여기서는 가장 일반적으로 이용되고 있는 선형회귀분석에 대해 설명하고자 한다.

1) 선형회귀분석(linear regression analysis)

회귀분석이란 하나 이상의 독립변수들(원인)과 종속변수(결과)와의 관계를 파악하여 회귀방정식을 도출하고, 이 회귀방정식을 이용하여 미래를 예측하는 인과형 분석의 가장 대표적 모형이다.

특히 선형 회귀분석은 회귀분석 중에서 독립변수와 종속변수가 선형의 관계로 표현할 수 있는 경우를 말한다. 회귀분석에서 종속변수는 예측하고자 하는 변수를 말하며, 독립변수는 종속변수의 결정에 영향을 미치는 원인이 된다. 회귀분석에서는 시간도 추세나 계절성을 갖는 종속변수의 결정에 영향을 미치므로 역시 독립변수로 사용될 수 있다.

회귀분석을 통해서 우리는 여러 가지의 정보를 얻을 수 있는데, 첫째로 독립변수와 종속변수간의 상호관련성 여부를 알 수 있고, 둘째로 종속변수와 독립변수의 상관관계의 정보를 파악할 수 있으며, 셋째로 변수간의 종속관계의 성격 즉 변수간의 관계가 양의 관계를 갖고 있는지, 음의 관계를 갖고 있는지 알 수가 있다. 선형회귀분석은 단순선형 회귀분석과 다중선형 회귀분석으로 나눌 수 있다.

단순선형 회귀분석(simple linear regression analysis)

단순회귀분석은 종속변수에 영향을 미치는 독립변수의 수가 1개인 회귀분석을 의미한다. 선형회귀식을 수립하기 위해서는 먼저 독립변수(X_i)와 종속변수(Y_i)가 다음과 같은 선형 관계를 갖는다는 가정이 필요하다.

$$Y_i = \alpha + \beta X_i + \epsilon_i$$

여기서, α =선형회귀식의 Y절편
β =선형회귀식의 기울기
ϵ_i =회귀식에 의해 설명할 수 없는 오차

이다. 선형 회귀분석에서 우리가 알고자 하는 것은 절편 α와 기울기 β이다. 이들을 추정하기 위해 최소자승법(least square method)과 최우추정법(maximum likelihood method)의 방법을 사용할 수 있는데 여기서는 최소자승법을 이용한 회귀분석에 대해 설명하고자 한다.

최소자승법은 실제 Y_i와 Y_i의 추정치의 차이인 오차들의 합이 최소가 되도록 하는 절편과 기울기의 추정치를 구하는 방법이다. Y_i의 추정치는 다음과 같이 표현될 수 있다.

$$\widehat{Y_i} = \hat{\alpha} + \hat{\beta} X_i$$

이때 선형회귀식의 목적함수는

$$\sum (Y_i - \widehat{Y_i})^2 = \sum [Y_i - (\hat{\alpha} + \hat{\beta} X_i)]^2$$

의 최소화로 표현된다. 이제 목적함수를 최소화시키는 계수를 찾아내기 위해서 목적함수를 구하고자 하는 계수 $\hat{\alpha}$와 $\hat{\beta}$에 대해 편미분하여 각 식을 0으로 놓고 풀면, 다음과 같은 결과를 얻게 된다.

$$\hat{\beta} = \frac{n\sum XY - \sum X \sum Y}{n\sum X^2 - (\sum X)^2}$$

$$\hat{\alpha} = \frac{\sum Y - \hat{\beta} \sum X}{n} = \hat{Y} - \hat{\beta} X$$

단순회귀분석에서 독립변수(X)와 종속변수(Y)가 어느 정도 관계를 갖고 있는가는 상관계수(ρ)에 의해 측정될 수 있다. 상관계수(correlation coefficient)는 종속변수와 독립변수관계의 강도와 방향을 측정하는 것으로 -1에서 1 사이의 값을 갖는

다. 상관계수는 다음 식으로 나타낼 수 있다.

$$\rho = \frac{n\sum XY - \sum X \sum Y}{\sqrt{[n\sum X^2 - (\sum X)^2][n\sum Y^2 - (\sum Y)^2]}} = \frac{COV(X, Y)}{S_X S_Y}$$

$\rho = 0$이라는 것은 두 변수간의 상관관계가 없음을 의미하며, -1은 강한 음(-)의 상관관계를 +1은 강한 양(+)의 상관관계를 가짐을 의미한다.

예제 4 지난 8년간의 신문구독 부수와 그 마을의 주민수가 다음과 같이 주어져 있을 때 주민수의 변화에 따른 신문구독 부수를 예측하고자 한다. 만일 내년의 주민수가 42,000명으로 예측되었을 때 단순선형 회귀모형을 사용하여 내년도의 신문구독수가 얼마나 될지를 추정하시오.

<표 3-4> 연도별 신문구독부수와 주민수

(단위: 주민수: 만명, 신문구독수: 천부)

연도	신문구독수	주민수
1993	3.0	2.0
1994	3.5	2.4
1995	4.1	2.8
1996	4.4	3.0
1997	5.0	3.2
1998	5.7	3.6
1999	6.4	3.8
2000	7.0	4.0

▌풀이▐ $\hat{\alpha}$와 $\hat{\beta}$의 계산을 위해 필요한 자료가 〈표 3-5〉에 주어져 있다.

$$\hat{\beta} = \frac{n\sum XY - \sum X \sum Y}{n\sum X^2 - (\sum X)^2} = \frac{8(127.9) - 39.1(24.8)}{8(80.2) - (24.8)^2} = 2.01$$

$$\hat{\alpha} = \frac{39.1 - 2.01(24.8)}{8} = -1.34$$

<표 3-5> 풀이를 위한 중간과정표

연도	신문구독수(Y)	주민수(X)	X^2	XY
1993	3.0	2.0	4.0	6.0
1994	3.5	2.4	5.8	8.4
1995	4.1	2.8	7.8	11.5
1996	4.4	3.0	9.0	13.2
1997	5.0	3.2	10.2	16.0
1998	5.7	3.6	13.0	20.5
1999	6.4	3.8	14.4	24.3
2000	7.0	4.0	16.0	28.0
$\sum$	39.1	24.8	80.2	127.9

따라서 주민수와 신문구독수와의 관계를 나타내는 회귀방정식은 $Y = -1.34 + 2.01X$이다. 만일, 내년의 주민수가 42,000명으로 예측되었을 때 회귀방정식으로부터 신문구독수가 얼마나 될 것인지를 추정해 보면 $Y = -1.34 + 2.01(4.2) = 7.1$, 즉 내년도 신문구독 수요에 대한 추정치는 7,100부 이다.

다중선형 회귀분석(multiple linear regression analysis)

현실적으로 기업의 매출액은 가격, 판촉, 경쟁자, 시장동향, 회사의 명성 등 다양한 독립변수에 의해 영향을 받는다. 이러한 경우 회귀분석에서 종속변수(Y)는 하나의 독립변수로 설명하는 것이 불가능하다. 이와 같이 여러 개의 독립변수를 갖는 회귀분석모형을 다중 회귀모형이라고 한다. 다중선형 회귀는 다음과 같은 형태로 표현될 수 있다.

$$\hat{Y} = a + b_1X_1 + b_2X_2 + \ldots + b_nX_n$$

1.1.4 Simulation

시뮬레이션 방법은 서로 다른 상황 하에서 고객의 행위를 모의실험을 하기 위해서 인과방법과 시계열을 혼합하여 사용한다. 이 방법은 다음과 같은 질문에 대한 답을 얻기 위하여 사용된다. 즉, 만약 제품가격을 낮추면 수입이 어떻게 될 것인가? 혹은 만약 경쟁자가 경쟁적 제품을 소개하거나 근처에 새로운 점포를 개점하면 시장점유율은 어떻게 될 것인가? 등이다.

소수 회사들만이 예측을 하기 위하여 이러한 방법들 중 하나만을 사용한다. 대부분의 회사들은 여러 방법들을 통하여 여러 예측치를 얻은 후, 이러한 서로 다른 예측치를 합하여 그들 사업을 계획하는데 사용하는 실제 예측치로 만드는 것이다.

1.2 예측오차의 측정

미래의 수요는 여러 가지 요인들에 의해 영향을 받으므로, 정해진 모형에 의해 미래를 정확히 예측하는 하는 것은 불가능하다. 아무리 좋은 예측기법을 사용하여 예측한 경우라도 그 예측치는 반드시 오차를 갖게 마련이다. 그러나 수요예측에 따른 오차의 크기를 측정하는 것은 다양한 예측기법들 중에서 어느 한 기법을 선택할 경우나 사용 중인 기법의 정확성을 평가하는 경우에 있어 기준이 되기 때문에 매우 중요하다 하겠다.

예측오차를 측정하는데 사용되어지는 대표적인 것들은 다음과 같다.

1.2.1 예측오차(Forecast Error)

(1) 절대편차 평균(MAD: mean absolute deviation)

예측오차의 가장 일반적 측정치는 MAD이다. MAD는 쉽게 계산되어지고 또 쉽게 해석이 된다. MAD는 다음과 같이 구할 수 있다.

$$MAD = \frac{\sum_{t=1}^{n} | Demand_t - Forecast_t |}{n}$$

예제 5 다음 표에서 MAD를 구하라.

<표 3-6> 실제데이터와 예측치

기간	실제 데이터	예측치	예측오차	오차의 절대치
1	100	90	10	10
2	120	110	10	10
3	130	128	2	2
4	120	130	-10	10
5	140	120	20	20

위의 표에서 4, 5번째 행은 MAD를 구하기 위한 예측오차와 오차의 절대치를 계산하여 얻은 값들이다.

$$MAD = \frac{(10+10+2+10+20)}{5} = 10.4$$

(2) 오차제곱 평균(MSE: mean squared error)

예측오차의 또 다른 측정치는 오차제곱 평균(MSE)인데, 이는 각 기간의 예측오차를 제곱하여 더한 후 $(n-1)$기간으로 나눈 값이다. 이 값은 대략적으로 분산(variance) 값과 근사하다.

$$MSE = \frac{\sum_{t=1}^{n}(Demand_t - Forecast_t)^2}{(n-1)}$$

예제 6 앞의 표를 이용하여 MSE를 구하라.

<표 3-7> MSE를 구하기 위한 표

기간	실제 수요	예측치	예측 오차	오차의 제곱
1	100	90	10	100
2	120	110	10	100
3	130	128	2	4
4	120	130	-10	100
5	140	120	20	400

$$MSE = \frac{(100+100+4+100+400)}{4} = 176$$

1.2.2 예측편의(Forecast Bias)

임의 오차(random)와 시스템적 오차를 구분하는 것은 중요하다. 이를 위해 예측자들은 예측 편의의 양(amount of bias)을 측정한다.

(1) 평균 예측오차(MFE: mean forecast error)

편의(bias)의 일반적 측정치는 실제수요와 예측수요 간의 차이의 평균인 MFE이다.

$$MFE = \frac{\sum_{t=1}^{n}(Demand_t - Forecast_t)}{n}$$

예제 7 다음 표의 데이터를 이용하여 MFE를 구하라.

<표 3-8> MFE를 구하기 위한 표

기간	실제 수요	예측치	예측오차
1	100	90	10
2	120	110	10
3	130	128	2
4	120	130	-10
5	140	120	20

$$MFE = \frac{(10+10+2-10+20)}{5} = 6.4$$

어떠한 예측치도 정확할 수가 없다. 만약 예측 프로세스에 임의오차(random error)만 존재한다면, 예측치의 약 50%는 실제 수요보다 높을 것이고, 예측치의 약 50%는 실제 수요보다 낮게 될 것이다. 만약 MFE의 값이 0에 가깝다면 이는 예측 모델이 편의(bias)가 존재하지 않음을 의미하는 것이다. 그런데 만약 MFE가 음(-)이라면, 예측치는 분포의 높은 쪽으로 편의(bias)된 것이고, MFE가 양(+)이라면 예측치는 분포의 낮은 쪽으로 편의(bias)된 것을 나타낸다. 예컨대 〈표 3-8〉에서 MFE가 6.4로 만약 거기에 어떠한 편의(bias)가 존재한다면 예측치는 일관되게 실제 수요보다 낮다는 것을 의미한다.

1.2.3 추적신호(TS: tracking signal)

추적신호(TS: tracking signal)는 예측 모형의 타당성에 의문이 갈 경우 예측치의 신호를 분석하기 위해 사용된다. 추적 신호는 각 제품의 누적 예측오차의 기록이며, 이를 사용함으로써 재고로 있는 각 항목에 대한 통제 챠트(control chart)를 유지할 필요가 없게 한다.

추적 신호는 다음과 같이 계산된다.

$$TS(tracking\quad signal) = \frac{\sum_{t=1}^{n}(Demand_t - Forecast_t)}{MAD}$$

추적신호는 매 기간마다 재계산되어 지는데 일반적으로 ±3 표준편차(standard deviation)와 ±8 표준편차 사이 중간에 있는 값인 사전에 정해진 값과 비교한다. 계산된 추적신호가 이 사전에 정해진 값보다 크다면 예측자는 예측치에 문제가 있는지를 살펴보아야 한다.

예제 8 앞의 표의 값을 이용하여 추적신호(TS: tracking signal) 값을 구하라. 추적신호 임계치(critical value)는 4이다.

〈표 3-9〉 TS를 구하기 위한 표

기간	실제 수요	예측치	예측 오차	절대 오차	MAD	추적신호(TS)
1	100	90	10	10	-	-
2	120	110	10	10	10	2
3	130	128	2	2	7.33	3
4	120	130	-10	10	8	1.5
5	140	120	20	20	10.4	3.08

매기간마다 MAD를 계산하고 예측오차의 합을 계산하여 그 기간의 MAD로 나누면 추적신호 값을 구할 수 있고 이를 추적신호의 임계치와 비교한다. 예를 들면 기간 3의 MAD는 $\frac{(10 + 10 + 2)}{3} = 7.33$이고 예측오차의 합은 $(10 + 10 + 2) = 22$ 이므로 $TS = \frac{22}{7.33} = 3$이 된다. 이것은 추적신호 임계치 값보다 작으므로 예측에 있어 문제가 존재하지 않는다는 것을 가리킨다.

1.3 예측시 고려사항

사용하는 예측방법들과 관계없이, 예측을 하고 그들의 결과를 평가할 때 몇 가지 사항을 고려하는 것이 중요하다. 우선적으로, 단기 예측은 본질적으로 장기 예측보다 훨씬 정확하다. 비즈니스 추세와 조건들의 영향은 장기간보다는 단기간에 보다 더 정확하게 계산될 수가 있다. 월마트가 한 달에 두 번에서 일주일에 두 번 그들의 점포에 재고를 보충하기 시작했을 때, 매장 관리자들은 그들의 예측의 정확성을 상당히 높일 수가 있었는데 이는 관련된 시간기간이 2~3 주에서 3~4일로 줄어들었기 때문이었다.

총괄적 예측은 개별 제품 혹은 작은 시장 구분(segment)을 예측하는 것보다 더욱 정확하다. 예를 들어서, 주어진 수도권 지역의 청량음료 판매의 연간 예측을 하는 것은 꽤 정확하나, 이러한 예측치를 수도권 지역 내의 구역을 기초로 하여 판매를 분할할 때 그들은 덜 정확하게 된다. 총괄적 예측은 좋은 예측 정확도를 제공하는 데이터의 광범위한 기반을 사용해서 만들어진다. 일반적 규칙으로서, 보다 좁게 초점을 맞출수록 혹은 특수하면 할수록, 활용할 수 있는 데이터가 적을수록, 그리고 데이터에 많은 변동이 있으면 있을수록, 정확도는 떨어진다.

마지막으로, 예측치는 크든 작든 항상 틀리게 되어있다. 완전한 예측치는 존재하지 않으며, 비즈니스들은 모든 예측에 어느 정도 에러의 기대수준을 할당할 필요가 있다. 정확한 예측은 (+/-) 5%의 에러 수준을 가진다. 보다 추론적인 예측은 (+/-) 20%의 에러 수준을 가질 수 있다. 비즈니스는 그들의 결과치를 커버하기 위한 비상계획(contingency plan)을 가져야만 하기 때문에, 에러의 수준을 아는 것은 중요하다.

2 총괄적 계획(Aggregate Planning)

일단 수요예측이 수립되면, 다음 단계는 기대수요에 맞추어서 회사의 계획을 수립하는 것인데 이를 총괄계획이라 하고, 이의 목적은 회사의 이익을 최대로 하도록 수요를 만족시키는 것이다. 계획은 총괄적 수준에서 이루어지고, 개별 재고유지단위(SKU: stock keeping unit)로 이루어지는 것이 아니다. 이것은 향후 3~18개월간 뒤따르는 생산과 재고의 최적 수준을 정하는 것이다.

총괄적 계획은 그것이 프레임워크가 되어 그 안에서 생산, 재고, 그리고 유통에 관한 단기적 의사결정들이 이루어진다. 생산에 관한 결정은 생산율, 사용하여야 할 생산능력의 양, 노동력 크기, 그리고 얼마나 많은 시간의 초과생산과 외주를 사용할 것인지 등과 같은 매개변수를 정하는 것을 포함한다. 재고 의사결정은 어느 정도의 수요를 현 재고에서 즉시 맞추어야 할 것인가, 얼마의 수요가 나중에 만족될 수 있는가 아니면 이월(backlog)주문으로 넘어 가는가 등을 포함한다. 유통 의사결정은 얼마나, 언제, 제품이 생산지로부터 고객에 의해 사용되거나 구입할 수 있는 장소로 이동될 것인가를 포함한다.

2.1 총괄계획수립의 접근법

총괄 계획을 세우는 데는 세 가지 기본적인 접근이 있다. 그들은 세 가지 변수들간 상충관계를 포함한다. 그 변수들은 ① 생산능력의 양, ② 생산능력의 활용수준, 그리고 ③ 유지하는 재고의 양 등이다.

2.1.1 추적전략(Chase Strategy) - 생산능력을 지렛대로 사용

이 전략에서는 생산율은 수요율이 변함에 따라 기계생산능력을 변화시키거나 종업원을 고용 혹은 해고시킴으로써 수요율과 일치시키는 것이다. 여기서의 목표는 항상 100%의 생산능력을 사용하는 것이다. 이 접근은 재고의 낮은 수준을 가져오나, 공장 능력을 더하거나 줄이는 비용이 높으면 실행하는데 매우 비용이 많이 들 수 있다. 또한 사람들이 수요가 높고 낮음에 따라 계속 고용되거나 해고된다면 종종 작업자에 대하여 분열과 사기저하를 가져다준다. 이 접근은 재고유지비용이 높고, 생산능력을 변경하는 비용이 낮을 때 적합하다.

일반적으로 이 전략은 주문형 생산(make-to-order)에 적합한데 왜냐하면 주문형 생산 회사들은 변동하는 수요 패턴을 만족하기 위하여 최종 제품 재고에 의존할 수 없기 때문이다. 주문형 생산 회사들은 고객의 스펙을 바탕으로 여러 종류 중의 하나 혹은 특별 제품을 만들게 된다. 주문형 생산회사들은 그들이 최종제품의 실제 스펙을 알지 못하기 때문에 주문에 앞서 사전에 생산할 수가 없다.

2.1.2 평준화 전략(Level Strategy) - 재고를 지렛대로 사용

이 전략에서는 안정적 기계생산능력과 작업자 수준이 일정한 산출율과 함께 유지되어진다. 생산은 수요와 일치하지 않게 된다. 이 접근은 높은 생산능력 활용과 낮은 능력변경 비용을 가져오나, 수요가 변동함에 따라 많은 재고와 이월재고를 가져온다. 따라서 이 전략의 단점은 많은 재고가 쌓일 수 있고, 고객주문이 지연될 수 있다는 것이다. 능력비용과 능력 변경비용이 높고, 재고와 이월재고 유지비용이 상대적으로 낮을 때에만 사용되어야 한다.

이 전략은 재고형 제조(make-to-stock) 회사에 적합한데 특별히 즉각적인 배달을 강조하는 회사나 추적전략에 비하여 상대적으로 저가의 표준품을 생산하는 회사들에 적합하다.

2.1.3 혼합전략(Mixed Strategy)

현실에 있어서는 위와 같은 순수전략을 실행하기에 문제가 존재하기 때문에 두 가지 전략을 잘 혼합함으로써 새로운 전략을 세울 수 있다. 예컨대 수요가 많은 특정기간에는 추적전략을 사용하고 비수기인 경우에는 평준화 전략을 사용할 수가 있는 것이다.

2.2 총괄계획 비용

총괄계획의 관련 비용들은 다음과 같다.

- 채용비용과 해고비용
  - 채용비용 : 모집비용, 선발비용, 교육훈련비용 등

- 해고비용 : 퇴직수당과 같은 해고와 관련된 제반비용

➲ 잔업비용과 유휴시간비용
- 잔업비용 : 정규작업시간을 초과하여 작업할 때 정규임금이상으로 지불되는 비용
- 유휴시간비용 : 정규작업시간 이하로 공장을 가동할 때 발생하는 유휴시간에 대해 지불된 임금

➲ 재고유지비용
- 재고에 묶여 있는 자본에 대한 기회비용
- 보관비용, 보험료, 보관 중의 손실, 진부화비용 등

➲ 재고부족비용
- 품절비용 : 이익 상실 기회비용 + 신용 상실로 인한 미래손실
- 추후납품비용 : 생산독촉비용, 가격할인, 신용상실비용 등 납품의 지연으로 인한 비용

➲ 하청비용

2.2.1 총괄계획기법 - 시행착오법

총괄계획을 수립하는 기법에는 여러 가지가 있으나 여기서는 간단하면서도 일반적으로 가장 많이 쓰이고 있는 시행착오법을 간단히 소개하고자 한다.

이 기법은 총괄생산계획 수립시 가장 널리 사용되는 기법으로 계획자의 경험과 직관에 의해 대안을 결정하고 시행착오(trial & error) 과정을 거쳐 점진적으로 만족한 총괄계획을 도출해 가는 방법이다.

이 기법의 가장 큰 단점은 수립된 계획이 얼마나 양호한 계획인지를 판단할 수 있는 근거가 전혀 없다는 것이다.

예제 8 천성맥주(주)는 향후 12개월에 대해 총괄계획을 수립하고자 한다. 주조방법이나 포장의 종류에 따라 여러 가지 제품으로 나눠지만 이들을 하나의 제품군으로 하고 갤론을 총괄척도로 채택하였다.
향후 12개월의 맥주 수요는 [그림 3-1]과 같이 예측되고 있다. 그림은 여름을 성수기로, 겨울을 비수기로 하는 맥주수요의 전형적인 패턴을 보여준다. 천성맥주의 경영진은 다음의 세 가지 총괄계획을 검토하고자 한다.

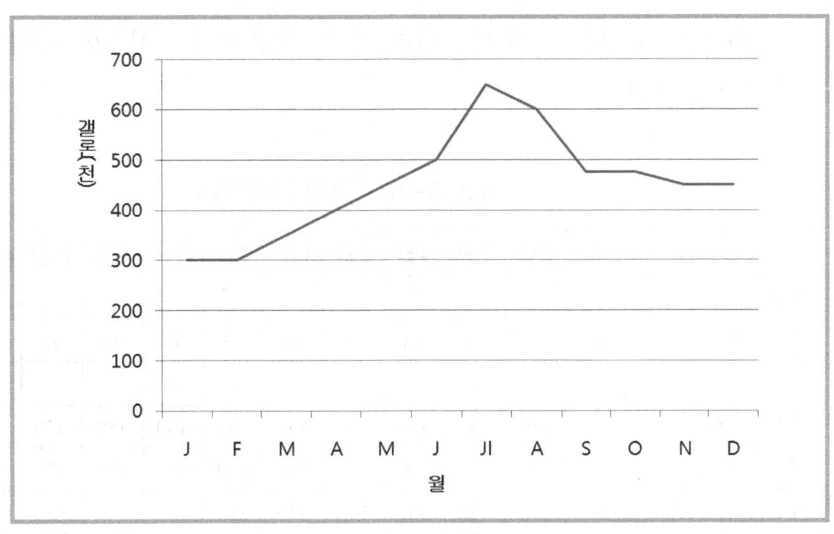

[그림 3-1]

① 고정수준전략(I) : 일정한 고용수준과 생산율을 유지하며 수요의 변동은 재고로 충당한다.

② 고정수준전략(II) : 일정한 고용수준과 생산율을 유지하되 6, 7, 8월의 성수기 동안은 고용수준의 20%에 해당하는 잔업을 통해 생산율을 조정한다.

③ 수요추적전략 : 신규채용과 해고를 통해 수요의 변동에 대응한다.

위의 세 가지 전략을 평가하기 위해 다음과 같이 비용과 자원에 대한 자료가 제시되었다.

① 각 종업원은 정규시간작업을 통해 매월 10,000 갤론의 맥주를 생산할 수 있다. 잔업 중에도 동일한 생산율을 가정한다. 그러나 잔업은 6월에서 8월까지만 사용할 수 있다. 기초의 고용수준은 40명으로 가정한다.

② 각 종업원의 월평균 임금은 100만원이다. 잔업은 정상임금의 150%를 지급받으며 정규시간의 20% 한도 내에서 할 수 있다.

③ 신규채용의 비용은 1인당 100만원, 해고비용은 200만원이다.

④ 맥주 생산비용은 갤론당 2,000원이며, 월 재고유지비용은 생산비용의 3%(또는 갤런당 월 60원)이다.

⑤ 기초재고는 50,000갤론이라고 가정하고, 12개월이 끝난 직후의 재고도 50,000 갤론으로 유지하는 것으로 한다. 모든 수요를 충족시켜야 하며, 품절은 허용하지 않는다.

〈표 3-10〉 고정수준전략(I)

	1월	2월	3월	4월	5월	6월	7월	8월	9월	10월	11월	12월	계
자원													
정규노동	45	45	45	45	45	45	45	45	45	45	45	45	
잔업(%)	-	-	-	-	-	-	-	-	-	-	-	-	
생산계획량(천)	450	450	450	450	450	450	450	450	450	450	450	450	5400
판매예측치(천)	300	300	350	400	450	500	650	600	475	475	450	450	5400
재고(월말) (천)	200	350	450	500	500	450	250	100	75	50	50	50	
비용													
정규노동(백만원)	45	45	45	45	45	45	45	45	45	45	45	45	540.0
잔업(백만원)	-	-	-	-	-	-	-	-	-	-	-	-	
고용/해고(백만원)	5	-	-	-	-	-	-	-	-	-	-	-	5.0
재고(백만원)	12	21	27	30	30	27	15	6	4.5	3	3	3	181.5
총비용(백만원)	62	66	72	75	75	72	60	51	49.5	48	48	48	726.5

〈표 3-10〉~〈표 3-12〉는 세 가지 전략에 의한 총괄계획과 각각의 계획에서 발생하는 정규고용, 신규채용/해고, 잔업, 그리고 재고의 모든 비용을 평가하여 요약하고 있다. 하청, 임시직, 품절 등은 이 예에서는 허용되지 않는 것으로 하였다.

첫 번째 대안을 평가하는데 있어서 우선 결정하여야 할 것은 수요와 재고량에 대한 목표를 충족하기 위해 필요한 고용수준의 규모이다. 기초와 기말재고가 동일한 것으로 가정하므로 필요한 고용규모는 향후 1년 동안 총수요를 생산할 수 있는 수준이면 된다. 〈표 3-10〉의 월별 수요(판매예측치)를 모두 합하면 연간 수요는 총 5,400,000갤론이 된다. 한 작업자의 연간 생산량은 120,000갤론(=10,000×12개월)이므로, 45명(5,400,000/120,000)의 작업자가 필요하다는 계산이 나온다. 45명으로 고용수준을 운영할 때 월별 재고량과 관련비용은 〈표 3-10〉과 같이 계산될 수 있다.

〈표 3-11〉 고정수준전략(II)

	1월	2월	3월	4월	5월	6월	7월	8월	9월	10월	11월	12월	계
자원													
정규노동	43	43	43	43	43	43	43	43	43	43	43	43	
잔업(%)	-	-	-	-	-	20	20	20	-	-	-	-	
생산계획량(천)	430	430	430	430	430	510	510	510	430	430	430	430	5400
판매예측치(천)	300	300	350	400	450	500	650	600	475	475	450	450	5400
재고(월말) (천)	180	310	390	420	400	410	270	180	135	90	70	50	
비용													
정규노동(백만원)	43	43	43	43	43	43	43	43	43	43	43	43	516.0
잔업(백만원)	-	-	-	-	-	12.0	12.0	12.0	-	-	-	-	36.0
고용/해고(백만원)	3	-	-	-	-	-	-	-	-	-	-	-	3.0
재고(백만원)	10.8	18.6	23.4	25.2	24.0	24.6	16.2	10.8	8.1	5.4	4.2	3.0	174.3
총비용(백만원)	56.8	61.6	66.4	68.2	67.0	79.6	71.2	65.8	51.1	48.4	47.2	46.0	729.3

두 번째 대안은 잔업이 사용될 수 있으므로 약간 더 복잡하다. 만일 Y명이 두 번째 대안을 위한 고용규모라면, 다음의 식이 성립하여야 한다.

$$9(10,000Y) + 3[(1.2)(10,000Y)] = 5,400,000$$

9개월간의 월생산량은 10,000갤론이며, 잔업이 사용되는 3개월 동안의 이 수량의 120%를 생산하게 된다. 위의 식을 Y에 대하여 풀면 Y=43명이라는 결과가 나온다. 〈표 3-11〉은 43명의 종업원 규모로 두 번째 대안을 운영할 때의 재고와 관련비용의 계산을 보여 준다. 〈표 3-11〉은 이 대안의 재고와 관련비용의 계산결과를 요약하고 있다.

세 번째 전략은 신규채용과 해고를 통해 수요의 변동에 대응하게 된다. 각 월의 수요로부터 해당 월의 종업원규모를 구하게 된다. 〈표 3-12〉는 대안 3의 기간별 종업원 수와 관련비용의 계산결과를 보여주는데, 이 경우 매월 50,000단위의 최소수준 재고를 유지하도록 계획이 수립되어 있다.

<표 3-12> 수요추적전략

	1월	2월	3월	4월	5월	6월	7월	8월	9월	10월	11월	12월	계
자원													
정규노동	30	30	35	40	45	50	65	60	48	48	45	45	
잔업(%)	-	-	-	-	-	-	-	-	-	-	-	-	
생산계획량(천)	300	300	350	400	450	500	650	600	475	475	450	450	5400
판매예측치(천)	300	300	350	400	450	500	650	600	475	475	450	450	5400
재고(월말) (천)	50	50	50	50	50	50	50	50	50	50	50	50	
비용													
정규노동(백만원)	30	30	35	40	45	50	65	60	48	48	45	45	541
잔업(백만원)	-	-	-	-	-	-	-	-	-	-	-	-	-
고용/해고(백만원)	20	-	5	5	5	5	15	10	24	-	6	-	95
재고(백만원)	3	3	3	3	3	3	3	3	3	3	3	3	36
총비용(백만원)	53	33	43	48	53	58	83	73	75	51	54	48	672

<표 3-13> 비용요약

고정수준전략(I)	
정규임금	₩540,000,000
고용/해고	5,000,000
재고유지	181,500,000
총 계	₩726,500,000
고정수준전략(II)	
정규임금	₩516,000,000
고용/해고	3,000,000
재고유지	36,000,000
잔업	₩729,300,000
총 계	
수요추적전략	
정규임금	₩541,000,000
고용/해고	95,000,000
재고유지	36,000,000
총 계	₩672,000,000

〈표 3-13〉은 각 대안의 연간 비용을 정리하여 요약한 것이다. 본 예의 주어진 상황에서 세 번째 대안이 최소비용계획임을 알 수 있다. 그러나 대안 3의 내용을 보면 고용규모가 30명에서 65명의 사이에서 증감을 보이고 있다. 이와 같이 채용/해고를 통한 과도한 고용규모의 변동은 종업원의 사기를 저하할 뿐만 아니라 노조의 결성을 야기시켜 장기적으로 더 큰 노동비용을 초래할 수도 있다. 이러한 문제를 완화시키기 위하여 고용수준을 성수기와 비수기로 나누어 차등화하는 이원적 고정수준전략을 고려할 수도 있다. 이와 같이 시행착오법은 계획대안을 하나하나 나열해 가면서 만족할만한 해를 찾아가는 것이다.

제4 장
공급사슬 내에서의 재고관리

많은 사람들이 재고는 바람직하지 않고 절대적으로 제거되어야 한다고 주장하는데 이는 복잡한 물류공급 시스템보다는 제조활동 내부에서 비교적 쉽게 달성될 수 있다. 기업활동은 끊임없이 수요공급의 불확실성 그리고 특정 자재나 제품들의 계절적 변동 등을 겪을 것이고 더구나 운송과 관련한 과정들은 상당한 시간을 필요로 한다. 그러나 공급사슬관리자들은 TQM(Total Quality Management), JIT(Just in Time), CI(Continuous Improvement) 등과 같은 기법으로부터 다음과 같은 것들을 배워야 한다.

- 재고를 제거할 수 없다면 재고를 발생시키는 요인들을 가능한 최대로 줄여야 한다.
- 이러한 요인들을 제거할 수 없는 경우에는 필요한 최소의 재고를 유지해야 한다.

1 재고관리의 구조

1.1 공급사슬과 물류 네트워크

공급사슬의 개념은 기본단위의 원자재가 최종고객의 사용시점에서 완제품으로의 변환과정을 나타내는 것이다. 현실적으로 하나의 기업은 공급사슬 내에서 복수의 공급자와 자재, 복수의 생산 공장과 물류센터, 복수의 고객들을 포함한다. 고객에게 도달되기 전에 하나의 품목이 여러 단계를 거칠 때 이를 다단계(multi-echelon) 네트워크라고 부른다.

재고는 전 네트워크에 걸쳐 여러 이유와 형태로 존재하는데 이들은 다음과 같은 공통점이 있다.

- 하류단계는 상류단계의 재고수요를 창출한다.
- 재고를 필요로 하는 요인들과 결합하여 수요는 어느 한 지점에서 요구되는 재고수준을 결정한다.

물류의 기본전제는 전체 공급사슬이 하나의 시스템으로 관리될 때 최소의 재고가 실현되므로 모든 필요한 재고가 전 사슬을 통해 조정되어야만 한다는 것이다.

1.1.1 재고보유의 이유와 형태

재고발생의 주된 이유는 생산의 여러 단계가 분리되어 있기 때문이다. 즉, 원자재 재고는 원자재 공급자와 제조업자가 분리되어 있고, 재공재고는 생산의 각 단계가 분리되어 있으며, 완제품 재고는 고객과 제조업자가 분리되어 있기 때문이다. 이러한 부문 간 단절로 발생되는 재고 외에 별도로 재고유지의 필요한 경우는 다음과 같다.

1) 주기재고(cycle inventory)

주기재고란 재고품목을 한 단위씩 주문 또는 생산하여 소모하지 않고 주기적으로 일정한 로트 단위에 의해 조달되기 때문에 발생하는 재고이다. 로트 단위에 의한 조달의 이유는 다음과 같이 여러 가지가 있을 수 있다.

- 대량구매, 수송, 생산에 의한 가격할인 또는 생산비용 절감
- 대량주문에 의한 주문횟수 감축으로 주문비용의 절감
- 기술적 제약요인

특정시점에서 보유재고의 양은 재고품목의 주문량과 주문빈도에 직접적인 영향을 받게 된다. 일반적으로 주문량과 주문빈도는 주문비용과 재고유지 비용의 상충관계 속에서 결정된다.

2) 안전재고(safety stock)

안전재고는 완충재고(buffer stock)라고도 불리며, 수요와 공급의 단기적인 불확실성에 대비하여 보유하는 재고를 말한다. 만약 제품에 대한 수요를 정확히 알고 있다면 수요를 정확하게 흡족시키도록 제품을 생산할 수 있다. 그러나 보통 수요는 완전히 알려져 있지 않는 것이 일반적이며, 따라서 수요변동을 흡수하기 위해서는 안전재고를 유지해야 한다. 마찬가지로 공급자의 납품이나 조달기간에 대한 불확실성을 흡수하기 위해 원자재의 안전재고를 유지하며, 기계설비의 고장, 작업자의 실수, 또는 급속한 일정변경에 대처하기 위해 재공품재고에 대해서도 안전재고를 유지한다. 만약 이러한 변동이나 불확실성을 줄일 수만 있다면 안전재고도 줄일 수 있다.

3) 예비적 비축재고(anticipation inventory)

예비적 비축재고란 수요의 상승을 기대하여 의도적으로 사전에 비축하고 있는 재고를 말한다. 예비적 비축재고는 주로 계절적 수요를 가지는 품목의 경우에 발생한다. 예를 들어서 에어컨을 생산하는 업체에서는 여름 동안의 성수기를 대비하여 비수기인 겨울에 평균수요 이상의 에어컨을 생산함으로써 재고를 비축하여 성수기에 대비하는 것을 우리는 흔히 볼 수 있다. 예비적 비축재고는 예기되는 수요의 상승이외에도 불량품, 정기적 시설 보수, 파업 등에 대비하기 위한 재고를 포함하기도 한다.

4) 파이프라인 재고(pipeline inventory)

파이프라인 재고는 현재 수송 중에 있는 품목들을 말한다. 파이프라인 재고의 양은 품목의 수요율, 수송시간, 그리고 수송시간의 불확실성의 정도에 비례하게 된다.

5) 분리용 재공품재고(decoupling inventory)

[그림 4-1]은 세 개의 작업장으로 구성된 가상적 생산라인을 나타낸다. 원재료가 도착하면 첫 번째 작업장에서 공정을 거친 후, 두 번째 작업장으로 이동하고, 다시 세 번째 작업장의 공정이 끝나면 완제품이 되어 최종소비자에게 유통하게 된다.

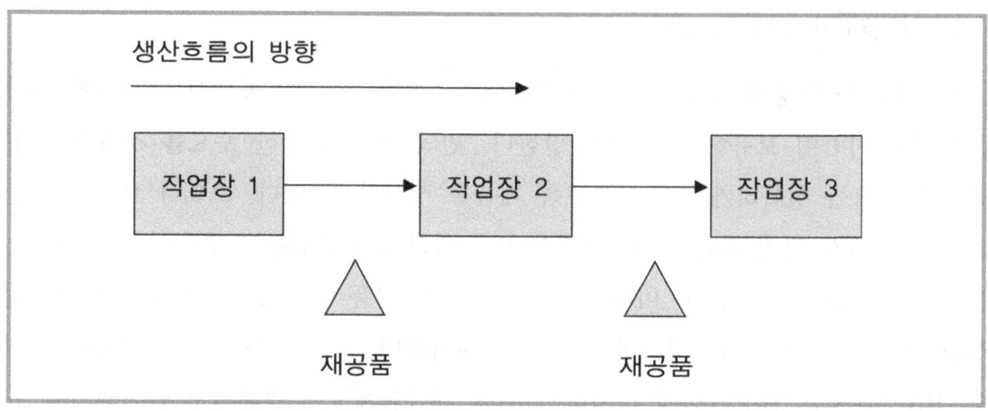

[그림 4-1] 가상적 생산라인

이 경우 각각의 작업장은 상호 종속적인 관계를 가지게 된다. 왜냐하면 한 작업장이 어떤 원인(기계고장, 결근 등)에 의해서 공정 활동을 중단하면 다음 작업장도 생산 활동을 계속할 수가 없기 때문이다. 그러나 만일 각 작업장 사이에 일정량의 재공품재고를 보유하게 되면 위에서와 같이 종속성으로부터 어느 정도 분리될 수가 있을 것이다. 선행작업장이 정지하여도 후속작업장은 재공품재고에 의해 지속적으로 생산활동을 수행할 수 있기 때문이다. 이와 같이 작업장 사이의 재공품재고는 공정순서나 자재흐름으로부터 오는 작업장 간의 종속성을 해소시켜, 각 작업장이 독립적으로 보다 효율적으로 운영될 수 있는 수단으로 사용될 수 있다.

2 재고원인의 제거 및 완화

세계적 일류회사들은 가능하면 재고발생의 원인을 제거하기 위하여 많은 노력을 기울이고 있다. 과거 많은 기업들이 재고발생을 당연시하였던 기능 간 혹은 조직 간 연계부문에서 재고절감의 기회는 존재하며 전 공급사슬을 통하여 또 다른 기회가 존재하기도 한다.

2.1 불확실성의 제거

전 공급사슬 내에 불확실성은 존재하는데 이 중 중요한 것은 다음과 같다.

- **수요의 불확실성** : 미래의 정확한 수요를 알지 못한다.
- **공급의 불확실성** : 공급자에게 보충을 위해 주문하였을 때 이것이 언제 정확하게 도달할지 모른다.

2.1.1 수요의 불확실성

임의의 수요변동은 공급사슬에 커다란 안전재고를 가져오는데 실제로 수요의 불확실성은 항상 존재한다. 더구나 공급사슬 내 각 단계에서의 개별적 의사결정은 불확실성을 더욱 악화시킨다. 하류에 있는 고객과 물류거점 간에 정보가 공유하는 시스템을 개발하는 것은 이와 같은 수요변동을 감소시키는데 도움이 되며 물류거점의 통합이나 다양한 제품의 통합도 이를 완화시킨다.

2.1.2 하류단계에서의 관계

하류단계 수요지점에서 채택하는 보충정책은 이들의 영향이 여러 단계에 미치기 때문에 상류에서 커다란 변동을 일으킬 수 있다. 수요의 불확실성을 줄이는 것은 하류 수요지점과 긴밀한 협조를 필요로 한다. 최근 많은 소매점들은 최하류 지점에서 수요를 수집하여 이 자료를 공급자들과 전자적으로 교환하는 POS(point of sale) 시스템을 사용함으로써 큰 성과를 실현하고 있다.

2.1.3 주문량 통합

수요의 불확실성을 줄이는 다른 방법은 보다 큰 수요는 상대적으로 적게 변동한다는 사실에 기초한다. 만약, 재고관리자가 최적 재고수준을 정하기 위하여 과학적 방법을 사용하면 재고수준은 다음과 같이 수요량의 지수함수가 될 것이다.

$$\text{재고수준} = aV^b$$

$a =$ 상수

$V =$ 수요량(보통 연간치)

$b =$ 지수(0.5와 0.8 사이의 값)

샤프(Sharp)사는 미국 테네시주 멤피스에 사무용품의 부품재고를 통합·운영함으로써 이 이론을 적용하였는데 미국 내 단일지역에 위치함으로써 발생할지도 모르는 문제를 보완하기 위해 항공화물 편을 이용한 결과 재고절감과 동시에 서비스도 크게 개선되었다.

하나의 범용품목을 여러 개의 전용품목과 대체하는 것도 양의 통합을 가져오며, 이는 이미 물류 내부에서는 자주 사용되었고(즉, 여러 제품에 공용의 부품을 사용하도록 엔지니어들을 유도함), 이를 외부 고객에게도 적용할 수 있다. 이 개념을 흔히 지연(postponement)이라고 한다. 커스터마이징(customizing)이 고객의 구체적인 주문이 발생한 후에 이루어지도록 제품이 설계된다면 기본제품은 단일의 대량형태로 보관될 수 있으므로 최종형태의 제품조립은 지연된 것이다. 자동차회사들이 사양(option) 수를 제한한다든지 사양의 혼합으로 패키지화한다든지 하는 것이 이러한 기법의 대표적인 예라 하겠다.

2.1.4 예측정확도의 개선

보다 나은 예측은 안전재고량을 줄이게 한다. 여기서 2가지 중요한 점은 다음과 같다. 첫째, 안전재고는 예측오차의 크기와 함께 변화하므로 예측오차를 줄이는 것은 재고를 줄이게 된다. 둘째, 예측오차를 줄이기 위한 최선의 방법은 수요관리 기법을 최대한 사용하는 것이다. 예측오차의 크기를 줄이는 또 다른 방법은 재고의 보충에 필요한 리드타임을 줄이는 것이다.

2.1.5 공급의 불확실성

공급의 불확실성은 공급원의 생산특성과 공급자로부터의 운송특성에 의해 발생한다.

- **공급원의 불확실성** : 공급자는 공급하기 위해 미래의 요구에 대한 선행정보가 필요한데 이는 공급자가 자재가 필요할 경우 즉시 활용 가능하게 하므로 이의 핵심공급자들과 정보공유 시스템을 개발할 필요가 있다.
- **운송관련의 불확실성** : 과거 화물운송 회사들은 철저하게 관리된 서비스를 제공하지 못하였다. 이러한 불확실성은 공급지점의 불확실성과 복합되어 가끔 엄청난 안전재고를 가져왔다. 공급자, 운송자, 수령자들 간에 공유되는 유익한 정보는 정확한 전달과 재고절감에 커다란 개선효과를 가지고 온다.

2.2 배칭과 경제주문량의 제거

배칭(batching)을 유도하는 경제적 운송은 운송기술의 제약에 따라 많이 확산되었다. 트럭, 기차, 비행기 등은 운행하기 위한 최소의 경제단위가 있으나 재고수준에 대한 마이너스의 경제적 영향은 많은 품목의 보충주문을 통합한다든지 또는 여러 지역을 하나의 운송장치로 한다든지 하는 일종의 통합방식에 의하여 완화시킬 수 있다. 이러한 사항들은 특히 JIT 공급체제에서는 매우 중요하다.

2.2.1 단일공급원으로부터 단일 목적지까지 여러 제품을 통합

경제적 운송은 재고가 보충될 때마다 전체 운송수단이 동원되어야 하지만 단지 하나의 품목을 싣기 위해 그렇게 하는 것은 비현실적이며 이것은 엄청난 주기적 재고를 발생시킬 것이다. 대안으로는 LVL(Less than Vehicle Load) 선적으로 적은 양을 싣고 비싼 요금을 지불하는 것이다. 또 다른 대안은 운송수단을 전부 채우는 동시에 모든 품목의 재고를 균등화하는 혼합된 적재를 하는 것이다. 이는 연결주문(joint order) 문제라는 이름으로 불리워 왔는데 DRP(Distribution Resource Planning) 기법은 연결주문 상황을 관리하기 위해 유용한 정보를 제공한다.

2.2.2 여러 지점으로부터 혹은 여러 지점으로의 통합

종종 하나의 공급원 혹은 목적지가 운송수단의 혼합적재를 하더라도 충분한 양이 안 되는 수가 있다. 그럴 경우 여러 지점으로부터 아니면 여러 지점까지 충분한 적재량이 되도록 각각의 양을 통합할 수 있다. 이를 위한 한 가지 방법은 적은 LVL 양들을 조립지점까지 가지고 가서 기다리고 있는 운송수단에 적재하는 크로스도킹 조립방식이 있다. 또 다른 방식은 여러 지점에서 자재를 모으기 위해 밀크런(milk run)에 운송수단을 보내는 것으로 운송수단 일정관리 소프트웨어가 최적의 밀크런을 개발하기 위하여 적절하게 사용될 수 있다.

2.3 이동시간의 단축

재고를 발생시키는 세 번째 요소는 시간이다. 지역간 물건을 이동하는데 소요되는 시간은 이동재고를 발생시킨다. 이동시간은 컴퓨터와 의약품 같은 고가품이나 조립공장으로 가는 자동차부품 같은 대량품목의 경우 매우 중요하다.

2.4 계절재고의 절감

계절공급과 계절수요의 품목들은 재고를 유발한다. 계절성이 합당한지를 결정해야 하지만 이러한 계절적 패턴을 변화시키는 것은 종종 불가능할 때가 있다.

2.4.1 계절적 공급의 완화

많은 품목들 특히 농산물의 경우 계절적 공급의 특성을 나타내고 있는데 이러한 품목의 경우 계절성을 완전히 제거한다는 것은 불가능할지도 모른다. 여기서 목표는 가장 낮은 부가가치의 형태로 그 재고를 보유하는 것이 될 것이다.

예를 들면, 토마토 캐첩을 생산하는 세계적으로 유명한 하인츠사는 토마토를 1년에 한 번 구입하는데 토마토는 가공 없이는 보관할 수 없다. 토마토 가공기는 즉시 토마토 캐첩을 생산하기 위하여 가공할 수 있지만 가능한 최대로 생산을 지연하여 보관에 필요한 공간과 가공비를 최소화한다.

토마토 파스트를 만들고 살균하여 금속화된 플라스틱 백 안에 파스트를 보관하였다가 완제품이 요구되면 플라스틱 백들은 생산을 위해 개봉된다.

2.4.2 계절적 수요의 완화

계절적 수요품목들은 종종 계절에 앞서 재고 비축을 요구한다. 이 논리는 생산능력을 보다 효율적으로 활용하자는데 있으나 오늘날 생산능력의 활용도는 더 이상 목표가 되어서는 안 된다는 주장이 있다. 왜냐하면 작은 로트 생산과 같은 새로운 생산기술과 엄청나게 짧아진 리드타임은 생산을 유연하게 하기 때문이다.

3 보유재고 최적량의 결정

재고발생의 원인을 전부 제거하지 못한다면 얼마만큼의 재고를 보유할 것인가에 대한 의사결정을 해야 한다. 많은 회사들은 경쟁자들의 재고에 대하여 벤치마킹을 하며 또 어떤 회사들은 어느 특정한 수준의 회전율을 유지하거나 점차 이를 늘려가면서 관리한다. 이러한 단순한 접근은 장점도 있지만 재고를 발생시키는 원인과 회사가 보유하여야 할 재고수준 등과 같은 핵심사항들을 감안하지 않는다.

이 분석에서는 재고를 보유함으로써 발생하는 모든 관련 비용들을 고려하여야 하며 해당품목의 보다 광범위한 공급사슬을 감안하여야 한다.

3.1 재고관련 비용

많은 재고관리문제들은 경제적 기준을 이용하여 해결할 수 있다. 그러나 중요한 선행조건 중의 하나는 적절한 비용구조의 이해에 있다. 재고와 관련하여 고려해야 할 비용에는 구매단가, 주문비용, 재고유지비용, 품절비용의 네 가지가 있다.

3.1.1 구매단가

구매단가란 재고품목 한 단위를 구입하기 위하여 물품의 공급자에게 지불하는 금액을 말한다. 일반적으로 재고품목의 구매단가를 정확하게 산정하기는 쉽지 않다. 왜냐하면 물품의 단가는 공급자에 의해 수시로 바뀔 수 있고, 구입량에 따라 다른 가격이 적용될 수도 있기 때문이다. 구매단가의 정확한 파악은 두 가지 이유에서 중요하다. 첫째, 구매단가는 일정기간 동안의 총구매비용을 산정하기 위한 기준이 된다. 둘째, 재고유지비용이 주로 구매단가에 의하여 좌우되기 때문이다.

3.1.2 재고유지비용

재고유지비용이란 실제로 재고를 보유함으로써 발생하는 제비용을 말한다. 재고를 보유함으로써 직접적으로 발생하는 비용으로는 창고비, 세금, 보험료, 고장, 파손, 도난, 진부화, 재고에 묶인 자금에 대한 기회비용 등을 들 수 있다. 재고유지비용을 구성하는 항목 중에서 가장 높은 비용을 차지하는 것은 재고에 묶인 자본의 기회비용이다. 재고유지비용은 보통 다음과 같이 계산된다.

$$\text{연간 재고유지비용} = (\text{평균재고})(\text{구매단가})(i)$$

위 식에서 i는 연간 재고유지 비용률로서, 주로 평균재고투자액의 자본비용을 의미한다. 자본의 기회비용은 쉽게 설명될 수 있다. 이론적으로 자금이 재고에 묶여서 포기해야 하는 투자안들의 가장 높은 수익률이 바로 재고유지로 인한 자본의 기회비용이 된다. 그러나 이와 같은 한계비용적 개념의 비용을 실무에 적용하기는 쉽지 않다. 예를 들어서 기회가 상실된 투자안의 내용은 시간이 변화함에 따라 다를 수 있고, 이에 따라 그들의 최고수익률도 수시로 변한다. 그렇다면 수시로 다른 자본비용을 재고유지비용에 적용해야 하는가? 이론적으로는 그렇게 해야 하겠지만, 실제로 이와 같이 변동적인 비용요소를 재고유지비용의 분석에 활용하는 데에는 한계가 있다. 따라서 실제 재고시스템에서는 일정기간 동안 고정된 자본비용률을 적용하다가, 기업환경에 중요한 변화가 발생할 때에만 다시 수정하는 것이 일반적이다.

3.1.3 주문비용

필요한 자재나 부품은 외부공급자로부터 구입하든지 또는 제조업체 내의 생산에 의해 조달받든지 하게 된다. 외부공급자로부터의 구입이든지 내부조달이든지 물품을 주문하여 획득하는 과정에서 비용이 발생하게 된다. 외부로부터 물품을 조달할 때 소요되는 제비용의 예로서는 주문처리 및 발송비용, 수송비, 검사비, 입고비 및 관련 인건비를 들 수 있다. 내부 조달의 경우에는 생산준비비용이 들게 된다. 생산준비비용이란 특정품목의 생산에 필요한 공구 및 장비의 교체, 필요자재의 준비, 보고서작성 등과 관련하여 발생하는 비용을 말한다. 주문비용의 항목들은 대개 주문의 크기보다는 주문횟수에 의하여 더 직접적인 영향을 받는다. 예를 들어서 연간 수요가 10,000개일 때, 일회 주문량이 1,000개이면 1년 동안 10번의 주문비용이 발생하지만, 주문량이 5,000개이면 두 번의 주문비용이 발생하게 된다. 따라서 주문량이 커질수록 연간총주문비용은 감소한다. 그러나 주문량이 커지면 평균재고가 증가하여 재고유지비용이 상승하게 된다.

3.1.4 품절비용

품절비용은 재고를 불충분하게 보유하여 발생하는 것으로 기업 외부적으로 발생하는 비용과 내부적으로 발생하는 비용을 나누어서 생각할 수 있다. 외부적 품절비용은 물품의 결손으로 고객의 주문에 즉각적으로 응하지 못하여 발생하는 부재고

(backorder) 비용, 판매유실에 의한 이윤감소, 그리고 신용 저하로 인한 미래의 이윤감소를 들 수 있다. 여기서 부재고란 물품이 다시 보충되면 우선적으로 처리하여야 할 미충족 수요를 말한다. 내부적 품절비용은 원재료 부족이나 재공품의 부족으로 후공정의 생산유실에서 발생하는 유휴인력과 장비의 기회비용, 선적지연에 의한 손해배상 및 신용저하 등을 들 수 있다.

외부적 품절비용은 물품결손에 대한 고객의 반응에 따라 달라진다. 즉각적으로 충족되지 않은 수요에 대해 부재고처리가 가능한지, 대체 품목에 의한 충족이 가능한지, 아니면 바로 판매유실로 이어지는지에 따라 품절비용의 평가가 달라지게 된다. 부재고가 발생하면 독촉비용, 긴급처리비용, 특별 발송 및 포장비용 등이 발생하게 된다. 품절에 대한 고객의 반응이 어떠하든지, 빈번한 품절은 신용의 실추를 유발하여 고객은 다시 물품을 구입하러 오지 않을 수도 있다. 내부적 품절은 때론 일부 품목의 결손으로 인하여 전체 생산라인을 폐쇄시키게 되는 엄청난 비용을 유발할 수 있다.

4 독립수요와 종속수요

재고관리에서 수요가 독립적이냐 종속적이냐 하는 것을 구별하는 것은 매우 중요하다. 독립수요 품목이란 주로 각 기업의 최종 완제품으로 소비자에 의해 그 수요가 결정되는 품목을 말하며, 종속수요 품목이란 다른 제품의 수요에 의해서 그 수요가 종속적으로 결정 되어지는 품목으로서 원재료, 부품, 반제품 등이 이에 속한다.

종속수요의 파악은 단순한 계산의 문제라고 할 수 있다. 종속수요 품목의 필요량은 그것이 사용되는 상위 품목의 수요로부터 계산될 수 있다. 예를 들어서 자동차는 독립수요 품목이지만 타이어는 자동차의 수요에 의해 종속적으로 그 소요량이 결정되는 종속수요 품목이다. 자동차의 수요가 500대라면 타이어의 수요는 500 × 5 = 2,500본으로 바로 계산(스페어 타이어 포함)이 나온다. 반면에 자동차의 수요는 자동차 회사의 외부적인 요인에 의해 독립적으로 결정된다.

독립수요품목의 수요 파악은 주로 예측에 의존하며, 재고관리기법으로는 정량발주 또는 정기발주 등의 재발주법이 주로 사용된다. 반면에 종속수요 품목은 독립수요 품목과는 달리 수요 예측이 필요 없으며, 재고관리기법도 자재소요계획(MRP: material requirements planning) 시스템이 주로 사용된다.

독립수요와 종속수요는 수요의 형태에 있어 매우 다른 양상을 나타낸다. 독립수요는 시장상황에 영향을 받기 때문에 다양한 고객의 요구에 따라 나타나는 무작위 요인에 대응하는 형태를 보여 주는 반면 종속수요는 로트 단위로 생산이 계획되기 때문에 일정하고 반복적인 수요형태를 보인다. 이러한 수요의 형태는 [그림 4-2]와 같이 나타낼 수 있다.

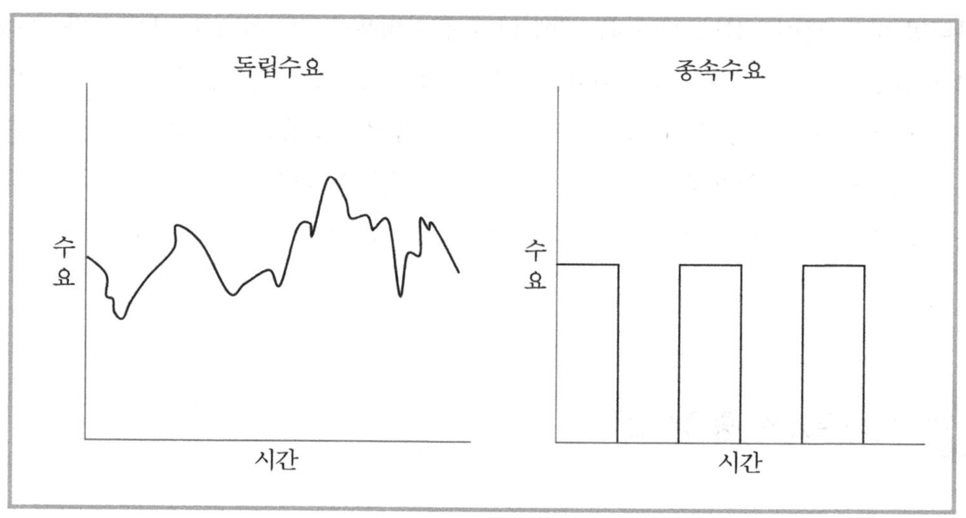

[그림 4-2] 독립수요와 종속수요의 패턴

2개의 다른 수요형태는 재고관리에 있어 서로 다른 접근법을 필요로 한다. 독립수요는 '보충'의 개념이 사용된다. 재고를 사용하게 되면 사용한 만큼의 재고를 확보하기 위해 보충을 하게 된다. 따라서 재고가 바닥이 나기 시작하면 재고를 보충하기 위해 주문을 하게 된다. 종속수요는 '소요'의 개념이 사용된다. 주문되는 재고의 양은 상위수준에 있는 품목의 소요량에 의해 결정된다. 재고가 떨어지기 시작했을 때 원자재나 재공품 재고는 추가로 주문하지 않고 자재의 주문은 단지 상위수준이나 최종제품의 필요에 의해 이루어진다. 따라서 수요의 본질에 따라 재고관리에는 2가지 다른 개념이 사용된다.

재고시스템에서는 총재고관련비용을 최소화하도록 재고품목의 주문시기와 주문량을 결정해야 한다. 재고시스템은 주문시기와 주문량을 어떻게 결정하느냐에 따라 고정주문량모형(fixed-order quantity model)과 정기주문모형(fixed-order interval model)의 두 가지 유형으로 구분된다. 또한 재고시스템은 수요와 조달기간이 확정적이냐 또는 확률적이냐에 따라 확정적 모형과 확률적 모형으로도 구분된다. 따라서 이 두 가지 구분을 결합시켜 보면 [그림 4-3]과 같이 총 네 가지의 기본 유형이 가능하다.

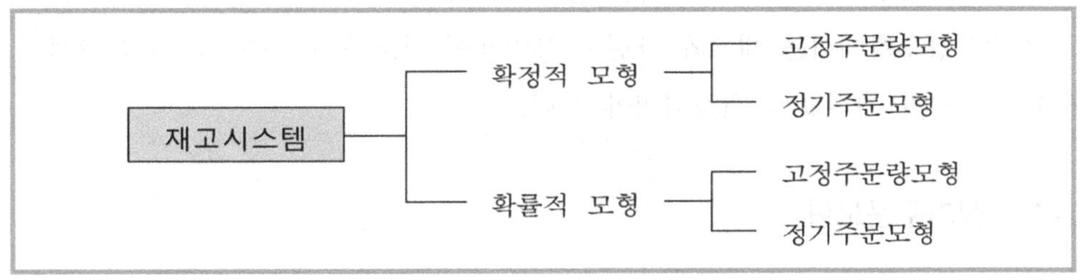

[그림 4-3] 재고시스템의 유형

4.1.1 고정주문량모형

고정주문량모형에서는 재고수준이 미리 정해진 재주문점 R에 도달하면 일정한 양 Q만큼 주문한다. 재주문점에 도달하는 시기는 재고품목의 수요에 따라 달라지므로 주문간격은 일정하지 않다. 그리고 재고수준이 재주문점 R에 도달하였는지를 알기 위해서는 계속적으로 재고수준을 검토해 보아야 하므로 고정주문량모형은 연속적 재고검토시스템(continuous review system)이라고도 불린다. 또한 주문간격은 일정하지 않지만 주문량은 매번 Q로 일정하기 때문에 고정주문량모형을 Q시스템이라고도 한다. 조달기간(lead time), 즉 주문시점부터 주문한 물품이 도착할 때까지 걸리는 시간을 L이라 할 때 고정주문량시스템은 [그림 4-4]〉와 같다.

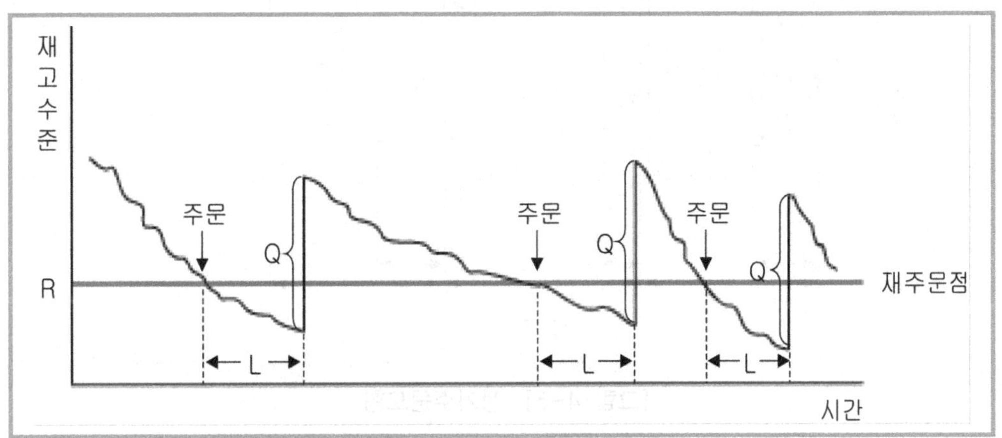

[그림 4-4] 고정주문량모형

이 그림에서 보면 재고수준이 재주문점 R에 도달할 때마다 일정한 양 Q만큼 주문하며, 주문량 Q는 조달기간 L이 지나면 들어온다(여기서 조달기간 L은 일정한 경우도 있고 그렇지 않은 경우도 있다). 그리고 수요변화에 따라 재고수준이 재주문점 R에 도달하는 시간간격은 매번 달라지므로 주문간격은 일정하지 않다.

고정주문량모형에서는 재고와 관련된 총비용이 최소가 되도록 재주문점 R점과 1회 주문량 Q의 최적값이 결정되어야 한다.

4.1.2 정기주문모형

정기주문모형에서는 미리 정해진 일정한 시간간격마다 주문을 한다. 예컨대 매주말마다 또는 매월말마다 주문하는 재고모형을 정기주문모형이라 한다. 정기주문모형에서는 주문시점마다 필요한 양을 주문하는데, 보통은 목표재고수준(target inventory level) 또는 재고보충수준을 미리 정해 놓고 주문시점의 재고수준과 목표재고수준과의 차이만큼을 주문한다. 따라서 수요변화에 따라 주문량은 매번 달라진다. 정기주문모형에서는 계속적으로 재고수준을 검토할 필요가 없으며, 다만 매 주문시점마다 주문량을 결정하기 위하여 정기적으로 재고수준을 검토한다. 이와 같은 특성 때문에 정기주문모형은 주기적 재고검토시스템(periodic review system)이라고도 불리며, 또한 주문기간 또는 주문간격이 매번 일정하다고 해서 P시스템이라고도 한다.

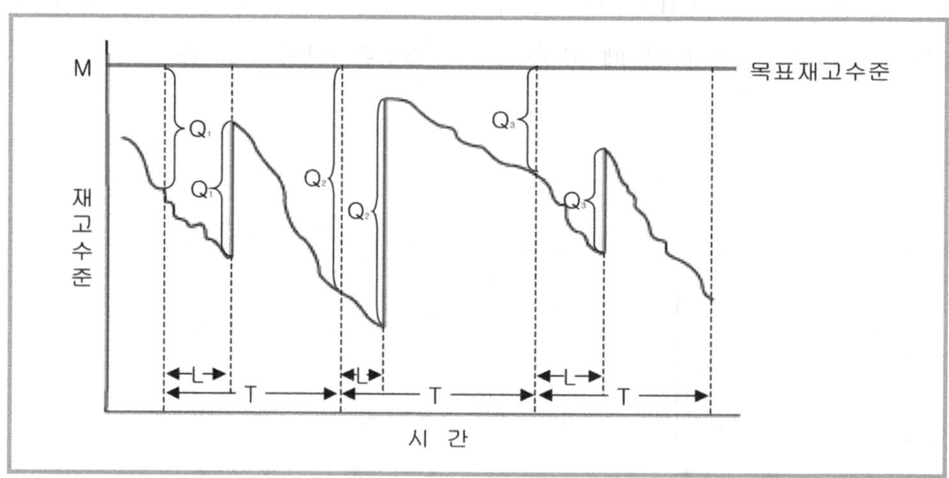

[그림 4-5] 정기주문모형

[그림 4-5]는 정기주문모형을 보여주고 있다. 이 그림에서 M은 목표재고수준을, T는 일정한 주문간격을, 그리고 Q_1, Q_2, Q_3는 매번의 주문량을 의미한다. 그리고 이 그림에서 실제재고수준이 목표재고수준에 도달하는 경우는 조달기간 L이 0인 경우뿐이다.

정기주문모형은 주문주기 T와 목표재고수준 M에 의해 완전히 결정되므로 T와 M의 최적값이 결정되어야 한다.

4.1.3 고정주문량모형과 정기주문모형의 비교

지금까지 살펴본 고정주문량모형과 정기주문모형의 기본적인 차이점을 요약해보면 〈표 4-1〉과 같다. 실제로는 Q시스템과 P시스템, 그리고 양 시스템의 여러 변형이 사용되고 있다. 이 두 시스템 중 어느 것을 선택하느냐는 경제적인 측면뿐만 아니라 경영 관행에도 달려 있다. 하지만 다음과 같은 경우에는 일반적으로 P시스템이 Q시스템보다 선호된다.

① 주문이나 납품이 특정 기간마다 이루어지는 경우에는 P시스템이 사용되어야 한다. 예를 들면, 식료품점이 통조림제품을 매주 주문하여 납품받는 경우에는 P시스템이 사용된다.

② 동일한 공급자에게 여러 품목을 함께 주문하여 납품받는 경우에는 P시스템이 사용되어야 한다. 이 경우 공급자는 여러 품목을 합하여 단일 주문을 받는 것을 선호한다. 예를 들면, 페인트 공급자에게 여러 가지 색상의 페인트를 함께 주문하여 한꺼번에 납품을 받는 경우가 이에 해당한다.

③ 볼트(bolt)나 너트(nut)와 같이 계속적으로 재고기록을 하지 않는 값싼 품목에 대해서는 P시스템이 사용된다.

요컨대 P시스템은 재고의 보충이 사전에 정기적으로 계획되고 재고기록이 덜 요구된다는 이점을 갖고 있다. 하지만 P시스템에서는 재고수준을 계속적으로 검토하지 않고 매 주문주기의 말마다 정기적으로 검토하기 때문에 조달기간뿐만 아니라 주문주기기간에 대해서도 품절의 위험에 대비한 안전재고를 고려해야 한다. 따라서 일반적으로 P시스템은 Q시스템보다 더 많은 안전재고를 요구한다. 이 때문에 고가의 품목에 대해서는 안전재고에 대한 투자를 줄이기 위해 보통 Q시스템이 사용된다. 따라서 Q시스템과 P시스템 중 어느 것을 선택하느냐는 재고보충의 시기, 사용

중인 재고기록시스템의 유형, 재고품목의 가격 등에 달려 있다.

〈표 4-1〉 고정주문량모형과 정기주문모형의 차이점

유 형	주문시기	주문량	재고수준의 검토
고정주문량모형(Q시스템)	재고수준이 재주문점에 도달할 때	일정	계속 검토
정기주문모형(P시스템)	미리 정해진 주문주기의 말	변함	주문주기의 말에만 검토

5 확정적 재고모형

시장의 수요와 조달기간이 일정하다고 가정할 때 주문량을 결정하는 것이 확정적 재고모형이다. 먼저 가장 대표적인 확정적 모형인 경제적 주문량 모형과 이의 몇 가지 변형을 소개한 다음, 확정적 정기주문모형을 소개하고자 한다.

5.1 경제적 주문량 모형

재고에 있어서 가장 기본적인 경제적 주문량(EOQ: economic order quantity) 모형은 재고주문비용과 재고유지비용의 합을 최소화하는 것으로서 1915년 해리스(F. W. Harris)에 의해서 고안되었다.

5.1.1 모형의 기본 가정과 정책의 형태

경제적 주문량 모형은 다음과 같은 기본적인 가정을 한다.

- 단일 제품만을 대상으로 한다.
- 수요율이 일정하고 연간 수요율은 확정적이다.
- 조달기간은 알려져 있고 일정하다.
- 주문량은 전량 일시에 입고된다.
- 수량할인(가격할인)은 없다.
- 모든 수요는 재고부족 없이 충족된다.
- 주문비용 또는 준비비용은 고정비로서 일정하다.

이상과 같은 가정하에 경제적 주문량 모형에서는 재고수준이 재주문점 R에 도달할 때마다 일정한 양 Q만큼 주문한다. 따라서 총관련비용이 최소가 되도록 R과 Q의 값을 결정해야 한다.

우선 재주문점 R은 조달기간 동안의 수요량에 해당하는 재고수준이 된다. 왜냐하면 주문한 양이 들어오는 시점에서 재고가 0이 되게 하는 것이 재고유지비용의 측면에서 가장 유리하기 때문이다. 따라서 경제적 주문량 모형에서는 총관련비용을 최소화하는 Q, 즉 경제적 주문량을 어떻게 결정하느냐가 문제가 된다.

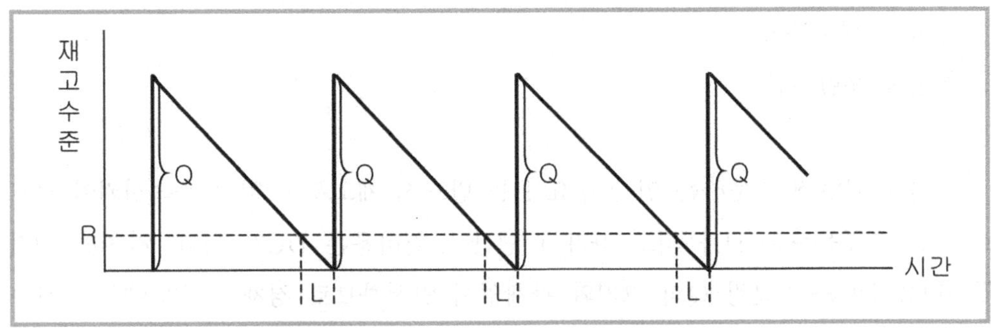

[그림 4-6] 경제적 주문량 모형

[그림 4-6]은 이와 같은 경제적 주문량 모형을 보여 주고 있다. 이 그림에서 보면 재고수준이 재주문점 R에 도달하면 Q만큼 주문하고, 주문량 Q는 일정한 조달기간 L이 경과하여 재고가 0이 되는 시점에서 전량이 들어온다.

5.1.2 경제적 주문량의 유도

이제 총 관련비용을 최소화하는 Q, 즉 경제적 주문량을 결정해 보자. 경제적 주문량 모형에서는 [그림 4-6]과 같은 재고패턴이 시간의 흐름에 따라 계속되므로 어떤 임의의 단위기간당 총 관련비용을 최소화하는 Q를 구하면 이것이 곧 무한대기간에 걸쳐 총 관련비용을 최소화하는 Q가 된다. 단위기간은 주, 월, 년 어느 것도 무방하나 여기서는 편의상 1년을 단위기간으로 사용하기로 한다.

우선 다음과 같이 기호를 정의한다.

- TC = 연간 총비용
- D = 연간 수요

- Q = 1회 주문량(최적 주문량을 경제적 주문량이라 하며, EOQ 또는 Q^*로 표시한다.)
- C = 단위당 구입가격(생산의 경우 단위당 생산비용)
- S = 주문비용 혹은 준비비용(고정비)
- H = 연간 단위당 재고유지비용(1단위를 1년간 재고로 유지하는 데 드는 비용을 말하며, 보통 단위당 구입가격의 몇 %로 표시한다. 즉, 연간 단위당 재고유지비용이 구입단가의 i%라면 $H = \frac{iC}{100}$가 된다.)
- R = 재주문점
- L = 조달기간

한 번에 얼마씩 주문하든 연간 수요 D는 반드시 재고부족 없이 충족시켜야 하므로 연간 총주문량은 D가 되고 따라서 연간 구입비용은 DC가 된다. 하지만 연간 구입비용 DC는 주문량 Q의 크기와 관계없이 일정하므로 경제적 주문량을 구하는 데는 고려할 필요가 없다. 결국 경제적 주문량과 관련되는 연간 총비용은 연간 주문비용과 연간 재고유지비용으로 구성된다.

연간 주문비용은 다음과 같은 논리로 계산된다. 한 번에 Q씩 주문하여 연간 수요 D를 만족시키려면 연간 주문횟수는 D/Q가 된다. 그리고 주문비용은 S이므로 연간 주문비용은(D/Q)S가 된다. 즉,

$$\begin{aligned} \text{연간주문비용} &= (\text{연간주문횟수}) \cdot (\text{주문비용}) \\ &= \left(\frac{\text{연간수요}}{\text{1회주문량}}\right) \cdot (\text{주문비용}) \\ &= \frac{D}{Q} \cdot S \end{aligned}$$

위의 식에서 1회 주문량 Q가 커지면 연간 주문횟수가 줄어들고 따라서 연간 주문비용이 감소함을 알 수 있다. 즉, 연간 주문비용은 1회 주문량 Q가 커지면 감소하고, Q가 작아지면 증가한다.

연간 재고량은 평균재고수준 Q/2와 같고 연간 단위당 재고유지비용은 H이므로 연간 재고유지비용은 다음과 같다.

$$\begin{aligned}\text{연간 재고유지비용} &= (\text{연간 재고량}) \cdot (\text{연간 단위당 재고유지비용}) \\ &= (\text{평균재고수준}) \cdot (\text{연간 단위당 재고유지비용}) \\ &= \frac{Q}{2} \cdot H\end{aligned}$$

위의 식에서 연간 재고유지비용은 주문량 Q에 비례적으로 증가하는 비용임을 알 수 있다.

따라서 연간 총비용은 다음과 같이 정리된다.

연간 총 비용 = 연간주문비용 + 연간 재고유지비용

$$TC = \frac{D}{Q} \cdot S + \frac{Q}{2} \cdot H$$

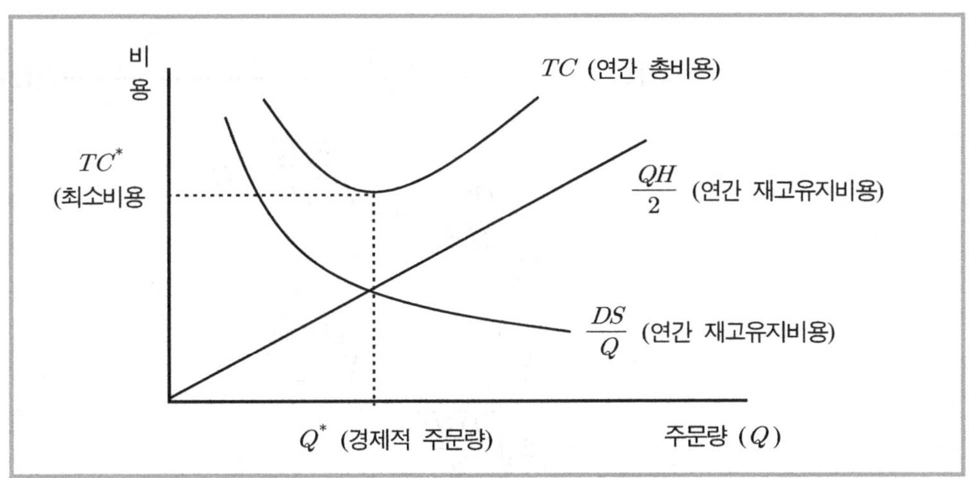

[그림 4-7] 주문량과 비용간의 관계

주문량 Q와 연간 주문비용, 연간 재고유지비용 및 연간 총비용간의 관계는 [그림 4-7]과 같다. 이 그림에서 연간 총비용곡선은 아래로 볼록하며, 연간 총비용은 연간 주문비용과 연간 재고유지비용이 같은 주문량에서 최소가 됨을 알 수 있다.

이제 연간 총비용 TC를 최소화하는 주문량 Q^*, 즉 경제적 주문량을 구해보자. [그림 4-7]에서 연간 총비용 곡선은 아래로 볼록하고 최소점을 가지므로 TC를 Q^*에 대해 미분한 뒤 0으로 놓고 Q^*에 대해 푼다. 즉,

$$\frac{\partial TC}{\partial Q} = -\frac{DS}{Q^2} + \frac{H}{2} = 0$$

$$\frac{DS}{Q^2} = \frac{H}{2}$$

$$Q^2 = \frac{2DS}{H}$$

$$\therefore Q^* = \sqrt{\frac{2DS}{H}} \cdots\cdots (1)$$

한편 연간 총비용의 최소값 TC^*는 Q^*의 값을 바로 식에 대입하면 구할 수 있다. 또는 식 (1)을 식 (2)에 대입하여 정리해 보면 TC^*는 다음과 같이D, S, H이 값으로도 표현될 수 있다.

$$TC^* = \frac{DS}{Q^*} + \frac{Q^*H}{2} \cdots\cdots (2)$$

$$= \frac{DS}{\sqrt{\frac{2DS}{H}}} + \frac{\sqrt{\frac{2DS}{H}} \cdot H}{2}$$

$$= \sqrt{\frac{DSH}{2}} + \sqrt{\frac{DSH}{2}}$$

$$= 2\sqrt{\frac{DSH}{2}}$$

$$= \sqrt{2DSH}$$

재주문점 R은 조달기간 동안의 수요량에 해당하므로 다음과 같다.

$$R = d \cdot L$$

여기서 d = 일간수요

L = 조달기간(일)

한편 연간 최적주문횟수(N^*)와 최적주문주기(T^*)는 다음과 같다.

$$N^* = \frac{D}{Q^*} = \sqrt{\frac{DH}{2S}}$$

$$T^* = \frac{1}{N^*} = \frac{Q^*}{D} = \sqrt{\frac{2S}{DH}}$$

예제 1 (주)천성에서는 경제적 주문량모형을 이용하여 재고정책을 수립하려고 한다. 관련 자료는 다음과 같다.

연간 수요(D) = 1,000단위/년

일간 수요(d) = $\frac{1,000}{365}$ 단위/일

주문비용(S) = 1,000원/회

연간 단위당 재고유지비용(H) = 200원/단위 · 년

조달기간(L) = 5일

▌풀이▐ 이 자료를 가지고 경제적 주문량 Q^*, 연간 최소비용 TC^*, 연간 최적주문횟수 N^*, 최적주문주기 T^* 및 재주문점 R을 구해 보면 다음과 같다.

$$Q^* = \sqrt{\frac{2DS}{H}} = \sqrt{\frac{2(1,000)(1,000)}{200}} = 100\text{단위}$$

$$TC^* = \frac{DS}{Q^*} + \frac{Q^*H}{2} = \frac{(1,000)(1,000)}{100} + \frac{(100)(200)}{2}$$

$$= 10,000 + 10,000 = 20,000\text{원}$$

$$N^* = \frac{D}{Q^*} = \frac{1,000}{100} = 10\text{회}$$

$$T^* = \frac{1}{N^*} = \frac{1}{10}\text{년} = 36.5\text{일}$$

$$R = d \cdot L = (\frac{1,000}{365})(5) = 14\text{단위}$$

따라서 이 회사는 재고수준이 14단위에 도달할 때마다 100단위씩 주문하면 된다.

5.1.3 경제적 주문량 모형의 민감도분석

〈표 4-2〉는 예제에서 주문량과 총비용간의 관계를 나타내고 있다. 이 표에서 보면 총비용곡선은 최소점 부근에서 매우 평탄함을 알 수 있다.

예를 들어, 경제적 주문량 100대신 90 또는 110단위를 주문하더라도 총비용은 약 0.5%밖에 증가하지 않는다. 심지어 80이나 120단위를 주문하더라도 총비용의 증가폭은 2.5% 이내임을 알 수 있다. 따라서 관리자는 총비용에 크게 영향을 미치지 않으면서도 필요하다면 주문량을 상당폭 조정할 수 있다.

〈표 4-2〉 총비용과 주문량과의 관계

Q	TC
50	25,000
60	22,667
70	21,286
80	20,500
90	20,111
100(Q^*)	20,000(TC^*)
110	20,091
120	20,333
130	20,692
140	21,143
150	21,667

또한 주문비용과 재고유지비용 그리고 수요도 반드시 정확히 추정할 필요가 없다. 왜냐하면 경제적 주문량과 총비용은 이들의 값에 상당히 둔감(insensitive)하기 때문이다. 예를 들면, 만약 주문비용을 50% 과대 추정하더라도 경제적 주문량 공식의 제곱근 때문에 경제적 주문량은 단지 22.5%만 증가한다. 따라서 앞서 예제의 경우 경제적 주문량은 122.5단위로 계산되고, 총비용의 증가분은 〈표 4-2〉에서 약 2% 정도임을 알 수 있다. 즉, 주문비용을 50%나 과대 추정하여 경제적 주문량을 구하더라도 총비용은 최적값에 비해 2% 정도밖에 증가하지 않는다는 것이다.

이와 같이 경제적 주문량 모형의 총비용곡선은 최소점 부근에서 완만하므로 주문비용, 재고유지비용 및 수요의 추정오차에 매우 둔감하다. 따라서 총비용에 크게 영향을 주지 않으면서도 현실 상황에 따라 경제적 주문량을 다소간 조정할 수 있고, 또한 주문비용, 재고유지비용 및 수요를 정확히 추정하지 않더라도 총비용은 크게 변하지 않는다. 이 점이 바로 경제적 주문량 모형의 특징이자 장점인 것이다.

5.2 확정적 정기주문모형

이제 확실성하의 정기주문모형을 생각해 보자. 정기주문모형에서는 T기간마다 주문을 하며, 주문량은 주문시점의 재고수준과 목표재고수준 M과의 차이가 된다. 따라서 정기주문모형에서는 최적주문주기 T^*와 최적목표재고수준 M^*의 값을 구해야 한다.

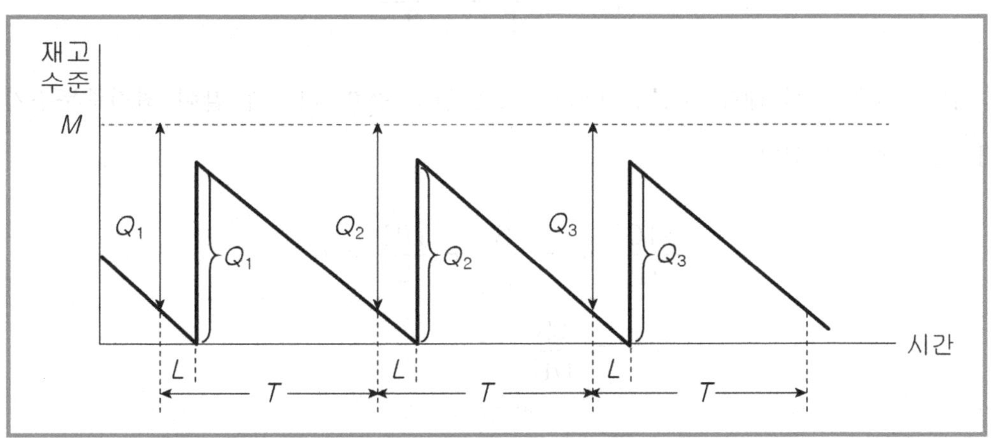

[그림 4-8] 확정적 정기주문모형

EOQ모형과 동일한 가정을 하고 재고부족을 허용하지 않으면 한 주문주기당 주문량 Q는 주문주기 T기간 동안의 수요를 충족시켜야 하므로 다음과 같다.

$$Q = DT$$

더욱이 재고유지비용을 최소화하기 위해서는 주문량이 도착하는 시점에서 재고가 0이 되어야 하므로 확정적인 정기주문모형의 재고패턴은 [그림 4-8]과 같다. 이 그림에서 Q_i $(i = 1, 2, 3, \cdots\cdots)$는 매회의 주문량을 의미하며 D와 T가 일정하므로

$$Q_i = Q = DT, \ i = 1, 2, 3, \cdots\cdots$$

가 되어 주문량은 매회 일정하게 된다. M은 목표재고수준(즉, 재고보충수준)을 나타내며, 실제 재고량이 이 수준에 도달하는 경우에는 조달기간 L이 0인 경우뿐이다.

확실성하의 정기주문모형은 [그림 4-8]에서 보듯이 기본적인 EOQ모형과 재고패턴이 같다. 하지만 정기주문모형에서는 EOQ모형과는 달리 최적주문주기 T^*와 최적목표재고수준 M^*의 값을 구해야 한다. 먼저 연간 주문비용을 구해 보면, 주문주기 T동안 주문은 한 번 이루어지므로 연간 주문횟수는 1/T이 되며, 주문비용은 S이므로 연간 주문비용은 S/T가 된다. 한편 평균재고수준은 [그림 4-7]에서 Q/2이고 앞에서 Q = DT이므로 연간 재고는 Q/2 = DT/2이며, 따라서 연간 재고유지비용은 DTH/2가 된다. 그러므로 연간 총비용 TC는 다음과 같이 표현된다.

$$TC = \frac{S}{T} + \frac{DTH}{2}$$

위의 식을 T에 대해 미분한 다음 0으로 놓고 풀면 다음과 같이 최적주문주기 T^*를 구할 수 있다.

$$\frac{\partial TC}{\partial T} = -\frac{S}{T^2} + \frac{DH}{2} = 0$$

$$T^2 = \frac{2S}{DH}$$

$$\therefore T^* = \sqrt{\frac{2S}{DH}}$$

이 최적주문주기 T^*는 EOQ모형의 최적주문주기와 같음을 알 수 있다. 이때 최적주문량은

$$Q^* = D \cdot T^* = D \cdot \sqrt{\frac{2S}{DH}} = \sqrt{\frac{2DS}{H}}$$

가 되어 EOQ모형과 정확히 일치한다. 이는 고정주문량 모형과 정기주문모형이 언제나 같음을 의미하는 것은 아니고 단지 수요와 조달기간이 일정하다는 가정하에서 얻어진 결과일 뿐이다. 즉, EOQ모형의 기본적인 가정하에서는 고정주문량모형과 정기주문모형은 서로 일치한다.

한편 [그림 4-8]에서 보면 M^*는 Q^*에 조달기간 L동안의 수요를 더한 값이므로 다음과 같다.

$$
\begin{aligned}
M^* &= Q^* + d \cdot L \\
&= \sqrt{\frac{2DS}{H}} + d \cdot L
\end{aligned}
$$

6 확률적 재고모형

확정적 재고모형에서는 수요가 확실하며, 일정하다고 가정하였으나 현실에 있어서는 수요는 확정적이 아니며 확률적으로 발생한다. 확률적 재고모형이란 수요와 조달기간이 일정치 않은 불확실한 수요에 대처하는 모형이다.

6.1 확률적 정량발주모형

확률적 정량발주모형은 수요의 불확실성 때문에 안전재고를 어느 정도 확보하고, 언제 주문해야 할 것인가를 결정해야 한다.

안전재고는 서비스수준에 의해 결정되어진다. 서비스수준이란 고객의 요구에 대응한 재고수준이다. 서비스수준을 높이면 고객에게 만족감을 줄 수 있으나 안전재고량이 늘어나 재고유지비가 증가한다. 어느 제품에 대한 연간 수요가 100개인 경우에 재고를 100개 모두 가지고 있다면 서비스 수준은 100%가 된다. 그러나 90개를 가지고 있다면 서비스수준은 90%가 되고, 품절될 확률은 10%가 된다. 즉 서비스수준이란 어느 품목이 조달기간 동안 품절되지 않을 확률이다.

정량발주모형에서는 재고수준이 재주문점(R)에 도달하면 주문을 한다. 일반적으로 R은 0보다 크므로 품절이 발생할 수 있는 기간은 조달기간뿐이다. 따라서 특정 서비스수준을 만족시키는 R의 값을 결정하기 위해서는 조달기간 동안의 수요의 확률분포를 알아야 한다. 여기서는 조달기간 중의 수요가 정규분포를 이루는 것으로 가정한다.

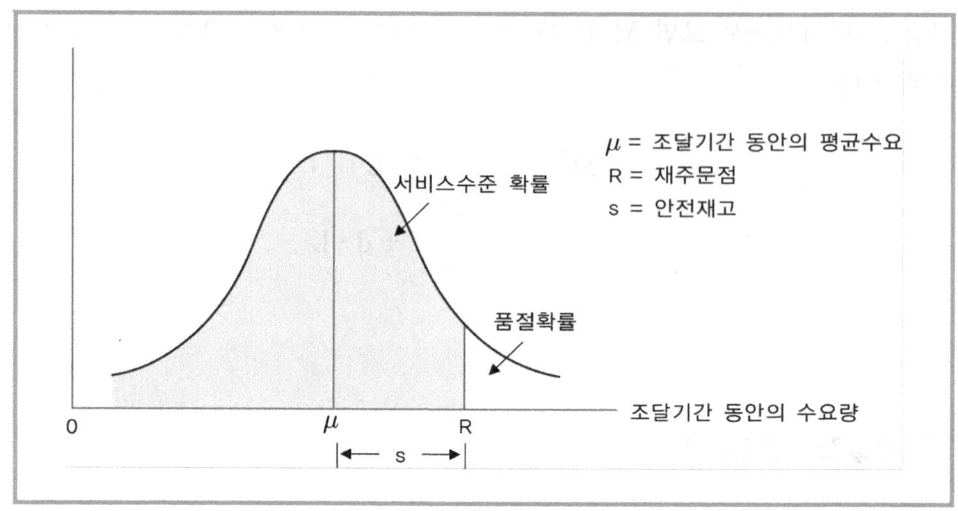

[그림 4-9] 조달기간 동안의 수요의 확률분포

[그림 4-9]는 조달기간 동안의 수요의 확률분포를 나타내고 있다. 이 그림에서 R은 조달기간 동안의 평균수요 μ에 안전재고 s를 더한 값이다. 조달기간 동안의 수요가 R보다 작거나 같을 확률, 즉 서비스수준을 나타내는 확률이며, 흰 부분은 조달기간 동안의 수요가 R보다 클 확률, 즉 품절확률을 나타낸다.

재주문점 계산은 다음과 같다.

서비스수준 = 100% - 재고부족위험수준

재주문점(ROP) = 조달기간동안의 평균수요 + 안전재고

$$Z = \frac{R - \mu_L}{\sigma_L}$$

여기서,

R : 재주문점, μ_L : 조달기간동안의 평균수요,

σ_L : 조달기간동안의 표준편차, Z : 표준편차

따라서 재주문점 R은 다음과 같다.

$$R = \mu_L + Z \times \sigma_L$$

여기서 $Z \times \sigma_L$은 안전재고를 나타낸다. Z값을 크게 할수록 재주문점과 서비스수준은 높아진다. 즉, Z값을 작게 하면 안전재고는 줄어드나 서비스수준은 낮아지고, Z값을 크게 하면 서비스수준은 높아지나 안전재고는 늘어난다.

예제 2 어느 상점에서 판매되는 제품의 1일 수요는 정규분포를 하며 관련 자료는 다음과 같다고 한다.

1일 평균수요(d) = 200단위/일

1일 수요의 표준편차 = 150단위

조달기간(L) = 4일

요구되는 서비스수준 = 95%

1회 주문비용(S) = 2,000원/회

연간 단위당 재고유지비용(H) = 200원/단위・년

그리고 이 상점은 1주일에 5일, 연간 50주, 즉 연간 250일 영업한다고 한다. 정량발주모형을 취할 때 최적재고정책을 구하라.

▌풀이▐ 연간 평균수요 D는

$$D = 250(200) = 50{,}000\text{단위/년}$$

이므로, 1회 주문량 Q를 EOQ모형을 이용하여 구해보면 다음과 같다.

$$Q = \sqrt{\frac{2DS}{H}} = \sqrt{\frac{2(50{,}000)(2{,}000)}{200}} = 1{,}000\text{단위}$$

1일 평균수요는 200단위이고 조달기간은 4일이므로 조달기간 동안의 평균수요 μ_L은 다음과 같이 계산된다.

$$\mu_L = d \cdot L = 200(4) = 800\text{단위}$$

1일 수요의 표준편차가 150단위이므로 1일 수요의 분산은 $(150)^2$이고, 매일의 수요는 독립적이라고 볼 수 있으므로 조달기간 4일 동안의 수요의 분산은 $4(150)^2$이 된다. 따라서 조달기간 동안 수요의 표준편차

σ_L는 다음과 같이 계산된다.

$$\sigma_L = \sqrt{4(150)^2} = 300\text{단위}$$

95% 서비스수준에 해당하는 z의 값은 1.65이므로 재주문점 R은 다음과 같이 계산된다.

$$\begin{aligned} R &= \mu_L + Z \times \sigma_L \\ &= 800 + 1.65(300) \\ &= 800 + 495 \\ &= 1{,}295\text{단위} \end{aligned}$$

따라서 이 상점은 재고수준이 1,295단위가 될 때마다 1,000단위씩 주문하면 된다. 그리고 이 경우 안전재고는 다음과 같다.

$$s = z\sigma = 1.65(300) = 495\text{단위}$$

6.2 확률적 정기발주모형

정기발주모형에서는 재고수준을 연속적으로 검토하는 것이 아니라 일정한 주문주기 T마다 정기적으로 재고수준을 검토하여 그 때의 재고수준과 목표재고수준 M과의 차이만큼을 주문한다. 여기서는 수요가 확률적일 때의 정기발주모형을 살펴보기로 한다.

정기발주모형에서는 목표재고수준을 M으로 하여 다음 주문주기 T와 조달기간 L 동안의 수요를 충족하게 된다. 왜냐하면 (T + L)기간 동안 주문량은 단 한 번만 들어오고 이 주문량은 (T + L)기간초의 재고수준과 목표재고수준 M과의 차이에 해당하는 양이기 때문이다.

정기발주모형은 두 개의 변수 T와 M에 의해 완전히 결정된다. 주문주기 T의 최적값에 대한 근사치는 다음과 같이 구한다.

$$T = \sqrt{\frac{2S}{DH}}$$

한편 조달기간 동안만 품절의 위험이 있는 정량발주모형과는 달리 정기발주모형에서는 주문주기 T와 조달기간 L전체에 걸쳐 품절의 위험이 발생하므로 목표재고수준 M은 (T + L)기간 동안의 특정 서비스수준에 의해 결정된다. 따라서 특정 서비스수준을 유지하기 위한 M의 값은 (T + L)기간 동안의 평균수요에 안전재고를 더한 값으로 표시된다. 즉,

$$M = \mu_{T+L} + s'$$

여기서,
M = 목표재고수준,
μ_{T+L} = (T+L)기간동안의 평균수요,
s' = 안전재고

안전재고는 요구되는 특정 서비스수준을 만족시키도록 다음과 같이 결정된다.

$$s' = z\sigma_{T+L}$$

여기서,
σ_{T+L} = $(T+L)$기간동안의 수요의 표준편차
z = 요구되는 특정 서비스 수준을 유지하기 위한 표준편차의 배수

따라서

$$M = \mu_{T+L} + z \cdot \sigma_{T+L}$$

가 되고, 목표재고수준과 서비스수준은 z값에 의해 조정된다.

예제 3 앞의 예제에서 사용된 자료를 가지고 확률적 정기발주모형의 재고정책을 구해 보시오.

❙ 풀이 ❙ $T = \sqrt{\frac{2S}{DH}} = \sqrt{\frac{2(2,000)}{(50,000)(200)}} = \frac{1}{50}$년 $= \frac{1}{50} \times 250$일 $= 5$일

목표재고수준 M은 다음과 같다.

$$M = \mu_{T+L} + z \cdot \sigma_{T+L}$$

여기서 μ_{T+L}은 $T+L = 5+4$일 동안의 평균수요이므로

$$\mu_{T+L} = 9(200) = 1{,}800\text{단위}$$

가 되고 σ_{T+L}은 $T+L = 9$일 동안의 표준편차이고 1일 수요의 표준편차는 150단위이므로

$$\sigma_{T+L} = \sqrt{9(150)^2} = 450\text{단위}$$

가 된다. 그리고 서비스수준 95%에 해당하는 z값은 1.65이므로 목표재고수준 M은 다음과 같이 계산된다.

$$M = 1{,}800 + (1.65)(45) \fallingdotseq 2{,}543(\text{단위})$$

그러므로 이 상점이 정기발주모형을 사용한다면 재고정책은 매 5일(영업일 기준)마다 재고수준을 검토하여 그 때의 재고수준과 목표재고수준 2,543단위와의 차이만큼을 주문하는 것이 된다. 그리고 이 경우 안전재고 s'는 다음과 같다.

$$s' = 1.65(450) \fallingdotseq 743(\text{단위})$$

여기서 한 가지 유의할 점은 동일한 자료를 사용했음에도 불구하고 정량발주모형에서는 안전재고가 495단위였음에 비하여 정기발주모형에서는 안전재고가 743단위나 된다는 점이다. 사실상 동일한 자료를 사용하는 경우 정기발주모형은 정량발주모형에 비해 언제나 더 많은 안전재고를 필요로 한다. 이는 정량발주모형에서는 조달기간 L 동안만 품절의 위험에 대비하면 되지만 정기발주모형에서는 (T + L)기간 전체에 대한 품절의 위험에 대비해야 하기 때문이다.

7 재고관리와 관련한 기법

재고관리는 공급사슬 활동을 관리하는 핵심적인 부분이다. 재고관리는 고객의 요구를 만족시키는 동시에 재고유지비용을 최소화하는 것을 목표로 한다. 고객서비스 수준과 재고유지 수준은 상충관계에 있다고 말할 수 있다.

재고를 관리하고 고객서비스 수준을 균형있게 하는데 포함된 상충관계를 관리할 수 있는 수많은 도구와 기법들이 있다. 그 대표적인 것들은 다음과 같다.

7.1 파레토 개념을 적용한 ABC분석

ABC분석은 간단하나 매우 중요한 기법이다. 이는 가끔 파레토개념으로 알려져 있는데 왜냐하면 파레토의 80/20법칙을 적용하기 때문이다. 다른 말로 하면 80%의 가치가 20%의 양으로부터 나온다. 이것들이 재고의 "A"항목이다. "B"항목은 10%의 가치와 30%의 양을 나타내고, 반면 "C"항목은 10%의 가치를 나타내나 50%의 양으로 구성되어 있다.

이것은 어떠한 재고에도 적용할 수 있는 유용한 개념이다. 이는 관리자로 하여금 그들의 시간과 노력을 할당하는데 보다 중요한 것에 집중할 수 있는데 도움이 된다. 이 개념을 설명하기 위해서 간단한 예로서 자동차를 만드는데 수많은 서로 다

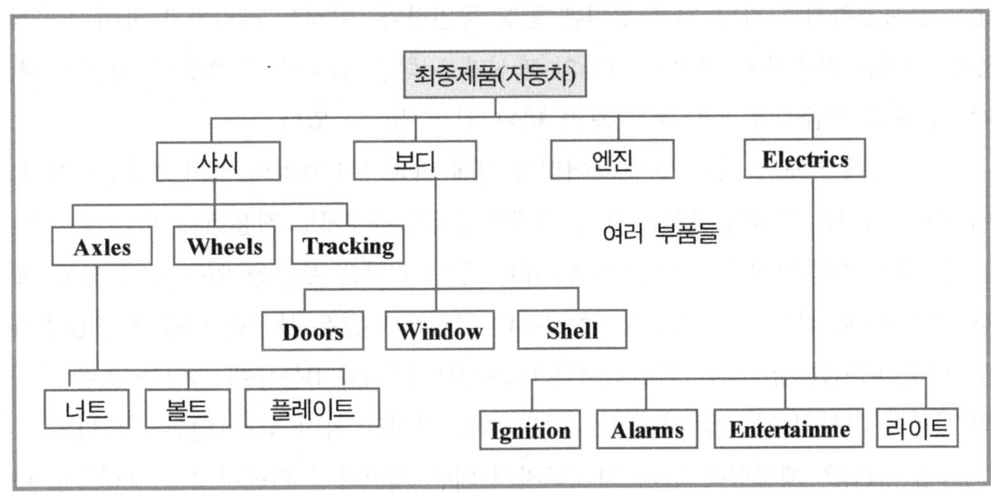

[그림 4-10] 자동차의 자재명세서

른 부품들을 필요로 하는 자동차 제조업자를 생각하여 보자. 자동차의 자재명세서(BOM) 분석은 부품의 계층구조를 나타낸다. [그림 4-10]은 자동차를 만드는 데 필요한 부품의 압축된 요약을 나타낸다.

〈표 4-3〉 항목별 누적구입액

급(class)	항목수	항목비율	년간 구입액	평균 구입액 퍼센티지
A	2,325	18.78	28,500,000	79.61
B	3,232	26.10	4,100,000	11.45
C	6,825	55.12	3,200,000	8.94
계	12,382	100.00	35,800,000	100.00

높은 가치 항목은 "A"로, 중간 가치는 "B"로 그리고 낮은 가치는 "C"로 분류되어질 것이다. 이 법칙은 어떠한 재고에도 적용될 수 있다. 재고항목의 대부분은 낮은 가치/높은 양이 항상 될 것이며, 가장 작은 양의 분류가 높은 가치/작은 양이 될 것이다. 위의 사례에서 최종 자동차를 만드는 최종제품항목(자동차, 엔진과 중간 반조립품)이 아마도 "A"분류를 구성할 것이다. "B"분류는 반조립품을 만드는 항목이 될 것이고, "C"분류는 너트, 볼트, 리벳(rivets), 플레이트(plates), 와이어링(wiring) 등과 같이 수량은 많으나 단위비용이 상대적으로 낮은 항목들이 될 것이다. 이러한 구체적인 값들은 조직에 따라 어느 정도 다르게 된다. 어떠한 조직은 세 개 이상의 분류를 사용하기도 하나 기본 원칙은 항상 동일하다. 이것은 관리자로 하여금 가장 높은 수익을 약속하는 영역에 그들의 관심과 노력을 집중할 수 있도록 하여 준다. 제조업체의 예를 〈표 4-3〉에서 보는 바와 같이 볼 수 있다.

〈표 4-3〉에서 보는 예는 실제로 어떻게 실제 퍼센티지 가치와 양이 변하는가를 보여 준다. 이러한 형태의 분석은 또한 고객과 공급업자에게도 적용될 수가 있다. 예를 들면, 어느 조직은 적은 수의 고객으로부터 수익의 많은 부분을 얻을 수가 있고, 또한 상대적으로 적은 수의 공급업체들로부터 공급품의 많은 부분을 얻을 가능성이 매우 크다. 어떠한 경우이든지 관리자가 C항목보다는 A와 B분류에 속하는 높은 가치의 항목에 그들의 관심을 기울이는 것은 여러 가지로 득이 있는 일일 것이다.

[그림 4-11]은 재고항목 양의 퍼센티지에 대한 재고가치 퍼센티지를 그래프로 나타낸 것이다. 〈표 4-3〉으로부터 데이터를 그래프로 표시하기 위하여 누적빈도곡선

(cumulative frequency curve)으로 만든 것이다.

많은 기업들의 최근의 경향은 소수의 공급업자와의 관계를 관리함으로써 협약을 맺고 품질문제에 대하여 함께 대처하고, 재고 없는 구매 협약, 그리고 최종 사용자에 대한 거래책임에 대한 계약 등을 하는 것에 그들의 시간과 노력을 집중하고 있다. 이러한 기법들은 관리시간과 노력을 줄이고 높은 서비스 수준을 유지하게 한다.

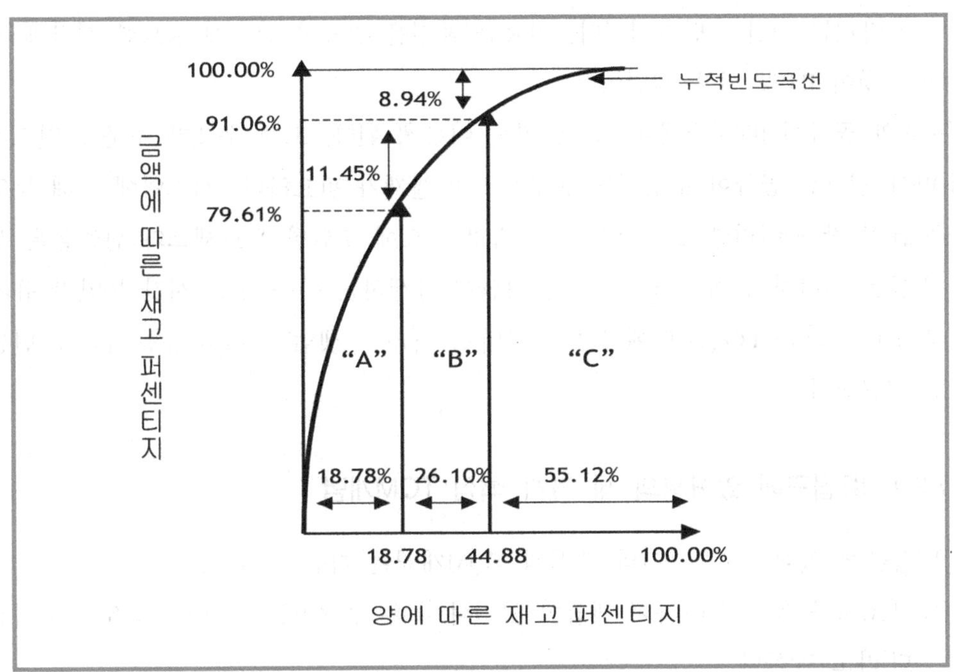

[그림 4-11] 누적빈도곡선

7.2 Just-in-Time(JIT)

Just-in-Time은 오랫동안 알려져 왔던 경영 원칙의 하나이나 1970년대와 80년대 전에는 모든 재고의 분류에 일관적으로 적용하기에는 어려움이 많았다. 주요 이유는 수행하기에는 많은 복잡한 계산을 요구하는 수학적 알고리즘을 포함하기 때문이었다. 그러나 이러한 계산을 용이하게 하는 1970년대 고성능 비즈니스 컴퓨터가 등장함으로써 JIT의 적용이 활발하게 되었다. 일본의 자동차 업체인 도요타(Toyota)는 그들의 "Kaisen" 철학의 부분으로써 수많은 혁신적인 경영 실천의 선도역할을 해왔는데 JIT는 이러한 접근과 긴밀하게 연관되었다.

기본 원리는 간단하다. 필요할 때 재고항목을 주문하는 것이다. 이것은 어떠한 재고도 보유할 필요를 피하고 그 결과 재고의 진부화, 과다 또는 폐기의 위험을 없애준다. 이의 실천에는 효과적으로 관리하여야 할 프로세스의 조정이 요구된다. 이는 공급품을 주문할 시 신속하게 대응하여야만 하는 공급업자들에게 많은 책임감을 부여한다. 부품과 원자재는 그들이 필요로 하는 정확한 때에 생산센터에 도착하여야만 한다. 이것은 재고를 보유할 필요를 없애 주고 재공재고(work-in-process)에서 기다리는 시간을 단축시킨다. 필요한 물건을 필요한 장소에 필요한 시간에 제공하는 것이 JIT의 기본 개념이다.

수요와 공급이 JIT시스템에서는 균형을 이루게 된다. 고객 수요가 주문을 일으킴에 따라 필요한 공급이 조정되는 프로세스의 설계가 필요하다. 시스템에 대해 투입물을 균형 잡는 이러한 프로세스는, 고객의 수요에 부합한 프로세스와 산출물은 생산 흐름을 원활하게 해 주고, 재고는 생산이 발생하는 아주 짧은 시간 동안만 유지되게 된다. JIT는 EOQ모델에서는 고정비로 처리한 셋업(set-up) 주문비용을 변동비로 취급한다.

7.2.1 JIT접근에 있어서의 세 가지 핵심 TQM개념

JIT접근에 있어서 세 가지의 핵심적 TQM개념은 다음과 같다.

① 제조자가 품질에 대하여 책임이 있거나 혹은 구매자들은 가끔 '품질은 주어진다'라고 말한다.

② 품질은 검사하는 것(inspected-in)이라기보다는 만들어지는 것(built-in)이다. 이는 각각의 개별 생산자들이 품질에 대하여 책임이 있는 것이지 단순히 품질관리 검사자의 책임만은 아니라는 것을 의미한다.

③ 구매자에 의하여 정해진 품질 기준에 반드시 따라야하는 의무가 있다.

7.2.2 Kanban시스템

Kanban은 간단하고 효과적인 통제시스템이다. 이는 JIT시스템을 효과적으로 운영하기 위한 눈에 보이는 도구로써 JIT에는 필수적이다. Kanban은 일본말로 단순히 카드를 의미한다. 칸반은 작은 로트 크기 즉 양은 많고 가치는 적은 ABC분류에서 "C"분류에 속하는 항목들에 가장 잘 이용할 수 있다. 칸반은 단일 혹은 복수 카드시스템이다. 복수 카드시스템에서는 두 가지 형태의 카드 즉 운반(C: conveyance)과 생산(P: production) 카드가 있다. 단일 카드시스템에서는 C카드만 사용되어 진다.

복수 카드시스템의 규칙들은 다음과 같다.

① 생산을 허락하는 P-칸반 없이는 어떠한 파트(parts)도 만들지 않는다. 작업자들은 필요한 부품을 만들기보다는 유지, 청결 혹은 작업개선 프로젝트를 행한다. 마찬가지로 C-칸반은 부서간의 부품의 이동을 통제한다.

② 표준 컨테이너만 사용되고 그들은 항상 채워진다.

③ 하나의 컨테이너에는 한 개의 P-칸반과 한 개의 C-칸반이 있다.

이 눈으로 보이는 통제시스템의 핵심은 원하지 않는 재고 축적을 방지하는 것이다. 재고축적은 종종 많은 심각한 문제들을 숨긴다. 비용을 줄일 뿐만 아니라 문제들을 찾아내야 한다. 예를 들면, 어느 조직은 단순히 공급조직의 비효율성을 충당하기 위해서 완충 재고를 보유하기도 한다.

7.2.3 공급관리를 위한 JIT시스템의 관계

물류를 수송하는 것은 경로(routing)가 픽업과 배달 조직에 매우 중요한 JIT시스템을 잘 적응할 수 있도록 주의 있게 조직할 필요가 있다. 배달은 중앙 창고에서 항목들이 필요한 장소로 옮기는 재조직이 필요할 수도 있다. 이것은 이중 취급을 피하게 한다. 많은 조직들이 그들의 수송과 창고 능력을 JIT와 효과적으로 운영할 수 있도록 조직하고 있다. 예를 들면, JIT 보충시스템을 운영하는 많은 소매업자들은 'cross-docking'을 조직하였다. 이것은 배달이 수송저장창고에 도착해서 어느 기간 동안이라도 재고로 저장되어지지 않고 'cross-docked'되는 것이다. 즉, 물건을 실어온 운송차로부터 그들의 최종 목적지로 향하는 취급을 용이하게 할 수 있는 표준화된 컨테이너로 옮기는 것이다. 이와 같은 수송의 조정은 시스템을 효과적으로 관리하기 위해서 중요하다.

McLachin과 Piper(1990)에 의하면 JIT시스템의 이득은 다음과 같다.

- 준비시간 단축
- 소 로트 생산 가능
- 소 로트 운송 가능

- 자동화를 통한 복수 프로세스 취급
- 무결점 품질관리
- 설비 유지관리
- 생산 흐름의 원활화와 혼합
- 후속 프로세스에 의한 인출
- 사내 변경과 설비의 생산
- JIT 공급 조정
- 지속적 개선에 종업원 참여

7.2.4 JIT시스템에서의 구매자-공급자 관계

JIT시스템을 채택할 시 요구되는 커다란 조정의 하나는 구매자와 공급자간에 필요한 협력의 긴밀한 수준이다. JIT시스템을 운영하는 회사들은 종종 적은 수의 공급자들을 가지나 그들은 공급사슬의 서로 다른 부분을 조정하기 위해서 공급업자들과 매우 긴밀하게 일을 하여야만 한다. 데밍박사는 TQM 14개의 원칙에서 기업은 적은 수의 공급업자들과 긴밀한 관계를 개발할 필요가 있다고 처음으로 제창하였다.

JIT는 공급자에 대해서도 변화를 요구한다. JIT에서 공급자는 내부의 작업장과 거의 비슷하게 취급된다. 공급자는 칸반카드와 특수한 컨테이너를 받으며, 다음 생산단계에 적시에 자주 부품을 배달해야 한다. 공급자는 외부공장 내지 생산팀의 일원으로 간주된다.

JIT시스템에서는 공급자는 보통 하루에 4번 정도 부품을 배달해야 한다. 따라서 JIT시스템에서는 리드타임이 짧은 동일지역 내의 공급자가 바람직하다.

JIT에서 공급자는 선적일보다는 특정 배달시간을 통보받는다. 예를 들면, 오전8시, 오전 10시, 정오 및 오후2시에 각각 부품을 배달하도록 요구된다. 매번 배달할 때마다 공급자는 빈 컨테이너와 인출칸반카드를 회수해 간다. 그리고 빈 컨테이너의 숫자에 해당하는 만큼의 부품을 다음번에 배달한다. 배달은 수납이나 품질검사 없이 바로 생산라인으로 이루어진다. 따라서 공급자의 품질은 완전히 신뢰할 수 있어야 한다. 이렇게 함으로써 서류작업, 리드타임, 재고수준, 수납지역의 수 및 저장공간이 크게 줄어들게 된다.

운송비용이 너무 많이 들어 하루에 여러 번 배달하는 것이 어려운 경우에는 공급자들은 연합하여 공동으로 배달하기도 한다. 예를 들면, 한 공급자가 자기의 납품량과 다른 3명의 공급자의 납품량을 함께 오전 9시에 배달하고, 오전 10시에는 두 번째 공급자가, 정오에는 세 번째 공급자가, 오후 2시에는 네 번째 공급자가 각각 나머지 공급자들의 물량까지 함께 배달하는 방식이다. 이 방식을 이용하면 소로트 배달에 있어서 수송비를 상당히 절감할 수 있다.

JIT시스템에서는 일반적으로 한 부품에 대해 한 공급자와 장기계약을 맺어 품질향상과 가격안정을 도모함으로써 고객과 공급자는 장기적인 신뢰관계를 구축할 수 있게 된다.

8 MRP시스템

MRP 시스템은 초기에 매우 단순한 자재소요계획(Material Requirements Planning)의 기법으로 출발하였으나 오늘날에는 회사전체의 전사적 자원관리(Enterprise Resource Planning: ERP) 시스템으로 자리잡게 되었다. 즉 자재소요계획(협의의 MRP)은 제조자원계획(Manufacturing Resources Planning: MRP II)시스템과 전사적 자원 관리 시스템의 핵심 기능으로서 그 진화과정에 따라 원래 자재를 주문하는 새로운 기법으로 여기던 것이 그 후 제조부문의 일정계획을 올바르게 유지하는 우선순위관리 시스템으로 변모하였다. 오늘날의 MRP 시스템은 이 부분을 핵심으로 하여 회사의 모든 자원을 계획하고 관리하는 제조자원계획(MRP II)체계로 발전되어 왔다. 그리고, 생산관리시스템의 기반으로서 MRP 시스템을 두고 여기에 CAD/ CAM, 자동화라인, 자동창고 등을 구축하여 컴퓨터통합생산(CIM)시스템을 완성하려는 시도가 미국과 일본을 중심으로 활발하게 이루어져 왔다.

8.1 MRP시스템의 발전과정

8.1.1 자재발주 기법으로서의 MRP

MRP 시스템은 1960년대 초 필요한 자재의 소요량을 계산하여 발주하는 자재소요계획(Material Requirements Planning: MRP I)으로 시작되었다. 이는 당시에 주로 사용되었던 발주점방식이 회사의 모든 자재에 대하여 개별적으로 조달기간(lead time) 동안의 소요량을 산정하여 발주하던 것에 대한 대안으로서 창안된 것이다.

Olicky는 자재를 독립수요 품목과 종속수요 품목으로 나누고 종속수요 품목에 대한 소요량은 부품구성표(Bill of Material: BOM)를 이용하여 계산함으로써 개별적인 소요량을 예측할 필요 없이 정확한 소요량이 산출될 수 있음을 제시하였다. 즉, 자재소요계획(MRP)방식에서는 최종제품이나 서비스부품 등 독립수요 품목에 대한 수요만 예측이 된다면 나머지 하위의 종속 수요품목의 소요량은 예측이 아닌 계산으로써 파악될 수 있다는 개념이 MRP 시스템 발전의 초석이 된 것이다. 이 당시에는 능력계획과 연결되어 있지 않은 단순한 재고관리 시스템의 기능을 갖춘 것이었다.

8.1.2 우선순위 계획시스템으로서의 MRP

1970년대에 이르러 MRP시스템의 기능은 단순한 자재 소요량의 계획으로부터 우선순위 계획시스템(priority planning system)으로 확장되었는데 이 단계에서부터 MRP 시스템은 본격적인 일정계획 시스템의 체계를 갖추게 되었다.

계획시스템으로서의 MRP에서는 기준생산 일정계획(master production schedule: MPS)의 중요성이 인식되어 이것을 토대로 자재소요계획을 비롯한 하위 단계의 계획 기능을 동기화하고자 하는 발상이 실현된 것이라고 볼 수 있다. 이에 따라 상위 단계의 계획인 기준생산 일정계획이 수요의 변화 등 외적요인에 의하여 변경되면 MPS와 관련된 하위 단계의 계획내용이 연동적으로 재계획되어 새로운 우선순위를 반영하기 때문에 변경에 대한 대처가 용이한 계획 지향적 시스템이 되었다.

기업실무에 적용 가능한 순위계획을 실현할 수 있으려면 계획기간(planning horizon)은 더욱 길어지고 계획기간의 단위인 시간단위(time bucket)는 보다 짧아져야 하는데 이는 당시 컴퓨터의 계산처리 능력과 데이터의 저장 능력이 증대됨에 따라 가능하게 되었다.

8.1.3 폐쇄루프 MRP 시스템

우선순위 계획 MRP시스템이 실용화되면서 사용자들은 MRP시스템의 계획기능에 상응하는 통제기능이 필요함을 인식하게 되었는데 이러한 시스템을 폐쇄루프(closed loop) MRP시스템이라 하고, 이 이전 단계의 MRP를 개방 루프(open loop) MRP시스템이라 한다. MRP시스템의 가장 기본적인 기능중의 하나는 제조기업의 제반활동을 가장 정확하게 컴퓨터내에 설정하는 것이다. 그런데 과거의 MRP시스템에서는 실현 불가능한 MPS에 의하여 하위 단계의 계획들이 제조활동의 실제 우선순위를 제대로 반영하지 못하는 결과를 가져와서 결과적으로 시스템의 효용을 반감시키는 경우가 많았다. 현실에 맞는 MPS가 되기 위해서는 MPS를 실행하기 위하여 소요되는 자재소요량은 물론 생산능력 소요량이 현실적인지 검토하는 기능이 요구된다.

결과적으로 폐쇄 루프 MRP시스템의 단계에서는 기존의 MRP 시스템에 능력소요계획(capacity requirements planning)이 추가되어 작업장별로 보유하고 있는 생산능력과 자재계획상의 작업부하가 서로 조화되고 있는지 검증할 수 있게 되었고 이에 따라 제조지시의 실행책임을 제조현장에 부여하면서 동시에 이의 실행 결과를 피드백(feedback)할 수 있는 현장 제조관리(shop floor control)가 정착되었다. 보통 광의의 MRP시스템이란 이러한 단계의 MRP를 말하는 것으로 생산재고관리의 4가지 기본 기능으로 알려진 우선순위계획(priority planning), 생산능력계획(capacity planning), 우선순위통제(priority control), 생산능력통제(capacity control)를 포괄하여 종합시스템적인 운영이 가능하게 하는 기반을 마련하였다.

8.1.4 제조자원계획 시스템(MRP II)

1980년대에 이르러 MRP시스템은 폐쇄루프 MRP시스템을 더욱 보강하여 기업의 제조자원을 총괄하여 관리하는 시스템으로 확장하고자 하는 시도가 계속되어, 그 명칭도 제조자원계획(manufacturing resource planning)시스템 또는 MRP II 시스템이라 하였으며 자재소요계획 시스템인 MRP와 구분하였다.

이 단계의 MRP시스템은 회사의 각 부문활동을 사업계획의 기준하에 종합적으로 조정하여 조직간 수평, 수직적인 균형을 이룰 수 있도록 생산, 자재 부문만이 아니라 영업, 기술, 재무분야의 통합 또는 상호연계를 도모하는 기능을 갖추었다. MRP II는 제조활동의 계획, 관리뿐만 아니라 재무, 마케팅에서의 계획과 관리를 포괄한 시스템으로서 기업에서의 모든 자원을 관리하는 전사적 정보시스템으로 확장되었다.

8.2 MRP시스템의 구성요소

MRP 시스템에서 3가지 주요 투입요소는 기준생산 일정계획(MPS), 부품구성표(BOM) 및 재고기록철(inventory record file)이다.

8.2.1 기준생산 일정계획(Master Production Schedule: MPS)

이것은 최종품목(end item)의 계획기간과 소요량을 표시한 것으로 무엇을, 언제, 얼마만큼 생산할 것인가를 나타낸 기본적인 계획표이다. MRP기법을 통한 계획수립의 모든 절차는 실질적으로 MPS로부터 출발하기 때문에 MPS가 잘못되면 계획전체가 무의미하게 된다. MPS는 다음과 같은 기본요소로 이루어져 있다.

(1) 최종 품목(end item)

MPS에 기입되는 품목으로서 부품구성표(BOM)상에서 최상위 단계에 있는 것이다. 보통 최종 품목이 될 수 있는 것은 최종제품, 서비스 부품, 모듈부품, 주요 조립품 등이며, 최종 품목이 되기 위한 조건은 독립수요품목이어야 한다.

(2) 계획기간(planning horizon)

계획 또는 예측상에 포함되는 총기간이다.

(3) 기간별 구분(time-phase)

이것은 MPS상에서 연속되는 시간의 흐름을 인접하는 소기간으로 세분하는 것으로, 다시 말해서 적당한 단위기간(time-bucket)의 크기로 구분하는 것이다.

(4) 계획단위기간(time-bucket)

계획기간(planning horizon)을 기별로 구분(time-phase)하여 그 하나하나를 계획단위기간(time-bucket)이라고 한다. 즉 time-phased된 각 기간을 time-bucket라 하며, bucket의 크기를 MRP에서는 보통 1주간 또는 1일로 하고 있다. 그런데 이 bucket방식으로 표현할 경우 그 bucket의 초, 중간 또는 종일이라든가 그날의 착수일이나 종료일등을 미리 약속하여 정해 놓아야 한다.

8.2.2 재고 기록철(inventory record file)

품목 마스터 파일(item master file), 재고상황철 또는 품목상황철(item status file)이라고도 하는데, 이것은 부품구성표(BOM, bills of material)의 각 단계(level)에 있어서 개개 품목의 현재 재고 상태에 있는 수량을 나타낸 것이다.

이 상황을 기록한 철은 개개 품목의 재고 변동이 일어날 때 마다 갱신된다. 여기서 말하는 재고변동은 품목의 수입, 불출, 스크랩화 수량의 변화에 관한 것이다. 또한 이 재고기록철에는 계획오더량과 그 시기를 결정하는데 주로 이용되는 계획요인으로 각 품목의 리드타임(lead time), 안전재고, 감손여유량(scrap allowance), 로트 사이즈화 방식 등이 포함되어 있다.

8.2.3 부품구성표(bill of material, BOM)

보통 자재명세서, 제품구조도(product structure), 또는 간단히 부품표라고도 하는데 이것은 최종 품목이 어떤 부품으로 구성되어 있는가를 나타낸 표이다. 여기에 기재되는 각 품목은 MPS상의 품목과 같이 품목의 명칭이 아닌 부품번호로 표시된다. 이들 품목에 대해서는 MPS상의 표시와 반드시 일치해야 한다. 부품구성표는 보통 설계용 부품표(engineering bill of material, E-bill)와 제조용 부품표(manufacturing bill of material, M-bill)로 대별된다.

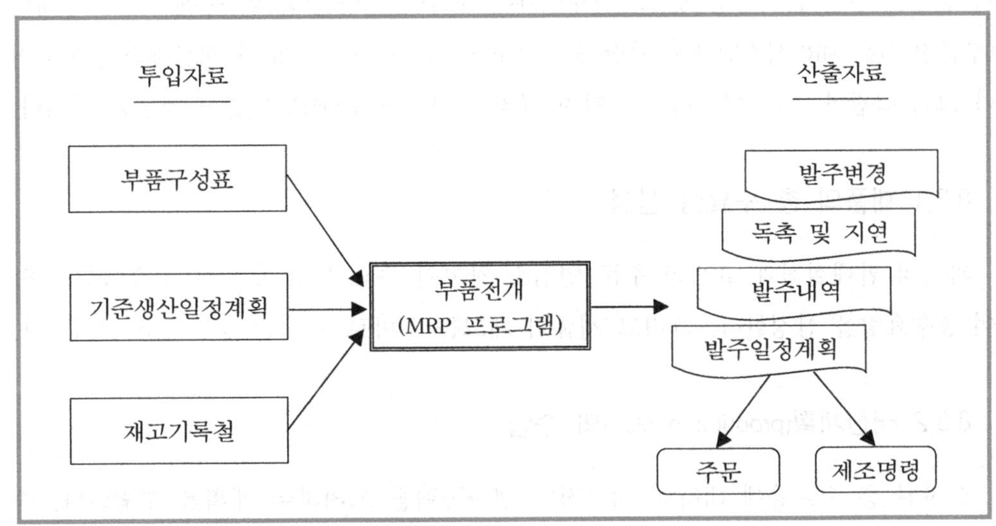

[그림 4-12] MRP시스템의 투입요소와 산출자료

주요 산출요소(outputs)는 다음과 같다.

(1) 주요 산출요소

- 계획오더(구매오더 또는 가공오더)의 발령에 대한 지시
- 발령된 오더의 완료예정일의 변경지시
- 발령된 오더(open order)의 취소 또는 일시적인 중지 지시
- 품목상황의 분석에 필요한 자료
- 앞으로 발령될 예정인 계획오더의 자료

(2) 부차적 산출요소

- 재고수준 계획의 자료(재고예측)
- 구매계약의 자료
- 수요의 원천에 대한 확인자료(소요량 용도확인 보고자료)
- 능률(성과)에 대한 자료(performance report)
- 예외자료(exception report)

8.3 MRP시스템의 전개절차

MRP시스템은 전술한 기본요소들은 토대로 하여 전개되는데, 협의의 MRP관점에서의 전개를 위한 준비과정 및 그 전개절차에 대하여 설명한다. 이 중에서 소요량계산(부품전개)은 MRP시스템에서 가장 중요하고 핵심적인 과정으로서 계산과정이 어렵거나 그리 복잡한 것은 아니다. 몇 가지 규칙과 간단한 산술로 도출이 가능한 것이다.

8.3.1 제품의 총 수요량 산정

과거의 판매실적과 고객의 주문 영업소 창고의 수요 등을 토대로 수요예측을 하여 총수요량을 산정한다. 그리고 제품의 재고를 얼마로 유지할 것인가도 고려한다.

8.3.2 생산계획(production plan)의 수립

산정된 총 수요량에 대하여 대략적인 생산능력을 고려하여 계획을 수립한다. 즉 수요예측과 생산에 필요한 자원을 반영하여 수립된 예측자료이다.

〈표 4-4〉 생산계획표의 예

기간 / 제품	1	2	3	4	5	6	7	8	9	10	11	12	13	14
X생산량														
Y생산량														

8.3.3 기준생산 일정계획(Material Production Schedule, MPS) 작성

MPS는 어떤 제품을 생산하는데 있어서 「무엇을, 언제, 얼마나 생산할 것인가」를 나타낸다. 즉 MPS로부터 제품별 생산량과 생산일정을 파악해야 한다.

MPS는 전체 계획기간(planning horizon), 계획단위기간(time bucket)등이 표시되어야 하며, 전체계획기간은 능력소요계획, 부품구성표에서의 최장 누적 리드타임 등을 고려하여 결정하고 계획단위기간은 보통 주단위 또는 일단위로 한다.

다음 〈표 4-5〉는 MPS의 예를 보통의 매트릭스 형태로 나타낸 것이다.

〈표 4-5〉 MPS의 예

최종품목 (end item)	기간(period)							
	1	2	3	4	5	6	7	…
A	100		100		100			
B	15	20	25	20	15			
C	50	60		60				

8.3.4 부품구성표(Bill of Material, product tree)의 작성

부품구성표는 보통 제품별로 흐름공정도 등에 의거 조립단계 및 가공순서 등을 고려하여 작성할 수 있으며, 부품구성표에 의하여 제품전개를 행할 수 있다. 이를 통하여 제품생산에 필요한 구성품의 종류별 수량과 이들의 구성관계를 정확하게 파악할 수 있다.

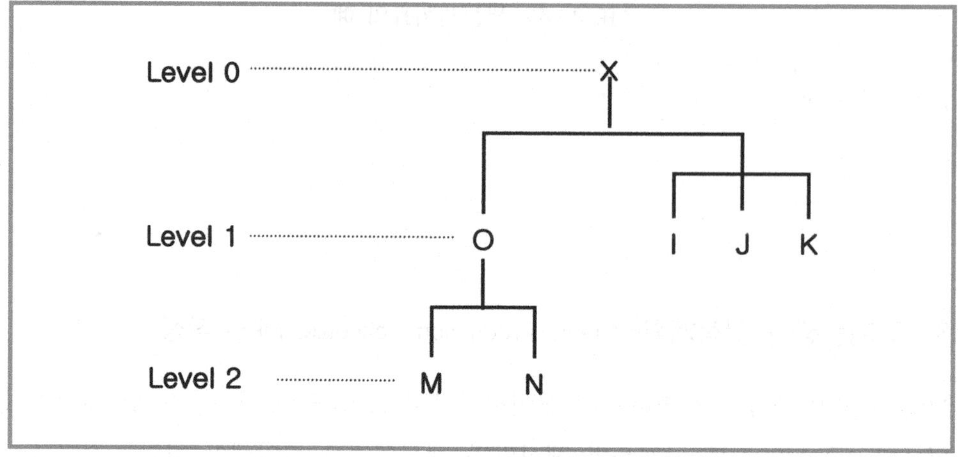

[그림 4-13] 부품구성표의 예

8.3.5 재고기록철(Inventory record file)의 작성

재고기록철은 각 품목별 수불현황, 재고수준 및 조달기간(lead time), 표준시간, 부품단가 등을 고려하여 작성한다.

8.3.6 소요량계산(부품전개)

지금까지의 절차, 즉 제품의 생산량 및 생산일정을 파악하고 구성부품의 제품분석과 이들의 재고 현황을 파악한 것은 MRP 계산을 위한 준비과정이 되며, 다음 절차가 제품분석 또는 부품전개(parts explosion)기법을 통한 소요량계산을 행하여 MRP시스템의 산출자료(outputs)가 되는 MRP계획표(MRP Schedule)를 작성하는 본 과정이 된다. 즉 소요량계산은 MRP의 가장 중요한 핵심이 되는 과정으로서 MPS를 기본으로 하여 부품구성표에 있는 각 부품의 소요량을 계산한다. 이때 필요한 자료는 MPS 외에 부품구성표, 품목마스터 자료(item master data)등이다. 소요량 계산의 대상이 되는 품목은 종속수요품목이며 상위 품목의 소요량과 해당 품목의 원단위(原單位)를 토대로 계산한다. 다음은 해당 품목의 불량률을 고려했을 경우의 소요량 계산 공식이다.

$$\text{소요량} = \text{상위품목의소요량} \times \text{원단위} \times \frac{1}{1-\text{불량률}}$$

상위 품목 소요량이란 전개전의 품목의 오더 수량이며 여기에다 부품구성표에 설정되어 있는 원단위를 곱하여 자품목의 소요량을 산출한다. 불량률이나 감손률은 보통 부품구성, 품목마스터 자료에 설정한다. 또 원 단위는 모품목(바로 위 품목)을 1단위 만드는데 필요한 수량이나 중량, 길이 면적 등을 말한다. 소요량 전개는 크게 1단계 전개 기능과 추출기능으로 나눌 수 있다. 1단계 전개기능은 부품전개를 하면서 자부품의 소요량을 계산하고 그 결과를 low level code 순서대로 등록한다. low level code는 부품표 중에서 그 품목이 쓰이고 있는 가장 하위의 해당 레벨 코드(번호)를 말한다. 또 추출기능은 low level code의 위에서부터 순서대로 등록되어 있는 품목을 빼낸다. 이들 두 기능은 서로 쌍을 지어 움직이며 Level Table, Activity chain을 이용하여 단계별 소요량 계산방법(level by level)의 전개를 해 나간다.

[기본절차]

① **총 소요량**(gross requirement) **계산**

먼저 MPS로부터 총소요량을 얻는다. MPS는 기간별 계획이므로 전개결과는 기간별 총소요량이 되고, 이를 사용계획(불출계획)시에 필요한 총소요량이라고 보면 된다. 이것은 각 기간별로 그 만큼의 자재(부품)를 제조현장에 공급할 것을 나타낸다. 총소요량은 각 품목마다의 요구량을 말하는데 여기에는 상위품목(parent item)을 만들기 위한 부품으로서 요구되는 것과 서비스 부품으로서 요구되는 것을 기간별로 합한 것이다. 즉 생산계획에 의거 원단위에 생산 대수를 곱하여 각각의 부품을 전개한 것이며, 생산계획의 변경에 의하여 변하게 된다.

② **순소요량**(net requirement) **계산**

순소요량이란 품목요구량(총 소요량)에 대하여 재고나 발주잔량(on order)으로써 충당한 후에 실제로 새로이 수배를 필요로 하는 수량을 말한다. 충당가능재고(= 전기의 이용가능 재고 + 수입예정량)에서 총소요량을 뺀 수량, 즉 각 기간의 예상 이월 재고에서 실질적으로 사용량을 충당시키지 못하는 수량 부분이다. 순 소요량을 계산하기 위해서는 먼저 당기의 이용가능 재고(available inventory) 또는 현재고(on hand)를 산정한 후 산정한다.

이용가능재고(또는 현재고)의 산정

이용가능재고 = 전기의 이용가능재고 (또는 현재고) +
수입예정량(또는 발주잔량) - 총소요량 (안전재고)

전기의 이용가능재고는 전기의 재고잔량이며 안전재고는 별도로 설정되어 있는 경우에 감산한다. 그리고 수입예정량 또는 발주잔량은 제조지시서 또는 구매발주서를 발행했으나 아직 들어오지 않은 미납된 수량을 말한다. 현재고(on hand)는 창고 또는 생산라인(line)에 위치(완성된 오더)하여 언제든지 생산에 직접투입 가능한 자재를 총칭한다.

순 소요량 계산

순 소요량계산 → 이용가능재고의 - 양수인 경우 : 순소요량 = 0
계산결과치 - 음수인 경우 : 전기(前期)와 차를 구한 수량

즉 순 소요량은 이용가능재고의 계산결과치가 0이상의 양수일 때는 더 이상 수량이 필요 없으므로 순 소요량이 0이 되고, 음수가 나온 부분에 대해서만 고려하는데 음수의 값에 대해서는 바로 앞 기(期)와의 차를 구하여 이 값(절대값)이 해당 기의 순 소요량이 된다. 최초로 나온 음수 값에 대해서는 그 절대값 만을 취하면 그 자체가 순 소요량이 된다. 순 소요량의 계산 예를 나타내면 [그림 4-14]와 같다.
이용가능재고의 계산식(=전기의 이용가능재고 + 수입예정량 - 총소요량 - 안전재고)에 의하여 이용가능재고를 구하면 다음과 같다.(여기서 안전재고는 별도로 설정되어 있지 않으므로 안전재고 = 0이며, 따라서 계산에서는 제외시킴)

1기 : 14 + 50 - 27 = 37
2기 : 37 + 0 - 0 = 2
3기 : 37 + 0 - 35 = 2
4기 : 2 + 0 - 0 = 2
5기 : 2 + 50 - 19 = 33
6기 : 33 + 0 - 45 = -12 → 이용가능재고 : 0, 순 소요량 : 12
7기 : 0 + 0 - 0 = 0

8기 : 0 + 0 − 25 = −25 → 이용가능재고 : 0, 순 소요량 : 25

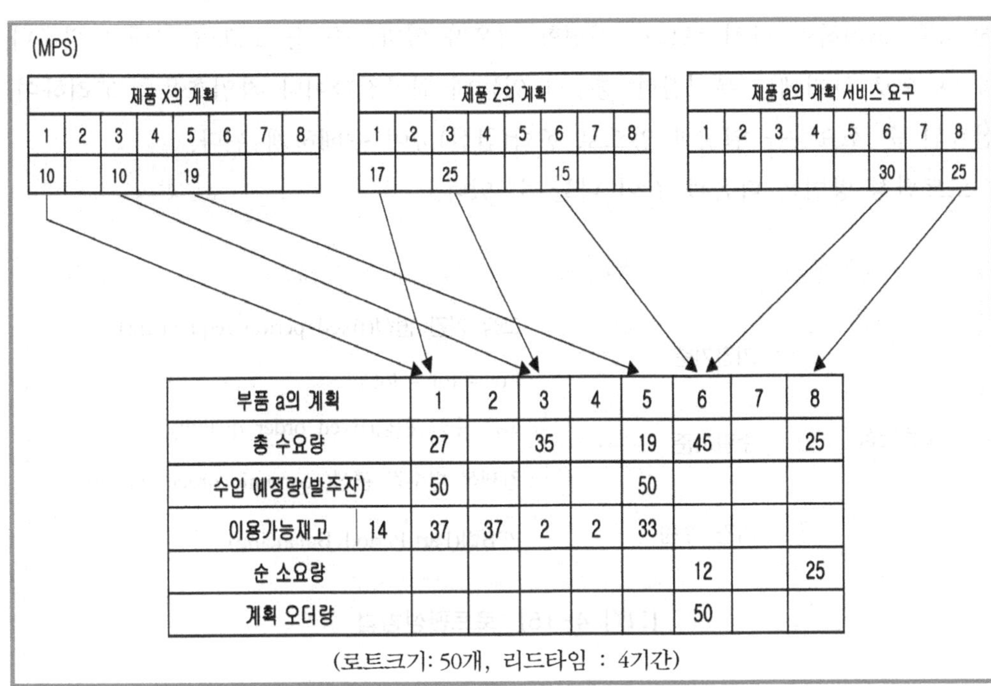
(MPS)

제품 X의 계획							
1	2	3	4	5	6	7	8
10		10		19			

제품 Z의 계획							
1	2	3	4	5	6	7	8
17		25			15		

제품 a의 계획 서비스 요구							
1	2	3	4	5	6	7	8
					30		25

부품 a의 계획		1	2	3	4	5	6	7	8
총 수요량		27		35		19	45		25
수입 예정량(발주잔)		50				50			
이용가능재고	14	37	37	2	2	33			
순 소요량							12		25
계획 오더량							50		

(로트크기: 50개, 리드타임 : 4기간)

[그림 4-14] 순 소요량 계산 예

순 소요량 산정

1 ~ 5기, 7기와 같이 이용가능재고 계산결과치가 0 또는 양수일 경우에는 결과치를 그대로 이용가능 재고값으로 결정하면 되지만, 6기와 8기와 같이 음수값일 경우에는 이용가능재고는 0이 되고, 순 소요량은 각각 전기 이용가능재고값과의 차를 구하여 이를 순 소요량으로 한다. 단, 최초로 나온 음수값에 대해서는 이용가능재고 결과치의 절대값만 취하면 그 자체가 순 소요량이 된다. 예컨대, 6기의 경우는 이용가능재고값이 최초로 나온 음수값이므로 절대값을 취하면 12가 되는데 이것이 6기의 순 소요량이 된다.

8기의 경우에는 이용가능재고가 -25이고, 전기(7기)의 이용가능재고가 0이므로, 이 둘의 차를 구하여 절대값을 취하면 순 소요량은 25가 된다.

③ **로트편성 계산**(lot sizing)

MRP계획표상의 순 소요량에 있는 각 기별 수치는 완성품, 즉 재고잔량으로서 재고가 되거나 모부품의 제조공정에 투입 또는 공급될 수량인데 산출된 순 소요량은 반드시 그대로 수배량이 된다고는 할 수 없다. 제조의 용이도, 조달의 용이도, 경제성 등을 고려하여 다시 로트로 편성할 경우가 있다. 즉 순 소요량 그대로 발주나 제조량으로 하기에는 부적합한 경우가 있는데 원가절감이나 작업효율을 고려하여, 산출된 순 소요량을 일정한 양으로 종합(합산)하여 수배하게 된다.

로트편성 방법은 다음과 같이 나눌 수 있다.

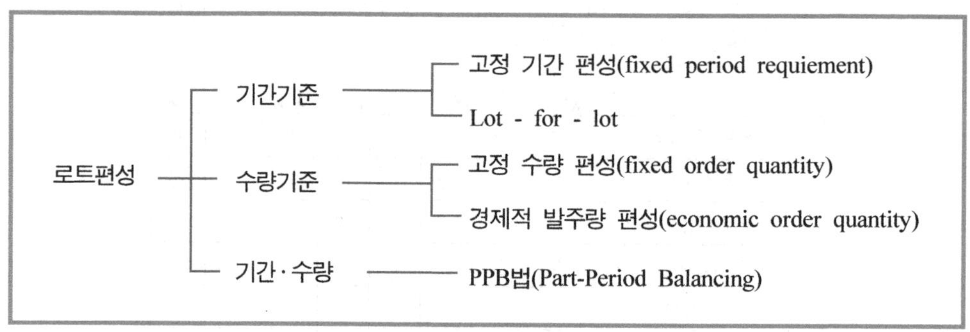

[그림 4-15] 로트편성방법

고정기간 편성은 일반적으로 수요가 불규칙적이고 비교적 고가의 품목에 적합하고, 고정수량 편성이나 경제적 발주량 편성은 비교적 수요의 변동이 안정되어 있고 수요의 발생이 연속적인 품목에 적용된다.

고정수량 편성은 보통 어떤 로트단위로 제조되거나 구매되는 품목에 적용된다. 이러한 품목은 전형적으로 준비비용이나 발주비용이 있어서 즉시 필요한 소요량보다 많이 발주하는 것이 합리적인 경우에 이용된다.

lot-for-lot 방법은 각 기간에 발생한 순 소요량 자체를 그대로 오더수량으로 하는 것인데 주로 고가품목이나 단속적으로 요구가 발생하는 품목, 예를 들면 설계에 바탕을 둔 주문 품목, 저장된 서브어셈블리를 이용하여 조합되는 완제품, 또는 사용되는 라이프 사이클이 짧은 경우, 자작조립품 등에 이용된다.

④ **계획 오더량(planned order) 산정**

각 기간별로 산출된 순소요량을 기준으로 조달의 용이도, 경제성 등을 고려한 발주방침에 따라 일정 수량을 로트로 편성하게 되는데, 이렇게 편성된 로트가 계획 오더(planned order)량이다. 즉 순 소요량을 일정한 lot size로 합산하여 발주할 양이다. 이러한 계획 오더는 어디까지나 계획상의 오더로서 발령예정량이다. 즉 계획 오더는 제조(제작)하거나 발주(구매, 외주)할 것이 정해진 오더로서 제조현장이나 외주처에는 아직 통보하지 않은 것이다. 필요에 따라서는 계획오더에다 공정중의 감손율(불량률), 원자재 절단 요인, 상한 및 하한치 등을 감안하여 계획 오더량을 배수(multiples, nearest multiple) 조정할 수 있다. 이 경우에는 각 기별 계획 오더량이 감손율(불량률)만큼 증가하게 된다.

⑤ **조달기간 차감계산**(offsetting for lead time, lead time offset)

로트편성 계산에 의하여 작성된 계획오더는 그 기간에 제조완료(외주품인 경우 입고 완료)되어야 할 시점이다. 이러한 계획오더에 대하여 완료시점을 기산점으로 조달기간만큼 차감계산하여 제조착수시점(외주품인 경우 주문서 발행시점)을 지정하는 것이 조달 기간 차감 계산이다.

⑥ **계획 오더 발령량**(planned order release) **계산**

계획오더량을 기별로 조달기간만큼 앞당기는 계산(조달기간 차감계산)을 하면 이것이 계획오더 발령량이 된다. 이 계획 오더 발령량은 제조현장에 open order로서 투입되는데 계획오더 발령량의 수량 및 시기는 자부품에 대한 제조수량 및 입수 시기가 된다. 계획오더는 MRP에서 매우 중요한 역할을 한다. 계획오더에 따라 하위 단계 품목(자 품목)에 대한 소요량이 발생한다. 즉 계획오더 발령량을 그대로 받아 부품(자부품)의 총소요량으로 취한다.

MRP에서 계획오더는 그 보다 하위에 있는 부품(자재)에 대한 소요량이 계산되게 하는 중요한 기능외에 다른 중요한 기능을 가지고 있다. MRP에서는 계획오더와 작업순서 파일을 이용하여 능력소요계획을 하는 것이 가능하다. 오픈 오더는 작업장(work center) 내에 투입되어 있는 오더(scheduled receipts), 작업장에서 가공을 기다리고 있는 오더, 완성된 오더(on hand)가 있다.

[그림 4-16]에서 보는 바와 같이, 계획오더량과 계획오더 발령량은 시점 측면에서도 차이가 있는데, 리드타임만큼 시간적인 간격이 있다.

항목 \ 기간		1	2	3	4	5	6	7	8
총 수요량		27		35		19	45		25
수입 예정량(발주잔)		50				50			
이용가능재고	14	37	37	2	2	33			
순 소요량							12		25
계획 오더량				리드타임(4기간) 만큼 앞당김			50		
계획 오더 발령량			50						
자 부품의 계획		1	2 50	3	(로트크기 : 50개, 리드타임 : 4기간)				

[그림 4-16] 리드타임 차감계산

즉, 계획오더는 해당 품목의 완료(예정)시기, 즉 납기를 가리키는데 반하여, 계획오더 발령은 현장에서의 작업(가공) 착수시기 또는 자부품의 입수시기가 된다.

9 전사적자원관리시스템(ERP: Enterprise Resource Planning)

ERP시스템은 전체 조직을 하나의 정보시스템 즉, 조직의 경영정보의 다른 부분들이 통합된 것으로 본다. 이러한 시스템의 가장 큰 이득은 데이터가 한번만 입력되어지면 사람들은 시스템의 다른 부분을 알기위해 데이터에 접근할 수가 있는 것이다. 이러한 시스템의 대형 공급자들은 SAP, Oracle 그리고 PeopleSoft 등이다. ERP는 조직에 대해 내부 조직의 모든 부분을 연결하는 것뿐 아니라 데이터를 공유하고 경영의사결정의 품질을 제고하기 위한 고객과 공급업자와 연결되는 통합된 경영정보시스템을 개발할 수 있도록 허용되어야 한다.

ERP시스템은 전 조직을 통하여 비즈니스 프로세스를 통합하는데 사용된다. 제조, 마켓팅, 재무, 인적자원 그리고 구매 정보들이 합해져서 조직이 답하기를 원하는 질문에 따라서 여러 가지 다른 방법으로 분석되어 진다. 통합은 이 시스템의 주요 혜택으로서 비록 비용이 많이 소요되지만 시스템과 절차의 효율과 표준화를 통하여 비용을 제거할 수 있다.

Web기반의 시스템은 인터넷을 통하여 공급사슬 파트너간들 간에 정보를 교환할 수 있게 하여 준다. 실시간의 정확하고 일관된 데이터가 구매자와 판매자가 간에 교환될 수 있다.

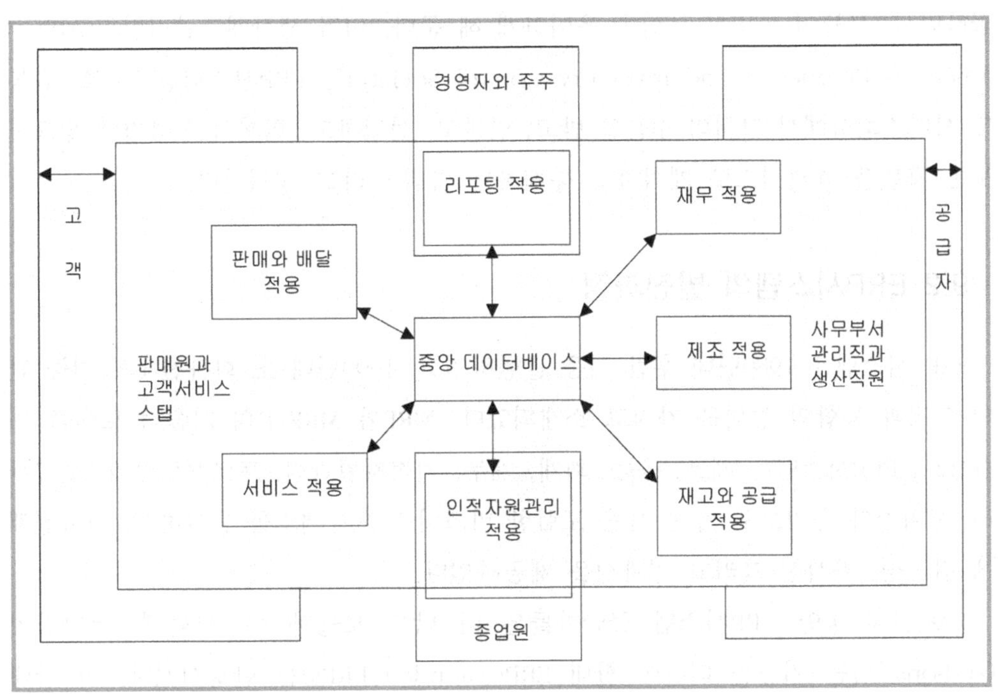

[그림 4-17] ERP 구조

많은 기업들은 일관성, 규모의 경제 그리고 통합을 얻기 위해서 ERP시스템에 투자한다. 이러한 시스템을 개발하기 위해서는 기업은 프로세스의 일관성과 서로 다른 영역간에 효과적 통합을 하기 위해서 비즈니스 프로세스를 재설계할 필요가 있다. 내부 통합은 하나의 공급사슬에서 단지 하나의 관점(aspect)일 뿐이다. 공급자와 고객의 비즈니스 프로세스와 시스템을 통합하는 외부통합을 구축하는 것은 또한 중요하다. [그림 4-17]은 한 기업이 어떻게 그들의 핵심 프로세스를 외부 고객과 공급자와 연계하고 비즈니스 운영을 지원하기 위하여 내부 시스템을 통합하는지를 설명해주고 있다. 실제적으로 내부 공급사슬과 상류(upstream) 그리고 하류(downstream) 등의 네트워크를 구성하고 있다.

9.1 ERP시스템의 정의

ERP 시스템은 계획, 제조, 판매, 마케팅, 유통, 회계, 재무, 인적자원관리, 프로젝트관리, 재고관리, 서비스와 유지보수, 수송 그리 e-비즈니스와 같은 기능적 영역을 지원하는 모듈로 구성되어 있는 비즈니스를 위한 소프트웨어 시스템이다. 소프트웨어의 구조는 회사의 모든 기능들 사이의 정보 흐름을 일관되게 눈에 볼 수 있게 제공하면서, 모듈의 투명한 통합을 용이하게 해 준다. 미국 생산재고관리협회(APICS: American Production and Inventory Control Society)는 ERP시스템을 "제조, 유통 및 서비스회사에서 고객의 주문을 받고, 만들고, 선적하고, 회계처리 하기에 필요한 모든 자원을 효과적으로 계획하고 통제하는 방법"이라고 정의한다.

9.2 ERP시스템의 발전과정

ERP 시스템은 1980년대 후반 처음 출현하였고, 1990년대 초 회사전체의 기능 간의 조정과 통합의 능력을 가지고 소개되었다. MRP와 MRP II의 기술적 토대를 기반으로, ERP시스템은 제조, 유통, 회계, 재무, 인적자원관리, 프로젝트관리, 재고관리, 서비스와 유지보수, 수송 등을 포함한 비즈니스 프로세스를 통합하여, 회사전체에 접근성, 가시성 그리고 일관성을 제공하였다.

1990년대 동안 ERP시스템 공급자들은 더 많은 모듈과 핵심모듈에 "부가장치(add-ons)"라는 기능을 더하여 확대 ERP(extended ERPs)를 탄생시켰다. 이 확대 ERP 시스템에는 APS(advanced planning and scheduling), CRM 및 SCM과 같은

ERP의 발전과정

2000년대	확대 ERP(Extended ERP)
1990년대	ERP(Enterprise Resource Planning)
1980년대	MRP II (Manufacturing Resource Planning)
1970년대	MRP(Manterial Requirements Planning)
1960년대	Inventory Control Packages

[그림 14-18] ERP의 발전과정

e-비즈니스 솔루션을 포함한다. 다음 그림은 ERP와 관련된 역사적 이벤트를 요약한 것이다.

9.3 ERP시스템의 특징

9.3.1 다국적, 다통화, 다언어

다수의 ERP시스템은 다국적, 다통화, 다언어에 대응하고 있다. 각 나라의 법률과 대표적인 상거래 관행, 생산방식이 시스템에 입력되어 있어서 사용자는 이 중에서 선택할 수 있다.

9.3.2 통합업무시스템

ERP는 기업활동 전반에 걸친 업무기능이 베스트 비즈니스 프랙티스(best business practice)로 제공된다. 베스트 비즈니스 프랙티스는 세계적 일류기업이 채용하고 있는 프로세스 중에서 공통화시킨 프로세스이고 세계에서 통용되는 글로벌한 비즈니스 프로세스의 표준이다.

9.3.2 비즈니스 프로세스 리엔지어니링(BPR)의 지원

ERP시스템을 도입하는 기업은 "최적 비즈니스 실행용"에 의해 제공된 "비즈니스 프로세스 모델"을 이용해서 자사의 업무를 수행할 수 있다. 이와 같이 자사의 업무 프로세스의 최적 비즈니스 실행용의 전환은 BPR(business process reengineering)을 실현한다.

9.3.4 원장형 통합 데이터베이스

ERP의 업무 프로세스는 원장형 통합 데이터베이스라고 하는 중앙의 데이터베이스를 중간매개로 기업활동 전반에 걸쳐 통합되어 있다. 원장형 통합 데이터베이스는 하나의 정보는 한번만 입력하고 입력된 정보는 가공하지 않은 데이터로 어느 업무에서도 참조할 수 있도록 데이터베이스에 보관된다.

9.3.5 파라미터설정에 의한 개발

ERP에서는 미리 장착된 업무기능을 파라미터 설정으로 자사에 맞게 선택할 수 있다. 즉 시스템 구축시 해당 업무 프로세스와 관련하여 상정할 수 있는 대부분의 거래 유형을 갖추고 있다. 그렇기 때문에 업종별, 기업 규모별로 다양한 기업들에 적용이 가능하며, 기종의 시스템에 비하여 빠른 기간 내에 구축이 가능하고 유지보수 부담을 크게 줄일 수 있다.

9.3.6 오픈, 멀티벤더

대다수 ERP시스템은 특정의 하드웨어 업체에 의존하지 않는 오픈 형태를 채용하고 있다. 따라서 복수의 하드웨어 업체의 컴퓨터를 조합해서 멀티벤더 구성을 이룰 수 있다.

9.4 ERP시스템의 기능적 특징

9.4.1 통합업무시스템

ERP는 영업, 생산, 구매, 회계, 인사 등 회사 내의 모든 단위 업무를 통합하여 상호 긴밀한 관계를 가지면서 업무를 처리하며, 업무통합을 통하여 전체 최적화가 실현되고 태스크 중심적인 업무처리 방식이 고객지향적인 관점에서 프로세스 중심으로의 전환이 가능하게 된다. 즉 첨단의 정보기술을 활용하여 회사 내의 전체 업무를 마치 하나의 업무처럼 통합시킬 뿐만 아니라 모든 업무를 거의 동시에 처리할 수 있다.

9.4.2 표준 업무 프로세스

ERP시스템은 많은 업무 프로세스 전문가 및 BPR 전문가들이 첨단 경영기법을 연수하고 세계 초일류 기업의 선진 업무 프로세스를 벤치마킹하여 공동으로 개발하였기 때문에, ERP 패키지에서 구현된 프로세스 자체가 세계적인 표준 업무 프로세스라고 할 수 있다. 이러한 표준 프로세스의 도입을 통하여 기업체들은 별도의 투자 없이도 자동적으로 BPR을 하는 효과를 얻을 수 있다.

9.4.3 그룹웨어 연동

대부분의 그룹웨어 제품들은 전자메일이나 전자게시판 기능을 기본으로 하면서, 전자회의, 전자결재 기능을 통하여 워크플로우(workflow)의 자동화를 실현시켜 주고 있다. 전자결재시스템의 구현은 사무능률을 획기적으로 향상시킬 수가 있으며, 그룹웨어시스템은 종이 없는 사무실을 실현시키는 데 주도적인 역할을 하게 될 것이다. 이러한 그룹웨어의 기능과 영업, 생산, 구매, 자재, 회계 등 기간업무시스템과의 연동은 필수적이라고 할 수 있다.

ERP시스템의 경우 패키지 자체 내에서 이러한 그룹웨어 기능들을 내장하고 있으나 자체 내에 그룹웨어 시스템이 없는 경우에도 외부 그룹웨어시스템과의 연계를 통해 그룹웨어 기능을 제공하고 있다.

9.4.4 파라미터에 의한 개발

ERP시스템은 패키지 개발시 해당 업무 프로세스와 관련하여 생각할 수 있는 대부분의 거래유형을 포함시켜 놓고 있다. 따라서 업종별, 기업규모별로 천차만별인 세계 도처의 기업에 적용이 가능할 뿐만 아니라, 구축시간을 단축시킬 수 있고 유지보수 비용을 크게 줄일 수 있다.

ERP시스템을 구축할 때는 물론이고 시스템을 이용한 업무 수행 중에도 파라미터 지정은 유용하게 쓰여질 수 있다. 조직과 업무가 변화되더라도 새로운 시스템을 개발할 필요 없이 기본적으로는 파라미터 변경을 통하여 대응이 가능하도록 설계가 되어 있다.

9.4.5 개방형시스템(Open System)

ERP시스템은 기본적으로 개방된 시스템 구조로 설계되어 있어서, 어떠한 운영체계나 어떠한 데이터베이스에서도 무리 없이 잘 작동되며 시스템의 확장이나 다른 시스템과의 인터페이스가 용이하게 되어 있다. ERP패키지 개발회사의 제품이 아닌, 제3자 회사의 제품인 데이터웨어하우징(Data Warehousing), 중역정보시스템(EIS: Executive Information System), PDM(Product Data Management), CALS(Commerce At Light Speed), EC(Electronics Commerce) 및 공장 자동화용 소프트웨어 등과도 연계가 가능하다.

9.4.6 글로벌화 대응

ERP시스템은 어떤 특정국가, 특정기업의 표준 프로세스를 구현시켜 놓은 것이 아니라 각 산업별 유형에 따라 가장 모범적인 업무 프로세스를 내장하고 있기 때문에 글로벌화 대응이 가능하다.

9.4.7 경영자정보시스템(EIS) 기능

ERP시스템을 통하여 경영자들은 수시로 경영상황을 점검하고 분석할 수 있게 된다. ERP시스템에서 제공되는 경영자정보인 EIS(Executive Information System)을 통하여 경영자는 언제라도 원하는 정보를 검색할 수 있게 된다.

9.4.8 웹 지원 기능

인터넷을 통하여 지구촌 어떤 지역과도 즉시 문자, 음성, 그림 등 정보의 교환이 가능하다. 최신의 ERP시스템은 웹을 통하여 ERP시스템을 사용할 수 있다. ERP패키지의 모든 모듈을 웹에서 접속할 수 있으며, 해외 출장 중에도 웹 브라우저를 이용하여 자기 회사의 ERP시스템과 접속하여 업무를 수행할 수 있다.

제5장 운 송

운송이란 자동차, 철도, 항공기 등의 운송수단에 의하여 사람이나 재화를 공간적으로 이동하는 것을 의미한다. 1980년대 이전의 운송산업이 거리중심으로 비효율적으로 운영된 데 비하여 1980년대 이후의 운송산업은 기술적·경제적·사회적 요인으로 인해 급격한 변화를 겪게 되었으며 이에 따라 물류비용의 가장 큰 부분을 차지하게 되었다. 특별히 규제완화는 운송업자들에게 더 높은 가격탄력성을 허용하였으며, 운송서비스 및 영업관계에 대한 제한도 완화되었다. 가격결정이 더욱 자유스러워지고 새로운 서비스 및 영업관계가 가능해짐에 따라 물류담당자들은 기업의 목적에 일치하는 운송서비스와 가격결정 구조의 최적의 조합을 찾아내는 데 많은 노력을 기울이게 되었다.

예전과 비교하여 오늘날 제품이나 원자재 이동시 폭넓은 수송 대안이 존재한다. 예컨대, 한 기업은 위탁 수송, 개별 수송 혹은 상이한 수송 전문가들과의 다양한 계약관계 등을 고려할 수 있다. 서비스 선택사양에는 요금청구, 정보가용성, 제품 책임 그리고 픽업과 배달의 관행 등이 포함된다.

1 수송 기능과 원칙

1.1 수송 기능

수송 기능은 제품 이동과 제품 저장이라는 두 가지 중요한 기능을 제공한다.

1.1.1 제품 이동

제품의 형태가 원료이거나, 부품이나 조립품, 또는 공정중이나 완제품인 것에 관계없이 제품을 제조 공정의 다음 단계나 고객에게 가장 가까운 곳으로 이동시키는 데는 수송이 필요하다. 우선적인 수송의 기능은 가치 사슬의 상류 또는 하류로 제품을 이동시키는 것이다. 수송은 시간적, 금전적 그리고 환경적 자원을 활용하기 때문에 수송이 진정으로 제품의 가치를 증진시킬 때에만 품목은 이동된다는 것이 중요하다.

수송은 제품의 수송 중에는 접근이 불가능하기 때문에 시간적 자원의 사용을 포함한다. 그러한 제품은 보통 이동 중 재고라고 불리며 적시 및 빠른 대응 관행과 같은 다양한 공급사슬 전략이 제조와 유통센터 재고를 감축시키기 때문에 중요한 고려사항이 되고 있다.

수송은 사적인 수송형태의 경우 내부적인 비용지출이 필요하고 상용 혹은 공용 수송의 경우 외부적 지출이 필요하기 때문에 재정적 자원을 사용한다. 비용은 운전기사의 노동력, 차량의 운영비 그리고 일반적 관리비 등으로부터 발생하며 추가적으로 제품의 손실과 손상으로 인한 다른 비용도 고려해야 한다.

수송은 직·간접적으로 환경적인 지원을 사용한다. 직접적으로는 수송은 미국 국내경제에서 에너지의 최대 사용자 가운데 하나이다. 즉 모든 미국내 석유류 소비의 67%를 차지하고 있다. 비록 소비수준은 보다 연료효율적인 차량과 운영관행 때문에 시간이 지남에 따라 감소하겠지만, 상대적으로 더욱 먼 수송거리를 요구하는 글로벌 운영이 증가하기 때문에 미래에도 꾸준히 유지될 것이다. 간접적으로는 수송은 혼잡, 공해 그리고 소음공해 등을 통해 환경적 비용을 창출한다. 비록 이와 같은 환경비용에 대해 현금으로 지출되는 것이 일반적으로 증가하고는 있지만, 이 비용으로는 환경관련 모든 비용을 포함하지는 못한다.

수송의 주된 목적은 시간적, 금전적 그리고 환경적 자원 비용을 최소화하면서 제품을 원산지에서 예정된 목적지까지 이동시키는 것이다. 손실과 손상비용도 또한 최소화하여야 한다. 동시에 이러한 이동은 배달 수행과 출하정보 가용성 등과 관련된 고객의 요구를 충족시키는 방법으로 이루어져야 한다.

1.1.2 제품 저장

또 다른 수송의 기능은 일시적 저장이다. 차량은 비교적 값비싼 저장 시설이다.

그렇지만 만일 운송중인 제품이 단기간이지만 저장을 필요로 하고 다시 이동될 것이라면 창고에서의 제품의 하역과 선적의 비용은 수송차량에서의 1일 저장요금을 초과하게 될 것이다.

창고 면적이 제한되어 있는 상황에서는 수송 차량을 활용하는 것이 적당한 선택이 될 것이다. 한 가지 방법은 차량에 제품을 선적한 다음 그 트럭으로 하여금 우회 또는 간접 경로를 통해 목적지로 가도록 하는 것이다. 우회 경로를 사용하는 경우 수송시간은 직선로를 사용하는 것보다 더 걸린다. 이것은 목적지 창고가 제한적인 저장능력을 가지고 있을 때 바람직하다. 근본적으로 수송차량이 일시적인 저장수단으로 사용되기는 하지만 가만히 있는 것이 아니라 이동하는 것이다.

일시적인 제품 저장을 위한 두 번째 방법은 전환이다. 이것은 인도물품이 운송 중에 원래의 출하목적지가 변경될 때 발생한다. 예를 들어, 한 제품이 원래 시카고에서 로스엔젤레스로 운송될 예정이라고 가정하자. 그러나 만일 인도과정 중에서 샌프란시스코가 그 제품을 더 필요로 하거나 혹은 가능한 저장능력을 가지고 있다고 확인되면, 그 제품은 샌프란시스코로 목적지가 변경하게 된다. 전통적으로 전환 전략을 지시하는 데는 전화가 사용되었으나 요즈음에는 기업의 본부와 차량 간의 위성통신이 이 일을 수행하는데 더 효율적이다. 수송차량 내의 제품 저장이 비싸기는 하지만 하역 및 선적비, 창고 능력의 제약 혹은 리드타임의 확대라는 능력 등을 고려했을 때의 총비용이나 성과의 관점으로부터 정당화될 수 있다.

1.2 기본 원칙

수송관리와 운영에는 규모의 경제(economy of scale)와 거리의 경제(economy of distance)라는 두 가지 기본 원칙이 있다. 규모의 경제란 무게단위당 수송비는 하물의 크기가 증가할 때 줄어드는 특징을 말한다. 예를 들어, 한 트럭분(TL)의 하물은 트럭분 이하(LTL)의 하물보다 파운드당 비용이 덜 든다. 수송 규모의 경제는 일정 부피단위를 이동시키는 데 드는 고정비가 그 무게로 나누어질 수 있기 때문에 존재하는 것이다. 그렇기 때문에 일정 부피의 무게가 더 무거울 때 비용은 분산되고 그에 따라 무게단위당 비용은 줄어들게 된다. 고정비에는 수송주문의 수령에 관련된 관리비, 선적 혹은 하역을 위한 차량배치 시간, 청구서발송 그리고 장비비용 등이 포함된다. 이들 비용은 하물의 크기에 따라 변화하지 않기 때문에 고정적이라고 간주한다. 다시 말해서 1파운드짜리 하물의 행정적 처리는 1천 파운드짜리 하물의 경우와 동일한 비용이 든다. 그러면 1파운드짜리 하물은 무게단위당 비용이 10달러인 반면에 1천 파운드짜리 하물은 0.01달러에 불과하다. 따라서 1천 파운드짜리 하물의 경우는 규모의 경제가 존재한다고 할 수 있다.

거리의 경제란 거리가 멀수록 거리단위당 수송비가 감소하는 특징을 말한다. 예컨대, 800마일짜리 수송 1건을 처리하는 것은 400마일짜리 수송 2건(총 무게는 같다고 가정)을 처리하는 것보다 비용이 덜 든다. 수송 거리의 경제는 규모의 경제와 마찬가지로 요금이 거리에 따라 점차 줄어들기 때문에 체감원칙이라고도 불린다. 거리의 경제에 대한 원리는 규모의 경제와 유사하다. 특히, 하물의 선적과 하역에 드는 비교적 고정비용은 거리단위당 가변비용에 따라 분산되어야 한다. 더 먼 거리는 고정비용을 더 많은 수의 마일로 분산함으로써 전체 마일당 비용을 감소시킨다.

이러한 원칙은 대체수송전략이나 운영관행을 평가할 때 중요한 고려사항이다. 주목적은 고객서비스 기대를 충족시키면서 운송될 하물 무게와 거리의 크기를 극대화하는 데 있다.

1.3 운송비용과 가격 결정에 영향을 미치는 요인들

1.3.1 제품관련 요인

제품의 특성과 관련된 많은 요인들이 운송비용과 가격정책에 영향을 미치는데 제품관련 요인들은 다음과 같다.

① 밀도
② 저장성
③ 취급 용이성
④ 책임성

밀도는 제품의 중량 대 부피의 비를 의미하는데 철, 건자재, 종이 제품처럼 부피에 비해 상대적으로 무거운 제품은 중량 대 부피비가 높은 반면, 전기제품과 의류, 완구류처럼 중량 대 부피비가 낮은 제품은 낮은 밀도의 제품이다. 밀도가 낮은 제품은 밀도가 높은 제품에 비해 단위 무게를 수송하는데 비용이 많이 든다.

저장성은 운송차량의 가용 공간에 제품을 채울 수 있는 정도를 뜻한다. 예컨대 포장하지 않은 곡물, 광석, 석유제품은 수송하는 컨테이너를 완전히 채울 수 있으므로 저장성이 뛰어나다고 할 수 있으나, 자동차, 기계류, 가축류 같은 제품들은 저장성이 좋지 않거나 제한되어 있다. 제품의 저장성은 크기, 형태, 취급 주의도, 그리고 다른 물리적 요인들의 영향을 받는다.

취급 용이성은 저장성과 관련이 있으며, 취급이 어려운 제품은 운송비용이 많이 든다. 상자나 캔, 드럼통 등에 들어 있어 물리적 특성이 일관적인 제품이나, 원료 취급 장비로 조작 가능한 제품은 손이 덜 가고, 따라서 운송비용도 낮아진다.

책임성 또한 중요한 사항이다. 단위 무게 당 가치가 높은 제품은 쉽게 파손되고 도난이나 유출의 가능성이 높기 때문에 운송비용이 상승한다. 운송업자가 컴퓨터나 보석, 가전제품과 같이 책임성이 크다고 판단하는 제품은 운송비를 더 많이 부과하기 때문이다.

또 다른 요인으로는 견고한 보호 포장이 필요한 제품의 위험성을 들 수 있으며, 이는 제품의 종류에 따라 중요도가 다른데, 화학제품과 플라스틱 산업에서 특히 중요하다.

1.3.2 시장관련 요인

제품의 특성과 함께 다음과 같은 시장 요인들이 운송비에 영향을 미친다.

① 동일 수송모드와 상이 수송모드 간 경쟁의 정도
② 제품이 운송되어야 하는 시장의 위치
③ 운송 업체에 대한 정부 규제의 성격과 한계
④ 시장을 출입하는 화물교통의 균형 여부
⑤ 제품이동의 계절 변화
⑥ 제품의 국내 혹은 해외 운송 여부

이들 각각의 요소는 운송비용 결정에 영향을 미치며, 이와 함께 고려해야 하는 중요한 서비스 사항들이 있다. 우선, 고객 서비스는 물류경영에 있어 중요한 요소이다. 고객 서비스 수준에 영향을 미치는 교통 특성은 다음과 같다.

① 신뢰성 : 서비스의 일관성
② 전이시간
③ 통제 범위 : 도어 투 도어(door-to-door) 서비스를 제공할 능력

④ 유연성 : 다양한 품목의 물건을 다루고, 화주의 특수한 요구에의 대응능력
⑤ 손해망실률
⑥ 기본적인 운송 서비스 이상을 제공하는 운송업체의 능력

1.4 운송수단별 특징 및 서비스

1.4.1 차량(Motor)

고속도로 수송은 제2차 세계대전 이후 급격히 확장했다. 차량 운송업의 빠른 성장은 택배(door-to-door) 운영유연성과 신속한 도시 간 이동 속도의 결과이다.

차량 운송업자들은 도로에서 모든 형태의 영업을 할 수 있기 때문에 유연성을 갖는다. 철도에 비하여 차량 운송업자들은 터미널 시설에 대한 고정투자비가 상대적으로 작으며, 공적으로 관리되는 고속도로상에서 운영한다. 비록 면허비용, 사용료 그리고 통행료 등이 상당하기는 하지만 이들 비용은 도로상 단위수와 운행 마일수 등에 비례한다. 각각의 트레일러나 직렬식 트레일러의 경우 별도의 동력원 및 기사가 필요하기 때문에 차량 운송업자의 마일당 가변비용은 높다.

차량 운송업자들의 특성상 제조업과 유통업, 단거리 그리고 고부가 제품 등에 적합하다. 차량운송업자들은 중·경공업에 대해서 철도의 물량을 잠식하였다. 배달의 유연성 때문에 이들은 도매업자나 창고로부터 소매점까지의 거의 모든 화물운송을 차지하였다. 차량 운송업자는 생고기, 냉동고기, 낙농제품, 제빵류, 과자류, 음료, 담배 제품과 같은 농산물 수송의 75%이상을 운송한다. 또한 제조품들도 주로 차량운송에 의해 운송되는데 이러한 제품에는 운동용품, 장난감, 시계, 농업 기계류, 라디오, TV수상기, 카페트, 의류, 약품류, 사무용품 및 가구 등이 포함된다. 대부분의 소비재는 차량 운송에 의해 운송되는데 차량운송은 수송시 손해나 손실이 거의 없이 빠르고, 신뢰할만한 서비스를 제공한다.

미국 내에서 차량운송은 작은 화물 부문에서는 항공과, 큰 화물 부문에서는 철도와 경쟁한다. 효율적인 차량운송은 터미널과 픽업, 배송관리에 있어 더 큰 효율성을 확보할 수 있다. 이로써 차량운송은 거리가 500마일 이하일 경우, 지점간(point-to-point) 서비스에 있어 어떤 크기의 화물에서도 항공운송과 경쟁이 가능하다. 차량 운송은 500마일 이상 운송되는 완전적재 트럭(Full truckload : TL) 배송에서는 철도와 직접 경쟁한다. 그러나, 화물이 100,000파운드 이상일 경우에는 철도가 우

세하며, 차량운송은 보다 작은 화물시장에서 우세하다.

차량운송의 평균 운송거리는 약 500마일이다. 몇몇 전국 운송사는 평균적으로 훨씬 더 긴 거리를 운송하기도 한다. 반면 지역 운송사는 불과 수 마일을 운송한다. 부분적재(LTL)는 일반적으로 완전적재(TL)보다 운송거리가 더 짧지만, 상당한 거리변동성이 존재한다.

또한 차량운송은 매우 유동적이고 융통적이다. 4백만 마일 이상의 도로 네트워크는 이를 가능하게 한다. 그리고 이 유동성에 의해 거의 모든 출발-종착지간 사이에 지점간(point-to-point) 서비스를 제공할 수 있다.

이와 같이 차량운송은 어떤 운송수단보다도 넓은 시장 커버리지를 가지게 된다. 차량운송은 어떤 거리에서도 다양한 크기와 무게의 제품을 운송할 수 있어 융통성이 뛰어난데, 운송설비의 변형을 필요로 하는 제품을 포함해, 어떤 제품도 차량에 의해 운송될 수 있다. 이러한 유동성과 융통성은 미국과 세계 여러 나라에서도 차량운송이 지배적인 운송이 되게 하였다. 여러 차량운송, 특히 JIT 프로그램과 관련된 회사들은 계획된 시간표에 의해 운송함으로써 매우 짧고 신뢰할만한 시간 안에 운송이 가능하다.

차량운송에 의해 수송되는 화물의 양은 몇 년 동안 꾸준히 증가해 왔다. 차량 운송산업은 다른 운송수단에 비해 기업 고객의 서비스 요구에 더 부합하기 때문에 대부분의 기업 물류 네트워크에서 중요 부분이 되어왔다.

차량수송의 장점을 열거해 보면 다음과 같다,

① 철도수송에 비하여 수송과정에서의 하역작업이 적으며 또한 직송이 가능하기 때문에 결과적으로 신속한 수송이 가능하며 또한 도착일시를 예상할 수 있다는 점
② 문앞에서 문앞까지의 일관수송 서비스체제가 비교적 잘 정비되어 있다는 점
③ 중간하역이 적어 수송 도중의 충격이 경미하기 때문에 화물포장이 용이하다는 점
④ 철도나 선박수송의 경우는 역, 항만 등의 소재지에 따라 수송상의 각종 제약을 받는데 비하여, 자동차수송의 경우에는 그러한 제약이 없어 기동성이 있다는 점
⑤ 중·소량화물의 근거리수송에 대해서는 운임이 저렴하여 경제적이라는 점
⑥ 자동차의 차종이 다양하기 때문에 다양한 수송수요에 대응할 수 있다는 점

이상과 같이 차량수송에는 많은 장점이 있긴 하지만, 한편 원거리일수록 철도운임쪽이 저렴하고 또한 일회당 수송량이라는 측면에서 자동차의 경우는 철도에 미

치지 못한다. 따라서 철도수송에 비하여 차량수송은 필연적으로 비교적 근거리, 소량수송에 적합하다고 할 수 있다.

1.4.2 철도(Railroad)

중국, 구소련, 유고연방 같은 국가에서 철도는 지배적인 운송수단이다. 미국에서 일단 철도에 의해 선적된 대부분의 화물은 차량에 의해 운송되어 왔다. 수상과 파이프라인운송 또한 곧잘 이용되어 오고 있으며, 이것은 대량상품 부문에서 철도와 경쟁한다.

미국의 경우 철도는 평균 약 763마일 운송거리를 보였다. 철도 서비스는 전 세계의 거의 모든 거대 도시에서 유용하지만, 그 연결망은 고속도로 연결망처럼 광범위하지는 못하다. 철도운송의 특징은 다음과 같다.

(1) 철도는 차량운송이 지닌 융통성과 유동성이 부족하다

철도 운송은 고정된 트랙 설비들이 제한되어 있기 때문에 차량운송에 비해 융통성과 유동성이 부족하다. 따라서 각 기업이 철도 궤도 설비를 가지고 있지 않는 한, 철도는 - 항공, 수상, 파이프라인 운송과 같이 - 지점간 서비스보다는 터미널 - 터미널 서비스를 제공한다. 궤도 설비를 가지고 있는 경우에는 지점간 서비스가 가능하다.

(2) 철도 비용은 저렴하다

철도운송은 일반적으로 항공과 차량운송보다 저렴하다. 철도는 1980년 미국 철도산업 탈규제화 이후 상당히 개선되어 왔음에도 수송시간과 서비스 빈도면에서 차량운송과 비교해 유리하지 못하다.

많은 기차들이 시간표에 따라 운행하지만, 차량운송에 비해 출발의 빈도가 낮다. 하주가 출발과 도착에 엄격한 요건을 적용하면, 차량운송은 보통 철도에 비해 경쟁적 우위를 점한다.

(3) TOFC와 COFC 서비스 제공

철도가 가진 불리한 점 중 일부는 TOFC(trail-on-flatcar)나 COFC(container-on-flatcar) 서비스를 통해 해결될 수 있다. TOFC와 COFC가 수송에서 유동성을 제공함은 물론, 배나 철도와의 통합을 통해 경제성을 제공해 줄 수 있기 때문이다.

TOFC와 COFC는 철도운송과 관련해 불리한 점을 상당부분 해결하며, 대부분의 물류 관리자들은 피기백(piggyback) 서비스로 TOFC와 COFC를 언급한다.

트럭 트레일러나 컨테이너는 철도 터미널로 운송된다. 그리고 터미널에서 편평한 궤도차(railcar)로 옮겨지는데, 보통 하나의 궤도차에 하나 혹은 둘의 컨테이너가 실린다. 그 후 목적지 터미널에서 내려지고, 화물을 수령하는 인수자에게 운송된다.

장비의 유용성 면에서 철도는 차량운송에 비해 불리하다. 철도는 각각의 궤도차를 사용하게 되는데, 이 장비가 필요한 곳이나 필요한 때 없을 수도 있다. 적재, 하역, 분류하는 작업 등 다른 작업을 하고 있어서 사용 못할 수도 있다.

(4) 최근의 발전은 철도의 활용에 일조한다

철도산업의 발전은 활용상에서 이와 같은 문제들의 일부를 극복하는데 일조해 왔다. 철도산업의 발전에는 컴퓨터 라우팅(routing)과 스케줄링(scheduling) 등이 포함되며, 장비, 노선, 터미널에 대한 업그레이드; 궤도차확인 시스템의 향상; 선·하주에 의해 임대되거나 소유된 궤도차; 주요 메트로폴리탄 지역들 간의 기본 철도 서비스나 전용화된 완전 철도 서비스 등도 포함된다.

철도는 그들의 선·하주에 의해 소유되거나 임대된 것을 포함, 대부분의 자동차 수송 수단을 소유한다. 자동차를 소유하거나 임대하는 선·하주들은 철도 운송을 빈번하게 사용하는데, 이들은 독특한 시장이나 경쟁 여건 때문에 발생하는 궤도차 부족에 특히 민감하다.

1980년대 후반, 철도는 이전에 트럭과 파이프라인, 수상운송에게 빼앗겨 왔던 운송 역할을 탈환했으며 철도는 에너지 효율면에서 유리하기 때문에 앞으로의 전망은 더 밝다고 할 수 있다.

철도수송의 장단점을 요약하면 다음과 같다.

장 점	단 점
• 대량화물 동시 효율적 운송	• 근거리 수송시 상대적 운임 높음
• 중·장거리 수송시 운임 저렴	• 환적작업 필요
• 높은 안전성	• 적재중량당 용적량이 적음
• 전천후 수송수단	• 화차 소재관리 곤란
• 계획운행 가능	• 문전에서 문전까지 수송 곤란

1.4.3 항공(Air)

가장 적게 사용되는 수송수단이 항공 화물운송이다. 항공화물의 중요한 장점은 화물을 빠르게 수송할 수 있는 속도에 있다. 대륙의 양단간 화물을 운송하는데 다른 수송수단의 경우 며칠이 걸리는 것에 비하여 단지 몇 시간으로 충분하다. 반면에 항공 수송의 한 가지 단점은 높은 비용이다. 그렇지만 이것은 빠른 속도와 상쇄할 수 있으며, 이를 통해 창고나 재고 등과 같은 다른 로지스틱스 구조요인을 축소하거나 제거할 수가 있다.

항공 화물은 주로 프리미엄 서비스로서 이용된다. 미국내 항공운송업자는 중량교통의 1% 이하를 운송한다. 선·하주들이 항공화물운송을 정기적인 서비스에 사용하고 있지만, 대부분은 고비용 때문에 항공운송을 프리미엄 서비스, 긴급 서비스로 간주한다. 그러나 제품이 먼 거리로 신속하게 배송되어야 할 경우에, 항공화물운송은 어느 수단보다 빠르다.

현대의 항공기는 시속 500에서 600마일 속도를 내며 국제적으로 이동한다. 국내운송거리는 800마일 이상, 국제운송은 수천 마일에 까지 이르기도 한다.

대부분의 민간 항공사에게, 화물운송은 여객운송의 부수적인 것으로, 공간이 허락하는 범위 안에서 수행된다. 국내 항공화물운송과 차량운송은 상당부분 직접적으로 경쟁하는 반면, 국내 항공화물이 철도운송과 경쟁하는 정도는 훨씬 작다. 국가가 광대한 수로에 의해 분리되어 있는 나라에서 국제 항공화물운송의 주요 경쟁자는 수상운송이다.

항공화물은 일반적으로 고부가가치 제품을 취급한다. 항공화물운송이 비싸, 제품비용의 상당비중을 차지하기 때문에 저가격 제품에 대해서 가격 우위를 가질 수 없다. 고객서비스를 고려하는지의 여부가 운송의 종류를 선택하는 데에 영향을 미칠 경우도 있지만, 이는 오직 서비스가 비용보다 중요할 경우에 한해서이다.

항공운송은 빈번하고 신뢰할만한 서비스와 신속한 배송시간을 제공하지만, 터미널과 배송지연, 운송 정체에 따른 문제점으로 이러한 장점의 일부가 사라지기도 한다. 단거리 지점 간(point-to-point) 기반 하에서 차량운송의 전체수송 시간은 항공화물운송과 같거나 이를 능가할 때가 많다. 선·하주에게는 전체 수송시간이 터미널 간 운송시간보다 더 중요하다.

항공운송의 여러 가지 제약에도 불구하고, 항공화물수송 양은 수년에 걸쳐 꾸준히 증가해 왔고, 비용이 높아져도 증가가 계속되는 추세를 보이며, 항공화물운송은 많은 회사의 유통계획에서 잠재적으로 더 큰 역할을 하게 될 것으로 전망된다.

국제교역에 있어서 화물수송수단을 선택할 때에는 단순한 운임비교뿐만 아니라 생산자에서 소비자에 이르기까지 유통코스트, 즉 종합비용을 기준으로 하여야 한다. 다시 말하면 항공수송의 이점에 의해 취득되는 여러 가지 가치 및 코스트 절감 효과도 동시에 비교하여야 하는데, 종합 원가분석을 위해서는 다음의 3요소를 조사하여야 할 것이다.

직접적 코스트 요인	간접적 코스트 요인	보이지 않는 요인
• 포장비 및 이에 따른 인건비 • 집화 및 배달요금 • 서류작성 비용 • 보험료 및 창고료 • 통관비용 • 운임 • 관세 • 운송중의 상품에 대한 이자	• 재고품의 창고시설 투자자본 • 재고품의 창고 공간 임대료 • 재고품에 대한 투자 자본 • 재고품의 부패 또는 변질에 따른 손해비용	• Door to Door 운송 • 발착의 정시성·신뢰성 • 상대기업에 대한 경쟁상의 이점 • 대고객 서비스 만족성 • 수요변화에 따른 적용성 • 도난방지

1.4.4 수상(Water)

(1) 수상운송의 중요성

수상운송은 몇 개의 카테고리로 분류될 수 있다. 이것은 ① 강과 운하와 같은 국내 수로, ② 호수, ③ 연안과 연안간 대양 그리고 ④ 국제심해이다. 미국에서 수상운송을 이용하는 상품의 대부분은 반제품이나 원료상태로 대량 운송되기 때문에 수상운송은 주로 철도와 파이프라인과 경쟁한다. 그리고 철광석, 곡물, 펄프, 석탄, 석회석, 석유처럼 운송 속도가 중요하지 않은 싼 가격의 물품에 많이 사용된다.

대양에서의 운송과는 달리, 수상 운송은 호수, 강, 운하, 연안간 수로에 의해 운송상의 제약을 받는다. 수상운송의 신뢰도는 어느 정도 특정지역의 지리적 특성에 달려있다. 예를 들면, 미국에서 대도시간 화물의 약 15%는 수상으로 운송된다. 북유럽과 중유럽에 있어서 수상운송은 훨씬 중요하다. 그 이유는 항해 가능한 수로의 광대한 체계, 수로에 의해 제공되는 주요 인구 밀집지로의 접근가능성과 출발지와 목적지간의 비교적 짧은 거리 때문이다. 네덜란드, 벨기에, 룩셈부르크에서 수상운송이 전체 화물에서 20%를 처리한다.

운송의 평균거리는 수상운송의 유형에 따라 매우 다양한데, 국제 간 해양운송에서는 운송거리가 수만 마일이 될 수도 있다. 일반적으로 수상운송은 국제 간 선적에 많이 이용된다. 수상운송은 국내적으로는 항해 가능한 수로와 호수의 거리에 의존, 운송거리는 더 짧다.

수상운송은 큰 부피와 저가격의 상품선적에 가장 비용이 저렴한 수단이나 수상운송의 기본적인 한계 때문에, 수상운송은 더 큰 역할을 하게 될 것 같지는 않다.

(2) 대형 유조선(VLCC)

대형유조선(very large crude carrier : VLCC)의 발전으로 해상운송은 원유 생산국과 원유 소비국 사이에서 석유의 운송에 필수적인 역할을 담당하게 되었다. 에너지 자원의 중요성 때문에 수상 운송은 에너지 자원의 운송에 있어서 상당한 역할을 차지하고 있다.

국내 대다수 해상 운송과 대부분의 국제 해운 운송에서는 컨테이너를 사용한다. 한 국가에서 선·하주는 화물을 그들의 시설이나 임대된 컨테이너에 적재한다. 그 컨테이너가 컨테이너선에 적재되기 위해 철도나 차량에 의해 항구로 운송된다. 목적지 항구에 도착, 하역된 후에는 그 국가의 철도나 차량 운송사에 넘겨진 후 다시 고객과 인수인에게 운송된다. 컨테이너 내 물품을 거의 손대지 않은 채로 화물은 선·하주를 떠나 고객에게 도착하게 된다.

(3) 컨테이너의 국제교역에서의 중요성

통합운송 물류에서 컨테이너를 사용하면 필요한 직원 수가 줄고, 수송 중에 발생 가능한 훼손과 도난을 최소화시키며, 반송 시간의 단축으로 인해 수송시간을 줄이는 효과가 있다. 또한, 선·하주가 컨테이너 수에 의한 관리가 이루어짐으로써 관리상의 효율성을 꾀할 수가 있다.

대규모 해양 운송사의 대표적 예로는 씨랜드 서비스(Sea-Land Services), 에버그린 라인(Evergreen Line), 매어스(Maers), 한진해운, 에이피엘(APL Limited) 등이 있는데, 이 회사들은 컨테이너와 일반적인 화물선 둘 다 이용한다. 컨테이너선은 매우 큰 데, 특히 최근에 나오는 배들은 6천개의 20피트 컨테이너를 운반할 수 있는 정도이다. 운송사는 다른 해양 운송사들과 연합하여 시장 영역과 고객 서비스

수준을 극대화할 때도 있다.

1.4.5 파이프라인(Pipeline)

파이프라인은 천연가스, 원유, 석유, 화학제품 등 일부 제품만을 운송할 수 있다. 파이프라인의 대부분을 차지하는 것은 천연가스와 원유이다. 석유 파이프라인은 톤마일로 추정되는 모든 미국내 도시간 화물 운송의 약 18.4%를 운송한다. 유럽과 일본에서는 다양한 종류의 많은 양의 제품이 파이프라인이라는 운송수단을 통해 수송됨에도, 크게 중요하게 다뤄지지 않는다.

미국에는 도시간 파이프라인이 44만 마일 이상이다. 미국내 파이프라인의 평균거리는 800마일이지만, 트랜스 알래스카 파이프라인 시스템(Trans-Alaska Pipeline System)을 제외하고는 500마일 이하이다. 파이프라인은 선·하주에게 상대적으로 낮은 비용으로 아주 높은 수준의 서비스를 제공한다. 파이프라인 운송의 특징은 다음과 같다.

① 파이프라인 내에서는 물류는 컴퓨터에 의해 감시되고 통제된다.
② 파이프라인의 누출이나 파열로 인한 손실과 손해는 극히 드물다.
③ 기후조건은 파이프라인으로 운송되는 제품에 최소의 영향을 미친다.
④ 파이프라인은 노동집약적이지 않기 때문에, 파업이나 고용 부재도 운영에 영향을 거의 미치지 않는다.

만약 제품이 액체이거나 가스, 현탁액 상태라면, 파이프라인을 통해 운송될 수 있다. 다른 유형의 운송비용이 증가한다면, 선·하주들은 비전통적인 제품들에 대한 운송의 형태로써 파이프라인을 고려할 수 있을 것이다.

1.4.6 제3자 물류회사(Third parties)

그 밖의 기업들로는 선·하주와 운송업자간 연결고리를 제공하는 중개자와 같은 기업들이 있다. 종종 이들은 그들 소유의 운송 장비를 가지고 있지 않는 대신 그들은 화물을 운송하기 위해 필요한 장비를 제공하는 수많은 운송업자들과 파트너 관계를 맺는다. 이들은 운송중개업자, 국내외로의 화물운송업자, 선·하주의 연합회사, 통합운송회사 그리고 제3자 물류 서비스 제공사들을 포함한 다음과 같은 유형으로 분류된다.

(1) 운송중개업자

운송중개업자는 제품의 운송을 관리함으로써 해운업자와 운송업자 모두에게 서비스를 제공하는 기업들을 말한다. 그들은 이러한 활동의 대가를 받는데, 이는 일반적으로 해운업자로부터 받는 수수료이다. 그리고 중개상은 운송업자에게 비용을 지불한다.

최소한의 육상수송능력을 구비한 해운업자 혹은 육상수송을 전혀 할 수 없는 해운업자는 중개상을 이용하여, 비용을 협상하고 선적을 감당하는 등의 일을 한다. 이것은 인력상 혹은 자원상의 한계 때문에 해운업자가 할 수 없는 일들이다. 이와 같은 중개상은 부분적으로 기업 고유의 육상수송 부문을 대신하지만 완전히 육상수송을 대신하지는 않으며, 단지 육상수송의 일부만을 담당할 뿐이다. 중소 규모의 해운업자들이 이러한 운송 중개업자를 주로 이용한다.

(2) 화물운송업자

운송업자는 그들 소유의 운송 장비를 구비하고 있기도 하지만, 대부분의 경우에는 다양한 운송업체로부터 운송서비스를 구입한다. 예를 들면 가장 성공적인 항공운송업자는 다른 항공 운송사에 의존하기 보다는 그들 소유의 장비를 구입하여 운송한다. 화물 운송사들은 적은 비용으로 특정 지역에 가는 수많은 해운업자들의 작은 화물들을 큰 화물에 병합시킨다. 이러한 통합효과 때문에 선·하주들과 직접 연결되었을 때에 비해 이 회사들은 더 적은 비용을 지불할 수 있다. 화물 운송업자들은 그들이 운송업자들에게 더 많은 양의 화물을 제공할 수 있기 때문에 더 빠르고 더 완벽한 서비스를 제공할 수 있는 경우가 있다.

(3) 선·하주들의 연합기업

선·하주의 연합사들은 화물운송업자와 상당히 유사하나 그들은 규제력의 인식에 있어 다르다. 선·하주의 연합기업은 작은 화물들을 회원사들을 위해 큰 화물에 통합시켜주는 비영리적인 협력체로써 정의될 수 있다.

선·하주의 연합기업은 우선 자동차와 철도운송을 이용한다. 작은 화물들은 큰 화물보다 훨씬 더 비싸기 때문에 기업들은 많은 작은 화물들을 몇 개의 큰 화물들에 통합시켜 더 낮은 비용으로 운송하기 위하여 통합하는 것이다. 선·하주들의 연합기업들의 회원은 서비스향상을 기대할 수 있다.

선·하주의 연합기업들은 또한 할인된 비용으로 많은 운송을 위한 전용장비를 구입하여 거대한 화물들을 운반하기도 한다.

결과적으로 양측 모두 이익을 보는 것이다. 선·하주들은 작은 양의 화물을 선적하는 것보다 더 적은 비용을 지불하여 수송할 수 있고, 철도업자들은 더 좋은 장비 활용과 거대한 직항 피기백 수송의 경제적 효과를 볼 수 있는 것이다.

(4) IMC

수송 모드 간 마케팅 기업(Intermodal Marketing Companies ; IMC) 혹은 선·하주의 대리회사는 선·하주의 연합기업 혹은 협력체로서 업무를 수행한다. 그들은 피기백 서비스를 해운업자들에게 제공하는 것을 전문적으로 하며, 선·하주와 운송업자간 중요한 통합 연결고리가 된다. 향후 통합운송의 이용이 증가함에 따라, 선·하주의 대리사들은 상당한 양의 TOFC/COFC 서비스를 할인된 비용으로 구입하고 그것들을 다시 작은 양으로 되팔게 됨으로써 IMC가 더욱 중요해 질 것이다.

(5) 제3자 물류서비스의 제공

제3자 물류서비스 제공자 부문은 빠른 속도로 성장하고 있다. 씨어즈(Sears)와 먼로 로지스틱스(Menlo Logistics)는 상호 이익이 되는 관계를 설정했다. 먼로는 매년 1200만 파운드의 화물에 대한 화물에 대한 운송을 담당하는데 주로 부분적재화물에 대해 관리 책임을 지는 것이다.

중개업자, 운송업자, 선·하주의 연합사, IMC, 제3자 물류서비스 공급업자들은 다섯 가지 형태의 운송과 형태간 결합이 제공하는 것과 같은 방법으로 기업의 옵션이 될 수 있다. 물류관리자들은 운송 대안의 선택적인 결합을 결정해야만 한다. 많은 기업들은 앞서의 대안들 뿐만 아니라 다른 운송형태가 그들의 제품을 분배하기 위해 사용될 수 있다는 것을 발견한다. 훼덱스(FedEX)와 같은 소포장의 운송업체, 유나이티드 파슬 서비스(United Parcel Service) 그리고 소포우편은 주의를 요하는 제품의 운송에 중요하다. 이들은 운송형태를 결합하여 이용하는데, 특히 항공을 많이 이용한다.

1.4.7 소화물 운송사들(Small-Package Carriers)

전자회사들, 카탈로그 머천다이저, 화장품 기업들과 서적 유통업자들과 같은 기업들에 있어 소화물 단위 운송은 중요한 운송 수단이다.

(1) 소포 우편(Parcel Post)

미국 우편서비스(U.S. Postal Service)는 육상과 항공 소화물 우편 서비스를 소화물을 선적하는 기업들에게 제공한다. 소포 우편 서비스의 장점은 적은 비용과 광범위한 지역, 국내와 국외를 커버한다는 점이다. 단점은 사이즈와 무게의 제한, 운송시간의 불확실성, 다른 형태의 운송에 비해 높은 훼손율과 손실율, 포장이 선행되어야 하고 우편기관에서 수령해야 한다는 데에서 오는 불편함 등이다. 우편을 이용해 제품을 주문하는 가정은 아마도 소포 우편 서비스를 가장 많이 사용할 것이다.

(2) 항공 특송(Air Express Companies)

높은 수준의 고객서비스로 특징되는 항공 특송 산업은 1973년 시작된 이래로 상당히 확장되었다. 항공 특송 기업의 가장 유명한 사례 중 하나인 훼덱스(The Federal Express)사는 견실성을 갖춘 빠른 운송의 개념이 얼마나 커다란 효과를 발휘할 수 있는지를 보여준다. 1995년 훼덱스는 전 세계적으로 94억 달러의 수입을 기록하였다. 이는 496대의 항공기로 운송되고, 35,900대의 차량과 94,000명 이상의 직원들에 의해 보급된 하루 220만의 특급 패키지를 수송하고 얻은 결과이다. 회사는 어떤 제품을 재빨리 운송할 필요가 있기 때문에 항공 특송 산업은 전 세계에 걸친 여러 지역으로 작은 소포를 하룻밤 사이에 배송할 수 있다.

많은 운송사들은 그들의 고객들이 더 작은 분량을 더 자주 주문하여, 재고를 감소시키려 함을 보아 왔으며, 이에 따라 고객들의 주문량이 떨어지는 것을 경험해 왔다. 이것은 항공 특송 서비스의 수요를 증가시켰다. 훼덱스, 유피에스(UPS), 티엔티(TNT Worldwide), 에어본(Airbone Express), 디에치엘(DHL Airways) 등 이 산업의 경쟁은 치열하다. 신속하게 운송할 수요가 일관성 있게 있는 한 항공 특송사들은 많은 선·하주들에게 가치 있는 서비스를 계속 제공할 것이다.

1.4.8. 연계수송서비스(Intermodal Services)

5가지의 운송수단 뿐 아니라, 수많은 운송수단간 통합 서비스들이 선·하주들에게 유용하다. 대표적인 통합형태는 TOFC(trailer-on-flatcar)와 COFC(container-on-flatcar)이다. 연계수송 서비스는 두 개 혹은 그 이상의 수송 모드를 선택함으로 발생하는 수송비와 서비스를 단일의 제품 운송으로 결합시킨 것이다.

(1) 피기백(piggyback ; TOFC/COFC)

피기백 서비스에서 트레일러 혹은 컨테이너가 편평한 철도 운송장비 위에 놓여지고 한 터미널로부터 다른 터미널로 운송된다. 컨테이어의 아래에 바퀴가 달려 있어서 트럭에 의해 컨테이너를 운반할 수 있다. 각 터미널에서는 운송업자들이 픽업과 배송 기능만을 담당한다. 따라서 피기백 서비스는 철도에 의한 장거리 수송에 따른 경제적 이점(수송비 절감)과 트럭 운송에서의 유연성과 편의성을 결합한 것이다.

트럭과 철도간의 연계수송 등을 위한 파트너십은 1989년 산타페 철도(Santa Fe Railroad)와 헌트 수송 서비스(J.B. Hunt Transportation Services)사 간에 시작되었으며 점차적으로 일반화되었다. 철도는 장거리 화물을 운반하고 트럭 회사들은 철도와 고객들 사이에서 픽업하고 배송한다.

(2) 로드레일러(Roadrailers)

로드레일러는 1970년대 소개된 혁신적인 통합의 개념이다. 로드레일러는 차량과 철도운송을 단일설비 하에 결합시킨다. 로드레일러는 기존의 자동차 수송업자(트럭 트레일러)와 유사하나, 로드레일러는 고무 타이어(트럭)와 철 바퀴(철도용) 모두를 가지고 있다. 고속도로나 일반 도로에서는 트레일러에 의해 운반된다. 이때는 고무로 된 바퀴가 나온다. 도로를 달리다가 철도를 만나면, 고무로 된 바퀴가 사라지고 철도를 달릴 수 있는 철로 된 바퀴가 나온다. TOFC 등은 트레일러가 편평한 철도 운반대 위에 실리는 것이지만, 로드레일러는 자체 보유하고 있는 철로 된 바퀴를 이용하여 보다 편리하게 철도 운송이 가능하다.

이러한 형태의 통합 운송의 장점은 철도에서의 편평한 운반대가 필요하지 않고 트레일러에서 바퀴를 바꾸는 시간이 편평한 운반대로부터 트레일러로 적재하고 하역하는 시간보다 덜 걸린다는 것이다. 로드레일러의 단점은 철도 바퀴의 무게인데, 이는 연료효율성을 감소시키고 설비의 고비용과 함께 높은 운송비용을 초래한다. 이러한 단점은 장점을 압도해 왔고 사용율을 낮춰 왔다. 만약 기술향상으로 인해 비용이 감소된다면 로드레일러의 사용은 앞으로 증가할 것이다.

(3) 연계수송과 관련한 그 밖의 이슈

이 밖에 많은 연계수송 형태가 가능하다. 국제 교역에서의 지배적인 운송형태는 항공과 해상이다. 둘 다 컨테이너와 트럭 트레일러의 사용을 통해 연계 수송을 할 수 있다. 항공-해상, 항공-철도, 트럭-해상, 그리고 철도-해상은 전 세계적으로 사용된다.

1980년에서 1985년 사이, 연계수송은 두 자리 숫자의 성장률을 보이면서 꾸준히 증가해왔다. 현재는 그 성장률이 점차 둔화되고는 있지만, 연계수송과 IMC는 중요한 운송수단이 되고 있다. 산업전반의 성장률이 안정화 추세인 반면에, 많은 선·하주들과 운송업자들이 연계수송을 확장하고 있다.

2 운송가격과 관련된 문제

가격문제는 수송에서 중요하다. 가격과 관련 이슈 중에는 가격이 어떻게 결정되는지, 출발지와 도착지 사이에 선적물이 운송되기 위해 가격이 어떻게 운송업체에 의해 결정되는지가 포함된다.

2.1 요금과 요금결정

2.1.1 서비스 원가가격

수송가격을 측정하는 방법은 서비스의 비용과 서비스의 가치 측정, 이 두 가지로 이용될 수 있다. 서비스 원가가격(Cost-of-service-pricing)은 운송업체의 고정 및 가변 비용에 어떤 이익에 대한 공제를 더한 액수를 커버하는 수준에서 수송 요금을 정하는 것이다. 수송원가는 거리와 수량이라는 두 가지 중요한 요소로 인해 서비스 원가라는 접근법 안에서도 다양하게 측정될 수 있다. 이러한 접근법은 가격에서의 하한선을 제공하기 때문에 자연스러운 것으로 여겨지고 있으나 몇 가지 본질적인 문제점이 있다.

첫째로 운송업체는 고정비용과 변동비용을 구분할 수 있어야 한다. 이것은 이러한 비용과 관련된 원가 구성요소와 그 원가를 정확히 측정할 수 있어야 함을 말한다. 하지만 많은 운송회사들이 비용을 정확히 측정하지 못한다. 둘째로 이 접근법은 고정비용이 화물이 이동할 때마다 할당되어야 한다. 선적 수의 증가에 따라 고정 비용은 그 많은 선적 수로 작게 나눠지고, 따라서 단위 당 고정비용은 매우 작아지게 된다. 반대로, 선적의 수가 적어지면 단위 당 고정비용은 커지게 된다. 결과적으로 고정비용의 할당은 선적의 수량에 기초하여 변한다.

2.1.2 서비스 가치가격

수송가격을 정하는 두 번째 방법은 서비스 가치(value of service)의 가격 매김이다. 이 접근법은 시장에서 이루어지는 가격 매김에 기초하며 수송 서비스에 대한 수요와 경쟁 상황을 고려해야 한다. 이 접근은 요금에 상한선을 설정한다. 이렇게 설정된 가격은 수입과 변동비용간의 격차를 극대화시킬 것이다. 대부분의 경우 경쟁상황이 가격을 결정한다.

2.1.3 Line-Haul Rate와 부가요금

수송업자에 의해 부가되는 두 가지 유형의 요금이 있다. 라인홀요금(line-haul rate)은 지점간의 이동에 대해 부가되는 것이다. 한 지역에서의 픽업이나 배송은 포함되지 않는다. 그리고 부가요금은 라인홀요금을 제외하고 수송업자가 수송, 취급, 각종 서비스를 행하는데 소요되는 모든 요금이 포함된다. 라인홀 요금은 다시 ① 클래스 요금, ② 예외요금, ③ 상품 요금 및 ④ 혼합요금 등의 네 가지 유형으로 분류할 수 있다.

(1) 클래스 요금(class rate)

클래스 요금은 가격설정의 목적으로 상품을 여러 단계로 묶음으로써 운송요금의 경우를 줄인다. 상품의 세분화는 계층화를 나타낸다. 기본요금은 100으로 설정하고 비싼 것에는 좀더 높은 숫자를 매기고 싼 것에는 낮은 숫자를 매기는 것이다. 두 지역 사이에 특정한 상품군을 움직이기 위해 부가되는 것이 요금으로 설정된다. 상품마다 계층을 정하여 이루어지는데, 여기서는 특정 두 지역에서 백단위 예를 들면 100파운드 당 요금으로 정해진다.

(2) 예외요금(exception rate)

예외요금은 선적업체에게 정해진 클래스 요금보다 더 낮은 요금으로 공급하는 것이다. 이러한 형태의 요금은 경쟁자가 더 낮은 요금을 제시한 경우 특정 지역, 출발지-도착지, 혹은 특별 요금을 제공하기 위해 시작되었다. 예외 요금이 설정될 때는 보통 적용되던 분류가 바뀌게 된다.

(3) 상품 요금(commodity rate)

상품 요금(commodity rate)은 많은 양의 상품이 정기적으로 두 지점 간에 이동될 때 적용되는 요금이다. 제품의 클래스에 관계없이 지점 대 지점 간을 기초로 설정된다.

(4) 계약 요금

계약요금(contract rate)과 FAK(freight-all-kinds)요금은 특별한 상황에서 적용되는 그 밖의 요금들을 포함한다. 예를 들어, 계약요금은 선적자와 운송자 사이에 협상된 요금으로 두 당사자 간의 서면 합의를 통해서 공식화된다. 계약요금은 계약운송의 증가로 보다 많이 사용되고 있다.

(5) freight-all-kinds(FAK) 요금

FAK요금은 최근에 개발되었는데, 이는 상품이 아니라 선적에 적용되는 요금이다. 이것은 운송서비스의 공급원가에 기초하는 경향이 있다. 대신 선적된 상품은 어떤 형태든지 상관없다. 운송업체는 선적된 상품의 무게에 기반하여, 선적당 요율을 선적업체에 제공한다. FAK 요금은 일정한 기준으로 소매 고객에게 다양한 상품을 보내려는 도매상과 제조업체 같은 회사들에 인기가 많다.

2.2 FOB Pricing

판매자에 의해 구매자에게 제공되는 FOB 가격은 일반적으로 물류, 특히 운송에 중요한 영향을 미친다. 예를 들어 한 판매자가 구매자의 소매상점까지 수송하는 것으로 가격을 매긴다면, 전체 가격에는 제품 원가뿐만 아니라 판매상까지의 운송비용까지 포함되어 있다.

FOB 조건이 중요한 이유는 다음과 같다.

① 구매자는 구매 전에 최종 운송가격을 알 수 있다.

② 구매자는 상품을 취득하기 위해 이와 관련된 판매자로부터 구매자에 이르는

운송과정을 관리할 필요가 없다.

③ 구매자는 운송을 통제하지 않으므로 구매자 스스로에게 바람직하지 않은 운송형태나 운송업체가 판매자에 의해 선택될 가능성이 있다.

FOB로 상품을 구매하는 것이 경영적인 측면에서는 더 쉬운 반면에 운송에 대한 통제가 부족하여 각종 문제가 발생할 수도 있다. 따라서 구매자는 항상 최선의 결정이 이루어질 수 있도록 운송을 포함, 모든 선적에 대해 자세히 알아야만 한다.

2.3 배송된 가격(Delivered Pricing)

배송된 가격 시스템에서 운송자에게 상품의 운송이 포함된 가격이 주어진다. FOB가격에서 언급한 것처럼 이 가격매김의 유형은 본질적으로 FOB 목적지이다. 판매자는 운송 형태/운송업체를 확보하고 구매자에게 상품을 인도한다. 운송된 가격의 변동이 판매자에 의해 이루어진다면 이 옵션은 거래의 한쪽 혹은 양쪽 당사자에게 이득이 될 수 있다.

예를 들어 두 제조업자가 사업에서 경쟁하고 있다고 가정하자. A제조자는 시장구역 안에 위치해 있고 단위 당 2.5달러에 물건을 판매라고 단위 당 0.5달러의 이익을 남긴다. 이 때, B 제조업자의 경우 운송비용을 제외하고 같은 비용이 발생하지만 시장으로부터 400마일 먼 곳에 위치해 있다고 하자. 단위 당 0.5달러는 B 제조업자가 시장까지 운송을 위해 지불할 수 있는 최대 금액을 나타낸다. 만약 제조업자 B에게 있어 두 가지 형태의 수송이 가능하고 그 두 가지 형태가 동일한 성과를 보인다면, 경쟁력을 확보하기 위해서는 보다 높은 가격의 서비스가 오히려 가격이 더 낮아져야 한다.

배송된 가격의 변동에는 구역 과금(zone pricing), 기본지점 과금(basing point pricing), 그리고 단일 운반 가격(uniform delivered pricing)이 포함된다.

2.3.1 구역 과금

구역 과금(zone pricing)은 지리적으로 일정한 지역을 구역으로 묶는 방법이다. 각 구역은 그와 관련된 특별한 운송 요금을 가진다. 판매자에게 구역이 가까우면 가까울수록 운송 요금은 더 낮아진다. 반대로 멀면 멀수록 운송 요금은 더 높아진다. 특별한 구역의 구매자 위치에 근거해서 어떤 구매자는 다른 구매자들보다 마일 당 운송료를 더 많이 지불할 것이다.

2.3.2 기본지점 과금(Basing-point pricing)

기본지점 과금 시스템에서는 판매자는 출발점으로서의 역할을 하는, 하나 이상의 거점을 선택한다. 판매자에 의해 어떠한 출발점이 선택되느냐에 따라 구매자는 그 거점에서 구매자 위치까지의 운송 요금을 지불할 것이다. 판매자는 제조 공장, 유통 센터, 항구, 자유 무역 지대 등등을 기본지점으로 주로 사용한다. 이 방법은 기본지점이 어디에 선택되는지에 따라 구매자에게 좋을 수도 혹은 나쁠 수도 있다. 예를 들어 제조자가 구매자와 같은 주에 있는 유통센터를 가지고 있지만, 기본지점으로 다른 주에 위치한 회사 사무실의 위치를 사용할 수도 있는 것이다. 그리고 상품은 실제로 기본지점에서 시작될 수도 있고 아닐 수도 있다.

2.4 수량할인

수량할인은 누적 적용될 수도 있고 누적되지 않고 적용될 수도 있다. 누적 수량할인은 정해진 기간에 대한 구매량을 기초해 구매자에게 가격 할인을 제공한다. 비누적 수량할인은 각각의 주문에 적용될 뿐, 시간에 대해 축적되지 않는다.

수송의 관점에서, 누적 수량할인 시스템 하에서 상품을 구입하는 구매자는 적은 선적에 대해 더 높은 운송비용을 지불하면서 더 적은 수량을 주문할 수 있으며 여전히 비용적인 장점을 얻는다.

한편 만약 비누적 수량할인이 적용되면 구매자는 더 많은 선적을 위해서 완전적재 수송(TL or carload) 요금을 얻기 위해서 충분한 양을 구입하여야만 한다. 상품이나 파운드 당으로 계산되는 운송비용은 선적이 더 많은 경우에 비용이 적게 드는 반면, 구매자에게는 부가 비용이 발생하는데(즉, 저장비용, 재고비용, 운송비용), 부가비용은 판매자에게 적은 횟수의 큰 주문이 들어왔을 때가 고려되어야 한다.

오늘날 경영환경에서 경영자는 시장 고객의 요구에 보다 잘 대응할 책임을 가지고 있다. 기업들은 더 적은 수량을 자주 그리고 가능한 빨리 사려는 경향이 있고, 따라서 구매자는 누적 수량할인을 이용하는 것이 더 유리하다.

2.5 공제(Allowance)

때때로 판매자는 직접 운송하는 구매자에게 가격을 할인해 준다. 예를 들어 운송된 가격(delivered pricing) 시스템을 사용할 때 판매자는 모든 운송비용을 가정하고 상품 가격에 이 비용들을 더한다. 그런데, 만약 구매자가 운송의 일부를 기꺼이 떠맡는다면 판매자는 가격 공제 또는 가격 할인을 제공할 것이다. 가장 일반적인 공제는 고객이 상품을 직접 찾아가는 것 또는 고객 위치에 배달시 운송 차량에서 하차하는 경우에 대해 적용된다. 이 서비스는 판매자에게 비용이 들게 하므로, 만약 구매자가 기꺼이 이 공제를 이용한다면 판매자는 가격 할인을 제공할 수 있을 것이다.

공제를 이용하여 올바른 결정을 내리는 데에 중요한 요소는 각 운송과 관련된 비용을 아는 것이다. 공제는 구매자의 비용과 같거나 더 많아야 한다.

2.6 가격과 협상

선적업체들은 일부 운송업체와 많은 비즈니스를 수행하고 있으며 가격 협상을 중요하게 생각한다. 협상 과정의 목표는 상호 이익이 되는 동의를 이끌어 내고 관련된 이해 당사자의 필요를 인정하고 그것들이 수행되도록 동기를 부여하는 것이다. 대부분의 협상은 서비스 비용 가격에 기초하기 때문에 업체들은 비용을 정확히 측정해야만 한다. 모든 비용이 고려되었을 때만 운송업체와 선적업체는 운송업체의 비용부담을 줄이기 위해 공동으로 일할 수 있다.

제6장 창고관리와 하역

1 창고의 개념과 역할

창고는 모든 로지스틱스 시스템에서 핵심적인 부분이다. 보관활동은 요구되는 고객서비스를 가능한 가장 낮은 비용으로 제공하는데 핵심적인 역할을 한다. 보관활동은 생산자와 소비자를 연결시켜주는 것으로 기업의 로지스틱스 시스템에서 가장 중요한 부분의 하나로 발전해 왔다.

창고를 재화의 기원시점과 소비시점 사이에 제품(원재료, 부품, 재공품, 완제품)을 보관하고 저장된 아이템에 대한 상태, 통제 및 처리에 관한 관리 정보를 제공하는 기업 로지스틱스 시스템의 한 부분으로 정의할 수 있다. 유통센터(Distribution Center: DC)라는 말도 사용되지만 창고가 더 포괄적인 의미를 지닌다.

1.1 창고와 유통센터의 차이

창고는 모든 제품을 보관하지만, 유통센터는 최소한의 재고와 수요가 매우 높은 제품만을 보유한다. 창고는 네 가지 과정(입하, 저장, 선적, 집출)에 있는 모든 제품을 다루는 반면, 유통 센터는 주로 입하와 선적의 두 가지 경우의 제품을 다룬다. 창고는 최소한의 부가가치 작업을 수행하지만, 유통 센터는 가능한 마지막 조립을 포함하여 높은 수준의 부가가치 작업을 수행한다. 창고는 뱃치단위로 자료를 수집하지만, 유통 센터에서는 실시간으로 자료를 수집한다. 창고는 최소한의 운영비용으로 선적 조건을 맞추는 것에 초점을 두지만, 유통 센터는 고객의 인도 요구 만족을 통한 최대 이윤 획득에 초점을 둔다.

재고회전율 향상과 시장 접근시간의 중요성 증가와 함께 유통의 역할은 주문 충족을 신속하고 효과적으로 수행하는 것에 집중되고 있다.

효과적인 창고관리는 창고의 기능과 공공창고와 자사창고의 장점에 대한 이해 및 창고 결정의 재무적이고 서비스적인 관점에 대한 이해를 포함한다. 관리자들은 창고 설비를 최적의 장소에 위치시켜서 보관의 성과와 전략을 향상시킬 수 있는 방법들을 알고 있어야 한다.

1.2 전략적 측면과 운영적 측면의 창고 의사결정

창고에 관한 의사결정은 전략적이거나 운영적일 수 있다. 전략적 결정은 전체 기업의 정책과 목적을 지원하는 지속적인 로지스틱스 자원의 할당을 다루며, 이것은 장기적인 의사결정이거나 프로젝트 형식을 띈다.

장기적인 전략적 의사결정의 예로서는 로지스틱스 시스템 설계방안의 선택을 들 수 있다. 프로젝트 형식의 의사결정은 예컨대 분산되어있는 창고를 한 지역의 유통센터로 통합하는 것과 같은 것이다. 대표적인 전략적 질문의 예는 다음과 같다.

- 창고를 소유할 것인가, 리스 또는 임대할 것인가 아니면 이러한 것들을 복합적으로 할 것인가?
- 창고의 기능을 아웃소싱할 것인가?
- 새로운 자재 취급 장비를 설치해야 하는가 아니면 계속해서 더 많은 인력을 고용해야 하는가?

운영 의사결정은 로지스틱스 성과를 관리하거나 통제하는데 쓰이며 대부분 이런 의사결정은 1년이나 그 이하의 기간 동안의 일을 다루며 일상적인 것들이다. 이 결정들은 로지스틱스 시스템의 조정이나 성과와 관련된다. 예를 들면 창고관리자는 어떻게 하면 선적 부서의 노동력을 최적화시킬 것인가를 생각한다.

1.3 창고의 본질과 중요성

창고는 전통적으로 전 로지스틱스 과정에 있는 제품들의 저장을 지원한다. 재고는 두 가지 기본적인 형태로 저장된다 : ① 원재료, 부분품 및 부품(물적 공급) ② 완제품(물적 유통), 또한 재활용되거나 폐기되는 자재와 공정중인 재고가 될 수도 있다.

일반적으로 재고는 다음과 같은 이유 때문에 발생한다.

1.3.1 재고 보유이유

- 수송 경제성의 획득
- 생산 경제성의 획득
- 수량할인과 선매시의 장점 획득
- 공급의 원료 유지
- 기업의 고객 서비스 정책 지원
- 변화하는 시장상황에 대응
- 생산자와 소비자 사이에 존재하는 시간적·공간적 차이 극복
- 요구되는 고객서비스 수준과 일치하면서 최소의 총 로지스틱스 비용 달성
- 공급자와 고객 사이의 Just-In-Time 프로그램 지원
- 고객에게 각 주문당 한 가지 제품의 제공보다 각 주문당 여러 종류의 제품을 제공
- 폐기되거나 재활용될 제품의 일시적인 보관(즉, 역 로지스틱스)

1.3.2 창고의 다양한 이용

[그림 6-1]은 물적 공급시스템과 물적 유통시스템에서의 창고의 사용을 간략하게 보여준다. 창고는 제조를 지원하고, 단일 고객에 대한 선적을 위해 다양한 생산 설비로부터 제품을 혼합하고, 많은 고객의 요구를 만족시키기 위해 제품의 단일한 대량선적을 다양한 소량선적으로 소분하고, 다양한 소량선적을 하나의 대량선적으로 통합하기 위해 사용된다.

기업이 재고를 정보로 대체하고, 더욱 더 소량을 구매하여, 창고를 운송 효율성과 서비스수준을 확보하기 위한 "통합장소(Consolidation Point)"로 활용하는 경향이 증가함에 따라, 창고는 점차적으로 "보유"의 개념이 아닌 "흘러 지나가는"관점에서 사용되고 있다.

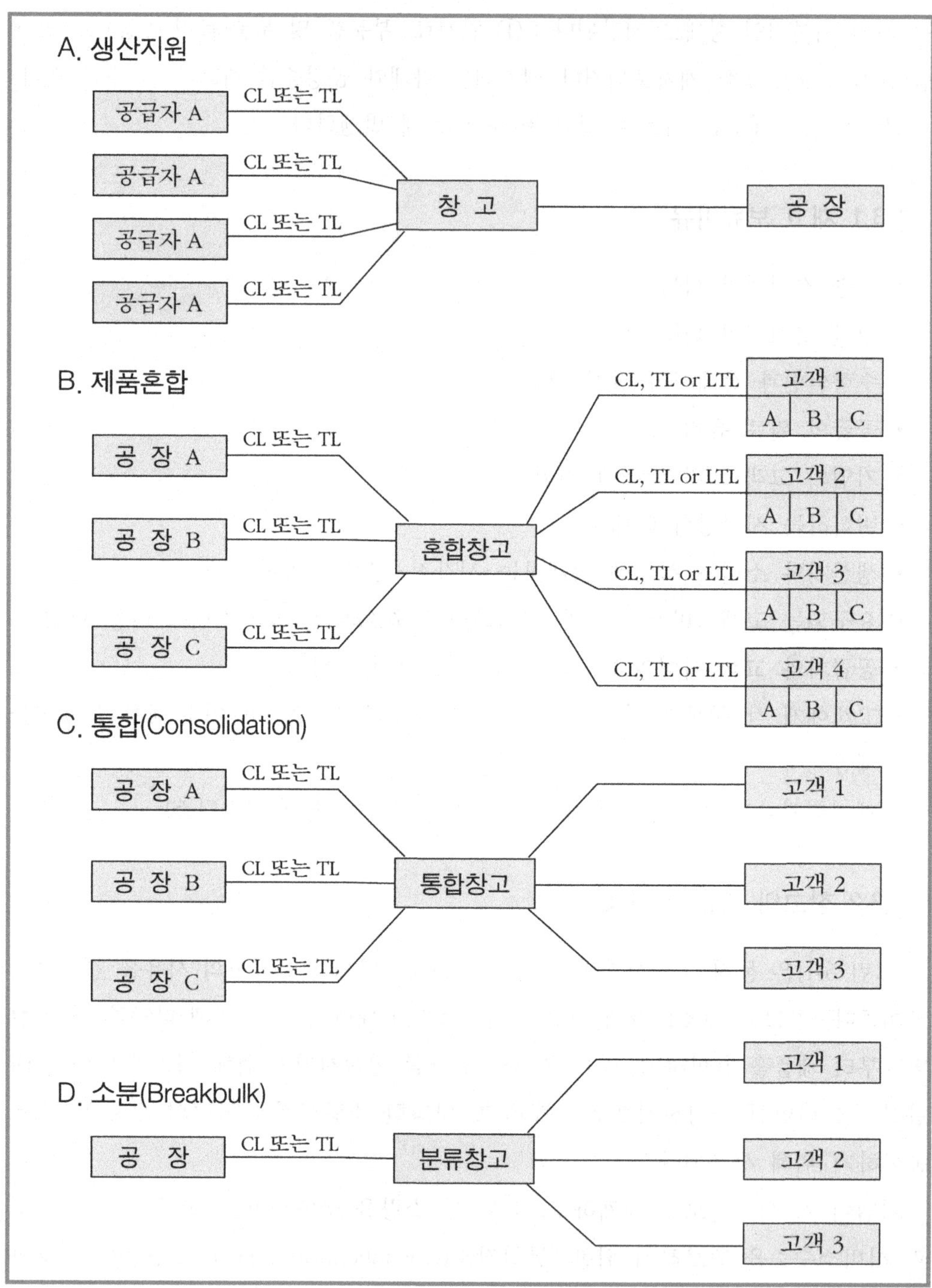

[그림 6-1] 물자공급과 유통사의 창고 이용

1) 창고의 밀기 방식(Push system)과 끌기 방식(Pull system)

유통의 전통적인 방식은 밀기 방식으로 생산 계획은 공장의 능력을 바탕으로 제품은 곧 판매될 것이라는 예측에 의해 만들어진다. 만약 제품이 판매되는 것보다 많이 생산되면 이것은 창고에 보관된다. 그리고 만약 판매가 증가하지 않는다면 수요와 공급이 균형을 이룰 때까지 생산 속도를 줄이게 된다.

이러한 방식에서는 창고는 초과 생산을 흡수하는 기능을 한다. 반면, 끌기 방식은 정보에 의존하며 수요에 대한 지속적인 조사에 기초한다. 끌기 방식에서는 저장이 필요 없으며 대신 창고는 유출입 센터로서 고객에게 보다 가깝게 재고를 둠으로써 향상된 고객서비스를 제공한다.

(1) 제조지원

제조활동의 지원에서 창고는 공급자의 출하품을 받기 위한 입하 통합지점(inbound consolidation points)으로서의 중요한 역할을 한다. [그림 6-1]의 A처럼 기업은 원재료, 부분품, 부품 및 보급품을 다양한 공급업자에게 주문하고 이것은 완전적재(Truckload 또는 Carload)를 통해서 자사 공장과 가장 가까운 창고로 운송된다. 그 후 창고에서 제조 공장으로 수송된다.

(2) 제품혼합

물적 유통과 출하 관점에서, 창고는 제품혼합, 출하통합 및 소분을 담당한다. 제품혼합은 [그림 6-1]의 B처럼 여러 곳의 공장에서 다양한 제품을 하나의 중앙 창고로 선적하는 것이다. 각 공장은 기업이 생산하는 총 제품의 일부분을 생산한다. 일반적으로 선적은 중앙창고로 만차적재(Truckload 또는 Carload)가 이루어지며 그 곳에서 고객의 주문에 따라 다양한 제품이 혼합되고 통합된다.

(3) 출하통합(Outbound Consolidation)

[그림 6-1]의 C처럼 창고가 출하 통합에 사용될 때는 다양한 제조 위치와 중앙 창고 설비 사이에는 만차 적재가 이루어진다. 창고는 여러 공장에서 모인 제품을 통합하고 고객에게 한 번에 배송한다.

(4) 소분(Breakbulk) 창고

[그림 6-1]의 D처럼 소분 창고는 제조 공장으로부터 대량으로 선적을 받는 설비

이다. 몇몇 고객의 주문이 공장에서 소분 창고로 한번의 선적으로 모이게 된다. 창고에서 선적을 받았을 때 이것은 창고의 지원을 받을 수 있는 지리적인 영역 내에서 부분적재(LTL : less than truckload)보다 더 작게 소분되어 고객에게 보내진다. 소분활동은 보관보다는 혁신적인 수송 변화를 통해서 일어나는 경우가 많다.

2) 창고와 운송의 관계

운송의 경제는 물적 공급시스템과 물적 유통시스템 모두에서 가능하다. 물적 공급의 경우, 많은 공급자에 대한 소량 주문이 공급의 근원과 근접한 곳에 있는 통합 창고로 선적될 수도 있다; 즉, 생산자는 창고로부터 원거리에 있는 공장에 만차적재(Truckload 또는 Carload)수송을 할 수 있다. 공급의 근원과 근거리에 창고를 둠으로써 근거리에 적용되는 부분적재(LTL: less than truckload)수송을 사용하고 창고와 공장이 원거리인 경우에는 만차적재로 수송한다,

물적 유통에 있어서도 이와 비슷한 운송상의 절감효과를 가져올 수 있다. 표준화된 제품산업에서 제조업자들은 종종 다양한 지역에 공장을 위치시키고 각 공장은 기업의 전체 생산제품라인의 일부분을 담당하여 제조하는데 이러한 공장을 집중화 공장이라고 한다.

일반적으로 이런 기업들은 전체 기업 생산라인에서 만들어진 것을 혼합 선적하여 고객에게 인도할 수 있는 여러 개의 유통센터를 보유하고 있다. 공장에서 유통센터까지의 선적은 각 공장에서 생산된 제품을 완전히 채워진 화차를 통해서 다빈도로 이루어진다. 다양한 생산라인의 아이템으로 구성된 제품을 요구하는 고객의 주문은 완전적재나 부분적재된 상태로 트럭을 이용해서 선적된다. 이러한 유통센터의 사용으로 인해 고객에게 직접 배송하는 것보다 더 낮은 수송비용이 발생한다. 이러한 절감효과는 일반적으로 증가된 보관비용과 재고보유비용보다 더 크다.

3) 창고와 생산의 관계

소량단위 생산은 현재 수요에 맞는 수량을 생산함으로써 전체 로지스틱스 시스템의 재고량을 최소화시키지만 설치 및 라인 변경비용을 증가시킨다. 만약 공장의 생산능력이 최대한 사용되고 있다면, 빈번한 생산라인 변경은 생산과 제품 수요를 만족시키지 못하게 할 수도 있으며 이럴 경우 판매기회 상실비용이 치명적일 수 있다.

반대로, 각 라인에서 대량으로 제품을 생산할 경우, 총 비용 면에 있어서 단위당

생산비용을 줄이고 주어진 설비의 생산능력을 최대한 활용할 수 있으나 장기간의 생산은 많은 재고를 보유하게 하고 필요한 창고도 증가하게 된다. 따라서 총비용을 최소화시키기 위해서는 생산비 절감과 증가된 로지스틱스 비용의 균형이 이루어져야 한다.

일반적으로 기업이 원재료나 제품 구입에 있어서 수량 할인 혜택을 받기 원한다면 기업은 창고가 필요하다. 또한 단순히 할인에서 오는 혜택뿐만 아니라 대량구매에서 오는 비용절감을 통한 규모의 경제도 발생한다. 비슷한 할인과 절감은 생산자, 도매상, 소매상 모두에게 발생할 수 있다. 그러나 이것 역시 증가하는 창고유지비용과 재고비용을 감안하여 고려되어야 한다.

점차적으로 기업들은 JIT 생산방식을 도입하고 있으며 공급자들과는 지속적인 물량 할인을 위한 협상을 펼치고 있다. 따라서 그들은 한 번의 구매에 따른 할인이 아니라 지속적으로 이어지는 구매를 통합하여 할인을 받고 있다.

재고를 가진다는 것은 공급원을 유지한다는 측면에서 매우 중요하다. 예를 들어 공급량이 수요량보다 부족한 시기에는 적절한 시간 내의 일정 제품을 공급해 주는 것이 중요하다.

제품의 운송중 파손이나 공급자의 파업으로 인해 공급이 부족한 아이템의 재고를 보유하는 것이 필요할 수도 있다.

4) 창고와 고객서비스

24시간 인도 수칙과 같은 고객서비스 정책은 많은 수의 유통센터가 필요할 수도 있다. 시장상황의 변화는 기업이 소비자 주문이나 소매상이나 도매상 주문시기를 정확하게 예측하지 못하기 때문에 유통센터에 제품을 보관하는 것이 필수적인 활동이 되게 한다. 유통센터에 일정량의 초과 재고를 보유함으로써 기업은 기대치 않았던 수요에 민첩하게 대응할 수 있다. 또한 초과 재고의 보유는 유통센터에 대한 선적이 늦을 때도 생산자가 고객 주문을 만족시킬 수 있게 한다.

5) 창고와 로지스틱스 총비용 최소화

대부분의 기업은 주어진 고객서비스 수준에서의 최소 총비용 로지스틱스 달성을 위해 창고를 이용한다. 기업의 창고 정책에 영향을 미치는 요소는 다음과 같다.

• 산업 특성

- 기업의 경영이념
- 자본력
- 제품의 성격(크기, 부패성, 생산라인, 대체정도, 진부화 정도)
- 경제 여건
- 경쟁 수준
- 수요의 계절성
- JIT의 적용유무
- 사용되는 생산방식

1.4 창고의 종류

일반적으로 기업은 많은 창고운영 대안을 가지고 있다. 어떤 기업은 제품을 소매 고객에게 직접 판매하여, 현장에서 창고의 필요성을 제거한다. 예를 들어, 우편 주문 카탈로그 기업은 판매 본부나 공장같이 근원적인 지점에만 창고를 사용한다.

1.4.1 크로스도킹(Cross-docking)

하나의 대안은 크로스도킹 개념을 사용하는 것인데, 창고가 "유통 혼합 센터"로 중요한 역할을 하는 것이다. 제품은 벌크(bulk)로 도착하고 고객 선적에 적당한 범위와 분량으로 즉시 소분되고 혼합된다. 본질적으로 제품은 창고에 들어가지 않는다. 크로스도킹은 만차 단위(TL)로 제품을 주문하고 재혼합되어서 각각의 상점으로 즉시 배송하는 소매상의 경우에 더 적합하다. 일반적으로 제품은 공급자에서 개별 상점으로 상자 단위로 보내진다.

크로스도킹의 성공적 사례로 자주 언급되는 미국 월마트의 경우 여러 공급업체로부터 제품을 모아 여러 슈퍼스토어로 재배송되도록 몇몇 유통센터를 설계하였다. 각 지역의 유통센터는 27에이커 정도의 지역을 담당하며, 대략 120개 슈퍼스토어를 지원한다. 한 트럭분의 상품이 하역장에 도착하면 비로 그 자리에서 그 상품을 내리고 포장을 뜯어서 다른 공급업체가 보내온 다른 상품과 함께 조합하여 한 트럭분의 상품을 개별 소매점에 보낸다. 대부분의 상품은 재고로 머물지 않으며 하역장에서 선적장으로 이동한다. 목표하는 바는 48시간 내에 화물을 내리고 뜯고 조합하고 포장하여 발송하는 것이다. 크로스도킹은 제고를 통합 운영함으로써 고객서비스 수준을 높이고 생산 및 수송에 있어서 규모의 경제를 누리는 것이다.

1.4.2 계약창고

계약창고는 공공창고에서 변형된 것이다. 계약창고는 창고 이용자와 창고 서비스 제공자 간의 계약을 통해서 이루어지는 것을 말하며, 이는 다음과 같이 정의된다.

특정 고객만을 위하여 특별히 고안된 창고운영 방식과 로지스틱스 서비스를 제공하는 장기적 호혜적인 계약으로서, 창고운영에 관련한 리스크를 벤더와 고객이 공유하는 것이다. 보통 이 계약은 요금이나 요율구조자체 보다는 생산성, 서비스 수준, 효율성에 중점을 두고 이루어진다.

기업은 공공창고와 자사창고를 결정하는데 있어서 소비자에 대한 서비스 수준과 재무적인 문제들을 고려하여야 한다. 예를 들면, 일반적으로 공공창고의 운영비용이 자사창고의 경우보다 더 비싼데, 이는 공공창고 자체가 수익을 목적으로 하는 개별사업으로 판매나 광고비용이 포함되어 있을 수 있기 때문이다. 그러나 공공창고를 이용하게 될 경우 기업은 창고 설비에 대한 초기투자를 하지 않아도 된다. 고객 서비스 관점에서는 자사창고가 더 특화된 창고설비와 장비를 이용하고 이것은 기업의 제품, 소비자 및 시장을 더 잘 알 수 있게 하기 때문에 더 높은 서비스 수준을 제공할 수 있다.

두 가지 대안 모두 적절히 고려되어야 한다. 몇몇 혁신적인 공공창고는 그들의 전문기술과 높은 경쟁력으로 고객을 지원하여 더 높은 수준의 서비스를 제공할 수도 있다.

1.5 공공창고의 종류

다음과 같이 많은 종류의 공공창고가 있다. ① 제조된 상품을 위한 일반적인 상품창고, ② 냉동이나 냉장창고, ③ 보세창고, ④ 가정용품과 가구 창고, ⑤ 특화된 제품창고, ⑥ 벌크단위 저장 창고 등이 있다. 각 유형의 창고는 사용자에게 특화된 서비스를 제공한다.

① **일반적인 상품 창고**: 일반 상품 창고가 가장 보편적인 창고의 형태로써, 생산자, 유통업자, 소비자들이 거의 모든 제품을 다양하게 저장할 수 있게 설계되었다.

② **냉동, 냉장 창고** : 냉동, 냉장 창고는 저장환경의 온도 통제를 가능하게 한 창고로써, 과일이나 야채 등 부패하기 쉬운 제품을 다룬다. 많은 제품들(냉동식품, 약품류, 인화용지와 필름, 모피 등)이 이러한 창고를 필요로 한다.

③ **보세창고(Bonded warehouses)** : 몇몇 일반 상품이나 특수한 제품의 창고는 보세창고로 알려져 있다. 수입된 담배와 주류같은 제품이 이 창고에 저장되는데, 정부는 이 제품이 시장에 유통될 때까지 통제력을 가지고 있으며, 유통시점에서 수입자는 국세청에 관세를 지불해야 한다. 보세창고의 장점은 상품이 판매될 때까지 수입관세나 소비세의 의무를 지불할 필요가 없다.

④ **가정용품 창고** : 가정용품 창고는 일반적으로 상품보다는 개인 자산을 위한 창고로 많이 사용된다. 그러한 물품은 창고에서 물건을 가져갈 때까지 기간을 연장하여 저장할 수 있는 것이 많다. 첫 번째는 열린 저장공간의 개념을 이용하는 것으로 물품은 넓은 창고의 일정 공간에 저장되는데 가정용품은 대부분 이런 형태로 저장된다. 두 번째 저장방식은 방처럼 된 개인 저장 공간을 할당받는 것인데, 개인공간을 잠궈서 안전을 보장받을 수 있다. 세 번째는 컨테이너를 사용하는 것인데 제품을 포장하여 컨테이너에 보관하는 것이다. 이 방법은 열린 저장 공간에 보관하는 것보다는 제품을 보호할 수 있다.

⑤ **특화된 제품창고** : 특화된 제품창고는 밀, 양모 및 면과 같은 특이 농산물을 저장하는데 쓰인다. 일반적으로 이러한 창고는 한 가지 제품을 취급하고 그 제품을 위한 특별한 서비스를 제공한다.

⑥ **벌크창고(Bulk Storage)** : 벌크창고는 액체물질을 탱크에 보관하거나 석탄, 모래, 화학 물질과 같은 건조한 제품을 넓은 창고에 산적해 놓는 방법을 이용하는 것이다. 이러한 창고는 여러 제품을 섞어서 새로운 혼합제품을 만드는 서비스를 제공할 수도 있다.

2 창고의 기본적 기능

창고는 기업의 로지스틱스 시스템에서 매우 중요한 역할을 하며, 다른 활동들과 조화되어, 기업의 고객에게 만족할만한 서비스 수준을 제공한다. 창고운영의 명확한 역할은 제품을 보관하는 것이지만, 창고는 소분, 통합 및 정보지원 활동을 한다. 이러한 활동은 저장보다 제품의 흐름을 강조한다.

저장되어 있는 제품에 대한 적절하고 정확한 정보를 이용, 많은 양의 원재료, 부분품 및 완제품을 빠르고 효율적인 방법으로 이동시키는 것이 모든 로지스틱스 시스템의 궁극적인 목표이다.

창고는 이동, 저장, 그리고 정보교환 등의 세 가지 기본적인 기능을 가지고 있다. 최근에는 이동의 기능이 재고 회전을 향상시키고 생산에서 최종 인도에 이르는 주문을 신속하게 하는 것에 초점을 두는 조직이 주목의 대상이 되고 있다.

2.1 이동(Movement)

이동은 아래와 같은 활동들로 나눠진다.

- 수취(receiving)
- 운반 또는 창고내 배치(transfer or put-away)
- 주문 집출/선별(order picking/selection)
- 크로스도킹(cross-docking)
- 선적(shipping)

수취는 운송수단으로부터 제품을 내려놓는 것, 창고 재고기록의 갱신, 제품의 결함 조사 및 주문, 그리고 선적 기록과 실제 제품의 수를 비교하는 활동을 포함한다.

운반 또는 창고내 배치는 제품을 저장하기 위해 창고로 옮기는 물적 이동이며, 혼합과 같은 특별한 서비스가 가능한 지역으로 옮기는 것이고 출하 선적을 위해 이동하는 것이다. 고객의 주문 선별 또는 주문 집출은 주요한 이동활동으로 분류한 고객의 요구에 맞게 제품을 재편성하는 것을 포함한다.

크로스도킹은 수취 도크에서 선적도크로 아이템을 바로 옮김으로써 저장활동을 배제시킨다. 완전한 크로스도킹 활동에서는 창고내 배치, 저장 및 집출이 없다.

크로스도킹은 비용절감과 고객만족의 효과 때문에 창고관리에서 매우 널리 사용되고 있다. 예를 들어, 식품관련 유통의 75%가 공급자와의 음식소매업자간에 크로스도킹을 실행하고 있다.

제품의 창고내 배차와 운반을 제거하는 크로스도킹은 비용과 제품이 창고에 남아있는 시간을 줄여서 고객 서비스 수준을 향상시킨다.

2.1.1 크로스도킹 고려시점

아래의 기준들 중에서 두 가지 이상이 해당된다면 크로스도킹을 고려해야 한다.

- 재고가 입하할 때 보낼 곳을 알고 있다.
- 소비자가 재고를 즉시 받을 준비가 되어 있다.
- 일일 선적 장소가 200군데 미만이다.
- 일일 처리량이 2000상자를 넘는다.
- 재고의 70% 이상이 운반 가능하다.
- 기업에 입하되는 개별 아이템이 큰 분량이다.
- 기업의 도크에 재고 라벨이 붙은 상태로 도착한다.
- 많은 재고가 시간에 민감하다.
- 기업의 유통 센터가 거의 포화상태이다.
- 재고의 일부가 가격이 정해져 있다.

이동에 있어서 마지막 활동인 선적은 취합된 주문에 따라 수송 장비로 제품을 이동시키고 분리하며 재고기록을 조정하고 선적된 주문을 확인하는 것이다. 여기에는 특별한 고객을 위한 분류와 포장도 포함된다. 제품은 상자나, 판지 또는 컨테이너에 두고 팔레트나 수축 포장하고 원산지, 도착지, 운송인, 위임자, 포장 내용 등의 선적에 필요한 정보가 표시된다.

2.2 저장

저장은 일시적인 것과 반영구적인 형식으로 이루어진다.

2.2.1 임시 저장(Temporary Storage)

임시 저장은 창고의 이동기능을 강조한 것으로써 기본적인 재고 보충을 위해 필수적인 제품만을 저장하는 것으로 실제 재고 회전과는 상관이 없다. 임시적인 재고 저장의 범위는 로지스틱스 시스템의 디자인과 가변적인 리드 타임과 수요에 따라 달라진다. 크로스도킹의 목적은 창고를 임시적인 저장 기능으로만 활용하는 것이다.

2.2.2 반영구 저장(Semi-Permanent Storage)

장기 저장은 재고 저장이 통상적인 보충에 필요한 요구를 초과하여 발생할 때 일어난다. 이러한 재고를 완충재고 또는 안전재고라고 한다. 이러한 장기 재고가 적용되는 대표적인 상황은 ① 계절적 수요, ② 변동적 수요, ③ 과일과 고기와 같은 제품, ④ 예측이나 선구매 그리고 ⑤ 수량할인과 같은 특별한 거래 등이다.

2.3 정보전달

정보전달 기능은 이동, 저장기능과 동시에 일어난다. 관리자가 창고활동을 관리할 때는 적시에 정확한 정보를 필요로 한다. 재고수준, 처리 수준(즉, 창고를 통해 이동되는 제품의 양), 재고보관 위치, 유입, 유출, 선적, 고객정보, 창고공간의 활용 그리고 인적자원에 관한 정보가 창고의 성공적인 운영에 필수적인 것들이다. 기업들은 정보교환의 속도와 정확성을 향상시키기 위해 EDI(Electronic Data Interchange)와 바코딩을 활용한 전산화된 정보 교환을 증가시키고 있다.

서류작업을 줄이기 위한 기업들의 노력이 많았음에도 불구하고 서류작업은 많은 부분에 여전히 남아 있다. 이런 이유로 많은 기업의 관리자들이 사무기능의 전산화 실현에 많은 노력을 기울이고 있다. 정보통신의 발전은 창고의 모든 면에서 사무적 업무를 줄이는 수단이 되고 있다.

창고와 관련된 이동, 저장, 정보전달에서의 비효율성 제건ㄴ 매우 중요하다. 이것은 다음과 같은 다양한 형태로 발생할 수 있다.

- 중복적이거나 과다한 취급
- 공간과 면적의 잘못된 활용
- 과도한 유지비용과 설비 노후화에 따른 중단시간
- 노후한 입하·선적 시설
- 일상적인 거래를 다루는 전산 정보시스템의 노후화

경쟁적인 시장은 향상된 포장과 선적 시스템과 마찬가지로 더 정밀하고 정확한 취급, 저장 및 복구시스템을 요구한다. 창고운영에서는 적절한 수동취급과 자종취급 시스템의 조화가 중요하다.

3 공공창고와 자가창고

창고에 관한 문제를 결정하는데 있어서 가장 중요한 것 중 하나가 기업이 공적 설비를 사용할 것인가 사적 설비를 사용할 것인가를 결정하는 것이다. 비용과 서비스 관점에서 바람직한 의사결정을 하기 위해서는 각각의 대안에 대한 장·단점을 반드시 알아야 한다.

공공창고의 다른 형태인 계약창고는 조직이 일정기간 동안 설비에 대한 서비스와 공간의 일정 부분을 활용하기 위한 계약적 유대관계를 가진다. 이러한 계약은 창고업자가 계획을 세우고 투자를 하는데 더 높은 안정성과 확실성을 제공한다.

3.1 공공창고의 장점과 단점

공공창고의 장점과 단점은 각각 다음과 같다.

3.1.1 장점

① **투자자본의 감소**: 공공창고의 가장 큰 장점 중의 하나는 창고 사용자에게 자본 투자를 요구하지 않는다는 것이다. 사용자는 운영에 따른 인력 고용과 훈련비용뿐만 아니라 건물, 토지 및 자재 취급 장비에 대한 투자를 하지 않아도 된다.

② **계절성에 대한 대응**: 만약 기업의 운영이 계절성에 영향을 받기 쉽다면, 공공창고의 선택은 사용자가 급증한 요구를 만족시키기 위해 요구되는 더 많은 창고공간을 대여할 수 있게 된다. 반면, 자사창고는 단기간에 창고 공간이 확장될 수 없기 때문에 저장되는 제품의 최대 분량에 한계를 갖는다. 또한 매년 일정부분은 최대로 이용되지 않기 쉽다. 많은 기업이 수요 또는 생산, 판매 촉진 및 기타 요소의 계절성으로 인한 다양한 재고수준에 처하기 때문에 공공창고는 분량에 따라서 저장비용이 변화하는 독특한 장점을 제공한다.

③ **위험 감소**: 관리자는 자사창고에 투자함으로써 기술이나 사업 규모의 변화가 설비를 구식으로 만들 것으로 생각하고 있다. 공공창고에서 사용자 기업은 보통 30일 이내의 짧은 시간 안에 다른 설비로 교체할 수 있다.

④ **규모의 경제** : 공공창고는 일부 기업에게는 불가능할 수도 있는 규모의 경제를 달성하도록 해준다. 공공창고들은 많은 기업의 요구를 취급하기 때문에 그들의 규모는 창고 전담직원을 고용할 수 있게 해준다. 게다가 건물 비용은 비선형적이고 기업이 작은 설비를 만드는데도 할증금을 지불한다. 부가적인 규모의 경제는 비싸기는 하지만 좀 더 효율적인 자재 취급 설비의 사용과 관리 능력과 기타 전문 지식의 제공에 의해서 달성될 수 있다.

규모의 경제는 동일한 공공창고를 사용하는 비경쟁자들이 소량 선적을 통합한 결과이다. 공공창고는 여러 다른 제조업체들의 제품에 대한 고객의 주문을 한 번의 배송으로 통합한다. 이 결과 배송비용과 고객의 입하장소의 혼잡이 줄어든다. 제조업자들이 동일한 설비를 사용한다면, 공공창고에서 그들의 주문을 픽업하는 고객은 한 번에 몇 개 제조업자 제품을 얻을 수 있다.

⑤ **유연성 확대** : 공공창고에 의해 제공되는 또 다른 주요 장점이 유연성이다. 사업 상황이 창고의 지리적 변화가 필요하다면 소유하거나 장기 임대한 창고는 부담이 될 수 있다. 공공창고는 단기계약을 통한 단기 위탁만을 요구한다. 공공창고의 단기 계약은 시장, 다양한 운송 수단별 비용, 제품 판매량 또는 기업의 재무 상황의 변화에 따른 창고의 지리적 위치 변화를 용이하게 해준다. 게다가 공공창고를 사용하는 기업은 사업의 범위가 변화할 때 인원을 더 고용하거나 해고할 필요가 없다. 공공창고는 필요한 경우, 추가적인 서비스를 위해 창고 이용 기업측에서 따로 고용하지 않아도 창고 측에서 서비스를 제공해 줄 수 있다.

⑥ **정확한 창고와 취급 비용에 관한 지식** : 기업이 공공창고를 이용하면 매달 계산서를 받기 때문에 정확한 저장과 취급비용을 알 수 있다. 그 비용은 이미 알려져 있기 때문에 사용자는 여러 다른 활동들에 관해 비용을 예측할 수 있다. 기업이 직접 창고시설을 운영하는 경우에는 창고의 고정비와 간접비를 정확히 구별하기 매우 어렵다

3.12. 단점

① **의사소통문제** : 공공창고의 모든 컴퓨터 시스템이 완벽하게 호환되지 않기 때문에 공공창고에서는 효과적인 의사소통이 문제가 될 수 있다. 계약 사항이 표준화되어 있지 않을 경우 계약 의무와 관련 의사소통을 어렵게 만들 것이다.

② **특화된 서비스의 부족** : 원하는 공간이나 특정 서비스가 특정 지역에서는 불가

능할 수도 있다. 많은 공공창고들이 해당 지역에만 서비스를 제공하며, 지역적이나 전국적으로 유통하는 기업에게는 그 사용에 한계가 있다. 전국적으로 제품을 유통하는 제조업자가 공공창고를 이용할 경우 몇몇 다른 시설들을 이용해야 할 것이며, 여러 가지 계약관계에 있는 창고를 지속적으로 조사해야 한다.

③ **공간 이용문제** : 공공창고를 이용할 경우 기업이 원할 때 그 창고를 이용하지 못할 수도 있다. 저장 공간의 부족은 선택된 시장에서는 주기적으로 발생하며, 이는 기업의 로지스틱스와 마케팅 전략에 악영향을 미칠 수가 있다.

3.2 자사창고의 장점과 단점

3.2.1 장점

① **통제정도** : 자사창고에서는 기업이 보유한 제품에 대해서 매우 높은 통제력을 지닐 수 있다. 그 기업이 직접 통제하고 고객이 소유권을 가지거나 인도할 때까지 제품에 대해서 책임을 지며, 이것은 기업이 창고의 기능을 총 로지스틱스 시스템으로 더 쉽게 통합할 수 있게 한다.

② **유연성** : 창고 통제와 함께 고객의 요구와 제품의 특성에 맞게 창고를 설계하고 운영할 수 있는 더 뛰어난 유연성을 제공한다. 특별한 취급과 저장을 요구하는 제품을 다루는 기업은 적당한 공공창고를 찾지 못할 수도 있다. 이런 경우 기업은 자사창고를 이용하거나 고객에게 제품을 직접 인도해야 한다. 창고는 제품의 변화에 부합하기 위해서 확장과 변화를 통해 변화될 수 있으며 창고가 제조 공장이나 지역 출장소로 변경될 수도 있다.

③ **장기적 관점에서의 비용 절감** : 자사창고는 장기적으로 비용을 줄일 수 있다. 기업이 충분한 처리량과 활용을 달성한다면 운영비용은 15%에서 25%까지 줄어든다. 기업이 최소한 75%의 이용률을 달성하지 못한다면, 일반적으로 공공창고를 이용하는 것이 더 유리하다.

④ **인적자원의 활용** : 기업 자신의 인력을 활용할 때 취급과 저장에 더 주의를 기울인다. 어떤 공공창고는 제품의 취급과 저장에 그들 자신의 고용인을 쓸 수 있도록 한다. 기업은 그들의 기술 전문가의 전문 지식을 활용할 수 있다.

⑤ **세금 혜택** : 기업이 창고를 직접 소유할 때도 세금 혜택을 누릴 수 있다. 빌딩과 시설물에 관한 감가상각이 세금 지출을 줄여준다.

⑥ **무형의 혜택** : 기업이 자사창고를 통해 제품을 유통할 때는 고객들에게 기업이 영속적이고 지속 가능할 것이라는 느낌을 준다. 고객들은 그 기업을 안정적이고 믿을 만하며 따라서 제품의 장기적인 공급자로 인식한다. 그러나 고객들은 비슷한 서비스 수준을 제공하는 경우 제품의 정시 배달과 더 근접한 창고를 가진 공급자를 선호한다.

3.2.2 단점

① **유연성 부족** : 많은 전문가들은 자사창고의 가장 큰 단점은 자사창고의 큰 장점인 유연성으로부터 온다고 주장한다. 자사창고는 고정된 크기와 비용 때문에 큰 지출이 될 수 있다. 기업 경험에 의한 요구 수준과는 상관없이 자사창고의 크기는 단기간에 대해서는 제한적이다. 자사창고는 수요의 증가와 감소에 따라서 확장하거나 축소할 수 없다.
만약 기업이 자사창고만을 사용한다면 전략적인 지역 운영에서도 유연성을 잃게 된다. 기업이 급변하는 시장의 규모, 위치 그리고 선호에 대응할 수 없다면 기업은 귀중한 기회를 잃게 된다.

② **재무적 제약** : 높은 비용이 수반되기 때문에, 많은 기업들은 창고를 짓거나 사는데 필요한 능력을 간단하게 제공할 수 없다. 창고는 장기적이고 때때로 위험이 높은 투자이다. 또한 근로자의 고용과 훈련, 자재 취급 장비의 구매는 고비용적이고 지속적인 시간 소비 과정이다.

③ **수익률** : 의사결정 과정에서 한 가지 더 고려해야 할 문제가 사내창고의 소유가 다른 대안을 채택한 경우보다 더 나은 수익률을 제공하느냐 하는 것이다. 적어도 기업 소유 창고에 대한 투자는 기업이 다른 투자에서 얻는 것과 동일한 수준의 수익을 발생시켜야 한다.

4 창고 네트워크의 설계

로지스틱스 관리측면에서 중요한 의사결정의 하나는 기업의 고객과 제품을 위한 최적의 창고 네트워크를 어떻게 발전시킬 것인가를 결정하는 것이다. 이러한 의사결정은 몇 가지 중요한 요소를 갖고 있다. 관리자는 창고의 개수와 크기를 정하고 그 위치를 선별해야 한다. 각 창고는 효율성과 생산성을 극대화시킬 수 있게 설계되고 배치되어야 한다.

4.1 창고의 수와 크기

주목해야할 두 가지 쟁점이 창고시설의 수와 크기이다. 이것은 보통 역의 관계를 갖기 때문에 서로 상관적인 의사결정이다. 즉, 창고의 수가 증가하면 보통 창고의 크기는 줄어든다.

4.1.1 창고의 크기

많은 요소들이 "얼마나 큰 창고를 가져야 하는가" 라는 문제에 영향을 미친다. 먼저 창고 크기의 측정 방법을 정의할 필요가 있다. 대체로 크기는 평방피트(미터)나 입체공간이라는 용어로 정의한다. 대부분의 공공창고는 그들의 광고와 촉진의 일환으로 평방피트(미터)를 사용한다.

불행히도 평방피트(미터) 방법은 수직으로 제품을 저장하는 현대식 창고의 능력을 나타내지 못한다. 그러므로 입체공간방법이 발전하였다. 입체공간방법은 창고의 총저장 가능 분량에 따른다. 즉 입체공간은 창고 내에서 사용할 수 있는 모든 공간을 고려한 것이기 때문에 평방피트(미터)보다 실제적으로 창고 공간의 크기를 평가한다. 창고의 크기에 영향을 미치는 요인들은 다음과 같다.

- 고객서비스 수준
- 시장 또는 해당되는 시장의 크
- 거래되는 제품의 수
- 생산규모
- 사용되는 자재 취급 시스템
- 처리율
- 생산 리드타임
- 규모의 경제
- 재고 배치
- 수요의 패턴과 수준

기업의 서비스 수준이 증가할 때는 일반적으로 더 높은 수준의 재고를 저장할 수 있는 더 많은 창고 공간이 필요하다. 거래가 증가하는 창고의 개수와 크기에 의해서 지원을 받는다는 것은 부가적인 공간이 필요하다는 것이다. 기업이 다양한 제품이나 제품군을 가지고 있고, 특히 이것 모두가 개별적인 것이라면 적어도 모든 제품의 최소 재고수준은 유지할 있는 큰 창고가 필요하다. 더 큰 공간에 대한 요구는 제품이 크고, 생산 리드타임이 길고, 수동적인 자재 취급시스템을 사용하고, 창고가 사무·판매 및 전산활동을 포함하고, 수요가 변동적이고 예측 불가능할 때 필요하다.

4.1.2 창고의 수

창고 설비의 개수 결정에 주요한 네 가지의 요소는 판매손실비용, 재고비용, 창고비용 및 운송비용이다. [그림 6-2]는 판매손실비용을 제외한 비용을 나타내고 있다.

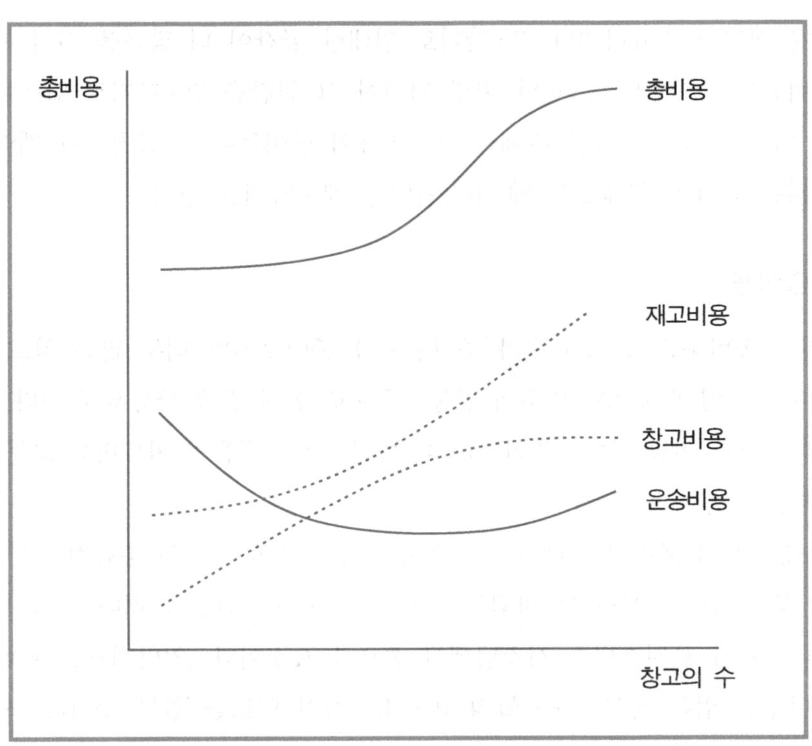

[그림 6-2] 총로지스틱스 비용과 창고 수와의 관계

1) 판매손실비용

판매손실이 기업에게는 아주 중요하지만 이것을 계산하거나 예측하기란 매우 어려우며 기업과 산업에 따라 아주 다양하다. 만약 [그림 6-2]에서 판매손실비용이 나타난다면 이것은 대개 오른쪽으로 기울어지는 모양을 나타낼 것이고, 이 기울기의 정도는 산업, 기업, 제품 및 고객에 따라 다르게 나타날 것이다.

2) 재고비용

몇몇 기업들은 특별한 제품이나 제품군에 전속되는 특별한 창고를 가지기도 하지만 대부분의 기업은 모든 창고에 모든 제품의 최소량을 보유하기 때문에 창고 수와 재고비용은 정비례한다. 이것은 아이템이 재고회전율에 상관없이 저장된다는 것을 의미한다.

3) 창고비용

더 많은 창고는 소유하거나 장·단기로 임대한 공간이 더 많음을 의미하기 때문에 창고비용도 증가한다. 그러나 몇몇 기업이 그 공간을 장·단기로 임대할 때 창고 수가 어느 시점에 도달한 후에는 창고비용이 줄어든다. 공공창고나 계약창고는 기업이 넓은 공간을 임대했을 때 수량할인을 제공하기도 한다.

4) 운송비용

초기의 운송비용은 창고의 수가 증가할수록 줄어들지만 너무 많은 창고가 사용되고 있다면 도입 도출 수송비용의 연동작용으로 인해 결국 상승하게 된다. 기업은 단순하게 창고로 이동하는 제품의 비용이 아닌, 창고 제품의 인도비용 모두를 고려해야 한다.

판매손실비용이 포함되지 않는 조건에서 [그림 6-2]의 곡선은 종합적으로 창고 수가 적은 것이 많은 것보다 더 바람직하다고 나타내고 있다. 그러나 고객 서비스는 기업의 마케팅과 로지스틱스 시스템에서 중요한 요소이다. 일반적으로 판매손실비용이 높다면 기업은 창고 수를 늘리거나 정기적인 인도를 원할 것이다. 서비스와 비용간의 상충관계는 항상 존재한다.

4.1.3 컴퓨터의 활용 필요성

컴퓨터는 향상된 창고의 배치와 디자인, 재고 통제, 선적과 입하 그리고 정보의 보급을 통해서 기업의 창고 수를 최소화하는 데 도움을 준다. 보다 효율적인 창고와 재고정보 교환과의 결합은 기업의 고객 지원을 위한 창고 수를 줄이는데 도움을 준다. 실제로 보다 대응적인 로지스틱스 시스템일수록 창고 수에 대한 요구는 줄어들게 된다.

4.2 입지 분석

위치 선정의 결정은 거시적인 관점에서 시작하여 미시적인 관점으로 접근할 수 있다. 거시적인 관점은 기업의 거래 물품과 자재의 조달을 향상시킬 수 있는 광범위한 지역과 관계된 창고의 지리적인 위치에 관한 문제를 다루는 것이다. 미시적인 관점은 광범위한 지역에서 구체적인 핵심 지역을 선정하는 일을 다룬다.

4.2.1 거시적 접근법

1) 후버 모델(Hoover's Model)

창고입지에서 가장 잘 알려진 거시적 접근법 중 하나가 미국의 입지 이론가 후버(Edgar Hoover)에 의해 정의된 3가지 유형의 입지전략이다.

(1) 시장포지션 창고(Market-Positioned Warehouses)

시장포지션 창고는 고객들에 대한 재고재보충을 제공하기 위한 전형적 창고이다. 핵심 고객의 위치에 지리적으로 근접한 창고는 상대적으로 짧은 2차 이동으로 생산지점으로부터 고객들에게까지 최대한의 장거리 반입수송의 혼재를 가능하게 해준다. 시장포지션 창고가 담당할 시장영역의 지리적 규모는 요구되는 배달속도, 평균주문량 규모, 그리고 현지배달의 단위당 비용 등에 의존하게 된다. 시장포지션 창고는 소매업자, 제조업자 그리고 도매업자들에 의해 운영된다. 이러한 창고는 모두 고객들에게 재고재보충을 위해 존재하며 서비스 능력 또는 로지스틱스 지원을 최소의 비용으로 제공할 수 있다는 점에서 정당화된다.

시장포지션 창고는 보통 다른 원산지 또는 다양한 공급자로부터의 제품들을 취합하는 장소로 기능하기도 한다. 취급되는 제품의 종류는 일반적으로 매우 광범위하다. 반대로 어떤 특정 제품에 대한 수요는 전체 창고 투입규모에 비해 상대적으로 적다. 하나의 소매점포는 보통 도매업자나 생산업자들에게 직접적으로 대량의 재고를 주문할 정도로 충분한 수요를 갖지 않는다. 대개 소매 요구량은 서로 다르고 광범위하게 흩어진 생산업자들이 생산한 제품의 종합이다.

시장포지션 창고의 사례는 식품 및 양판업에서 찾아볼 수 있다. 식품유통창고는 보통 지리적으로 관할하는 슈퍼마켓들의 중심부 근처에 위치한다. 이러한 중앙창고는 제품이 장거리에 걸쳐 수송될 필요가 없기 때문에 경제적인 화물운송이 신속하게 소매점포까지 이루어질 수 있다. 또 다른 사례는 생산 로지스틱스 지원에서 찾아볼 수 있는데, 이것은 JIT 전략을 가능하게 하기 위해 부분품을 연계화한다는 것이다.

시장포지션 창고는 산업전반에 걸쳐 쉽게 찾아볼 수 있다. 한 창고가 관할하는 시장 근처에 위치하는 것은 재고를 최소비용으로 신속하게 재보충할 수 있는 방법이라는 점에서 정당화된다.

(2) 생산포지션 창고(Production-Positioned Warehouses)

생산포지션 창고는 전형적으로 생산공장 근처에 위치하여 생산되는 품목의 조립 및 혼재지점으로 기능한다. 이러한 창고의 근본적 목적은 고객들에게 종합적인 제품의 출하를 촉진하는데 있다. 제품이 생산되는 전문화된 공장으로부터 창고로 전달되며 여기에서는 전품목이 고객에게 수송될 수 있다.

생산공장을 지원하도록 포지션하는 창고는 고객들에게 제품을 혼재 수송요율로 수송할 수 있다. 이러한 제품종합으로 혼재된 운송은 대량구매를 촉진시킨다. 생산포지션 창고의 장점은 모든 종류의 제품에 대하여 월등한 서비스를 제공할 수 있는 능력이다. 한 생산업자가 단일 청구서로 모든 제품을 혼재된 수송요율에 제공할 수 있다면 그에 따라 경쟁력 있는 차별적 우위를 얻을 수 있을 것이다. 제조업자가 그러한 서비스를 제공할 수 있다는 능력은 공급업자의 선정시에 우선적인 선호조건이 될 수 있다.

최근에 일부 대기업들은 생산포지션 창고를 운영하고 있다. 주요 사례로는 제너럴 밀즈, 존슨 & 존슨, 크래프트, 제너럴 푸드, 나비스코 푸드 등이 있다. 존슨 & 존슨의 경우 병원과 고객 사업부문을 지원하는 창고가 다양한 사업부문을 통합하는 주체로 작용하기도 한다. 따라서 고객들은 한 번의 청구서로 한 대의 수송차량에 모든 사업부문에 걸쳐서 종합적인 모든 제품을 제공받게 된다. 나비스코 비스켓 부문에서 각 공장근처에는 출하담당 지점 창고가 위치하고 있다. 여기에는 모든 중요 제품의 재고가 유지되어 있어 고객들에게 완전한 서비스 출하를 제공하고 있다.

(3) 중간포지션 창고(Intermediary-Positioned Warehouses)

중간포지션 창고는 최종 고객과 생산자 사이의 중간 지점에 창고를 위치시키는 중간포지션 창고는 생산포지션 창고와 유사하며 다양한 재고를 종합적으로 그리고 절감된 로지스틱스 비용으로 한번에 제공해 준다.

고객 서비스 수준은 보통 생산포지션 창고보다는 높고 시장포지션 창고보다는 낮다. 한 기업이 몇 개의 공장에서 제조되는 다양한 생산품을 가지고 있으면서 높은 고객 서비스 수준을 제공해야 한다면 종종 이런 전략을 따르기도 한다.

산업입지이론에 따르면 특정 제품라인을 생산하는 생산공장은 대개 에너지나 필요 자원 근처에 위치하여야 한다. 경쟁력 있고 비용 효율적인 생산을 실현하기 위해서 기업들은 생산을 지리적으로 분산시켜야 할 필요성에 직면하고 있다. 두 개 혹은 그 이상의 공장으로부터 나오는 제품이 단일 고객에게 판매되는 경우에는 혼재와 분류의 기능을 해주는 중간창고가 최소총비용 로지스틱스 해결책이 될 수 있을 것이다.

2) 베버 모델(Weber's Model)

공업입지에 관한 이론을 처음으로 체계화한 사람이 독일의 경제학자 베버인데, 그는 최소비용론에 입각하여 공업입지론을 전개하였다. 즉, 생산비가 최소일 때 기업의 이윤이 최대가 된다는 생각 하에 최소비용으로 제품을 생산할 수 있는 장소를 최적입지장소로 보았다.

베버는 이 입지론을 정립시키기 위하여 복잡한 현실 세계를 단순화시킨 다음과 같은 몇 가지 가설을 설정하였다.

① 지형, 기후, 경제, 기술 조직 등은 모든 지역이 동일하다.

② 원료 산지 동력 산지, 시장은 일정한 곳에 고정되어 있다.

③ 노동력은 충분히 공급되나 임금의 지역 차이가 있다.

④ 운송비는 화물의 중량과 운송 거리에 비례한다.

⑤ 생산자는 이윤의 극대화를 추구한다.

그는 생산비를 운송비, 노동비, 원료비로 구분하였으며, 이 중에서 장소에 따라 차이가 큰 비용을 운송비로 보았다. 왜냐하면 제품을 생산하는 데 필요한 원료나 연료의 비용, 제품의 값은 운송비가 얼마나 드느냐에 따라 차이가 나기 때문이다. 즉, 베버는 원료의 가격 변화는 운송비에 좌우된다고 생각하고 원료비를 운송비에 포함시켰다. 따라서 공업이 특정 장소에 입지할 경우 총생산비용에 영향을 미치는 요인을 운송비와 노동비로 보았다. 그는 또한 공장이 한 곳에 단독으로 입지할 때보다 다수의 공장이 한 곳에 집중하는 경우에 발생하는 생산비용의 절감효과를 고려해서 생산비 절감에 대한 집적이익을 공장입지선정에 영향을 주는 요인으로 보았다.

(1) 최소운송비 지점

베버는 공장입지를 결정하는 가장 중요한 요인을 운송비로 보았으며, 모든 생산요소에 대한 비용이 지역 간에 차이가 없을 때에는 총 운송비가 최소인 지점으로 공장의 위치가 결정된다는 것이다. 운송비는 일반적으로 원료와 제품의 무게 및 수송거리에 의해 결정되므로, 운송비는 무게×거리로 표시되며, 총 운송비란 원료를 구입하여 제품을 제조한 후 시장에 내다 팔기까지 소요되는 모든 운송비(원료운송비 + 동력운송비 + 제품운송비)를 말하는데 이 비용이 최소가 되는 지점이 최소운송비 지점이 된다.

(2) 노동비절약의 지점

다음으로 베버는 노동비를 고려하였다. 지역 간에 노동비의 차이가 있으며 어떤 지역의 노동비가 상대적으로 저렴할 때, 운송비가 최소인 지점에서 노동비가 저렴한 지역으로 옮겨가는 데 추가적으로 소요되는 운송비보다 절감되는 노동비가 더 클 경우 노동비가 저렴한 지점이 최적입지가 된다.

(3) 집적이익이 큰 지점

지역 간의 임금 격차에 따라 최적 입지가 변화될 수 있는 것처럼 집적이익이 큰 것도 최적입지에 영향을 준다. 연관 산업이나 서로 다른 기업이 한 지점에 집적함으로써 생산비가 절감되어 총비용이 최소생산비 지점보다 적을 경우 집적이익이 큰 지점이 최적 입지가 된다.

이와 같이 베버의 이론은 최소운송비 지점, 노동비 절약의 지점, 집적이익의 지점 등을 차례로 분석하여 전체적으로 최소생산비 지점에 공장이 입지해야 최대의 이윤을 얻을 수 있다는 것이다. 베버의 이론은 시장의 수요를 고려하지 않고 생산비만을 분석 대상으로 한 점과 운송비가 거리에 정비례한다고 본 점 등이 현실과 거리가 있으나, 최초로 공업입지이론을 체계화하였으며 최적입지를 규명하기 위한 접근 방식이나 개념들은 오늘날 공업의 지역적 패턴을 이해하는데 많은 도움을 주고 있는 것으로 평가되고 있다.

3) 무게중심 접근법(Center of Gravity Approach)

또 다른 방법인 무게중심 접근법은 기존의 설비, 운송거리 및 운송량을 고려하면서 단일 설비의 입지를 결정하는 기법으로 중간창고나 물류 또는 유통센터의 입지결정에 많이 사용된다.

이 기법을 이용하기 위해서는 먼저 기존 설비의 위치를 x와 y를 두 축으로 하는 지도상에 표시한다. 그러면 수송비용을 최소화하는 중심점은 다음과 같이 계산된다.

$$x^* = \frac{\sum_i x_i V_i}{\sum_i V_i}, \qquad y^* = \frac{\sum_i y_i V_i}{\sum_i V_i}$$

여기서 x^* = 중심점의 x축 좌표

y^* = 중심점의 y축 좌표

x_i = 설비 i의 x축 좌표

y_i = 설비 i의 y축 좌표

V_i = 설비 i의 유출입 운송량

예를 들어 어느 회사는 A, B, C, D, E 5개의 판매 대리점을 가지고 있으며, 각 판매 대리점의 입지와 요구되는 운송량은 [그림 6-3]과 같다고 하자.

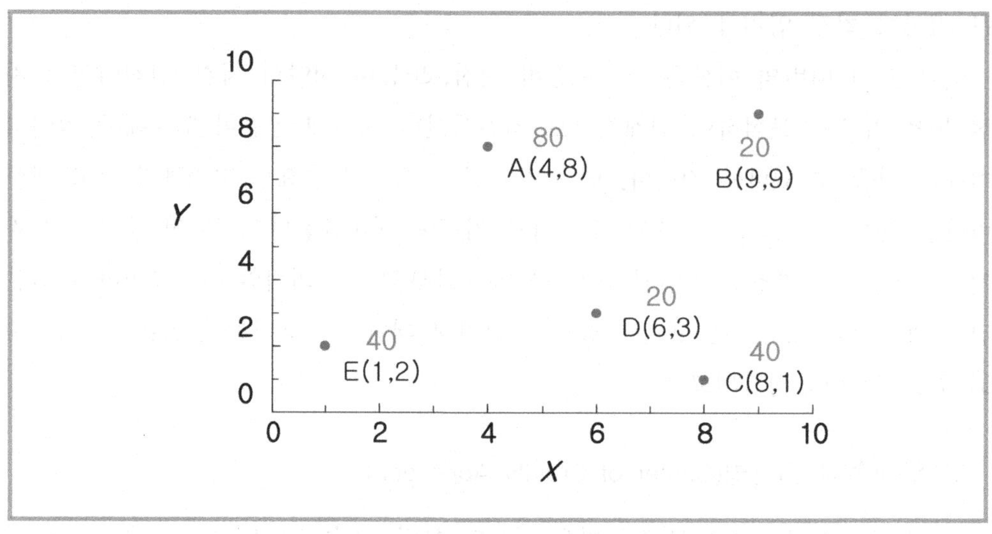

[그림 6-3] 판매대리점의 입지

이 회사는 판매 대리점에 물량을 공급하는 물류센터를 중심점 근처에 세우려 하고 있다. 〈표 6-1〉과 같이 중심점을 구하면 (4.65, 4.95)이므로 이 근처에 물류센터를 설립하면 된다.

〈표 6-1〉 중심점의 계산

판매 대리점	(x, y)	운송량(V)	xV	yV
A	(4, 8)	80	320	640
B	(9, 9)	20	180	180
C	(8, 1)	40	320	40
D	(6, 3)	10	60	30
E	(1, 2)	50	50	100
합계		200	930	990

$$x^* = \frac{930}{200} = 4.65,\ y^* = \frac{990}{200} = 4.95$$

4) 요인평가법

요인평가법은 후보 입지가 지니는 각각의 특성 또는 요인에 대해 점수를 부가하여, 총점수가 높은 입지를 선택하는 방법이다. 여기서 각 요인에 대해 가중치를 부과함으로써 입지요인의 상대적 중요성을 고려해 볼 수도 있다. 요인평가법의 기본적인 형태를 살펴보면 다음과 같다.

$$S_j = \sum_{i=1}^{n} W_i F_{ij}, \quad j = 1, 2, \cdots\cdots, n$$

여기서 S_j = 입지j의 총점수
W_i = 요인i의 가중치
F_{ij} = 입지j의 요인i에 대한 점수
n = 입지의 수

〈표 6-2〉 입지요인과 평가결과

입지요인	입지 1	입지 2
노동력의 공급	B	A
수송의 편의	C	D
지역사회의 태도	A	B
정부의 규제	C	D
생활여건	B	D
연간 투자수익률	C	A

요인평가법의 적용 예를 살펴보자. 어느 회사는 공장의 입지로 입지 1과 입지 2의 두 위치를 고려하고 있다. 입지선정에 고려해야 할 요인들과 이들 요인을 A, B, C, D, E의 5등급으로 평가를 한 결과는 〈표 6-2〉와 같다. 이와 같은 비계량평가를 A=10점, B=8점, C=6점, D=4점, E=2점으로 점수화하고, 각 요인의 상대적 중요도를 감안하여 합계 100인 가중치를 〈표 6-3〉과 같이 부여하였다.

〈표 6-3〉의 자료와 위의 식을 이용하여 두 입지의 총점수를 구해보면 다음과 같다.

$$S_1 = 20(8) + 10(6) + 10(10) + 5(6) + 15(8) + 40(6) = 710$$

$$S_2 = 20(10) + 10(4) + 10(8) + 5(4) + 15(4) + 40(10) = 800$$

따라서 입지 2가 입지 1에 비하여 유리하다고 할 수 있다.

<표 6-3> 입지요인의 가중치와 평가점수

입지요인	가중치	점 수	
		입지 1	입지 2
노동력의 공급	20	8	10
수송의 편의	10	6	4
지역사회의 태도	10	10	8
정부의 규제	5	6	4
생활여건	15	8	4
연간 투자수익률	40	6	10

5 하역

물류에 있어 하역은 피할 수 없지만 이것은 최소화되어야 한다. 즉, 제품의 취급은 다음과 같은 몇 가지 이유로 인하여 창고 생산성의 핵심이 된다.

첫째, 하역수행은 상대적으로 근로시간당 생산성을 저하시키는 취약성을 가지고 있다. 창고는 전형적으로 제조보다 노동집약적이기 때문이다. 둘째, 향상된 정보기술에 의해 얻어지는 직접적인 이익의 측면에서 창고 물자취급의 속성은 제한적이다. 전산화로 인해 새로운 기술과 능력이 도입되었지만 하역이 우월성을 유지하려면 상당한 수동적인 입력이 필요하다. 셋째, 최근까지 창고의 하역은 다른 물류활동과 통합하여 관리되지도 않았을 뿐 아니라 최고경영진의 관심도 받지 못했다. 마지막으로, 하역노동을 절감시킬 수 있는 자동화기술이 비교적 최근에 이르러 적용가능하기 시작하였다.

5.1 기본적 취급사항

물류 시스템 내에서의 하역은 창고시설 주변에 집중된다. 벌크화물과 박스의 취급은 기본적인 차이가 존재한다. 벌크 취급은 보호용 포장이 필요한 반면 박스에 대해서는 그러한 것이 필요 없다. 고체, 액체, 기체와 같은 벌크의 하역에는 특별한 취급장비가 필요하다.

과거 몇 년간 하역시스템의 설계에 있어 도움이 될 만한 지침이 다양하게 제시되었다. 그 몇 가지를 살펴보면 다음과 같다.

① 취급 및 보관에 필요한 장비는 가능한 표준화되어야 한다.
② 작동 중일 때 시스템은 최대한 연속적으로 제품 흐름을 제공하도록 설계되어야 한다.
③ 고정 장비보다는 취급에 투자가 이루어져야 한다.
④ 취급장비는 가능한 최대한도로 활용하여야 한다.
⑤ 취급장비 선택에 있어서 유료하중대비 실중량 비율이 최소화되어야 한다.
⑥ 항상 중량의 흐름은 시스템 설계로 통합되어야 한다.

하역시스템은 기계화, 반자동화, 자동화, 정보지시 등으로 분류된다.

5.2 기계화시스템

기계화된 시스템은 넓은 범위의 하역장비를 이용한다. 가장 보편적으로 활용되는 장비의 유형은 지게차, 구동핸드 도크 리프트, 예인줄(tow-lines), 트랙터-트레일러 장비, 컨베이어, 카루셀 등이 있다.

5.2.1 지게차(Forklift Trucks)

지게차는 표준 카톤에 담긴 화물을 수평 및 수직으로 적재하여 이동할 수 있다. 팔레트나 슬립시트 하나가 플랫폼을 구성하며 그 위에 팔레트나 카톤이 쌓여진다. 슬립시트는 섬유나 골판지 등 얇은 소재로 이루어진다. 슬립시트는 팔레트에 대한 저렴한 대체물이며 제품이 단 몇 분 동안 취급되는 상황에 적합하다. 포크리프트는 동시에 최대 두 개의 유닛로드(2개의 팔레트)의 화물을 한 번에 운송한다. 그렇지만 지게차는 유닛로드 취급에만 제한하지는 않는다. 스키드(skid)나 상자 등도 제품의 성격에 따라 운송될 수 있다.

5.2.2 구동핸드 도크 리프트(Walkie-Rider Pallet Trucks)

구동핸드 도크 리프트는 저렴하고 효율적인 하역이용의 방법을 제공해 준다. 전형적인 활용사례로는 적재 및 하역, 주문피킹과 적재 그리고 창고 전체에 걸친 장거리 화물 왕복이동 등을 들 수 있으며, 일반적인 동력원은 전기이다.

5.2.3 예인줄(Towlines)

예인줄은 바닥이나 높은 곳에 설치된 끌기 장치로 이루어지는 데 연속적인 동력이 공급되는 4륜 트레일러와 함께 사용된다. 예인줄을 이용하는 주된 장점은 연속이동이다. 그렇지만 그러한 취급장치는 포크리프트와 같은 유연성은 없다. 예인줄의 가장 보편적인 활용은 창고 내에서의 주문피킹을 들 수 있다. 주문피킹자가 상품을 4륜 트레일러 위에 올려놓으면 선적도크까지 예인되게 된다. 많은 자동화된 충격흡수장치를 이용해 트레일러가 주선으로부터 선택된 선적도크까지 이동하도록 한다.

5.2.4 트레일러를 끄는 토우트랙터(Tow Tractor with Trailers)

트레일러를 끄는 토우트랙터는 여러 대의 파렛타이저에 적재된 4륜 트레일러를 끄는 단일 동차로 이루어진다. 트레일러의 일반적인 크기는 보통 4×8피트이다. 예인선과 마찬가지로 트레일러를 끄는 토우트랙터는 주문 피킹을 지원하는 데 사용된다. 트레일러를 끄는 토우트랙터의 장점은 탄력성이다. 이 장비는 더 많은 노동력을 필요로 하기 때문에 예인줄만큼 경제적이지는 않으며 때로는 쉬고 있는 경우도 있다.

5.2.5 컨베이어(Conveyors)

컨베이어는 출하 및 수령작업에 널리 사용되며 많은 주문피킹시스템의 기본적인 하역장치로서 동력, 중력, 롤러 혹은 벨트의 이동 등에 따라 분류된다. 동력시스템의 경우 컨베이어는 위 또는 아래에 드라이브체인을 사용하는데 이러한 동력구성 설치는 상당한 컨베이어 탄력성이 희생된다. 중력 및 롤러 혹은 벨트시스템은 최소한의 어려움으로 기본적인 설치를 수정할 수 있게 해준다. 이동형 중력 롤러 컨베이어는 흔히 창고에서 선적 및 하역시 사용되며 어떤 경우에는 운송중인 트레일러에 실려 운송되어 목적지에서의 하역을 지원한다.

5.2.6 카루셀(Carousels)

카루셀은 대부분의 기계화된 하역장비와는 다른 개념으로 작동한다. 이 장비는 타원형 트랙에 장치된 상자를 여러 개 이용해 주문피킹자에게 해당 품목을 배달해 준다. 전체 카루셀은 회전하면서 해당 상자를 운영자에게 가져다준다. 카루셀은 여러 가지로 다양하게 사용되고 있는데 전형적인 응용은 포장-재포장 및 서비스 부품 운영시의 개별 포장의 피킹과 관련이 있다. 카루셀 시스템의 이점은 걸어가는 길이와 경로 및 시간을 단축함으로써 주문피킹에 대한 노동력을 축소하는 데 있다.

5.2.7 피킹-라이트 시스템(Pick-to-Light System)

카루셀 시스템에 기술적인 응용을 하여 "피크하면 불이 들어온다."고 불리우는 새로운 방식이 사용되게 되었다. 이 시스템은 피킹자가 원하는 품목을 피킹하여 곧바로 카루셀 상자 혹은 컨베이어에서 카톤으로 집어넣는다. 이 때 각 로케이션 앞에 있는 일련의 불빛이 각 장소에서 선택해야 하는 품목의 수를 나타내 준다. 이 불빛시스템은 또한 카톤이 이동할 준비가 된 때를 알려주는 데도 사용된다. 일부 카루셀시스템은 또한 컴퓨터 생성 피킹리스트와 컴퓨터지도 카루셀 회전을 이용하여 피킹의 생산성을 향상하려 하고 있다.

5.3 반자동 하역시스템

반자동시스템은 특정하역부문을 자동화함으로써 기계화 시스템을 보완한다. 즉, 반자동 창고는 기계화 및 자동화된 하역의 혼합으로 이루어진다. 반자동 창고에서 이용되는 전형적인 장비로는 무인자동차량시스템, 전산화된 자동분류장치, 로봇 그리고 다양한 형태의 유동 랙(선반) 등이 있다.

5.3.1 무인운반차 시스템(Automated-Guided Vehicle Systems: AGVS)

무인운반 차량시스템(AGVS)은 트레일러를 끄는 트랙터 혹은 수동핸드 도크 리프트 등과 동일한 형태의 하역기능을 수행한다. 근본적인 차이점은 AGVS의 경우 운영자가 필요없다는 점으로 이 장비는 운영자의 개입이 없이도 자동으로 목적지까지 가도록 되어 있다.

전형적인 AGVS 장비는 광 혹은 마그네틱 안내시스템에 의존한다. 광학적 응용의 경우 테입이 창고바닥에 부착되고 장비는 안내경로에 집중하는 광선에 따라 이동한다. 마그네틱 AGVS는 바닥에 설치된 동력선을 따라간다. 우선적인 장점은 기사가 없다는 것이다. 신형 AGVS의 경우 고정트랙이 없이도 경로를 따라가도록 하기 위해 비디오 및 정보기술을 활용하고 있다.

5.3.2 자동분류장치

자동분류장치는 일반적으로 컨베이어와 함께 사용된다. 제품은 창고에서 피킹되어 컨베이어로 운송되기 때문에 특정 출하도크로 분류되어져야 한다. 자동분류시스템이 작동하기 위해서는 마스터 커톤에 구분 코드가 있어야 하는데 이 코드는 광스캐닝 장비로 읽혀져 원하는 장소까지 자동으로 보내어진다. 대부분의 제어기는 변화하는 요구를 수용하기 위해 시스템 전반에 걸친 흐름의 비율을 맞출 수 있도록 프로그램이 가능하다.

자동분류는 두 가지 장점을 제공한다. 첫째는 노동력의 감축이며, 두 번째는 속도 및 정확도에 있어서의 현격한 향상이다. 이러한 시스템에 있어서 포장은 원하는 목적지로 옮겨지며 단위당 선적을 수용하도록 할 수 있다.

5.3.3 로봇(Robots)

로봇은 한 가지 혹은 일련의 행위를 수행하도록 마이크로 프로세서로 프로그램할 수 있다. 로봇의 장점은 취급과정에서 의사결정논리를 실행할 수 있는 전문가시스템으로 기능하도록 프로그램할 수 있다는 데 있다. 로봇의 보급은 1980년대에 자동차산업에서 특정한 수작업을 대체하도록 널리 사용함으로써 이루어지게 되었다. 그렇지만 창고의 경우에는 제조공장과는 다른 형태의 도전이 있다. 창고에서의 주목적은 고객의 주문에 따른 정확한 상품요구사항을 수용하는 데 있다. 따라서 창고규격은 고객의 주문에 따라 현격히 차이가 있을 수 있으며 제조의 경우보다 훨씬 덜 일상적인 활동을 해야만 한다.

창고에서의 로봇의 우선적인 활용은 단위화물을 나누거나 합하는 일이다. 이러한 분리과정에서 로봇은 보관유형을 인지해 제품을 원하는 장소에서 컨베이어 벨트위에 올려놓도록 프로그램 된다. 단위화물을 구축하는 데 로봇을 사용하는 것은 이에 대한 역순으로 이루어진다.

창고에서의 로봇의 또 한 가지 이용 잠재력은 기능적으로 인간이 수행하기 어려운 환경에서 찾을 수 있는데, 예컨대 소음이 심한 지역과 냉장보관 냉장고 내부와 같은 극도로 온도가 낮은 환경 등을 들 수 있다.

기계화된 창고에서 특정 기능을 수행하는 데 로봇을 이용할 수 있는 상당한 잠재력이 존재한다. 속도, 신뢰성 그리고 정확성 등에 덧붙여 인공지능을 적용할 수 있는 능력으로 로봇은 기존의 수동처리방식에 대한 중요한 대안이 되고 있다.

5.3.4 유동 랙(Live Rack)

제품이 특정장소까지 전방으로 이동하는 보관을 위한 랙의 선반대 설계는 창고에서 수동 작업을 줄이기 위해 일반적으로 사용되는 장치이다. 유동 랙은 전형적으로 롤러 컨베이어를 포함하며 후위 적재를 위하여 만들어졌다. 설치를 완료하기 위해서는 선반대의 후위를 전반부보다 높여 중력이 앞쪽으로 이동하도록 해야 한다. 단위화물이 전반부에서 제거될 때 다른 모든 화물은 자동적으로 앞쪽으로 이동하게 된다.

유동 랙은 중력의 흐름을 하역취급 시스템 설계로 통합한 전형적인 사례로서, 유동 랙의 이용으로 단위화물의 장소이동을 위해 지게차 트럭을 사용해야 할 필요성이 없어지게 되었다.

5.4 자동 취급(Automated Handling)

자동취급 쪽으로의 초기의 실행은 카톤 차원에서 주문피킹시스템에 집중되었다가 최근에 자동창고(ASRS) 쪽으로 옮겨지게 되었다.

자동화의 매력은 그것이 기계화 취급시스템에 필요한 노동력을 장비에 대한 자본투자로 대체한다는 점이다. 직접적으로 노동력을 덜 사용하는 것 이외에 자동시스템은 더 빠르고 더욱 정확하게 작동한다. 단점은 필요한 자본투자가 많고 개발 및 적용이 복잡하다는 사실이다.

5.4.1 ASRS(automated storage and retrieval system)시스템

고층보관에 있어서 제어시스템은 자동 주문선택시스템과 유사하다. 고도보관의 경우 최대한의 장비활용 및 신속한 명령사이클을 달성하는 데 프로그램 및 제어계측상의 상당한 정밀도가 요구된다. 마이크로프로세서의 속도 및 비용측면에서 개선으로 인하여 ASRS 전용 컴퓨터가 등장하게 되었다.

도착 및 로케이션의 할당스케줄 외에 제어시스템은 재고 및 비축량 회전을 취급한다. 주문이 접수되면 명령통제시스템은 특정 유닛로드 화물의 유출을 지시한다. 반출인도장소로부터 유닛로드화물은 동력 및 중력 컨베이어에 의해 적정 출하도크까지 이동하게 된다. 유출 및 반출인도가 완료되면 초기에 제품출하에 필요한 모든 서류작업은 종료된다.

미국 자동차산업에서 ASRS기술의 혁신적인 적용을 찾아 볼 수 있다. 오하이오주 톨레도에서 크라이슬러사는 픽업 트럭과 지프용 차체를 모두 한 공장에서 제조한다. 제조가 완료되었을 때 두 대의 SR기계가 각 차체를 연쇄적으로 수거하여 측면에 천을 두른 트레일러에 실어 4마일 떨어진 제2공장까지 수송하며 거기에서 최종조립이 이루어진다. 이 제2공장에서는 두 대의 SR기계가 각 모델별로 적당한 조립라인에 차체를 JIT로 배달할 수 있도록 작업을 맡는다.

이러한 예는 다양한 업계에서 현재 운영 중인 ASRS의 전형적인 사례이다. 이들 장비는 바닥의 평방피트당 보관밀도를 최대한으로 제공함으로써 물자취급 생산성을 증대하고 취급에 필요한 직접노동력을 최소화하도록 설계되어 있다. 이 시스템의 고도로 제어된 속성은 신뢰성 있는 도난방지 및 손상방지 취급과 극히 정확한 제어를 통합한다.

5.5 정보지시 시스템(Information-Directed System)

정보지시 시스템은 기계화된 취급장비를 이용한다. 전형적인 동력원은 포크리프트이다. 배치와 디자인에 있어서 창고시설은 기본적으로 기계화된 작업과 동일하다. 차이점은 모든 지게차트럭 이동이 마이크로프로세서의 명령에 의해 지시되고 감시된다는 점이다.

작동시 필요한 하역이동은 분석 및 장비할당을 위하여 컴퓨터가 이용된다. 직접적인 이동을 최대화하고 공차이동을 최소화하도록 취급요구사항을 분석하고 장비를 할당하기 위해 컴퓨터를 활용한다. 개별적인 지게차 트럭에 대해서는 트럭 위에 장착된 단말기로 작업할당을 한다.

<표 6-4> 창고에 대한 보관 지침

	장비	자재 종류	장점	기타 고려사항
수동	선반·일반적 팔레트	팔레트 적재량	보관 밀도 높음. 보안성이 높다	적재물을 한 단계 더 깊게 보관하면 밀도를 높임
	드라이브인 선반	팔레트 적재량	포크레인이 적재 한다. 밀도가 높다	포크레인의 진입은 한 방향으로만 가능
	드라이브 through 선반	팔레트 적재량	위와 같다	포크레인 진입이 두 방향으로 가능
	고층 선반	팔레트 적재량	보관 밀도가 매우 높다	ASRS시스템에서 자주 사용된다. 선반지원 건물에 사용되었을 경우 세금에 대한 이점이 있다.
	외팔보 (cantilever) 선반	길거나 롤(roll) 형의 적재량	어려운 모양의 적재량에 적합	각기 다른 SKU가 각각의 선반에 보관된다.
	팔레트 적재 프레임	모양이 특이하거나 부서지기 쉬운 부품	타 방법으로는 적재하기 불가능한 물품들을 적재 가능하게 한다.	사용하지 않을 시에는 분리시킬 수 있다.
	적재 프레임	모양이 특이하거나 부서지기 쉬운 부품	위와 같다.	사용하지 않을 시에는 바닥에 평평하게 깔 수 있다.
자동화	중력을 이용한 랙	단위화된 적재물	높은 밀도의 보관, 중력에 의해 적재물이 움직임	적재물의 FIFO 혹은 LIFO 흐름
	선반	작고 헐렁한 물품 그리고 상자	값이 싸다.	유연성을 높이려면 서랍과 결합할 수도 있다.
	서랍	작은 부품과 공구	모든 부분이 접근 용이하며 보안성이 높다.	많은 SKU를 위해 분리될 수 있다.
	이동 선반	팔레트 적재물, 헐렁한 물품, 상자	필요 바닥 공간은 반으로 줄인다.	안전장치가 딸려 나온다.
	수평 카루셀	소형 부품	부품 접근이 용이함, 비교적 저렴함	다중바닥시설에서 보관 및 배급시스템으로서의 이중역할 수행 가능
	수직 카루셀	소형 부품	높은 유연성	고층 선반보관 혹은 서랍과 함께 사용 가능

정보지시 취급은 큰 자본투자 없이도 자동화의 장점을 일부 달성한다는 점에서 주목할 만한 잠재력을 지닌다. 정보지시 시스템은 또한 물자취급자의 성과를 추적하고 활동수준에 따른 보상을 가능하게 함으로써 생산성을 제고할 수 있다. 주요 단점은 작업할당의 탄력성이다. 특정 지게차 트럭이 작업기간 동안 진행하면서 몇 대분의 화물을 선적 혹은 하역하고, 많은 주문을 피킹하고, 몇 가지 취급할당을 수행하는 등의 일에 관여할 수 있다. 이러한 많은 작업할당은 작업지시의 복잡성을 증대시키며 수행의 책임을 감소시킬 수 있다.

경영진이 고려해야 할 문제는 특정한 하역시스템이 기계화, 반자동, 정보지시 가운데 어느 것에 기초하여 설계되어야 하는가를 결정하는 일이다. 〈표 6-4〉에서는 수동 및 자동 창고보관시스템의 유형에 대한 지침, 장점 및 고려사항을 제시하고 있다. 자동시스템의 초기 비용은 기계화시스템보다 더 높을 것이다. 자동시스템은 건물면적을 덜 필요로 하겠지만 장비투자는 더 클 것이다. 자동화로부터 얻는 주된 장점은 운영비의 감소이다. 자동취급시스템은 적절하게 설계되고 제어된다면 노동력, 손상, 정확도, 제품 보호, 제품 회전 등의 측면에서 기계화시스템보다 성능이 뛰어날 것이다.

제7장
황소채찍효과와 지연전략

공급사슬에 있어 주요한 관리원칙은 크게 두 가지이다. 첫 번째는 공급사슬 내 투명성(정보공유)에 초점을 맞춘 것으로 황소채찍효과로 알려져 있는 것과 연관이 있다. 두 번째는, 예측과 함께 생산을 시작하는 것 보다 고객주문을 바탕으로 하는 것인데 이를 지연(postponement)원칙이라 한다.

1 황소채찍효과(Bullwhip Effect)

공급사슬에서 가장 다이나믹한 것의 하나는 황소채찍효과라고 불리는 현상이다. 공급사슬의 맨 앞에 위치한 고객 제품 수요의 조그마한 변화가 공급사슬의 뒤로 가면 갈수록 점점 크게 변동하게 되는 것은 무엇 때문일까? 공급사슬 내의 서로 다른 단계의 회사들은 시장수요의 매우 다른 모습을 맞고 있으며, 이에 따라 공급사슬의 조정이 와해된다. 회사들은 처음에는 제품부족을, 그 후에는 초과 제품공급을 일으키는 식의 행동을 한다.

특별히 이것은 수요가 급증하는 성장시장 산업에 있어 더욱 그러하다. 이것의 좋은 예는 통신장비나 컴퓨터 부품 시장에서 종종 발견될 수 있다. 사이클은 강력한 시장수요가 제품의 부족을 가지고 올 때 시작한다. 유통업자와 제조업자는 그들의 재고를 서서히 늘리면서 생산율은 수요에 맞춰 대응한다. 어느 시점에서 수요가 변화하든지 제품의 공급이 수요 수준을 초과하게 된다. 유통업자와 제조업자는 공급이 수요를 초과하는 것을 인식하지 못하고 만드는 것을 계속한다. 마침내 제품의 재고가 너무 많아지게 되면, 제조업자는 공장을 폐쇄하고 근로자들을 해고한다. 유통업자는 가치가 하락한 재고가 넘치게 되고 이를 소진하는데 애를 먹게 된다.

이러한 동적 움직임은 소매업자, 유통업자 그리고 제조업자가 포함된 간단한 공급사슬 모델을 통하여 설명할 수 있다. 1960년대 어떻게 황소채찍효과가 발전되는지를 설명하기 위하여 미국 MIT대학의 Sloan경영대학에서 개발된 시뮬레이션 게임이 있다. 그들이 개발한 시뮬레이션 게임을 "맥주게임(beer game)"이라 하는데, 이것은 맥주, 스낵 그리고 다른 편의품을 파는 소매점의 이론적인 공급사슬 안에서 무엇이 일어나고 있는지 보여준다. 맥주게임(Beer Game)이라는 것은 공급사슬관리를 경험해 볼 수 있는 컴퓨터 시뮬레이션 프로그램이다. 공급사슬에 맥주공장, 유통업자, 도매상, 소매상의 네 개의 기업이 있고, 게임 참가자들은 각기 네 기업 중의 하나를 관리하게 된다. 공급사슬상의 기업들은 매주 하위단계의 기업들로부터 주문을 받고 상위단계의 기업에 주문을 한다. 주문량의 결정은 하위단계로부터 받은 주문량과 자신이 보유하고 있는 재고수준을 고려하여 결정한다. 주문을 하여 주문량이 도착할 때까지 일정기간이 걸리며 게임 참가자들은 서로 정보를 교환할 수 없다.

다음과 같은 상황을 설정한다.

- 고객의 수요는 첫 3주 동안 주당 맥주 3상자이며, 4주째에 수요가 6상자로 증가한다고 가정한다. 이러한 수요정보는 주초에 알려진다고 가정한다.
- 기업들은 처음에 2009년 7월 13일자의 맥주를 재고로 가지고 있는 것으로 가정한다.
- 주문은 매주 말에 한다고 가정하고 주문을 한 후 주문량이 도착하기까지 3주가 소요된다.
- 수요가 재고를 초과하는 경우에는 이월주문(backorder)을 한다.
- 기업들은 다음의 규칙을 이용하여 수요예측 및 주문량을 결정한다.
  - 수요예측 : 다음 3주 동안의 주당 수요는 가장 최근의 3주 동안의 주당 평균수요로 한다.
  - 주문량 결정 : 주문을 하면 3주 후에 주문량이 도착한다고 가정하고 주문을 하고 3주 후의 기말재고가 9상자가 되도록 주문량을 결정한다.

이러한 공급사슬에서 첫 3주 동안은 모든 상황이 안정적이다. 공급사슬의 모든 기업들에게 수요는 3상자이며, 주문도 3상자이다. 수요의 변동이 발생하는 4주차를 살펴보기로 하자. 먼저 소매상의 경우를 살펴보기로 하자. 4주차의 초에 맥주 9상자가 재고로 있다. 그리고 1주차에 주문한 3상자의 맥주가 도착하여 4주차에는 총 12상자의 맥주가 있는 셈이 된다. 4주차의 수요가 6상자이므로 4주차의 기말에는 6상자가 재고로 남게 된다. 다음 3주 동안의 주당수요는 가장 최근 3주 동안의 평균수요이므로 (3+3+6)/3 =4 상자임을 알 수 있다. 주문량이 도착하는 3주 후의 기말재고가 9상자가 되어야 하므로 주문량은 다음과 같이 결정된다.

주문량 = 목표재고수준(9) + 다음 3주 동안의 예측수요 (4+4+4)
- 현재재고(6) - 다음 2주 동안의 주문도착량(3+3) = 9상자

그러므로 소매상은 도매상에게 9상자를 주문하게 된다. 이 경우에 수요가 3상자에서 6상자로 2배 증가하였는데 주문량은 3상자에서 9상자로 3배 증가한 셈이 되며, 따라서 채찍효과가 있음을 알 수 있다.

도매상의 경우를 생각해 보자. 4주차에 소매상과 마찬가지로 총 12상자의 맥주가 있는 셈이다. 그런데 소매상으로부터 9상자를 주문받게 되면 도매상의 4주차 기말재고는 3상자가 된다. 도매상의 경우 주문량은 다음과 같이 결정된다. 최근 3주의 평균수요 = (3+3+9)/3 = 5상자이다. 따라서

주문량 = 목표재고수준(9) + 다음 3주 동안의 예측수요(5+5+5) - 현재재고(3)
- 다음 2주 동안의 주문도착량(3+3) = 15상자

그러므로 도매상은 유통업자에게 15상자를 주문하게 된다. 주문량이 3상자에서 15상자로의 증가를 의미하므로 소매상의 경우보다 변동이 더 커짐을 알 수 있다.

유통업자의 경우를 살펴보자. 4주차에 도매상과 마찬가지로 총 12상자의 맥주가 있는 셈이다. 그런데 도매상으로부터 15상자를 주문받게 되면 재고가 부족하므로 부족한 3상자를 이월주문하게 된다. 유통업자의 주문량은 다음과 같이 결정된다. 최근 3주의 평균수요 = (3+3+15)/3 = 7상자이다. 따라서

주문량 = 목표재고수준(9) + 다음 3주 동안의 예측수요(7+7+7) + 이월주문(3)
- 현재재고(0) - 다음 2주 동안의 주문도착량(3+3) = 27상자

그러므로 유통업자는 맥주공장에 27상자를 주문하게 된다. 주문량이 3상자에서 27상자로의 증가를 의미하므로 도매상의 경우보다 변동이 더 커짐을 알 수 있다. 이와 같이 하면 맥주공장의 경우는 51상자를 원자재 공급자에게 주문하게 된다. 이와 같이 변동의 폭이 점차 커지는 채찍효과를 볼 수 있다.

아래 [그림 7-1]은 어떻게 각 회사가 제품 수요를 보고 그러한 현상을 일으키는 왜곡에 대하여 설명한다.

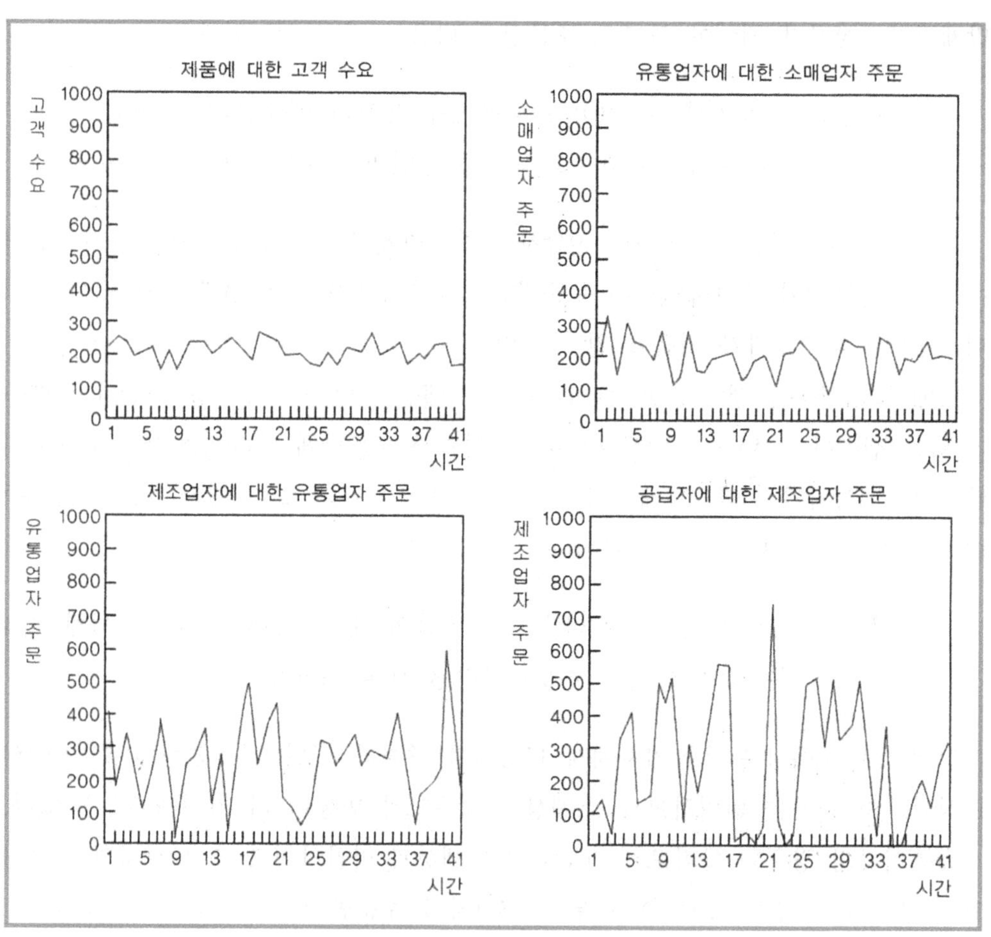

[그림 7-1] 황소채찍효과

1.1 공급사슬 내의 조정

황소채찍에 관한 연구를 통하여 이러한 현상을 일으키는 다섯 가지 주요한 요소를 발견하였다. 이러한 요소들은 공급사슬의 활동들을 조정하기 위하여 이해되어야만 한다.

1.1.1 수요예측

최종사용자 데이터 대신에 접수된 주문을 기준으로 수요예측을 하는 것은 본질적으로 공급사슬로 이동함에 따라 더욱 더 부정확하게 될 것이다. 최종 사용자와의 연결로부터 제외된 회사들이 그들의 역할을 바로 다음의 고객에 대한 주문을 채우는 것이라고 단순히 생각한다면, 실제 시장 수요와 연결고리를 잃게 될 것이다. 공급사슬 내의 각 회사는 황소채찍효과에 의해 발생되어 그들에게 다가오는 주문의 변동을 보게 된다. 그들이 수요 예측을 하기 위하여 이러한 주문 데이터를 사용할 때 그들은 수요 모양에 더욱 커다란 왜곡을 하게 되며, 이 왜곡은 그들의 공급자에게 주문의 형태로 넘겨진다.

수요 예측에서 이러한 왜곡을 방지하는 한 가지 방법은 공급사슬 내의 모든 회사들이 예측을 할 때 공통된 수요데이터를 공유하는 것이다. 이러한 수요데이터의 가장 정확한 원천은 최종고객과 가장 가까이 있는 공급사슬 구성원이다. 공급사슬 내의 모든 회사들 간에 POS를 공유하는 것은 황소채찍효과를 극복하기 위한 하나의 방안이다. 왜냐하면 이는 모두에게 공급사슬 왜곡 대신에 실제 시장수요에 대응하게끔 하기 때문이다.

1.1.2 Order Batching

배치로 주문하는 것은 회사들이 그들의 주문처리비용과 수송비용을 최소화하는 제품의 양을 주기적으로 주문을 하기 때문에 발생한다. 회사들은 경제적 주문량(EOQ: Economic Order Quantity)으로 정해진 로트 량으로 주문하는 경향이 있다. 배치로 주문하기 때문에 이러한 주문은 실제 수요수준과 다르게 되고, 이러한 변동은 공급사슬로 이동함에 따라 커지게 된다.

배치로 주문하는 것에 의해 발생하는 수요왜곡을 처리하는 방안은 주문처리비용과 수송비용을 절감하는 방안을 찾는 것이다. 이는 경제적 주문량 로트 크기를 더욱 작게 하고, 더욱 빈번하게 주문을 하는 결과를 가져다 줄 것이다. 이러한 결과, 유통업자와 제조업자들이 더욱 효율적으로 처리할 수 있는 주문의 원활한(smooth) 흐름이 될 것이다. 주문비용은 전자(electronic) 주문 기술을 사용함으로써 줄여질 수 있다. 수송비용은 공급자들로부터 많은 작은 양의 선적을 픽업해서 많은 고객들에게 소형 주문을 배달하는 3자 물류(3PLs: third party logistics suppliers)를 이용함으로써 줄일 수 있다.

3자 물류는 기업의 물류부문을 대행해 주면서 고객기업이 투자하기 부담스러운 첨단 물류시스템을 제공하고 끊임없는 개선과 효율화로 물류비를 절감해주며, 서비스 수준 또한 높여 황소채찍효과를 감소시키는 버퍼(buffer)역할을 한다.

1.1.3 제품 할당

이것은 제조업자가 그들이 생산할 수 있는 것보다 많은 수요에 직면했을 때 그들이 일반적으로 취하는 대응방법이다. 제조업자가 택하는 대표적 할당 접근은 활용가능한 제품의 공급량을 그들이 받은 주문량에 근거해서 할당하는 것이다. 그러므로 가능한 공급이 받은 주문의 70%라면, 제조업자는 각 주문의 70%만 채우고 나머지는 이월주문으로 처리한다. 이것은 공급사슬 내의 유통업자와 소매업자들이 그들에게 할당될 제품 양을 늘리기 위해서 인위적으로 주문량을 증가하게끔 한다. 이러한 행태는 제품 수요를 크게 과장하게 하는데, 이를 “부족 게임(shortage gaming)”이라 부른다.

이에 대응하기 위한 몇 가지 방안이 있다. 대표적인 방안으로 제조업자들은 그들의 할당 결정을 주어진 유통업자나 소매업자의 현재 주문량이 아닌 과거의 주문 패턴을 기준으로 할 수 있다. 이는 부족게임을 위한 동기의 대부분을 제거시킨다. 제조업자들은 그들의 고객이 갑자기 많은 주문을 하는 것인지 사전에 주의 깊게 보아야 한다.

1.1.4 제품 가격책정

빈번한 제품가격책정은 제품가격이 변동하게 하고 이는 제품수요의 왜곡을 가져다 준다. 만약 특별 세일이 제공되든지 제품가격이 낮아지면 고객으로 하여금 더 많은 제품을 사거나 제품을 미리 사게끔 유도한다. 그 후 가격이 정상수준으로 돌아오면 수요는 떨어지게 된다. 공급사슬을 통해서 제품의 원활한 흐름 대신에 이와 같은 가격변동은 수요의 파동과 효율적으로 처리하기 어려운 제품흐름의 불안정을 가져온다.

이 문제에 대한 답은 일반적으로 "everyday low prices"개념에 있다. 제품의 최종 고객이 그들이 제품을 구입할 때마다 최저 가격에 구입했다고 믿는다면, 그들은 실제 필요를 기반으로 구매할 것이다. 이는 수요를 예측하기 쉽게 하고 공급사슬 내의 회사들은 더욱 효율적으로 대응할 것이다.

1.1.5 성과 인센티브

이것은 공급사슬 내의 서로 다른 회사들과 개인들에 있어 종종 다르다. 각 회사는 그들의 일(job)을 공급사슬의 다른 회사들과 분리하여 그들의 위치를 관리하는 것으로 볼 수 있다. 또한 회사 내에서 개인들은 회사의 다른 것과 분리해서 그들의 일을 볼 수 있다. 회사들이 세일즈맨들에게 매월 또는 매분기 그들이 달성한 판매에 대하여 보상하기 위한 인센티브를 제공하는 것이 일반적이다. 그러므로 월 또는 분기 말이 가까 옴에 따라 판매원들은 할인을 제시하거나 그들의 할당량을 맞추기 위해 제품을 이동시킬 다른 수단을 취한다. 이것은 실제 수요가 아닌 공급사슬로 떠밀게 되는 것이다. 이는 또한 회사 내의 관리자가 회사의 다른 목표와 상충하는 인센티브에 의해 동기부여가 되는 것이 일반적이다. 예를 들면, 수송담당 관리자는 고객 서비스나 재고유지비용을 희생함으로써 수송비를 최소화하는 조치를 취할 수도 있다.

공급사슬 효율성으로 성과 인센티브를 조정하는 것은 대단히 어려운 일이다. 이것은 결합비용이 강조되는 정확한 활동기준비용(ABC: activity based costing)의 사용으로 시작된다. 회사는 월말 혹은 분기 말 판매 인센티브로 인해 미리 구매하는 것에 의해 발생되는 비용을 정량화할 필요가 있다. 회사들은 또한 내부 성과 인센티브의 상충하는 것의 효과를 확인할 필요가 있다. 다음 단계는 효율적인 공급사슬 운영을 지원하는 새로운 인센티브 계획을 시험하는 것이다. 이것은 각 회사가 그들 자신의 방법으로 일할 필요가 있는 프로세스이다.

1.2 황소채찍효과를 해결하기 위한 방안

1.2.1 불확실성의 감소(Reducing uncertainty)

황소채찍효과를 줄이거나 제거하기 위하여 가장 자주 제시되는 것 중의 하나는 수요에 관한 정보를 중앙에 집중시킴으로써 — 즉 공급사슬의 각 단계에 실제 고객 수요에 관한 완전한 정보를 제공함으로써 – 공급사슬전체의 불확실성을 줄이는 것이다.

그러나 각 단계에서 동일한 수요데이터를 사용한다 하더라도 각자의 서로 다른 예측기법과 서로 다른 구매 관습 등은 황소채찍효과를 가지고 올 수 있다.

1.2.2 변동의 감소(Reducing variability)

황소채찍효과는 고객 수요과정에서의 본질적인 변동의 감소를 통해서 줄일 수 있다. 예를 들면 소매업자에 의해 보여 지는 고객수요의 변동을 줄일 수 있다면, 황소채찍효과가 발생한다 할지라도 도매업자에 의해 보여 지는 수요의 변동 또한 줄일 수 있을 것이다.

또한 EDLP(everyday low price)를 사용함으로써 고객 수용의 변동을 줄일 수 있다. 소매업자가 EDLP를 사용할 경우, 이것은 정기적 가격 판매촉진의 가격을 제시하기 보다는 한 제품에 대해서 일관된 단일 가격을 제시하는 것이다. 가격 판매촉진을 제거함으로써, 소매업자는 이러한 촉진활동에 따라서 일어나는 수요의 급격한 변동을 제거할 수 있다. 그러므로 EDLP전략은 훨씬 안정된 고객 수요 패턴을 가져다 줄 것이다.

1.2.3 리드타임 감소(Lead-time reduction)

리드타임은 수요예측으로 인하여 변동의 증가를 크게 하는 데 기여한다. 리드타임의 단축은 공급사슬 전반의 황소채찍효과를 상당하게 감소시킨다.

리드타임은 전통적으로 두 가지 요소 즉, 주문리드타임과 정보리드타임으로 구성된다. 주문리드타임은 크로스 도킹의 사용으로 줄어들 수 있고, 정보리드타임은 EDI(electronic data exchange)의 사용을 통해서 줄어들 수 있다.

1.2.4 전략적 파트너십(Strategic partnership)

황소채찍효과는 많은 전략적 파트너십에 참여함으로써 제거될 수 있다. 이러한 전략적 파트너십은 공급사슬 내에서 정보가 공유되고 재고가 관리되어지는 방식을 변경시켜 황소채찍효과의 영향을 제거할 수 있다. 예를 들면, VMI(vendor managed inventory)는 제조업체가 소매업자 판매장의 제품재고를 관리하는데, 이렇게 함으로써 어느 정도의 재고를 유지해야 하는지와 매 기간 소매업자에게 얼마나 공급해야 하는지를 결정한다. 그러므로 VMI는 제조업자가 소매업자에 의해 발행된 주문에 의존하지 않게 되고, 따라서 황소채찍효과를 피할 수 있게 된다.

파트너십의 다른 형태도 황소채찍효과를 줄이기 위해 적용된다. 예컨대 수요정보를 중앙 집중화하는 것은 공급사슬 내에서 상류단계에 의해 나타나는 변동을 획기적으로 줄일 수 있다. 그러므로 이러한 상류단계들은 고객 수요 데이터를 공급사슬의 나머지 구성원들이 활용할 수 있게끔 소매업자에게 인센티브를 제공하는 전략적 파트너십으로부터 혜택을 얻을 수 있을 것이다.

2 지연

미래는 대량고객화(mass customization) 방향으로 나아갈 것으로 전망된다. 이는 생산이 고객화되어지고 설비들은 보다 높은 효율성을 위해 셋업되고 최종조립은 하나의 제품에서 다른 제품으로 용이하게 변경됨으로써 가능하게 될 것이다. 이러한 생산 형태는 전체 공급사슬에서 당사자 간에 매우 가까운 상호작용을 요구한다. 생산이 고객의 주문에 의해 결정됨에 따라 회사는 최종제품 재고를 갖고 있는 것이 어렵게 되었다. 반면에 회사는 실제 고객주문을 받았을 때 최종조립 프로세스에 들어갈 수 있는 부품과 표준품의 재고를 구축함으로써 개별적 고객주문의 생산을 준비할 수 있다.

고객화된 생산은 서로 밀접하게 관련된 두 개의 주요 원칙을 기초로 한다. 첫 번째는 모듈화이고 두 번째는 지연이다. 모듈화는 잘 정의된 상호연계에 의해 서로 다른 부품으로부터 준비되어지고, 개별화되어진 최종제품을 의미한다. 특정한 제품을 위한 고객의 니즈를 만족시키기 위해 부품을 결합함으로써 제한된 수의 부품으로 서로 다른 많은 종류의 제품을 만드는 것이 가능하다. 예를 들면 고객이 PC를 주문할 경우 하드디스크, 프로세서, 콘트롤 시스템, 소프트웨어, 스크린 그리고 다양한 액세서리의 많은 옵션으로부터 고를 수 있다. 최종 고객주문은 특별한 능력을 가진 개별화된 주문처럼 보이나 실제로는 많은 표준 부품들로써 만들어진 것이다. 더구나 모듈화는 각 부품공급자가 다른 부품에 영향을 미치지 않고서 특정한 부품의 제품개발을 할 수 있는 가능성을 갖는 장점이 있다. 이에 따라 지난 15년 인텔은 286 버전으로부터 펜티엄 4까지 많은 프로세서 버전들을 개발하여 왔으며, 또한 마이크로소프트는 새로운 윈도우 프로그램과 오피스 프로그램의 패키지를 개발하였다.

1970년대에는 IBM을 선두로 하여 대형 통합컴퓨터 제조업자들이 컴퓨터산업을 지배하였다. 제조업체들간의 호환성(compatibility)은 제한되었다: 사람들은 IBM 사용자든지 아니면 Digital Equipment사용자였다. 1980년대 IBM은 통합제품 구성(configuration)을 포기해야 하였고, 모듈화된 PC의 생산을 시작하였다. 이러한 결정은 많은 새로운 경쟁자들이 IBM과 다른 대형 컴퓨터 제조업자들의 시장점유를 빼앗으면서 시장에 진입하게 되었으며, 마침내 2004년 IBM은 중국의 PC생산업자 Lenovo에 그의 PC생산공장을 매각하였다.

지연은 공급사슬의 설계에서 중요한 원칙인데, 왜냐하면 이는 최종제품 재고에 묶이는 자본과 관련된 비용뿐만 아니라 불확실성을 줄여줄 수 있기 때문이다. 세 가지의 대표적 지연 전략이 있다.

2.1 생산지연 전략

생산지연 전략은 고객주문을 받기 전까지 제품의 실제 고객화를 지연하는 것을 뜻한다. 예를 들면, 고객화는 제품의 최종조립단계, 포장, 가격표 부착, 그리고 국가표시일 수 있다. 특정한 고객그룹이나 시장지역을 위한 최종제품의 재고를 갖는 대신에, 제조업자는 서로 다른 고객과 시장지역에 사용되어 질 수 있는 일반형(generic) 제품을 재고로 가질 수 있다.

사례 7-1

잘 알려진 예는 HP의 데스크젯 프린터의 고객화이다. 특정 주문을 받았을 때 각 유통센터에서 데스크젯의 범용버전에 매뉴얼, 전기플러그 그리고 포장을 추가한다. 이렇게 함으로써 HP는 지역유통센터에 대량으로 수송할 수 있었고, 이에 따라 생산과 수송에 있어 규모의 장점을 얻을 수 있었다. 동시에 HP는 특정한 시장에서만 팔릴 수 있는 값비싼 제품의 재고를 가지고 있는 것을 피할 수 있었다.

생산지연 전략은 다음의 [그림 7-2]에 나타나 있다.

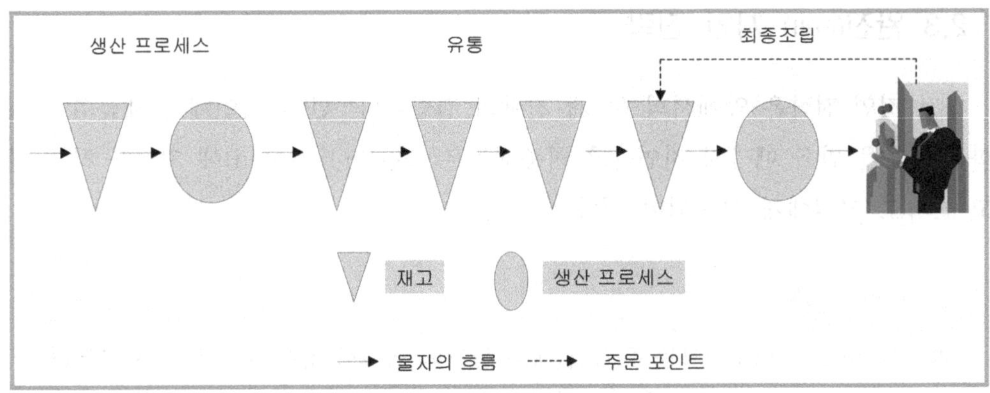

[그림 7-2] 생산지연 전략

2.2 유통지연 전략

유통지연 전략은 제품을 중앙창고로부터 고객에게 직접 수송하는 것을 의미한다. 창고에서 제품은 완성되어진다. 유통지연을 사용하여 얻는 장점은 최종제품이 실제수요에 따라 서로 다른 고객 혹은 시장에 직접 수송될 수 있다는 것이다. 아틀라스 콥코(Atlas Copco Tools)사는 이 전략을 사용하는데 그들의 제품은 서로 다른 공장으로부터 유럽유통센터에 직접 수송되어지며, 여기에서 제품은 고객들에게 직접 보내진다.

유통지연 전략은 [그림 7-3]에 나타나 있다.

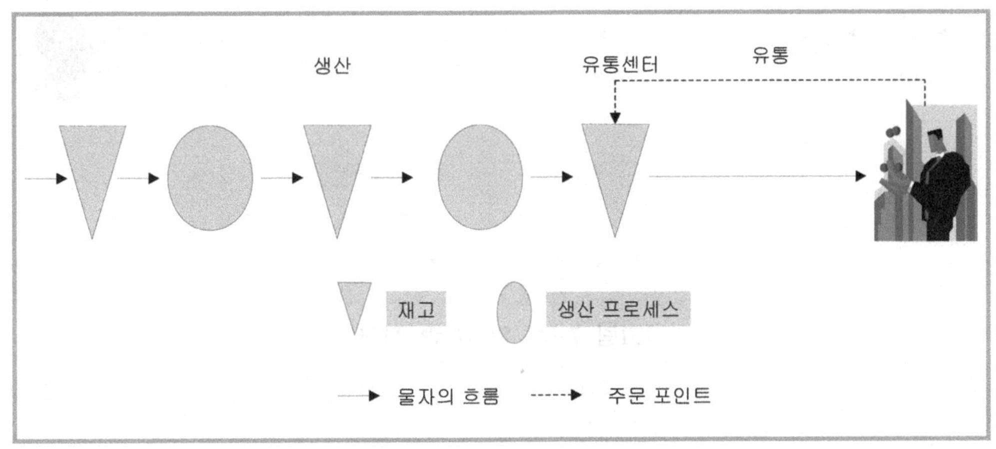

[그림 7-3] 유통지연 전략

2.3 완전(Full) 지연 전략

완전 지연 전략은 앞에서의 두 개 전략의 결합이다. 완전 지연에서 제품의 고객화는 주문을 받을 때까지 지연하고 최종제품은 중간(in-between)에 저장을 하지 않고 곧바로 고객에게 선적되어 진다.

사례 7-2

B&O(Bang & Olufsen)사는 유럽 전체를 통하여 국가별 유통센터시스템으로부터 덴마크의 하나의 중앙유통센터로 변경하였다. 이 중앙유통센터로부터 제품은 직접 딜러들에게 선적되어지고, 가끔 최종고객에게도 직접 선적된다. 이 프로세스를 통해서 B&O는 재고로 묶인 비용을 절약할 수 있었는데, 왜냐하면 15개 국가의 창고보다 하나의 중앙 집중 방식은 안전재고가 덜 필요했기 때문이다. 동시에 한 국가에서는 품절이 되고 또 다른 국가에서는 과다한 재고로 갖고 있는 상황을 피할 수 있었다. 또한 하나의 중앙 집중화된 창고에서 효율적인 재고관리와 재고취급을 하는 것이 훨씬 수월하였다.

완전지연 전략은 [그림 7-4]와 같이 나타낼 수 있다.

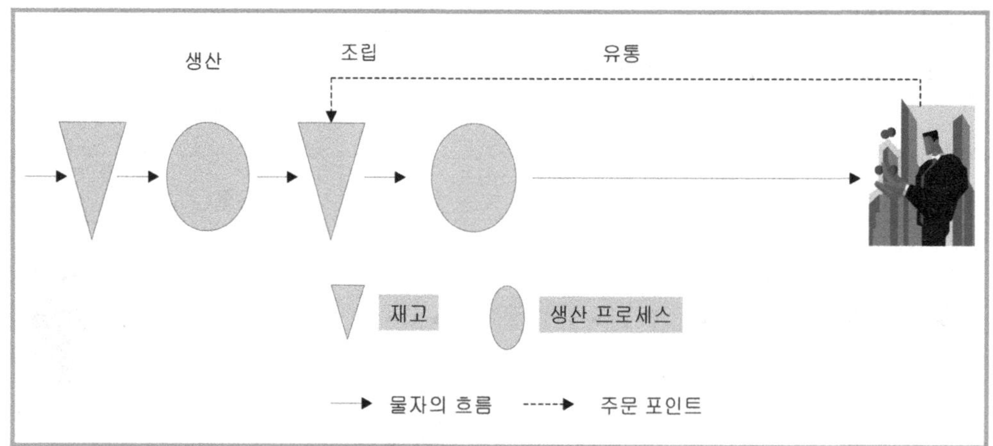

[그림 7-4] 완전지연 전략

제8장

제품과 공급사슬 설계의 조정

오랜 동안 제조 엔지니어링은 제품 엔지니어링의 마지막 단계였었다. 연구개발자들과 설계 엔지니어들은 가능한 저렴한 자재를 사용하여 제품을 개발하는 일을 수행하였다. 제조 엔지니어들은 이러한 설계를 바탕으로 어떻게 효율적으로 제품을 만드는가하는 책임이 있었다. 그런데 1980년대 이와 같은 패러다임이 변하기 시작하였다. 경영자들은 제품과 프로세스의 설계가 핵심적 제품비용의 동인(driver)이라는 것과, 제조 프로세스를 설계 프로세스의 초기에 고려하는 것이 효율적인 제조 프로세스를 만드는 방안이라는 사실을 깨닫기 시작함에 따라, 제조를 위한 설계(DFM: design for manufacturing)의 개념이 등장하였다.

최근 유사한 움직임이 공급사슬관리의 영역에서 시작되었다. 과거에는 공급사슬을 설계하는 것은 주어진 제조 프로세스를 사용하여, 주어진 제품을 공급하는 최적의 방안을 결정하는 것이었다. 그러나 지난 수년간 관리자들은 공급사슬 이슈들은 제품과 프로세스 설계단계에서 고려함으로써 보다 더 효율적인 공급사슬을 운영하는 것이 가능하다는 것을 인식하기 시작하였다. 이것은 제품 설계단계에서 제조를 고려하는 DFM과 유사한 것이다.

본 장에서는 크게 세 가지 이슈들에 대하여 다루고자 한다.

첫째, 스탠포드대의 H. Lee교수에 의해 소개되었던 일련의 개념들, 즉 총체적으로 물류설계(DFL: design for logistics)로 알려진 개념을 소개하고자 한다. 이러한 개념은 물류비용을 통제하고 고객 서비스수준을 제고시키는, 제품과 프로세스 설계 접근을 제시한다.

둘째, 제품설계 프로세스에서 공급자를 포함시키는 장점을 논의하고자 한다.

마지막으로 대량고객화(mass customization) 개념을 소개하고자 한다.

1 물류설계

1.1 경제적 포장과 수송

여러 DFL 개념 중에서 가장 명백한 것이 효율적으로 포장되어 진열되게끔 제품을 설계하는 것일 것이다. 특별히 배달트럭이 무게보다 부피를 따질 때, 보다 압축되어 포장된 제품이 수송하는데 비용이 적게 들 것이다. 다시 말해서 배달 차량이 무게 제한이 없고 공간을 얼마나 차지하느냐에 따라 비용이 적용될 때, 보다 압축되게 저장할 수 있는 제품이 보다 적은 비용으로 수송될 것이다.

사례 8-1 : Ikea

Ikea는 고객으로 하여금 고객의 역할이 가치를 소비하는 것이 아니라 가치를 창출하는 것이라는 것을 이해하기를 바라고 있다. Ikea의 목적은 고객으로 하여금 특정 작업을 하지 않아도 되게끔 하는 것이 아니라 오히려 고객으로 하여금 그들이 예전에 해보지 않았던 것들을 하도록 하는 것이다. 이렇게 고객을 가치창출에 참여시키기 위해서는 전세계적으로 저비용 고품질의 제품을 제공할 수 있는 공급자들을 선정하여 그들이 Ikea의 사업시스템의 역할을 하도록 하는 것이 중요하다.

따라서 일단 Ikea 시스템의 구성원이 되면 장기적인 관계를 맺고 글로벌 시장에 접근할 수 있는 기회를 제공받을 뿐만 아니라 기술적인 지원과 설비의 대여, 세계적인 품질수준을 달성하는데 필요한 조언 등을 제공받는다. 이를 위해 Ikea는 공급자들의 기술적인 지원을 위한 팀을 운영하고 있으며 또한 컴퓨터 데이터베이스를 이용하여 공급자들에게 원자재 구입에 대한 정보나 새로운 사업 파트너를 소개하기도 한다.

또한 Ikea는 매우 효율적인 로지스틱스 시스템을 운영하고 있다. 비용을 최대한 감축하기 위하여 부품별로 공급자를 달리하고, 이러한 부품들을 일정한 곳에 집합하도록 하여 하나의 제품조립 키트로 구성하여 매장으로 배송한다. 물론 이러한 과정에서 재고를 최소화하는 로지스틱스 시스템이 운영된다. 이러한 시스템에서는 실시간의 수요정보를 얻는 것이 중요한데 이를 위해 고객의 구입정보를 가장 가까운 창고와 본사로 전달되도록 하고, 그곳에서 판매에 대한 분석이 이루어진다. 창고는 단순한 보관시설로서의 역할이 아닌 로지스틱스의 통제센터, 제품의 통합센터, 수송 허브로서의 역할을 수행한다. 따라서 창고는 수요와 공급을 통합하고, 재고와 재고비용을 감축하며, 매장에서의 제품부족을 최소로 하는데 능동적인 역할을 한다. Ikea는 단순히 가치사슬에서 가치를 더하는 역할을 하는 것이 아니라 전 구성원을 위하여 시스템적으로 가치를 창출하는 역할을 수행한다. Ikea가 고객 및 공급자와의 작업공유 및 공동생산을 한다는 것은 고객이나 공급자로 하여금 가치에 대하여 새롭게 생각하도록 한다. 고객은 시간, 노동, 정보, 수송 등을 제공하는 공급자가 되는 것이며, 공급자는 Ikea 사업이나 기술적인 서비스에 대한 고객이 된다. 결국 Ikea는 가치가 창출되는 방법을 근본적으로 전환했기에 가능했는데 그것은 가치창출 시스템의 변화를 의미한다. Ikea의 목적은 고객을 위해 가치를 창출하는 것이 아니라 고객이 제공하는 것을 가지고 고객이 가치를 창출하는데 참여하도록 하는 것이다.

1.2 동시병행 프로세싱(Concurrent and Parallel Processing)

동시병행 프로세싱은 과거에는 순서대로 수행되어 왔던 제조프로세스를 동시에 진행할 수 있도록 바꾸는 것을 포함한다. 이것은 제조리드타임을 단축하고, 개선된 예측에 의해서 보다 낮은 재고비용, 그리고 안전재고를 줄이는데 도움을 준다.

제조프로세스를 병행으로 유지하는 핵심은 완충(decoupling) 개념이다. 제품의 많은 부품들이 제조하는 동안에 완충되거나 물리적으로 분리될 수 있다면, 이러한 부품들은 병행하게 제조되는 것이 가능할 것이다. 각 개별적 부품의 생산이 새롭게 완충된 설계 내에서, 동일한 시간이 걸리나 제조 순서를 병행해서 수행한다면 리드타임은 단축될 것이다. 이러한 모듈러 부품들의 일부가 제조하는데 조금 더 시간이 걸린다하더라도, 전체적인 리드타임은 여러 부품들이 병행으로 생산되기 때문에 줄어들 것이다. 이와 같은 완충의 생산전략은 추가적인 이득을 가져다주는데, 이는 여러 완충의 부품을 위한 서로 다른 재고전략 설계를 가능하게 해 주는 것이다. 어떤 특정 부품에 대한 원자재 공급이나 제조 수율이 불확실하다면, 전체 최종제품보다 그 단일 부품에 대하여 높은 재고 수준을 유지할 수 있을 것이다.

사례 8-2

유럽의 한 제조업체는 유럽시장을 위해서 극동의 제조업자와 연합하여 네트워크 프린터를 생산하고 있다. 주 프린터 PC보드는 유럽에서 설계되어 조립된다. 그리고 이것이 아시아로 수송되어, 그 곳에서 보드에 프린터를 조립하는 프로세스에서 주 프린터 하우징과 통합되는데, 이 프로세스에는 모터, 프린트헤드, 하우징 등이 포함된다. 그리고 최종제품은 다시 유럽으로 수송된다. 제조업자는 긴 생산과 운송 리드타임을 우려하는데 이는 유럽에서 많은 양의 안전재고를 유지하여야 했다. 그러나 긴 제조리드타임의 대부분은 순차적 제조프로세스에 의한 것이었다.

보드가 제조프로세스의 마지막 단계에서 프린터의 다른 부품들과 통합할 수 있도록 프린터 제조 프로세스와 제품을 재설계한 것은 유럽과 극동에서 병행 제조를 가능하게 함으로써 리드타임을 단축시킬 수 있었다. 그뿐만 아니라 최종조립을 유럽으로 이동함으로써 고객대응력을 높였고 리드타임을 단축하였다.

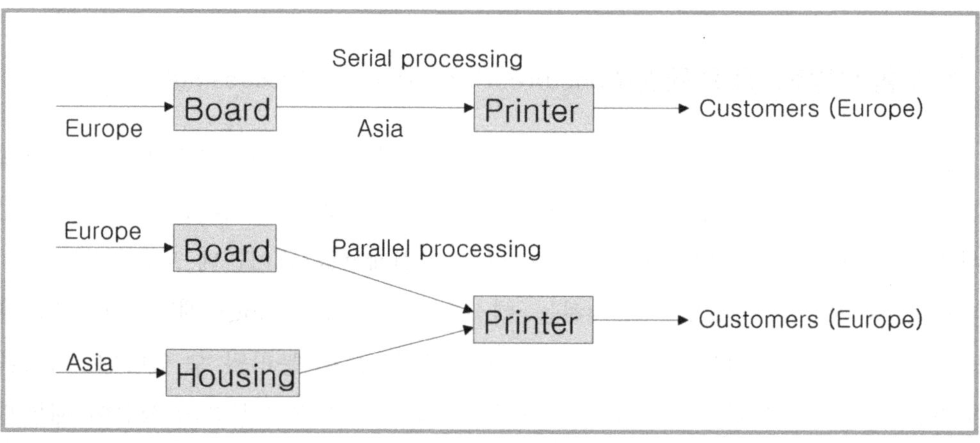

[그림 8-1] 순차 프로세싱과 병행 프로세싱

1.3 표준화(Standardization)

Swaminathan교수는 제품 모듈방식과 프로세스 모듈방식이 재고비용을 낮추고, 예측정확도를 높이는 표준화전략을 가능하게 하는 핵심 요소라고 제시하였다. 각각의 정의는 다음과 같다.

1.3.1 모듈러 제품

모듈러 제품은 다양한 모듈들로부터 제품이 조립되는데, 모듈들은 여러 가지 옵션이 있는 개별 모듈로 구성되어 있다. 모듈러 제품의 전통적인 예는 PC라고 할 수 있는데 서로 다른 비디오 카드, 하드 드라이브, 메모리 칩 등의 혼합에 의해 개별화(고객화)될 수 있다. 이러한 개념은 동시(병행) 프로세싱을 실행하는데 중요하다.

1.3.2 모듈러 프로세스

모듈러 프로세스는 비연속적 작업(operation)들로 구성되어 있어, 재고가 작업들 사이에 부분적으로 제조된 형태로 유지가 가능하다. 제품들은 제조 프로세스 중에 작업들의 서로 다른 집합의 완성에 따라 차별화된다. 모듈러 제품이 모듈러 프로세스를 만드는데 반드시 필요한 것은 아니다. 중간제품, 반제품을 재고로 유지하기가 불가능할지도 모른다.

또한 Swaminathan교수는 표준화에 네 가지 접근법을 확인하였다.

① **부품표준화(part standardization)** : 공통 부품이 많은 제품들에 사용되며, 공통 부품은 위험을 같이(pooling) 함으로써 필요한 부품재고를 줄이고, 규모의 경제로 부품비용을 절감한다. 물론 과다한 부품 공용화는 제품차별화를 줄일 수 있기 때문에 값싼 고객화 옵션은 보다 비싼 부품의 판매를 희생시킬 수 있다. 가끔 공용화를 이루기 위해 제품라인이나 제품군을 재설계할 필요가 있다.

② **프로세스 표준화(process standardization)** : 프로세스 표준화는 서로 다른 제품을 위해 가능한 많은 프로세스를 표준화하고, 가능한 늦게 제품을 고객화하는 것을 포함한다. 이 경우 제품과 제조프로세스는 어느 특정한 제품이 제조되는가 – 차별화 – 에 대한 결정이 제조가 진행되어진 후에 까지 지연될 수 있도록 설계되어진다. 제조프로세스는 나중에 특정한 최종제품으로 차별화되어지는 일반적(generic) 혹은 패밀리 제품을 만듦으로써 시작된다. 이러한 이유로 이와 같은 접근을 지연 혹은 지연된 제품차별이라고 한다. 차별화를 늦춤으로써 생산 개시는 총괄예측을 기준으로 할 수 있다. 따라서 지연된 제품 차별화를 위한 설계는, 예측 자체가 개선되지 않더라도 최종수요의 불확실성을 효과적으로 해소할 수 있도록 사용되어 질 수 있다.

일반적으로 지연된 차별화를 위해 제품을 재설계하는 것이 필요하다. 재순서

(resequencing)란 특정한 품목이나 제품의 차별화를 가져오는 작업들이 가능한 최대로 지연되게끔 제품 제조단계의 순서를 변경하는 것을 의미한다. 공급사슬 운영을 개선하기 위해 재순서를 사용한 대표적 사례는 Benetton의 경우이다.

사례 8-3 : Benetton

베네통은 니트웨어의 주요 공급자로서 수백 개의 상점에 이를 공급하였고, 1982년 당시 전 세계 모(毛)의 최대 소비자였다. 패션산업의 특성은 고객 취향이 빠르게 변한다는 것이다. 그러나 긴 제조리드타임으로 말미암아 매장 주인들은 종종 스웨터가 그들의 가게에 출현하기 전 7개월 전에 울(wool)스웨터를 주문해야만 했다. 울(wool)스웨터의 제조프로세스는 일반적으로 실을 구입하고, 염색을 하고, 니팅(knitting)을 하고, 의류부품을 제조하고, 그리고 이 부품을 완성된 스웨터에 연결하는 것 등으로 구성되어 있다. 불행하게도 이것은 고객의 변하는 취향에 유연하게 대응하는 것을 어렵게 한다. 이러한 이슈를 해결하기 위해 베네통은 제조프로세스를 변경하였다. 즉 염색하는 것을 스웨터가 완전히 만들어진 이후로 바꾼 것이다. 따라서 색상 선택은 더 많은 예측과 판매 정보를 얻은 후까지 연기되어 질 수 있었다. 그러므로 염색과정의 지연으로 인하여 실 구입과 제조계획은 특정한 스웨터나 색상의 예측이 아니라 제품군의 총괄적 예측에 기초할 수 있었다. 이와 같이 변경된 프로세스는 스웨터 제조하는데 10% 더 비용이 들게 하였고, 새로운 설비를 구입하고 종업원의 재훈련을 필요로 하였다. 그러나 베네통은 보다 개선된 예측, 낮아진 추가 재고, 그리고 증가된 판매에 의해 충분한 이득을 취할 수 있었다.

부품과 프로세스 표준화는 자주 연결되어 있다. 가끔 부품표준화는 프로세스 표준화의 적용을 필요로 한다.

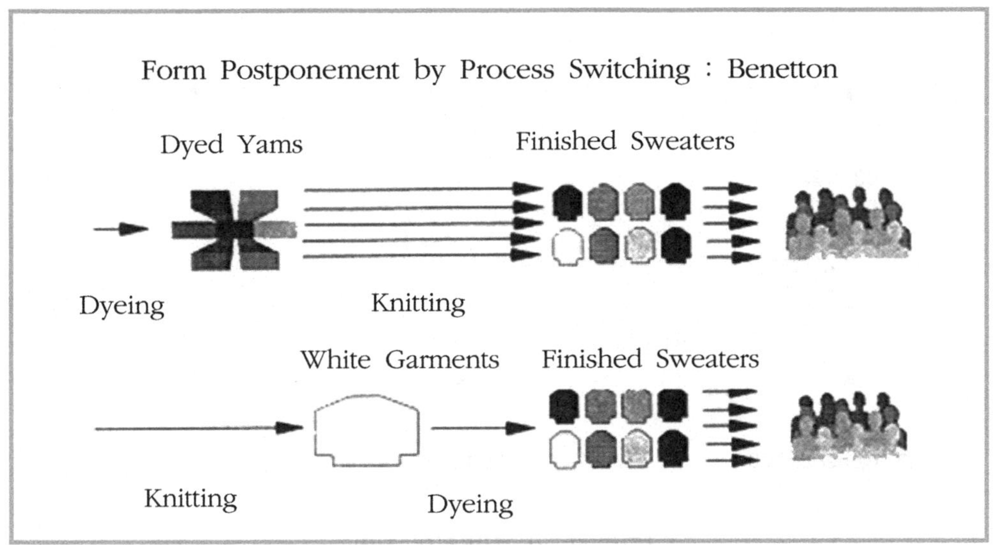

[그림 8-2] 프로세스 재순서에 의한 형태 지연

사례 8-4

한 주요 프린터 제조업체는 시장에 새로운 컬러 프린터를 소개하려고 준비하고 있었다. 새로운 프린터와 기존 프린터의 수요는 매우 변동이 크고 서로 음(-)의 상관관계가 있는 것으로 추정되었다. 두 프린터의 제조 프로세스는 서로 다른 회로판과 프린트헤드 조립품을 사용하는 것 이외에는 유사하였다. 그러나 헤드 조립품과 회로판의 차이는 매우 다른 제조 프로세스를 가져 왔다.
프로세스 표준화 즉, 지연된 차별화를 적용시키기 위하여 제조 프로세스들이 최종 단계까지는 유사하게끔 하는 것이 필요하였다. 이렇게 하기 위하여 두 개 제품에 공통 회로판과 프린트헤드를 같이 사용할 수 있게끔 프린터들이 재설계되었다. 이것은 차별화를 가능한 지연될 수 있게끔 하였다. 따라서 이 경우 부품표준화는 프로세스 표준화를 가능하게 하였다.

어떤 경우에는 재순서와 공용화의 개념은 최종 제조단계를 공장에서가 아니라 유통센터와 창고에서 마무리 되게끔 하여준다. 이러한 접근의 장점의 하나는 유통센터가 공장보다 시장에 훨씬 가까이 있다면 제품은 수요에 보다 가까이에서 차별화될 수 있고 따라서 급변하는 시장에 대응할 수 있는 회사의 능력을 증가시킬 수 있다는 점이다.

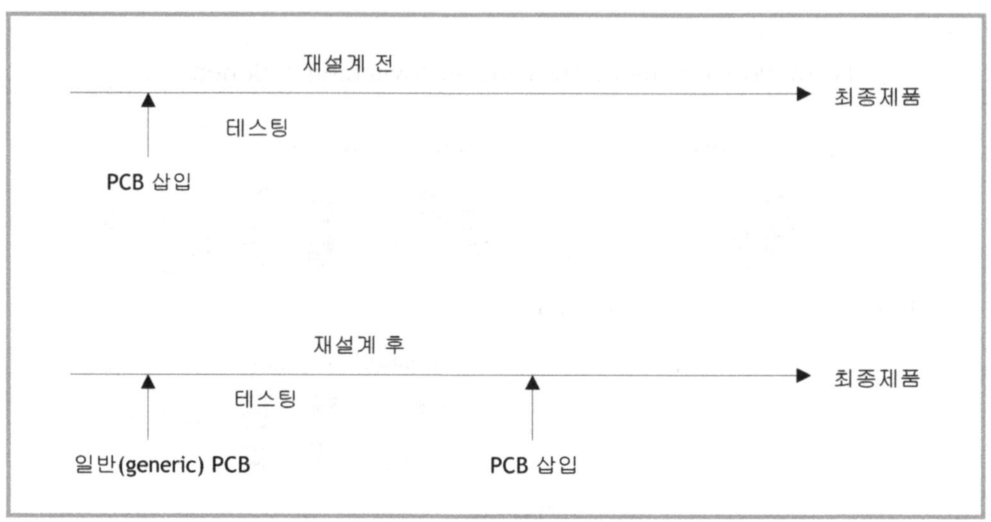

[그림 8-3] 차별화의 지연

사례 8-5 : HP 데스크젯 프린터

1990년 초기 유럽에서 HP는 데스크젯 프린터라인의 재고와 서비스 수준의 위기를 맞았었다. 그 당시 데스크젯은 밴쿠버에 있는 공장에서 독점적으로 제조되었다. 제조시점에서 프린터는 특정한 시장을 위해 현지화(localization)되었다. 프린터의 현지화는 적절한 전원공급(power supply)과 플러그의 조립, 그리고 매뉴얼과 라벨링으로써 포장하는 것을 포함하였다. 그런 후에 프린터는 지역 유통센터에 선적되었다; 유럽 프린터의 경우, 유통센터는 독일에 위치하였는데 밴쿠버로부터 유통센터까지 수송에 4~5주의 시간이 걸렸다.

불행하게도 유럽 유통센터는 전통적으로 어떤 유럽시장을 위하여 현지화 된 너무나 많은 프린터를 보유하고 있었으나, 또 다른 유럽시장을 위하여 현지화 된 충분한 프린터를 가지고 있지 못하였다. 여러 가지 다양한 대안을 고려한 후 HP는 현지화가 밴쿠버 공장에서가 아니라 유럽의 유통센터에서 완결될 수 있도록 데스크젯 프린터를 재설계하기로 결정하였다. 이와 같은 재설계는 비록 상당히 비싼 댓가를 치렀지만 결과는 매우 성공적이었다. 서비스 수준을 개선하면서 재고 수준은 크게 떨어지게 됨으로써 상당한 비용절감과 수익성 증가를 가져오게 되었다.

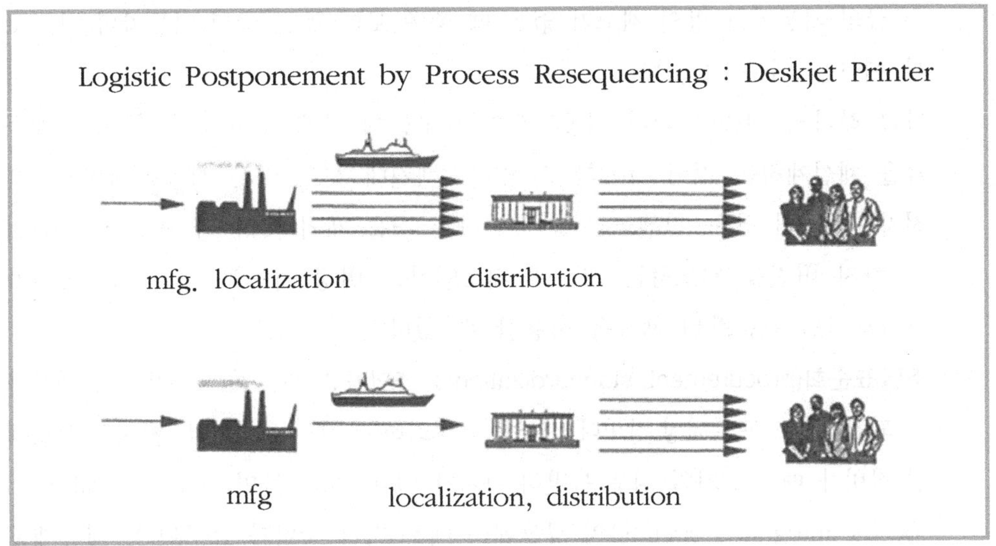

[그림 8-4] 프로세스 재순서에 의한 물류 지연

가끔 프로세스는 차별화 단계가 제조설비나 유통센터에서 수행되는 것이 아니라 판매가 이루어진 후 소매점에서 이루어질 수 있도록 재설계되어질 수 있다. 종종 이것은 제품에 쉽게 추가될 수 있는 모듈에 기능을 부여하는, 설계 단계동안 modularity에 초점을 맞춤으로써 이루어질 수 있다. 예를 들면, 어떤 프린터들은 일반형(generic) Macintosh/PC 버전으로 판매된다. 프린터와 함께, 각 소매점에는 Macintosh 혹은 PC를 위한 제품 차별화를 하는 포장된 모듈을 별개의 재고로 갖고 있다. 분명히 이것은 전체 프린터 대신에 Macintosh과 PC 버전에 사용되는 모듈만을 재고로 가지고 있기 때문에 필요한 재고를 크게 낮출 수 있다. 마찬가지로 많은 컬러 잉크젯 프린터들은 "color kit"이 추가되어진 흑백 프린터이다.

③ **제품 표준화(product standardization)** : 제품표준화란 많은 다양한 제품이 제공되나, 매우 적은 재고를 유지하게 한다. 재고로 보유하지 않은 제품이 주문이 될 경우, 이 주문은 고객에 의해 요구된 것 보다 더 나은 제품에 의해 채워질 수 있다. 이 프로세스는 하향대체(downward substitution)로 알려져 있으며, 많은 산업에서 일반적으로 사용되어진다. 예를 들면, 반도체산업에서 low-end 칩의 재고가 없을 경우, 저속도/기능의 칩을 대신하여 고속도 혹은 고기능 칩을 파는 것은 상당히 일반적이다. 마찬가지로 자동차 렌트나 호텔의 경우 낮

은 급의 자동차나 방의 재고가 없을 때 종종 보다 높은 급의 자동차나 방으로서 예약을 채울 수 있다.

가끔 하나의 제품이 여러 최종고객의 요구들에 맞게 조정될 수 있도록 제품들을 재설계하는 것이 가능할 수 있다. 예컨대 서로 다른 시장을 위한 많은 전자제품들의 경우, 전원공급 장치가 다른 것을 제외하고는 유사하다. 제품의 두 가지 버전을 제조하는 대신에 제조업자는 변경 가능한 전원공급 장치가 장착되어진 표준화된 제품을 사용할 수 있다.

④ **조달표준화(procurement standardization)** : 조달표준화는 제품 자체는 표준화가 안 되었더라도 프로세싱 장비나 접근을 표준화하는 것을 포함한다. 이것은 프로세싱 장비가 매우 고가일 경우 특별히 가치가 있다. 예를 들면, ASICs (application specific integrated circuits)의 생산에는 매우 비싼 장비가 요구된다. 최종제품은 높은 고객주문형태이고 수요는 예측하기 어렵더라도, 동일한 장비가 각각의 가능한 최종제품의 생산을 위해 사용된다. 따라서 장비구입은 최종수요와 독립적으로 관리될 수 있다.

1.4 표준화전략의 선택

적절한 표준화전략의 선택을 돕기 위해서 Swaminathan교수는 회사의 표준화전략의 선택은 제품과 프로세스를 모듈화할 수 있는 능력의 함수로 보는 것에 기초하여 다음의 프레임워크를 제안하였다.

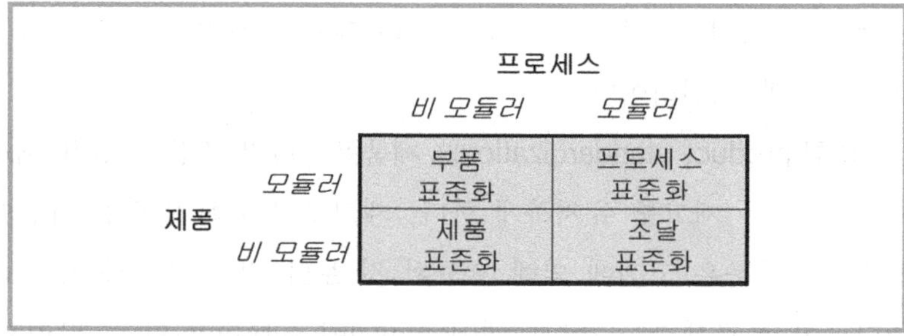

[그림 8-5] 표준화를 위한 전략

- 프로세스와 제품이 모듈러이면, 프로세스 표준은 예측정확도를 최대화하고 재고비용을 최소화하기에 도움을 줄 것이다.

- 제품은 모듈러이나 프로세스는 아닌 경우, 차별화를 지연시키는 것이 가능하지 않을 것이다. 그러나 부품표준화는 효과적일 것이다.
- 프로세스는 모듈러이나 제품은 그렇지 않은 경우, 조달표준화는 장비비용을 감소시킬 것이다.
- 프로세스나 제품 모두 모듈러가 아닌 경우, 제품표준화에 집중함으로써 큰 이득을 얻을 수도 있다.

2 경쟁력 있는 공급사슬의 디자인 및 운영

2.1 공급사슬 설계의 일반원칙

Srinivasan 교수는 경쟁력 있는 공급사슬을 설계할 시 고려사항으로 다음과 같은 14가지의 원칙을 제시하였다.

1) 모든 하부시스템의 성과가 향상되더라도 시스템 전체의 성과가 반드시 향상되는 것은 아니며, 하부시스템 성과의 향상은 전체시스템에 미치는 영향에 따라서 평가되어야 한다.

전통적으로 규모가 크고 복잡한 시스템을 관리하기 위하여 시스템을 여러 개의 하부시스템으로 분리하고, 개별 하부시스템별로 최대한 효율적으로 운영하도록 노력을 기울였다. 그러나 시스템적 사고는 시스템의 하부시스템들이 어떻게 상호작용을 하는지에 초점을 맞춘다. 부분(local) 최적화의 합 = 전체(global) 최적화라는 등식이 항상 성립하는 것은 아닌 것처럼, 시스템의 성과향상을 위해서 개별 하부시스템을 독립적으로 향상하는 것만으로는 충분하지 않으며, 오히려 시스템 전체적으로 부정적인 영향을 미칠 수도 있음을 간과해서는 안 된다는 것이다.

2) 공급사슬의 성과향상에 초점을 맞추는 동시에 공급사슬의 비즈니스 생태계를 무시하면 안 된다.

비즈니스 생태계는 기업, 고객, 공급자, 경쟁자, 주주, 정부 등의 이해관계자 모두를 포함하며, 이에 대한 이해를 통하여 위협이나 기회에 대한 인지를 신속하게 할 수 있으며, 이를 공급사슬의 개발이나 관리에 반영하게 되면, 유형·무형의 혜택을 얻게 된다. 근시안적으로 지엽적인 이슈에만 관심을 기울일 것이 아니라 큰 그림을 보도록 노력해야 한다. 비즈니스 생태계 시각을 가지게 되면, 네트워크의 구성원들 간의 파트너십 관계를 보다 돈독히 하게 되고, 이러한 파트너십은 고객과의 관계를 촉진하는 기회를 제공한다.

3) 제품을 설계할 때에 고객의 요구와 프로세스에 초점을 맞추어 산업의 경계를 초월한 최상의 관행을 통하여 엄청난 경쟁우위를 얻을 수 있다.

고객가치를 이해한다는 것은 자신의 제품이 고객의 구매대상으로 고려되고 궁극적으로 고객이 자신의 제품을 구매하도록 하기 위하여 제품이 갖추어야 할 속성을 확인하는 것이다.

이러한 속성은 세분화된 고객집단에 따라 다르다. 공급사슬의 설계도 집단별로 맞춤식 전략이 필요하다. 예를 들어, 고객의 요구가 불확실한 경우 가장 좋은 방법은 고객의 주문이 있을 때까지 기다렸다가 고객이 원하는 사양대로 생산하여 제품을 제공하는 주문생산방식(make to order)이다. 그러나 이러한 방식은 고객이 기다린다는 가정하에서만 가능한 경우이며, 당장 자신이 원하는 제품이 없을 경우 경쟁자의 제품을 구입하는 성향을 가진 고객의 경우에는 판매기회의 상실을 의미하므로, 재고생산방식(make to stock)을 채택하여 완성품을 재고로 보유하는 것이 좋다.

4) 내적 다양성을 최소화하는 반면에 외적 다양성은 최대화하고, 재고는 완성품이 아닌 공통제품의 형태로 보유하라.

수요의 변동성은 재고문제를 야기하므로, 가능하면 수요변동성을 감소시키는 방향으로 공급사슬을 설계하는 것이 좋다. 수요변동성을 감축하는 방법으로 항시저가정책을 이용한다든지, 배치(batch)크기를 작게 한다든지, 공급사슬의 대응성을 높이는 것 등도 중요하지만, 공급사슬의 설계와 관련하여 유용한 방법 중의 하나는 내적 다양성을 최소화하고 외적 다양성을 최대화하는 방법이 있다. 이는 제품의 모듈러 설계를 통하여 공통제품의 형태로 재고를 보유하고 있다가 최종단계에서 모듈의 변경을 통하여 다양한 모델의 완성품을 생산하는 방식이다. 즉 완성품의 생산을 수요가 있을 때까지 지연하는 방법이다. 이 방법의 장점은 완성품 재고수준이 낮다는 점뿐만 아니라, 제품의 모델별 수요예측이 아닌 전 모델을 통합한 통합수요예측을 하게 되므로 통합수요예측이 개별 수요예측보다 불확실성이 낮다는 혜택을 얻게 된다는 점이다.

5) 수요변동에 대하여 재고가 아닌 여유능력으로 완충하라.

일반적으로 수요의 변동에 대처하는 방법은 대량의 완성품 재고를 보유하는 것이다. 완성품 재고를 보유한다는 것은 재고비용이 높아진다는 것뿐만 아니라, 재고수준이 높아지면 리드타임도 길어져 대응성이 낮아진다는 문제가 있다. 따라서 수요의 변동에 대처하기 위해서는 공급사슬에 유연성을 갖는 것이 바람직하며, 이를 위해 여유능력을 보유하는 것이 좋다는 것이다.

6) 계획을 수립시 수요예측을 이용하고, 실행을 할 때에는 풀(pull)시스템을 이용하라. 풀 신호에 반응하는 시스템은 푸쉬(push) 시스템보다 변동이 작다.

push 시스템은 수요예측을 바탕으로 생산일정을 수립하고 완성품 재고를 보유하여 수요변동에 대처하는 형태인 반면에 pull 시스템에서는 수요가 있을 때까지 생산에 자원이 투여되지 않는다. pull 시스템에서는 재고가 아닌 여유능력으로 수요의 변동에 대처하게 되므로 push 시스템에 비하여 재고수준이 낮다는 장점이 있다. 수요예측은 고객의 수요를 예측하여 생산계획을 수립하는데 이용하고, 수요예측을 바탕으로 생산이 이루어지는 것은 바람직하지 않다는 것이다.

7) 공급사슬 전체적으로 비용을 절감하는 목적을 가지고 공급사슬의 구성원들과 전략적으로 파트너십을 구축하라.

공급자나 로지스틱스 제공자와 효과적인 파트너십관계를 가지는 것은 공급사슬 전체적으로 비용을 감축하는데 도움이 된다. 이러한 파트너십을 구축하는 데에는 시스템적 사고를 가져야 한다. 예를 들어, 공급자의 비용은 자신의 비용이라는 사고를 가져야 한다는 것이다. 재고비용을 줄이기 위하여 생산에 투여되기 전에는 재고의 소유권을 공급자가 가지게 한다든지 혹은 공급자에 대해 가격할인을 강요한다든지 하는 것은 바람직하지 않다는 것이다. 이러한 행위에 대한 대가는 결국 자신에게 부정적으로 작용하게 되기 때문인데 예를 들어, 공급자에게 가격할인을 강요하게 되면 공급자는 자신이 살아남기 위해 비정상적인 방법을 택하게 되고, 그래도 상황이 악화되면 종국에는 파산을 하는 지경에 이르게 된다는 것이다. 그러므로 중요한 것은 공급자와 협력하여 공급사슬 전체적으로 비용을 절감하는 목표를 가지고 대처해야 한다는 것이다.

8) 제품이나 프로세스는 전략적 유연성을 촉진하도록 설계되어야 한다.

기업이 고객의 기호변화를 수용할 수 있을 만큼의 유연성을 가지지 않으면, 자신의 생산능력과 시장의 선호도와의 불일치로 인한 시장점유율의 상실을 경험하게 된다. 신속하게 고객의 기호변화에 적응하여 효과적인 해결책을 제시할 수 있는 기업이 고객을 추가적으로 확보하게 되고 시장점유율을 높이게 된다. 전략적 유연성은 단순히 고객의 기호변화에 맞는 제품을 제공함으로써 성취되는 것이 아니고 고객에게 신제품을 제공할 수 있는 능력을 가짐으로써 비로소 성취된다. 기업은 전략적 유연성에 초점을 맞추고 필요시에는 프로세스와 시스템을 변경할 준비가 항시 되어 있어야 한다.

9) 기업으로 하여금 기능을 더 잘 정렬하도록 하고, 또 기능지향에서 프로세스 지향으로 방향전환을 하도록 성과측정 항목을 구성하라.

전통적인 기능 지향적 기업은 경직된 계층적 구조를 가지게 되므로 고객 수요의 변화에 대응적이지 못하고 프로세스나 기술변화에 대응 적응속도도 느리다. 반면 프로세스 지향적 기업은 제품을 제공하는 프로세스에 초점을 맞추고, 이러한 프로세스를 제품의 원활한 흐름을 촉진하는 중요 요인으로 고려하고 있다. 프로세스 지향적인 기업들은 점차적으로 매트릭스 형태의 조직을 채택하고 있다. 기업이 프로세스 지향성을 촉진하기 위해서는 프로세스 지향성을 촉진하는 평가 측정치를 개발하는 것이 중요하다. 이때 이용될 수 있는 것이 BSC(Balanced Scorecard)접근법인데, 재무, 고객, 내부 프로세스, 학습과 성장 등 네 가지 측면에서 성과 측정치를 개발하는 것이다.

10) 병목현상이 있는 자원에서 시간을 잃어버리면 공급사슬 전체적으로 생산성을 잃게 된다. 병목현상이 없는 자원에서의 시간절약은 의미가 없다.

프로세스가 상호 의존적인 시스템에서는 적어도 하나의 제약조건이 있어 이것이 시스템의 성과를 제한하게 된다. 즉 기업의 수익 잠재성은 기업의 가장 약한 연결고리나 제약조건에 의하여 제한받게 되는데, 제한적인 자원으로 인한 산출 손실은 기업의 수익 감소를 초래하므로 수익을 얻는데 장애가 되는 제약조건을 강화하는데 초점을 맞추어야 한다. 제한적인 자원이 아닌 다른 자원의 성과를 향상시키는 노력은 기업의 현금창출률을 증가시키지 못한다. 이와 마찬가지로 공급사슬의 힘을 개선하기 위해서는 가장 약한 연결고리를 확인하고 그것을 강화하는데 초점을 맞추어야 한다. 약하지 않은 연결고리를 강화하는 것은 공급사슬 전체의 힘의 강화에 영향을 미치지 못한다.

11) 기업들이 현금창출률을 증가시키고, 재고를 감축하며, 운영비를 감소하는 것을 동시에 추구할 때에 현금창출률을 향상시키는데 초점이 맞추어져야 한다.

제약이론에서 성과측정치로 이용되는 것에는 현금창출률(throughput), 재고(inventory), 운영비(operating expense)의 세 가지가 있다. 기업의 목표는 현금창출률을 증가시키고, 재고와 운영비는 감축하는 것이다. 그런데 기업 재고와 운영비의 감축을 통한 수익증대의 기회는 제한적이지만, 현금창출률의 증대를 통한 수익증대의 기회는 상대적으로 제한이 없다고 할 수 있다. 따라서 현금창출률의 향상이 가장 중요하다고 할 수 있다.

12) 병목현상이 있는 자원이 전체적인 흐름을 지배하므로 그 자원에 초점을 맞추어라. 병목현상이 없는 자원을 병목현상이 있는 자원을 지원하는데 할당하여 흐름을 맞추어라.

시스템에서의 제약조건은 병목역할을 하고 이러한 병목이 시스템의 전체적인 흐름을 좌우하게 된다. 병목현상을 해결하는 방법 중의 하나는 추가적인 자원을 획득하는 것이나 이러한 추가적인 자원의 획득이 즉시 이루어지기가 어려우므로 차선책을 찾아야 한다. 여기서 차선책은 병목자원을 최대한 효과적으로 이용하는 것이다. 일단 병목자원에 대한 계획이 세워지면 이러한 계획을 토대로 하여 하부계획으로서 다른 모든 자원들에 대한 계획이 세워져야 한다.

13) 생산능력을 균형화하는데 초점을 맞추지 말고 흐름을 동기화하는데 초점을 맞추어라.

변동성은 리드타임을 증가시키고, WIP(work-in-process) 재고나 완성품 재고를 증가시키며 흐름을 방해한다. 변동성이 존재하는 상황에서 생산능력의 균형화나 설비, 인적자원의 이용률을 최대화하는데 초점을 맞추는 것은 변동성으로 인한 문제를 해결하는데 도움이 되지 못한다, 오히려 제품이 원활하고 신속하게 생산되도록 흐름을 동기화하는데 초점을 맞추는 것이 바람직하다.

14) 시스템에서의 변동을 감소시키면 공급사슬에서 낮은 재고수준 및 낮은 운영비 지출로 높은 현금창출률을 얻을 수 있다.

배치 크기가 크면 공급사슬의 상위단계로 갈수록 변동이 커진다는 채찍효과로 인하여 공급사슬에서의 변동성을 증가시키고 흐름을 방해한다. 따라서 배치 크기를 줄이는 것이 중요하다. 배치크기의 축소와 함께 변동성을 줄이는 방법으로 pull시스템을 통하여 흐름을 통제하는 방법이 있다. pull시스템은 push시스템과 달리 수요를 예측하여 미리 생산하는 것이 아니라, 시장에서 수요가 있을 경우 그 수요만큼만 생산을 하게 되므로 수요와 공급의 불일치 등의 변동성으로 인한 재고문제 등이 없어진다는 장점이 있다.

2.2 적합한 공급사슬 형태의 선택

Fisher는 공급사슬을 설계하기에 앞서 제품의 수요에 대한 특성을 파악하는 것이 중요하며 수요의 특성에 맞는 공급사슬을 설계하는 프레임워크를 제공한다. 제품은 수요의 패턴에 따라 기능적(functional) 제품과 혁신적(innovative) 제품으로 분류할 수 있다. 기능적 제품이란 기본적인 욕구를 충족시키는 제품으로 시간이 지나도 변함이 거의 없으며, 수요가 안정적이고 예측가능하고 긴 수명주기를 가지는 제품이다. 이러한 제품의 경우 경쟁이 심하고 수익성이 낮다는 특성이 있다. 반면에 혁신적 제품은 수익성은 높으나, 수명주기가 짧고 수요예측이 어렵다는 특성을 가진다. 기능적인 제품과 혁신적인 제품의 경우 근본적으로 다른 형태의 공급사슬이 요구된다.

공급사슬은 크게 두 가지 기능을 수행한다. 하나는 물리적(physical) 기능이며, 다른 하나는 시장조정(market mediation) 기능이다. 물리적 기능이란 원자재를 제품으로 변환하는 것과 공급사슬이 한 지점에서 다른 지점으로 제품을 수송하는 것을 포함한다. 시장조정 기능이란 시장에 출고되는 다양한 제품이 고객이 구매하기를 원하는 것과 일치하는지를 보장하는 기능이다. 물리적 기능과 관련된 비용은 생산비용, 수송비용, 재고비용 등이며, 시장조정 기능과 관련된 비용은 공급이 수요를 초과했을 경우의 가격인하로 인한 손실 및 수요가 공급을 초과했을 경우의 판매기회 손실 그리고 고객의 불만족으로 인한 비용 등을 포함한다.

기능적 제품의 경우 수요예측이 용이하여 수요와 공급의 일치가 예상되므로 시장조정은 쉬우며 따라서 물리적인 비용의 최소화에 초점을 맞추면 된다. 그러므로 기능적 제품에 적합한 공급사슬에서는 공급자, 생산자, 소매상 간의 활동을 조정하여 최소의 비용으로 예측 가능한 수요를 충족시키는 것이 중요하다. 반면에 혁신적 제품의 경우에는 공급부족이나 공급과잉의 위험이 있으므로 시장정보를 빨리 알고 신속하게 대응하는 것이 중요하다. 따라서 불확실하나 수요에 대하여 재고와 생산능력을 공급사슬 내의 어느 곳에 보유할 것인가가 중요하며, 낮은 비용보다 스피드와 유연성을 가진 공급자를 선택하는 것이 중요하다.

공급사슬의 형태는 두 가지로 구분할 수 있는데, 하나는 물리적으로 효율적인 공급사슬이며, 다른 하나는 시장 대응적인 공급사슬이다. 이들 두 공급사슬의 특성을 비교하면 다음 〈표 8-1〉과 같다.

〈표 8-1〉 공급사슬 형태의 비교

	물리적으로 효율적인 공급사슬	시장 대응적인 공급사슬
공급사슬의 목적	예측 가능한 수요를 가능한 낮은 비용으로 효율적으로 공급함	재고부족, 강요된 가격인하, 쓸모없이 된 재고를 최소화하기 위하여 불확실한 수요에 신속하게 대응함
생산의 초점	평균가동률을 높게 유지함	초과 완충 생산능력을 배치함
재고전략	재고회전률을 높이고 공급사슬 전체적으로 재고수준을 최소화함	부품 및 완제품의 중요 완충 재고를 배치함
리드타임 초점	비용을 증가시키지 않는 한 리드타임을 단축함	리드타임을 단축하는 방향으로 과감하게 투자함
공급자 선택접근법	비용 및 품질을 우선적으로 고려하여 선정함	스피드, 유연성, 품질을 우선적으로 고려하여 선정함
제품설계 전략	성능을 최대화하고 비용을 최소화 함	제품의 차별화를 최대한 늦추기 위하여 모듈러 설계를 이용함

제품의 특성과 공급사슬의 특성과의 관계는 다음 〈표 8-2〉와 같다. 즉 기능적 제품에 맞는 공급사슬은 물리적으로 효율적인 공급사슬이며, 혁신적 제품에 맞는 공급사슬은 시장 대응적인 공급사슬이다.

〈표 8-2〉 제품의 특성과 일치하는 공급사슬의 형태

	기능적 제품	혁신적 제품
효율적 공급사슬	적합	부적합
대응적 공급사슬	부적합	적합

기능적 제품을 가진 기업이 대응적 공급사슬의 형태를 가지는 것은 매우 드문 일이며, 문제는 혁신적 제품을 가지고 있으면서도 대응적인 공급사슬을 갖추지 못한 경우이다. 대응적인 공급사슬을 갖추는 방법으로 다음의 네 가지 방법이 제시되고 있으며 기업의 상황에 맞추어 네 가지를 혼합하여 사용해야 한다고 한다.

① 혁신적 제품에는 항시 불확실성이 따르며 불확실성이 높다는 것은 그만큼 수익성이 높음을 의미하므로 불확실성의 긍정적인 측면을 받아들이는 것이 중요하다.

② 다양한 제품들이 공통부품을 가능하면 많이 공유하게 하여 부품수요에 대한 예측이 보다 더 정확해지도록 함으로써 불확실성을 줄인다.

③ 리드타임 단축이나 유연성 증대를 통하여, 수요가 실현되거나 수요예측이 가능해지는 시점에서 생산이 가능하도록 함으로써 불확실성을 피한다.

④ 완충재고나 여유생산능력으로 불확실성을 방지한다.

예를 들어, 주문생산방식을 이용하면 공급과 수요를 일치시킬 수 있어 불확실성을 피할 수 있다. 물론 이 경우 고객에게 즉각적인 제품의 인도를 희생하는 대가를 제공할 수 있어야 한다. 이러한 대가로 대량맞춤(mass customization) 개념을 이용하는 것이다. 즉, 저렴한 가격으로 맞춤제품을 공급하는 것이다. 불확실성을 줄이는 다른 예로서, 의류제작 기업의 경우 소매상으로부터 주문을 미리 받는 방법, 리드타임의 단축, 과잉생산과 생산부족 시에 발생하는 비용을 고려한 생산량 결정방법 등을 이용하여 불확실성을 감축할 수 있다.

2.3 대응력 있는 공급사슬의 설계

일반적으로 기업들은 효율성에 초점을 맞추어 비용감소, 생산능력의 효율적인 이용, 재고감소 등에 관심을 두어 왔다. 이러한 것이 중요한 것은 틀림이 없으나 이제는 효율성보다는 효과성에 초점을 맞추는 것이 중요한 것으로 보인다. 그 이유는 제품이나 기술의 수명주기가 단축되고 경쟁심화로 제품변화의 빈도가 높아지며, 고객의 수요가 다양해지는 상황에서 수요의 변화에 대한 대응성을 가져야만 경쟁우위를 확보할 수 있기 때문이다. 즉, 짧은 시간 내에 수요의 크기에 따라 생산량을 조절하거나 고객의 기호변화에 따라 빠른 시간 내에 제품을 다양화할 수 있도록 민첩성 혹은 유연성을 가지는 것이 중요하다는 것이다.

공급사슬이 대응성을 갖추기 위해서는 민첩성을 가져야 하는데 공급사슬이 민첩성을 갖기 위해서는 다음을 고려하여야 한다. 우선적으로 시장에 대하여 민감성을 가져야 한다. 이 말이 의미하는 것은 실제의 수요를 파악할 수 있어야 하고 대응할 수 있어야 한다는 것인데, 예를 들어, POS 데이터와 같은 수요에 대한 실시간 정보를 수집하여 수요에 대응할 수 있어야 한다는 것이다. 이렇게 수집된 판매시점 데이터는 공급자와 구매자가 공유하도록 하는 것이 유리한데 그 이유는 정보공유를 통하여 수요가 가시화됨으로써 공급사슬 구성원들이 동일한 데이터, 즉 실제 수요에 기반을 두고 활동을 하게 되어 주문에만 의존할 경우 일어나는 채찍효과와 같은 수요의 왜곡현상을 피할 수 있기 때문이다.

공급사슬 구성원 간에 정보공유가 순조롭게 되기 위해서는 제품을 공동으로 개발한다든지, 동일한 시스템을 갖춘다든지 등 구매자와 공급자와의 협조적인 관계를 유지하여야 한다. 요즈음은 어느 한 기업이 다른 기업과 경쟁한다기보다는 공급사슬이 다른 공급사슬과 경쟁하는 것으로 볼 수 있다. 따라서 네트워크 전체가 민첩성을 가지는 것이 중요하며 이를 위해서는 구성원 간 상당한 수준의 협조와 동기화가 필요하며, 네트워크 파트너의 강점과 능력을 최대한 이용하여야만 지속적인 경쟁우위를 유지할 수 있다.

Christopher는 민첩성을 갖춘 공급사슬을 설계할 때에 고려해야 할 사항들을 다음과 같이 이야기하고 있다.

2.3.1 정보공유를 통한 활동의 동기화

동기화란 구성원들이 정보의 공유를 통하여 공급사슬 구성원들이 동일한 수요예측 및 일정계획에 따라 움직이는 것을 말한다. 이는 정보기술의 발전으로 점차 가능하게 되었으며 실제로 월마트가 공급자에게 실시간으로 판매시점 데이터를 제공한다든지 어패럴 산업에서 신속대응전략의 일환으로 소매상, 섬유생산업자, 의류생산자 사이에 수요정보 공유가 이루어지고 있다.

2.3.2 비부가가치 활동의 제거

프로세스를 면밀히 검토해보면 고객에게 가치는 창출하지 않으면서 비용만 지출되는 활동들에 소요되는 시간이 있음을 발견하게 된다. 예를 들어, 재고에 투자하는 시간이 그러하다. 실제로 프로세스 시간은 재고와 직접적으로 상관관계가 있다. 즉 주문을 하여 배송이 이루어지기까지 2주가 걸린다면 2주 동안의 수요에 대비한 재고를 보유해야 하는 것이다. 원하는 결과를 더 짧은 시간에 작은 비용으로 얻기 위하여 조직의 프로세스를 단순화하고 재구성하는 활동인 BPR(business process reengineering)이 필요하며, 종종 프로세스의 단축을 위하여 몇 가지 공정을 동시에 작업을 한다든지, 부가가치를 생성하지 못하는 활동을 없앤다든지 하여 전체적인 프로세스 시간을 줄이기도 한다.

2.3.3 입고 리드타임 단축을 위한 공급자와의 파트너십 형성

협조를 통하여 대응성을 향상시키는 방법의 대표적인 예가 VMI(vendor managed inventory)이다. VMI는 재고에 대한 관리 및 보충에 대한 책임이 고객으로부터 공급자에게 이전되는데, 고객은 공급자에게 더 이상 주문을 하지 않고 대신 판매정보를 공급자와 공유한다. 공급자는 이러한 판매정보를 이용하여 재고보충에 대한 의사결정을 스스로 하게 되므로 생산 및 조달 계획을 자신의 상황을 고려하여 수립할 수 있어 생산능력을 효과적으로 이용할 수 있다. 고객과 공급자 모두 이득을 보게 되며 소비자도 가용성 및 신뢰도의 향상을 기대할 수 있다.

2.3.4 복잡성의 감축

복잡성은 민첩성에 장애로 작용하며 비용도 증가시킨다. 예를 들어, 고객이 실제로 원하는 것 이상으로 지나치게 제품을 다양화하게 되면 제품의 가용성 관리에 어려움을 주고 수요의 불확실성을 높인다. 복잡성을 없애고 단순성을 추구하는 것이 바람직하다.

2.3.5 제품의 차별화 지연

어느 정도 최종 제품에 대한 모델별 수요에 대한 파악이 이루어질 때까지, 생산 모델이 결정되는 제품의 최종생산단계를 될 수 있으면 지연시키는 것이다. 이를 위해서는 제품의 모듈화가 되어야 하고 모델이 결정될 때까지 일반형(generic) 제품으로 보유하고 있다가, 수요에 대한 윤곽이 드러나 불확실성이 어느 정도 제거된 뒤에 생산이 이루어지므로 모델별 완성품재고를 감축할 수 있다는 장점이 있다.

2.3.6 기능이 아닌 프로세스의 관리

기능을 중심으로 하는 조직은 시장이나 비즈니스 환경의 변화에 대응하는 속도가 상대적으로 느리다. 기능에서 다른 기능으로 거치다 보면 시간이 길어지기 마련인데, 예를 들어, 신제품개발 활동의 경우 R&D에서 제품 엔지니어링, 시장조사, 생산으로 움직이다 보면 시간이 길어진다. 반면에 변화하는 고객의 요구에 신속하게 대응하는 기업은 주로 프로세스의 관리에 초점을 맞춘다. 이러한 프로세스는 고객에게 가치를 창출하는 활동들을 수평적이고 시장에 초점을 맞춘 순서로 나열한 것으로, 이러한 프로세스는 여러 기능에 걸쳐 있으므로 여러 분야를 망라하는 팀이 관리하는 것이 가장 좋다. 예를 들어, 혁신 프로세스, 고객관계관리 프로세스, 공급자관계관리 프로세스 등이 이에 속한다. 의사결정 단계가 여럿 있는 조직보다는 프로세스 팀에게 자율권이 부여되는 경우가 시장변화에 대응하는 것이 빠르고 또한 조직구조가 수평적인 경우가 공급사슬의 구성원 간의 연대가 촉진된다.

2.3.7 적합한 성과 측정치의 이용

일반적으로 이용되는 비용최소화, 자산이용률 최대화, 효율성, 생산성 향상 등의 기준이 민첩성을 장려하는 기준이라고는 볼 수 없다. 예를 들어, 생산 분야에서 단위당 생산비용을 기준으로 평가가 된다면 규모의 경제를 얻기 위하여 배치 크기를 크게 하는 것이 유리하다. 그러나 배치 크기를 크게 하면 그만큼 유연성을 잃게 되고 또한 재고수준도 높아진다. 반면에 사이클 타임 단축, 준비시간 단축 등에 초점을 맞추면 민첩성을 장려하게 된다. 또 측정치를 고객에게 초점을 맞추는 것도 민첩성을 장려하는데 도움이 된다. 예를 들어, 고객에게의 정시배송 및 주문일치 정도나 정시 배송률 등의 측정치를 이용하게 되면 민첩성을 높이는데 대한 인센티브를 제공하게 된다.

[그림 8-6]은 기업이 대응성을 가지기 위해서 필요한 주요 구성요소를 보여주고 있다.

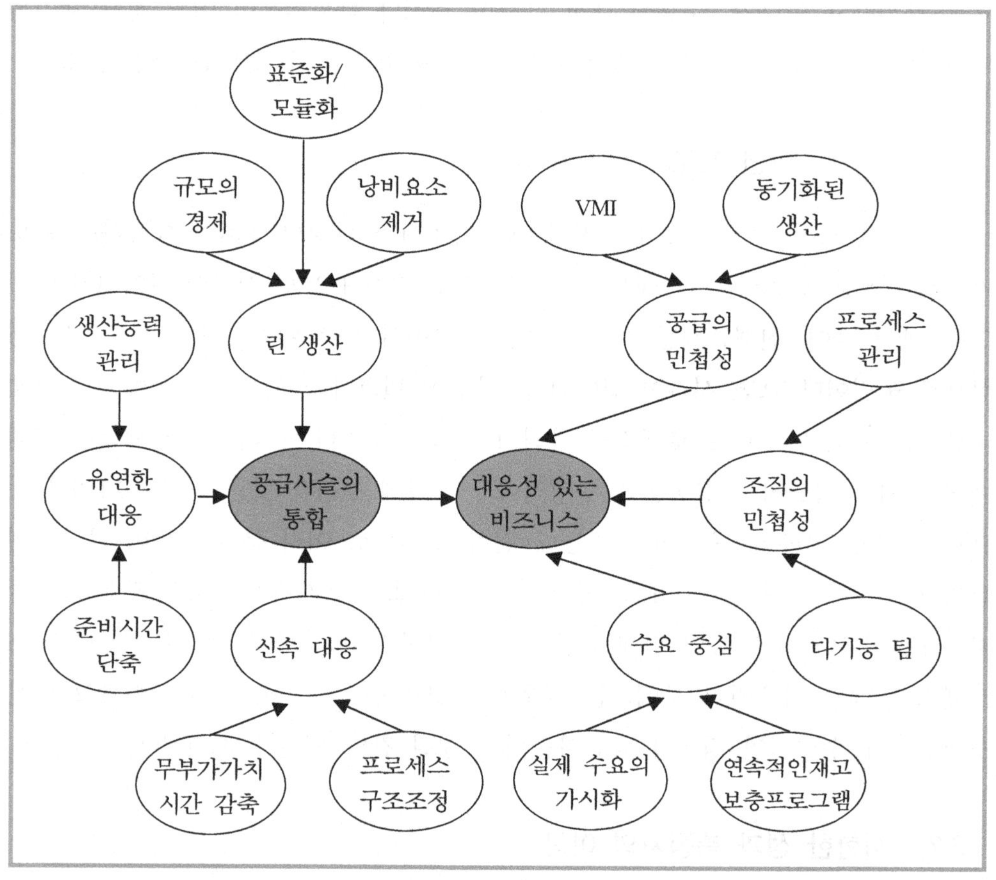

[그림 8-6] 대응적인 공급사슬을 디자인하기 위한 로드맵

예를 들어 대응성 있는 기업은 민첩한 공급자를 가져야 하며 그들과의 밀접한 관계를 유지하고 가상 공급사슬 네트워크를 구성한다. 또한 고객과도 가까이 하여 실질적인 고객수요에 대한 정보를 얻고 이 정보를 네트워크의 파트너와 공유한다. 기업 내적으로도 기능적이 아닌 프로세스에 초점을 맞추어 민첩성을 가진 조직을 구성한다. 생산 차원에서 린(lean) 개념을 도입하고 공급사슬 전략 차원에서 유연성과 신속성을 가지도록 한다.

3 신제품 개발에 있어서의 공급자통합

또 다른 핵심 공급사슬 이슈는 신제품의 구성요소를 위한 적절한 공급업자의 선정이다. 전통적으로 이것은 설계와 제조 엔지니어들이 제품의 마지막 설계를 결정한 후에 이루어졌었다. 최근 미시간 주립대의 GPSCBI(The Globla Procurement and Supply Chain Benchmarking Initiative) 연구에 의하면, 종종 설계 프로세스에 공급자를 참여시킴으로써 엄청난 이득을 실현할 수 있다는 것을 발견하였다.

이러한 이득은 구매 자재비용의 절감, 구매자재의 품질 제고, 개발시간과 개발비용의 절감, 제조비용의 절감, 그리고 최종제품 기술수준의 증대 등을 포함한다.

3.1 공급자 통합의 스펙트럼

공급자통합에 관한 어느 한 연구에서 단일의 공급자통합의 적절한 수준은 존재하지 않는다고 지적하였고, 공급자통합의 스펙트럼을 개발하였다. 특별히 그들은 다음과 같은 가장 적은 공급자 책임으로부터 가장 큰 공급자 책임까지 단계들의 시리즈를 개발하였다.

- **없음**(none) : 공급자가 설계단계에서 제외된다. 자재와 서브조립품들이 고객의 스펙과 설계에 따라서 공급되어진다.
- **흰 상자**(white box) : 이 수준의 통합은 비공식적으로 비록 공식적 협력관계는 없지마는 구매자는 제품과 스펙을 설계할 때 공급자와 비공식적으로 협의한다.
- **회색 상자**(grey box) : 이는 공식적 통합을 의미한다. 구매자와 공급자들의 엔

지니어 간에 협력팀이 구성되어지고, 공동(joint) 개발이 이루어진다.

- **검정 상자**(black box) : 구매자는 공급자에게 인터페이스 요구들을 제공하고, 공급자들은 독립적으로 요구되는 구성요소들을 설계하고 개발한다.

물론, 검정 상자 접근이 연속선상의 끝에 있기 때문에 이것이 모든 경우에 최적 접근이라는 것을 의미하는 것은 아니다. 대신 회사들은 서로 다른 상황에서 공급자 통합의 적절한 수준을 결정하는데 도움을 주는 전략을 개발하여야만 한다.

GPSCBI는 회사들이 이러한 결정을 하는데 도움을 주는 전략적 계획 프로세스를 개발하였다. 프로세스의 초기단계는 다음과 같이 요약할 수 있다.

- 내부 핵심 경쟁력을 결정하라.
- 현재와 미래의 신제품 개발을 결정하라.
- 외부 개발과 제조 니즈를 발견하라.

이와 같은 세 단계는 경영자로 하여금 무엇을 공급자로부터 조달할 것이고, 공급자 전문성의 어떤 수준이 적절할 것인가를 결정하는데 도움을 준다. 만약 미래제품이 회사가 현재 보유하지 않고 있는 전문성을 요하는 구성요소를 필요로 하며, 또 이러한 구성요소의 개발이 제품개발의 다른 단계들로부터 분리될 수 있다면, 검정 상자(black box)접근을 택하는 것이 합당할 것이다. 만약, 이와 같은 분리가 가능하지 않다면 회색 상자(grey box)접근을 사용하는 것이 보다 합당할 것이다. 만약, 구매자가 설계 전문성을 가지고 있으나 공급자가 적절하게 구성요소를 제조할 수 있을 경우, 아마 흰 상자(white box)접근이 적합할 것이다.

3.2 효과적 공급자통합의 핵심

공급자통합의 적절한 수준을 단순히 선정하는 것은 충분하지 않다. 관계가 성공의 핵심이라는 것을 확인시켜주는 많은 연구들이 있다. 전략적 계획 프로세스의 다음 단계는 이와 같은 성공을 보장하는데 도움이 될 것이다.

- 공급자의 선정과 그들과의 관계구축
- 선정된 공급자와의 목표 조정

일반적으로 공급자를 선정하는 것은 제조능력과 응답시간 등과 같은 여러 고려사항들을 포함한다. 공급자통합의 파트너들은 구성요소들을 공급하기 때문에, 모든 전통적 고려사항들이 여전히 적용된다. 거기에다 공급자통합의 특별한 성격은 다음과 같은 공급자요구의 추가적인 것들을 제시한다.

- 설계 프로세스에 참여할 수 있는 능력
- 지적재산권과 기밀사항에 대한 합의에 도달할 수 있는 능력을 포함하여 설계 프로세스에 참여할 자발적 의지
- 프로세스에 대하여 충분한 인력과 시간을 투입할 수 있는 능력. 필요시 인력의 배치를 포함할 수 있다.
- 공급자통합 프로세스에 대하여 참여할 수 있는 충분한 자원

물론 이와 같은 요구사항들의 상대적 중요성은 특별한 프로젝트와 통합의 형태에 따라 좌우된다. 일단 공급자를 찾은 다음 그들과의 관계를 구축하는 것은 매우 중요하다. 예컨대 회사들은 공급자들을 설계 프로세스 초기단계에 참여시키는 것이 유용하다는 것을 발견하였다. 회사들은 설계개념이 완성된 바로 직후 공급자를 참여시키는 것 보다 초기단계에 참여시킬 때 훨씬 많은 이득이 있다고 이야기한다.

공급자와 미래 계획과 기술을 공유하는 것은 이러한 관계를 구축하는데 도움을 주고, 그렇게 함으로써 공동의 지속적인 개선목표를 가질 수 있다. 별개의 조직 그룹이 관계를 관리하는 것 또한 유용하다. 이러한 경우에 구매하는 회사의 목표는 신뢰하는 공급자와 장기적, 효과적 관계를 구축하는 것과 관련하여 설정하게 된다. 이러한 것들은 자연적으로 구매자와 공급자의 목표를 조정하게 될 것이고, 이것은 보다 효과적인 통합을 가져다 줄 것이다.

4 대량고객화(Mass Customization)

4.1 대량고객화의 개념

Joseph Pine II(1993)는 그의 저서 'Mass Customization'에서 대량고객화(mass customization) 개념이 점차적으로 비즈니스에서 중요한 개념이 될 것이라고 소개하였다.

대량고객화는 20세기의 두 개의 대표적 제조 패러다임, 즉 도공(craft)생산과 대량생산으로부터 발전되었다. 대량생산은 제한된 가지 수의 제품을 대량으로 생산함으로써 높은 효율성을 얻을 수 있다. 산업혁명에 의해 촉발된 소위 기계 기업(mechanistic firms)은 자동화와 측정 작업에 높은 우선순위를 두는 관리를 개발하였다. 매우 관료적 관리구조를 가지고 있고 기능적으로 정의된 그룹들과 과업, 그리고 엄격하게 종업원들을 관리하는 것 등이 일반적이다. 이러한 종류의 조직은 높은 수준의 효율성을 이끄는 엄격한 관리와 예측성을 가능케 한다. 적은 항목의 수로서 품질은 상당히 높고 가격은 상대적으로 낮게 유지할 수 있다. 이것은 특별히 생활필수품의 경우 매우 중요한 데, 왜냐하면 이 경우 기업들은 전통적으로 가격경쟁을 하여 왔으며 보다 최근에는 품질경쟁을 하기 때문이다.

반면에 도공생산은 높은 기능과 유연한 작업자, 그리고 종종 개인적 혹은 전문적 기준에 의해 지배되며, 독특하고 흥미 있는 제품이나 서비스를 창출하는 욕망에 의해 동기부요가 되는 기술자(craftsmen)를 포함한다. 이러한 작업자들은 유기적 조직(organic organization)이라 불리는 데서 볼 수 있는데 이들은 전통적으로 도예제도(apprenticeship)와 경험을 통하여 훈련되어지고, 조직은 유연하고 계속적으로 변화한다. 이러한 종류의 조직은 매우 높은 수준의 차별화되고 전문화된 제품을 생산할 수 있으나, 규정화하고 관리하는 것은 매우 어렵다. 결과적으로 이들 제품의 품질과 생산율은 측정하기와 재생산하기가 어려우며, 일반적으로 제조하는데 훨씬 더 비용이 많이 든다.

과거의 경영자들은 가끔 상충적 성격을 지니고 있는 위와 같은 두 개의 조직형태 중 하나를 선택해야만 하였다. 어떤 제품들은 낮은 비용, 낮은 다양성 전략이 적합한 반면, 다른 제품들은 보다 높은 비용, 높은 다양성, 그리고 보다 적응력이 있는 전략이 보다 효과적이다. 대량 고객화의 발전은 이러한 것이 항상 상충적일 필요는 없다는 것을 보여 준다.

Pine은 대량 고객화를 하기 위해 핵심적인 것은 고도의 기능과 자율적인 작업자, 프로세스 그리고 모듈러 단위라고 지적하였다. 관리자들은 특정한 고객의 요구와 수요에 맞추기 위해 이러한 모듈들을 조정하고 구조를 변경할 수 있다.

기업 또는 보다 정확하게 서로 다른 모듈들을 연결시키는 기업 내의 시스템들은 대량 고객화를 성공적으로 수행하기 위해서 다음과 같은 핵심 속성들이 요구된다.

- **즉시성(instantaneousness)** : 모듈들과 프로세스들은 매우 빠르게 함께 연결되어

져야 하는데, 이것은 다양한 고객의 요구에 신속한 대응을 가능하게 한다.

- **비용이 들지 않는(costless)** : 이러한 연결은 추가적인 비용이 거의 들지 않아야 하며, 이 속성은 대량 고객화가 저비용의 대안으로 가능하게 한다.
- **이음새가 없는(seamless)** : 고객 서비스가 손상되지 않도록 이러한 연결과 개별적 모듈은 고객에게 보이지 않아야만 한다.
- **마찰이 없는(frictionless)** : 모듈들의 네트워크와 집합들은 간접비용 없이 형성되어야만 한다. 팀 형성을 위한 시간의 소요 없이 의사소통은 즉시 작동되어야 하는데 이는 여러 다른 형태의 환경에서 필요한 것이다.

사례 8-7 : National bicycle

National bicycle은 일본 마쓰시다의 자회사로 파나소닉과 내쇼날이라는 브랜드로 자전거를 판매한다. 몇 년 전에 경영층은 매출이 극히 저조한 수준이라는 것을 발견하였는데, 이는 주로 변해가는 고객의 요구를 잘 예측하지 못하여 그들을 만족시킬 수 없었기 때문이었다. 대량 고객화 노력을 시작하기 전 해에, 전년도 생산의 20%가 재고로 쌓여 있었다. 틈새시장을 노린다든지 예측을 개선하기보다, 내쇼날은 대량 고객자(Mass Customizer)가 되었다. 회사는 매우 유연한 자전거 프레임 제조시설을 개발하였다. 즉 페인팅과 장착 그리고 구성품의 튜닝이 제조 시설 내에서 다른 모듈에 의해 수행될 수 있도록 분리된 기능을 갖추게 되었다. 그 다음, 소매상에 Panasonic Order System이라고 불리는 첨단 고객 주문시스템을 설치하였다. 이 시스템은 고객의 체중과 사이즈, 프레임의 적당한 치수, 의자의 위치 그리고 바 스템(bar stem)의 확장을 측정할 수 있는 독특한 기계가 포함되어 있다. 고객들은 또한 모델 형태, 색상 패턴 그리고 다양한 구성품 등을 선택할 수 있다. 딜러로부터의 정보는 즉시 공장으로 전해지는데 공장에서는 CAD 시스템을 이용하여 3분 내에 기술적 명세서가 만들어 지고, 이 정보는 자동으로 적절한 모듈로 전해져서 그 곳에서 제조는 종료되며, 그리고 자전거는 2주 후에 소비자에게 전달된다.

따라서 생산프로세스를 이음새가 없이(seamless)하고 본질적으로 추가비용 없이 독립적 생산모듈로 분리하고, 첨단의 정보시스템을 설치함으로써, National Bicycle은 큰 제조비용의 증가 없이 판매와 고객만족을 증대시킬 수 있었다.

4.2 대량 고객화와 SCM

많은 선진 SCM접근법과 기술들은 대량 고객화가 성공적으로 수행되기 위해서 반드시 필요하다. 이것은 네트워크 내에 구성요소들이 여러 회사를 걸쳐서 있는 경우에는 특별히 더할 것이다. 효과적 SCM을 위해 필수적인 동일한 정보기술이, 다이나믹 네트워크 안에서 서로 다른 모듈들을 조정하고 그들이 고객 요구에 일치한다는 것을 확인하기 위해서도 반드시 필요하다.

마찬가지로 많은 경우에 동적 네트워크 안의 모듈들이 서로 다른 기업간에 존재한다. 이것은 대량 고객화의 성공을 위해 필요한 전략적 파트너십과 공급자 통합과 같은 개념들을 만든다. 마지막으로 프린터와 관련된 많은 사례에서 보듯이 지연은 대량 고객화를 수행하는데 핵심적 역할을 한다. 예를 들면, 제품이 지역 유통센터에 도착하기 전까지 지역적 차별화를 지연시킴으로써 유통센터는 지역 고객화를 용이하게 할 수 있다. 다음의 사례는 주문이 도착할 때까지 차별화를 지연하는 것이 특정한 고객의 고객화를 가능하게 한다는 것을 보여준다.

사례 8-8 : Dell 컴퓨터

Dell 컴퓨터사는 – 1998년에는 PC업계의 두 번째 큰 제조사였지만 – 대량 고객화(mass customization)라는 독특한 전략을 채택함으로써 PC산업계의 막강한 위치의 하나가 되었다. Dell은 고객의 주문이 접수되기 전까지는 결코 PC를 조립하지 않는다. 이것은 고객으로 하여금 특정한 요구를 허용하였고, Dell은 이 요구에 따라 만든다. 인터넷을 통한 주문은 점차 증가하게 되었다. 주문을 받는 시스템은 Dell사의 자체 공급사슬관리 시스템과 연계되어 있어서, 신속히 제조되어야 하는 컴퓨터를 위한 재고를 확인할 수 있다. Dell 매장은 아주 적은 양의 재고를 보유하고 있으며 실제로 Dell의 공급자들은 Dell의 공장과 아주 가까운 곳에 그들의 창고를 지어, Dell은 부품을 JIT으로 주문한다. 이와 같은 전략을 사용함으로써 고객에게 그들이 원하는 것을 신속하고도 정확하게 제공할 수 있었다. 게다가 재고비용은 아주 낮고, Dell은 빠르게 변하는 컴퓨터산업에서 재고가 못쓰게 되는 위험을 최소화시킬 수 있었다. 이러한 방식으로 Dell은 데스크탑 PC 시장에서 강력한 지위를 얻었고, 랩탑과 서버 시장에서도 그들의 방식대로 잘 진행되고 있다.

Dell은 많은 중요한 개념들을 잘 활용하고 있다. 이 회사는 많은 주문을 접수하는 것부터 공급사슬 내 재고를 관리하는 것 까지 모든 것을 고급정보시스템(advanced information system)에 의해 운영되고 있다. 전략적 파트너십이 Dell의 많은 공급자들과 구축되어졌다. 또한 Dell은 새로운 컴퓨터와 네트워킹 장치들이 호환할 수 있도록 몇 개의 핵심 공급업자들 - 예를 들면 3Com, 네트워크설비 공급자들 - 과 공급통합 파트너십을 구축해 놓고 있다. 마지막으로 Dell은 대량 고객화를 가능케 하기 위해서 주문을 받기 전까지 컴퓨터의 최종 조립을 연기하는 지연 개념을 사용하여 왔다.

5 역로지스틱스(Reverse Logistics)

역로지스틱스 혹은 회수로지스틱스는 고객으로부터의 반품을 수거하는데 요구되는 일련의 활동으로써, 최근 기업들이 점차 관심을 갖는 분야이다. 기업이 역로지스틱스에 관심을 갖게 되는 이유는 크게 두 가지로 요약할 수 있다. 기업은 환경규제나 고객으로부터의 압박으로 인하여 역로지스틱스를 갖출 것을 강요받는다. 유럽의 경우 새로운 타이어 하나를 판매하면 중고타이어 하나를 재활용하여야 한다. 한편 이와는 반대로 기업이 역로지스틱스에서 기회를 발견하고 적극적으로 나서는 경우도 있다. 예컨대, 일회용 카메라를 재활용하는 코닥의 경우처럼 제품이나 부품을 재사용함으로써 운영비용을 감축할 수 있는 기회를 발견하고자 기업이 자발적으로 나서는 경우도 있다.

5.1 역로지스틱스의 개념

역로지스틱스(reverse logistics)란 공급사슬에 있어 물적 자원의 일반적인 흐름인 공급자로부터 소비자로의 순방향에 반하는 물적 자원의 관리를 일컫는 말이다. 일반적으로 공급사슬관리는 크게 물적 자원의 흐름, 정보의 흐름, 금융자산의 흐름으로 나누어 볼 수 있는데, 역로지스틱스는 이 중 물적 자원의 흐름과 밀접한 관련이 있다. 흔히 논의되는 물적 자원의 흐름을 역로지스틱스와 구별하기 위하여 전방로지스틱스(forward logistics)라 일컫기도 한다.

국내에서는 현재까지 역로지스틱스에 대한 통일된 용어의 사용은 이루어지고 있지 않으며 회수물류, 역물류 등 다양하게 표현되고 있다. 미국 역로지스틱스전문가협회(Reverse Logistics Executive Council)에서는 역로지스틱스를 다음과 같이 정의하고 있다: "역로지스틱스란 원자재, 중간재, 최종제품 및 이와 관련된 정보의 흐름을 가치의 환원 혹은 적절한 폐기처리를 위해 이들의 최종 소비시점부터 제조시점까지 효율적·효과적으로 계획, 실행, 관리하는 프로세스이다."

즉, 역로지스틱스에서는 전형적인 물류 흐름의 최종도착지에서부터 가치를 추가적으로 창출해 내고 필요할 경우 적절히 그 용도를 폐기하기 위하여 원래 생산지로 물적 자원을 이동시키는 제반활동을 의미한다고 할 수 있다. 일반적으로 제품의 결함 및 파손으로 인한 재제조 혹은 재조립, 재고 수준 조절을 위한 반품 등이 전형적인 역로지스틱스의 범주에 포함된다고 할 수 있으나, 포장에 있어서의 재활용을 위한 포장용기의 역 흐름은 일반적으로 역로지스틱스에 포함시키지 않는다.

최근의 역로지스틱스는 기업 내의 단순한 하위 프로세스 차원이 아닌 기업의 경쟁우위를 유지하기 위한 커다란 동인으로서 인식되어지고 있다. 이는 점차 제품의 교환/반품/환불에 관한 정책이 소비자의 권익보호 차원에서 관대해지고, 제품의 수명주기가 점차 짧아지며, 위탁판매품의 비중이 높아짐에 기인한다.

전형적인 역로지스틱스 활동에는 파손품, 과잉재고, 중고, 유행이 지난 제품 등의 반품을 수거하거나 소비자나 소매상으로부터 포장이나 수송에 이용된 물질을 회수하는 프로세스 등이 포함된다. 반품은 여러 가지 이유에서 발생하는데 반품의 원인은 다음 〈표 8-3〉과 같이 정리할 수 있다.

〈표 8-3〉 반품의 주체와 대상으로 구분한 반품의 이유

	소매상이나 유통센터	소비자
제 품	과잉재고 반품 계절이 지난 반품 수송 중 파손 반품	불량품 및 싫증난 제품 보증 서비스 반품 리콜 소비자가 폐기 불가능한 경우
포 장 재	재사용 가능한 운반용기 반복사용 포장재 폐기의무	재사용 재활용 폐기규제

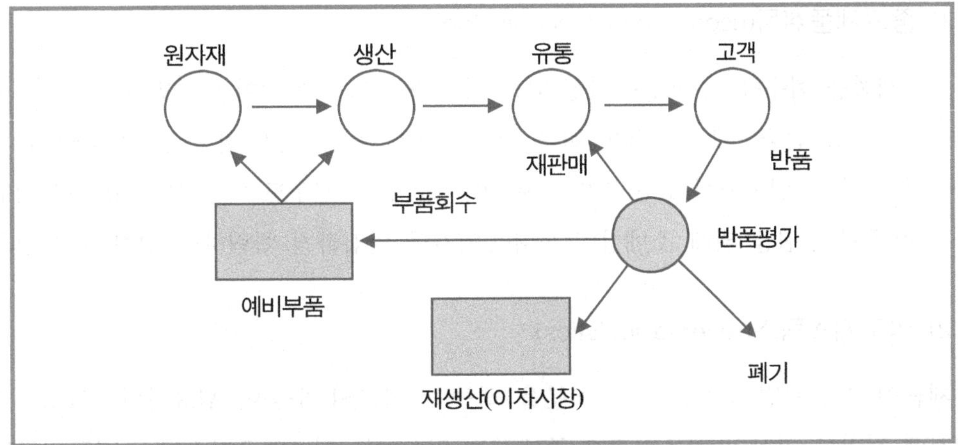

[그림 8-7] 역공급사슬

반품의 원인은 주체가 누구인가와 반품의 대상이 무엇인가에 따라 약간의 차이가 있다. 예를 들어, 소비자가 반품의 주체이고 반품대상이 제품인 경우에 반품의 원인으로는 불량품의 반품, 보증서비스를 받기 위한 반품, 리콜로 인한 반품, 소비자가 처리불가능한 경우의 반품 등이 포함된다. 일반적인 역공급사슬을 그림으로 나타내면 [그림 8-7]과 같다.

5.2 역공급사슬의 디자인

역공급사슬을 구축해야 하는 기업들은 여러 가지 어려움에 직면하게 된다. 고객을 교육해야 하고 고객과의 새로운 접점을 확립해야 하며, 역공급사슬 활동 중 어떠한 것을 아웃소싱할 것인지, 어떠한 것을 자체적으로 수행할 것인지, 비용은 최소로 하면서 반품으로부터 가치를 회수할 혁신적인 방법을 찾아야 하고 또한 엄격한 환경기준에도 맞추어야 한다.

5.2.1 역공급사슬의 구성요소

Guide Jr.와 Wassenhove(2001)에 의하면 역공급사슬의 디자인에 대한 의사결정을 위해서는 역공급사슬을 5가지의 주요 구성요소로 나누고 각 구성요소에 대한 옵션, 비용, 혜택 등을 분석해야 한다.

1) 중고제품취득(used product acquisition)

중고제품을 회수하는 것이 수익성 있는 사슬을 만드는 핵심이므로 반품의 품질, 수량, 시기 등을 신중하게 관리해야 한다. 예를 들어, 품질관리가 잘못되면 반품들 간의 품질의 차이가 너무 커서 효율적인 재생산이 불가능한 경우도 발생한다. 따라서 기업들은 반품의 수집을 위해 소매상이나 유통업자와 밀접하게 협력하는 것이 중요하다.

2) 역로지스틱스(reverse logistics)

제품이 수집되면 검사, 분류, 처분을 하는 시설로의 수송이 필요하다. 역로지스틱스에 적합한 최상의 네트워크가 존재하는 것은 아니다. 역로지스틱스 네트워크는 제품과 그 제품의 재사용 경제성에 맞게 맞춰져야 한다. 예를 들어, 부피가 큰 타이어와 작고 부서지기 쉬운 카메라는 그 취급방법이 달라야 한다. 기업들은 수송비용 및 보관뿐만 아니라 반품의 가치가 얼마나 빨리 하락하는지와 반품에 대한 통제의 필요성 등을 고려해야 한다. 많은 경우에 역로지스틱스를 전문업체에게 아웃소싱하는 것도 의미가 있다.

3) 검사 및 처분(inspection and disposition)

반품에 대한 검사, 분류 및 등급부여 작업은 노동 집약적이며 시간이 많이 소요되는 작업이다. 그러나 반품에 품질표준을 적용한다면 센서나 바코드 등의 기술을 이용하여 자동으로 추적 및 검사를 하는 것이 가능하다. 따라서 반품 프로세스 중에서 가능하면 이른 단계에서 품질, 제품의 구성 등의 기준에 따라 처분결정이 내려져야 한다. 이렇게 하면 로지스틱스 비용을 절감할 수 있고 또한 재생산 제품을 시장에 신속하게 출하할 수 있다.

4) 수리(reconditioning)

반품으로부터 부품을 추출하여 재사용을 위해 수리를 한다든지 혹은 재판매를 위해 완전하게 재생산을 함으로써 반품으로부터 가치를 얻을 수 있다. 그러나 수리나 재생산은 반품의 시기나 품질이 불확실하므로 전통적인 생산보다 예측하기가 힘들다. 따라서 생산의 변동 및 비용을 최소화하기 위해서는 될 수 있으면 이른 단계에서 반품의 처리에 대한 의사결정이 이루어져야 한다.

5) 유통 및 판매(distribution and sale)

재생산 제품에 대한 수요는 오리지널 구매자뿐만 아니라 다른 시장의 새로운 소비자일 수도 있다. 따라서 기업들은 오리지널 제품은 값이 비싸 꺼렸으나 재생산 제품을 낮은 가격에 구입하려는 소비자를 목표시장으로 하는 것이 도움이 된다. 일반적으로 역공급사슬에 성공적인 기업은 역공급사슬을 전방공급사슬(forward supply chain)과 밀접하게 통합하는 closed-loop 시스템을 창출하는 기업이다. 예를 들어, 제품의 디자인이나 생산에 대한 의사결정시에 이미 재생산이나 수리를 고려하는 경우가 여기에 속한다.

5.2.2 중앙집중적 역공급사슬과 분산된 역공급사슬

Blackburn 등(2004)은 역공급사슬의 형태는 반품의 한계시간가치(marginal value of time)에 따라 결정되어야 한다고 보고 있다. 한계시간가치가 높다는 것은 시간이 경과함에 따라 가치의 하락이 빠른 것을 의미하며, 낮다는 것은 시간이 경과해도 반품의 가치가 유지되는 것을 의미한다. 따라서 반품의 한계시간가치가 높은 경우에는 대응성이 좋은 역공급사슬 형태가 적합하며, 반대로 반품의 한계시간가치가 낮은 경우에는 대응성보다는 효율성이 높은 역공급사슬 형태가 적합하다는 것이다. 역공급사슬 형태의 선택은 결국 스피드와 비용의 선택에 달려 있는 셈이다.

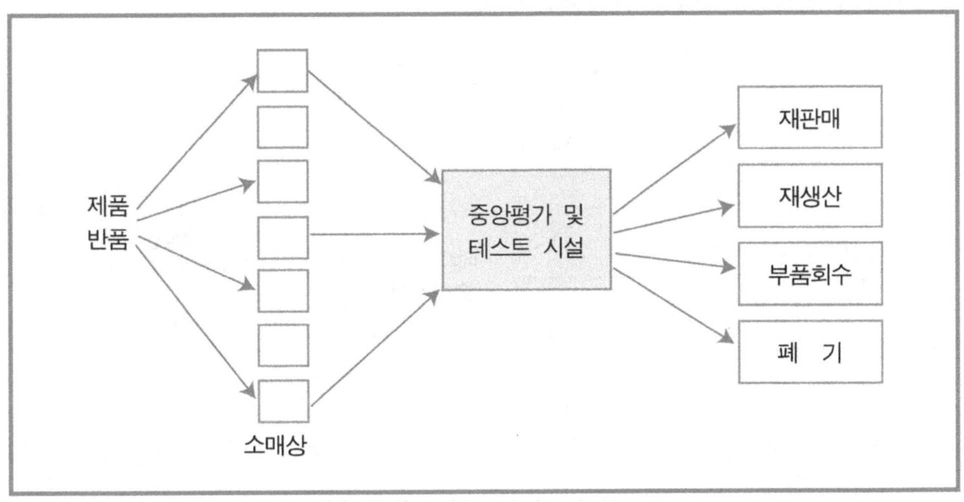

[그림 8-8] 중앙집중적인 역공급사슬

즉, 스피드가 중요한 경우 대응성 있는 역공급사슬을 택해야 하며 비용절감이 중요한 경우는 효율적인 역공급사슬을 선택해야 한다. 효율적인 역공급사슬이란 Blackburn 등에 의하면 중앙집중적인 역공급사슬을 말하는 것으로 [그림 8-8]에서와 같이 소매상의 반품이 한 곳에서 모아지고, 그곳에서 반품에 대한 검사 및 평가가 이루어진다. 평가결과에 따라 이상이 없는 새 제품은 다시 전방공급사슬에 투여되고, 수리 후 판매 가능한 제품은 재생산 프로세스에 투여되며 나머지는 부품을 분리수거하거나 혹은 고물로 처리된다. 이러한 역공급사슬은 비용을 최소화하기 위해 디자인된 것이며 종종 시간상으로는 지연이 된다.

역공급사슬에서는 반품에 대한 처리를 빨리하면 시간상의 이점을 얻게 된다. Blackburn 등(2004)이 말하는 preponement 전략이 바로 이것인데 [그림 8-9]에서 보는 바와 같이 반품을 모두 검사 및 평가 장소로 보내는 것이 아니라 소매상이 판단하여 처리하는 방법이다. 즉 소매상이 전방공급사슬에 바로 투여될 것과 재활용할 것을 가려내어 처리하고 검사가 필요한 반품만을 검사 및 평가 장소로 보내어 수리 후 판매할 것인지 아니면 부품을 분리수거할 것인지를 결정하도록 하는 것이다. 이러한 역공급사슬을 분산된 역공급사슬이라 한다. 이러한 역공급사슬에서는 시간지연을 최소로 할 수 있다는 장점이 있다. 우선 전방공급사슬로 보낼 것과 재활용할 것은 소매상이 바로 처리하므로 시간지연이 최소화되고 검사 및 평가 장소로 보내지는 반품의 경우에도 모든 반품이 보내지는 경우와 비교하여 볼 때에 전체적인 수량이 줄어 검사시간이 줄어들게 된다.

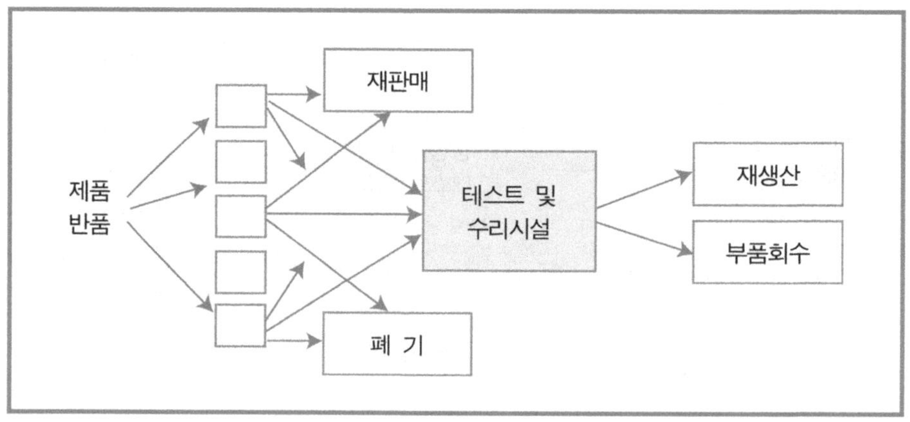

[그림 8-9] 분산된 역공급사슬

이러한 대응성 있는 공급사슬을 운영하는데 문제가 되는 것은 소매상들이 판단을 할 수 있는 능력을 갖추는 것과 소매상이 이러한 작업을 할 동기가 부여되어야 한다는 것이다. 소매상들이 능력을 갖추도록 하기 위해서는 소매상들의 판단을 지원하기 위한 시스템의 마련이 필요한데, 예를 들어, 검사기기를 지원한다든지 혹은 본사의 기술자를 파견 지원한다든지 혹은 아웃소싱 등을 통한 지원이 가능하다. 동기부여는 소매상과 생산자와의 사이에 비용절감의 혜택을 서로 나누어 가지는 계약을 통하여 가능할 것으로 보인다.

5.3 역로지스틱스의 전략적 의의

회수물류를 전략적 요소로서 그 중요성을 인식하고 있는 기업은 그리 많지 않다. 극단적인 예이기는 하지만 존슨&존슨의 타이레놀 독극물 주입 사건은 회수물류의 중요성을 잘 보여주는 예이다. 당시 신속한 대응과 효율적인 회수물류 관리기법을 통해 존슨 & 존슨은 전 판매채널에 걸쳐 약 1억 달러에 달하는 비용을 들여 독극물 주입이 의심되는 제품 전량을 신속히 수거하였고, 이를 통해 소비자들에게 신뢰를 심어주어 현재까지 소비자들에게 책임지는 기업으로 인식되고 있다.

그러나 이러한 전략적 중요성에도 불구하고, 모든 기업에 적절한 표준적인 회수물류 전략은 존재하지 않는다. 이는 각 기업에 따라 취급되는 제품의 속성 및 규모가 다르고 반품되는 빈도가 다르기 때문이다. 극단적인 예를 들어 수백만의 고객을 상대로 책을 판매하는 온라인 서점과 몇몇 건설회사를 상대로 고가의 건설자재를 판매하는 회사의 회수물류 전략이 달라야 함은 자명한 사실이다. 아울러 반품되는 제품의 처분방법 또한 다양하다는 사실도 표준적인 회수물류 전략을 수립하는데 어려움을 주고 있다.

회수물류 전략을 수립하는데 시장여건의 변화, 고객의 요구사항의 변화, 법률적 규제의 변화 등 반드시 인지해야 할 사항들은 다음과 같다.

5.3.1 회수물류 전략 수립을 위한 고려사항

1) e-Commerce와 효율적인 반품 프로세스

현재 온라인상에서 거래되는 상품들은 대부분 소비자에게 제품의 환불 및 교환을 일정수준이상 보장해 주고 있다. 이는 제품의 교환이나 환불이 단순히 운영의 효율성을 위한 부분이 아닌 마케팅의 한 차원으로 시행되고 있음을 의미한다. 손쉽고 효율적인 제품의 교환정책은 소비자로 하여금 제품의 구입과 품질에 대한 확신을 심어주는 역할을 한다. 그러나 이렇듯 제품에 대한 자신감의 확보라는 이면에는 현실적으로 환불/교환되는 제품의 양이 증가한다는 어두운 측면이 존재한다.

가트너(Gartner) 그룹의 조사에 따르면 온라인으로 구입한 제품의 약 36%가 환불된다고 한다. 따라서 제품의 판촉을 위한 관대한 교환 및 환불정책의 수립과 동시에 이를 통해 발생할 수 있는 회수물류 프로세스를 비용 효과적으로 처리할 수 있는 방안이 동시에 마련되어야 함과 동시에 소비자의 권리를 보호하기 위해 제품의 반품을 보장하는 법률적 제도의 변화에 대한 대응방안도 필요하다.

2) 환경보호를 위한 규제 움직임

EU에서는 포장재의 재활용을 법적으로 강제하는 규제를 시행하고 있다. 이는 환경보호를 위하여 제품의 배송 이후 발생하는 포장재의 무분별한 발생을 억제하기 위한 제도이다. 이러한 규제와는 별도로 기업 내부에서도 비용절감을 위해 포장재의 재활용에 많은 관심을 보이고 있다.

3) 고객서비스를 위한 제품 회수

많은 회사들이 신형 제품을 구입한 고객을 위해 고객이 보유한 구형 제품을 자발적으로 회수하고 있다. 소비자의 입장에서는 신제품을 구입한 경우 기존에 보유하고 있던 제품의 처분에 많은 비용이 들어가며 이는 신제품을 구입하는 의사결정을 방해하는 요인이기도 하다. 기업의 입장에서는 제품의 판매를 촉진시키고 아울러 부품 및 자재의 재활용을 위해 고객을 대신해 구형 제품을 회수하고 있다.

4) 표준화된 컨테이너 사용요구

많은 유통업체들은 그들의 재고 및 자재관리 효율화를 위해 표준화된 컨테이너, 용기, 팔레트 등의 사용을 요구하고 있다. 따라서 제품의 생산에 있어 이러한 요소를 반드시 고려하여야 하며, 제품의 특성에 따라서는 용기의 세척과 소독에 관한 각 유통업체의 요구 사항을 고려하여야 한다.

5) 회수물류 정보의 마케팅 활용

반품된 제품의 종류, 양, 시기, 지역, 소비자 특성 등은 매우 중요한 마케팅 정보로써, 이를 통해 제품 설계에 있어서의 문제점을 파악하거나 고객 세분화 및 고객 니즈를 검토하는 자료로 사용되어야 한다.

이러한 고려사항을 바탕으로 각각의 개별 기업에 맞는 회수전략을 수립해야 하며, 그 전략은 다음과 같은 일반적인 사항들을 반드시 포함해야 한다.

5.3.2 회수물류 전략의 기능적 요건

1) 전사적 자원관리시스템 내에서의 회수물류관리

현재 대부분의 전사적 자원관리시스템 벤더들은 회수물류에 관한 모듈을 포함하고 있지 않다. 물론 가장 기본적인 기능들은 제공하고 있으나, 기업의 환경 및 전략에 적합한 솔루션을 제공하는 벤더를 찾아보기 어려운 실정이다. 따라서 전략적 차원에서 개별 기업의 요구사항을 반영하여 회수물류의 기능적인 요구사항과 유연성을 전사적 자원관리(ERP: Enterprise Resource Planning) 시스템 내에 반영할 수 있어야 한다.

2) 비용분석을 통한 프로세스 및 시스템 재설계

오늘날과 같은 e-Commerce시대에 있어서는 대부분의 시스템들이 전방물류 프로세스 측면에서의 제품 판매와 유통에 주안점을 맞추고 있다. 그러나 소비자의 반품이 늘어날 경우를 대비하여, 고객만족을 향상시키면서 동시에 추가적인 비용을 유발하지 않는 프로세스를 구비할 수 있어야 하며, 이를 위해서는 각 회수물류 프로세스별 비용 및 원가 분석이 반드시 필요하다.

3) 아웃소싱의 검토

기업이 자체적으로 회수물류를 관리하기 어렵거나 자체적으로 관리할 경우 효율성이 떨어질 경우에는 이를 제3자에게 아웃소싱 하는 것을 적극 검토하여야 한다. 기술적 측면에서 보면 초기의 IT 투자비용을 절감할 수 있는 응용서비스제공업자(ASP: Application Service Provider)도 중요한 대안이 될 수 있다. 회수물류 관련시스템을 ASP로 운영할 경우 초기 투자비용을 절감할 수 있음은 물론이고, 전체적인 운영비용을 좀 더 예측 가능한 방향으로 통제할 수 있는 장점이 있다. 실질적으로 반품된 제품을 취급하는 물리적 측면에서는 반품되는 제품을 수집하고 분류하여 처분하는 3자 물류회사를 이용하는 방법이 있다. 해외의 경우 많은 3자 물류회사가 회수물류에 관한 전문적인 서비스를 제공하고 있으며, 국내에도 이와 관련된 산업의 규모가 성장할 것으로 예측된다.

제9장 고객가치와 수입관리

1 서론

오늘날과 같이 고객 위주의 시장에서는 제품이나 서비스 자체가 중요한 것이 아니라 고객이 기업과의 관계에서 인지된 가치라는 것이 보다 중요하다. 기업이 품질, 제품, 서비스에 대하여 측정하는 방법이 내부 품질 인증에서 외부 고객 만족으로 전환되었다. 그리고 고객가치 창출 방향으로 흘러왔다. 고객가치에 있어 강조하고 있는 것은 고객이 다른 기업이 아닌 특정 기업의 제품을 선택할 수밖에 없는 이유를 제공하는 데 있다. 이를 위해 제품 자체와 그 제품의 이미지를 구성하는 전체 제품의 범위, 서비스 그리고 무형의 무엇까지도 살펴보고 있다.

소비자에 대한 가치제공이라는 관점에서 기업을 바라봄으로써 기업이 제공하는 것과 이를 받아들이는 고객에 대한 보다 폭넓은 시야를 가질 수 있다. 고객가치 창출과정에서 발생할 수 있는 상충관계에 대한 예들은 다음과 같다.

- 서비스 지원을 위해 사용되는 금액 중 가장 낮은 가격대의 고객가치가 높은 가격대의 고객보다 높지 않은가?
- 고객은 익일 배송을 원하는가, 낮은 가격을 선호하는가?
- 고객은 전문점 타입에서 제품을 구매하기를 좋아하는가, 아니면 대형점에서 원스톱 쇼핑을 선호하는가?

고객가치 창출이라는 새로운 시각이 등장하면서, 후방기능인 물류 기능은 보다 가시적인 형태인 공급사슬 관리로 변하고 있다. 고객의 요구를 충족시키고 가치를 제공하기 위해서 공급사슬 관리는 중요한 요소이다. 마찬가지로 공급사슬 관리는 제품의 이용가능성을 제공하고, 시장에 얼마나 빨리 제품을 내놓을 수 있는지, 그리고 어떠한 비용구조에서 이루어질 수 있는지를 결정한다. 공급사슬 관리 기능은 물리적인 제품 유통의 특성뿐만 아니라 제품 유통에 대한 정보 및 정보에 대한 접근 기능까지를 포함한다.

또한 공급사슬 관리는 현저하게 비용을 절감함으로써 고객이 생각하는 가치를 바꿀 수도 있다. 델 컴퓨터의 경우, 제품 구매시장에서 최종 제품의 조립 시점을 연기함으로써, 경쟁사보다 낮은 가격으로 컴퓨터를 제공할 수 있었다. 월마트는 공급자와의 전략적인 파트너십을 형성하고, 크로스도킹 전략이라는 것을 도입함으로써 관련 비용을 절감할 수 있었다. 마지막으로 월마트나 일부 유통업자들은 공급사슬의 효율성을 통해 상시 저가 정책을 수립하고 실행함으로써 고객에게 가치를 제공하고 있다.

다음 사례는 공급사슬 효율성과 가격전략 간 연계의 중요성을 보여준다.

사례 9-1 : K마트

K마트의 몰락은 월마트와 비교해 볼 때 가격경쟁전략 부문에 기인한다고 할 수 있다. 80년대 초 이후 월마트의 목표는 고객이 원하는 때에 원하는 곳으로 제품을 제공하는 것이었으며, 경쟁력 있는 가격을 위한 비용구조를 마련하는 것이었다. 이러한 목표를 달성하기 위해 공급사슬을 전략의 핵심 사안으로 효율성 있게 만드는 것이었다. 반면에 K마트는 공급사슬 효율성에 있어서는 실망스러울 정도의 낮은 투자를 하면서 돈 버는 것에만 강한 집착을 보였다. 90년대 말에 이르러 K마트의 공급사슬이 월마트의 공급사슬만큼 효율적이지 않다는 것이 분명해졌다.

고객가치는 공급사슬을 변화시키고 개선시킨다. 공급사슬은 고객의 요구나 경쟁자의 활동에 의해서도 영향을 받는다. 때로는 경쟁우위를 얻기 위해 공급사슬이 변하기도 하며 나아가 공급사슬 내에서의 참여자간의 관계 때문에 공급사슬 자체가 변하기도 한다. 대형 생산자나 유통업자가 그들의 공급자에게 어떤 요구를 하게 되면, 해당 공급자가 이러한 요구사항을 받아들이기 위해 공급사슬을 변화시키는 경우도 있다. 예를 들면 월마트는 공급자들에게 VMI(vendor managed inventory) 방식을 도입할 것을 요구하였다. 최근 월마트는 재고보충횟수를 개선하고 재고부족을 줄이기 위해 RFID(Radio Frequency Identification)기술을 도입하고, 공급자들에게 권한을 위임했다.

마지막으로 고객가치는 공급사슬의 유형을 결정하는데 많은 영향을 미친다. 왜냐하면 공급사슬은 고객을 위해 존재하는 것으로, 고객이 원하는 서비스를 제공하기 위해서는 반드시 필요하기 때문이다. 한 기업의 공급사슬 전략은 제품과 서비스의 유형 또는 기업이 고객에게 제공하는 다양한 요소들의 가치에 따라서 결정될 수 있다. 예를 들어 만약 고객이 원스톱 쇼핑에 가치를 두고 있다면, 비록 재고관리를 위한 비용이 많을지라도 다양한 제품이나 옵션을 제공해야 한다. 만약 고객이 혁신적인 제품에 가치를 두고 있다면, 이러한 제품을 생산하여, 효율적으로 공급할 수 있는 공급사슬을 갖추어야 한다. 만약 한 기업이 그들의 제품을 개별 고객화로 제공한다면 기업의 공급사슬은 이런 활동에 적합한 기반구조를 지원할 수 있는 충분한 유연성이 필요할 것이다. 따라서 공급사슬은 모든 제품 및 판매 전략에서 고려될 필요가 있다. 그리고 공급사슬은 고객가치를 증가시키는 경쟁우위를 제공한다.

2 고객가치의 영역

고객 가치는 고객이 회사전체가 제공하는 제품, 서비스 그리고 무형재 등에 대하여 지각하는 것으로 정의할 수 있다. 고객 지각은 다음과 같이 나눌 수 있다.

- 요구에 대한 일치성(conformance to requirements)
- 제품 선택(product selection)
- 가격과 브랜드(price and brand)
- 부가가치 서비스(value-added services)
- 관계와 경험(relationships and experiences)

2.1 요구에 대한 일치성

고객이 원하고 필요로 하는 것을 제공하는 능력은 공급사슬관리가 가용성을 창조하고 선택에 의해 기여하는 기본 요건이다. 마샬 피셔는 이를 공급사슬의 시장 조정(market mediation) 기능이라 부른다. 이 기능은 원자재를 제품으로 변하게 하고 이를 고객에게 사슬을 통해서 배송하는 물리적 기능하고는 구별된다. 시장 전달 기능에 따르는 비용은 공급과 수요의 차이가 있을 때 발생한다. 공급이 수요를 초과할 때 공급사슬 전체에 재고비용이 발생하게 되고, 수요가 공급을 초과하면 판매 손실이 발생하고 시장점유율이 줄어들 수 있다.

만약 제품 수요가 예측가능하다면 시장 조정은 큰 이슈가 아니겠지만, 유행성 항목이나 변화가 많은 품목들은 수요의 특성으로 말미암아 판매 손실 혹은 과다 재고로 인해 큰 비용이 발생할 수 있다. 기능성 품목을 위한 효율적 공급사슬은 재고를 줄이고 수송 그리고 다른 비용에 집중관리 함으로써 비용을 줄일 수 있는데, 캠벨 비누와 프록터 갬블이 그들의 공급사슬에 적용하는 전략이다.

반면에 변화가 높은 제품은 대응력 있는 공급 사슬을 요구하는데 이는 짧은 리드타임, 유연성, 그리고 비용효율성에 우선한 스피드를 강조한다. 공급사슬 전략이 제품 특성과 일치하지 않을 때, 시장에 대한 일치 능력에 주요 의미가 존재한다.

사례 9-2

전자릴레이를 제조하는 어느 한국회사를 생각해 보자. 이 산업에서 경쟁은 매우 치열하기 때문에 고객들은 그들의 공급자를 골라서 선택한다. 그러므로 제조업자가 적절한 때 적절한 제품을 갖고 있지 못한다면, 경쟁자에게 고객을 빼앗기게 된다. 상황이 더 안 좋은 것은 고객수요를 예측하는 것은 월간 수요의 변화가 매우 크기 때문에 어렵다는 것이다. 비용을 줄이기 위하여 제조업자는 극동에 있는 많은 제조시설로부터 제품을 선박으로 운송하나, 불행하게도 제품이 미국에 있는 창고에 도착할 때면, 수요가 변하게 되어 어느 한 형태의 부품이 부족하게 되고, 다른 부품들은 더 이상 사용 못하게 된다. 그러므로 제조업체는 항공으로 제품을 운송하는 것을 고려하였는데 이는 리드타임을 줄이게 되고 이에 따라 재고 수준과 비용을 줄이고 동시에 판매량을 증대하였다.

요구에 일치하는 것은 또한 고객 접근과 관련이 있는데 이는 어느 제품을 쉽게 발견하고 구매하는 능력이다. 맥도날드, 스타박스, 월 그린 같은 회사들에 있어서 접근은 최적의 건물을 포함한다. 우편, 전화, 웹 접근 등을 추가로 제공하는 것은 제품을 편리하게 구매하는 고객의 능력을 제고시킨다. 마지막으로 접근은 고객들이 찾는 제품을 발견하고 구매하는 것을 쉽게 하는 매장과 웹사이트 레이아웃을 고객에게 제공하는 인식을 포함한다. 웹과 과거의 비즈니스 채널을 통합한 Grainger의 성공은 고객에게 그들이 회사의 서비스를 필요로 하는 것을 제공하는 능력을 보여준 좋은 사례이다.

사례 9-3 : 그레인저

윌리암 그레인저(William Grainger)가 1927년 창립한 비즈니스는 인터넷 성공 사례의 하나이다. 그레인저는 전자 모터의 신속하고 일관된 공급의 필요에 효율적인 솔루션을 제공하기를 원했었다. 처음에 MotorBook이라고 불렸던 것이 오늘날 Grainger 카탈로그의 기초가 되었다. 제품라인은 22만개가 넘는 MRO (Maintenance Repair Operation) 공급품과 부품으로 확대되었다. 그레인저는 1999년 45억 달러의 매출로 산업용 제품의 시장에서 가장 큰 기업이다. 1995년 그레인저는 그의 웹을 다음과 같은 여러 가지 목적으로 시작하였다:

- 고객들에게 종이 카탈로그에 나타낼 수 있는 86,500개뿐 아니라 그레인저에서 만드는 22만개가 넘는 모든 제품들에 접근할 수 있게 한다.
- 고객들로 하여금 그들의 필요에 가장 적합한 제품을 찾고, 어디에 있는지 알아내고, 선택할 수 있는 보다 나은 도구를 제공한다.
- 주문을 한 고객에 가장 가까이 있는 지점으로부터 제품을 같은 날 배달하든지 아니면 그레인거의 5개 지역 유통센터로 선적하여 주문한 제품을 다음 날까지 배달한다.

그레인저는 다음과 같은 많은 도전에 직면하였다:

- 그레인저는 6,500만개의 서로 다른 가격 점을 제공하여 하나의 가격이 모두에게 적용되는 경우가 없었으며, 따라서 인터넷은 각 비즈니스 계정의 유일한 가격구조를 존중해줄 필요가 있었다.

- 비즈니스 계정을 서비스하는 것은 신용을 체크하고 지불 가이드라인을 확립하는 것을 필요로 하였다.
- 실시간 재고 활용성 - 부품을 찾는 많은 고객들은 기다리지 않고 즉각적인 서비스를 요구했다.
- 영업사원의 보상 - 그레인저는 인터넷 주문에 대해 커미션을 지불하기로 결정하였다. 따라서 고객들과 관계를 가지고 있는 그들의 판매 대리인으로부터 보상매입(buy-in)을 받도록 하며, 다른 어떠한 채널에 비해 비용 효과적인 웹을 사용하도록 고객을 독려할 수 있었다.

이러한 시도들은 그레인저에 커다란 영향을 미쳤다. 1999년 그레인저는 1억 달러의 주문을 가져다준 Grainger.com을 개발하고, 마케팅하고, 고객 서비스하는데 2000만 달러를 소비하였다. 2000년 전반에 그레인저는 1억 2000만 달러의 수입을 올렸는데 지점과 전화 주문의 평균 주문액 140달러에 비하여 웹을 이용한 평균 주문액은 250달러였다.

2.2 제품 선택

많은 제품들은 옵션, 스타일, 색상, 형태들이 매우 다양하다. 예를 들면, 자동차가 5종류의 스타일, 10종의 외부 색상, 10종의 내부 색상 그리고 자동 혹은 수동의 변속기로 구분될 수 있다면, 총 1000개의 서로 다른 모양을 가질 수 있다. 이때 어려움은 유통업자나 소매업자들은 제품들의 여러 형태와 조합의 대부분을 재고로 갖고 있는 것이 필요하다. 이러한 옵션들의 확대는 어떤 특정 모델의 고객 수요를 예측하는 것을 어렵게 하여, 소매업자나 유통업자들에게 많고 다양한 재고를 갖추도록 강요하게 된다.

고객가치에 대한 제품 확대의 기여는 분석과 이해하기가 어려운데, 다음의 세 가지 비즈니스 추세가 존재한다.

- 제품의 한 형태를 제공하는 것을 전문화한다. 스타박스나 서브웨이가 이러한 예이다.
- 대형매장은 매우 다양한 제품을 한 번에 구매할 수 있게 한다. 월마트나 타게트가 예이다.

➔ 한 제품의 영역에 전문화하는 대형매장으로 홈 디포나 오피스 맥스, 스포츠 마트 등이 이러한 예이다.

PC산업계는 제품을 파는 방식에 큰 변화를 일으켰다. 80년대 중반에는 Egghead와 같은 전문점을 통해서 PC를 판매하였다. 90년대 초에는 Sears와 같은 백화점에서 PC를 판매하였으나, 최근에는 직접 비즈니스 모델이 등장하였다. 최종적으로 직접 비즈니스 모델의 리더중의 하나인 게이트웨이는 그들 자신의 소매점을 개설하였다. 이러한 것은 수많은 고객들에 접근하기 위해서는 다양한 대리점을 통해서 제품을 판매할 필요가 있다는 점을 시사해 준다. Circuit City와 같은 회사는 고객이 웹상으로 물건을 사고 매장에서 픽업할 수 있게끔 한다.

제품의 확대와 어느 특정 모델의 수요예측의 어려움은 소매업자나 유통업자들로 하여금 많은 재고를 보유하게끔 강요한다. 수많은 종류의 제품에 있어 재고문제를 통제할 수 있는 방법들은 다음과 같다.

(1) 델에 의해 시작된 접근법인 주문형 제작(build-to-order)은 컴퓨터구성이 주문이 들어오고 난 후에만 결정된다. 이것은 지연(postponement) 개념을 사용한 push-pull 전략을 수행하기 위한 효과적인 방법이다. 이러한 전략을 수행하는 방법이 다음 사례에 소개된다.

사례 9-4 : Amazon

Amazon.com은 가장 유명하고 성공적인 e-tailer이다. 1995년 수많은 종류의 책을 판매함으로써 시작하였고, 후에 음반과 비디오를 추가하였으며, 최근에는 장난감, 전자제품과 다른 상품들을 팔기 시작하였다. 아마존의 고객주문처리 전략은 오랜 시간을 거쳐 발전하였다. 초기에는 이 회사는 어떠한 재고도 보유하지 않았었다. 고객이 책을 주문하면 아마존은 이 주문을 Ingram Books에 전달하였으나, 최근에 아마존은 7개의 대형 창고를 설립하여(그 중에 하나는 후에 폐쇄함), 고객에게 직접 배송하기를 시작하였다. 2001년 아마존은 이익을 얻기 위하여 그들의 주요관심을 유통기능의 개선으로 바꾸었다. 그들은 6개 창고와 관련된 비용을 포함한 고객주문처리 비용과 고객서비스를 개선하였다. 또한 크레디트 비용을 2000년 4분기에 매출대비 13.5 %에서 2001년 4분기에는 9.8%로 낮추게 되었다. 아마존은 다음과 같은 활동들을 통해서 이러한 결과를 이룰 수 있었다.

- 주문을 분류하는 것을 개선하고, 최신 포장기계를 사용하여 아마존으로 하여금 동일한 수의 종업원으로 전년대비 35% 이상 선적할 수 있게 하였다.
- 구매패턴을 예측하기 위한 소프트웨어를 사용하여, 4분기의 재고 수준을 18% 감축하였다.
- 40%의 물품은 주요 도시에 직송되는 가득 채운(Full Loaded) 트럭으로 선적을 통합하여 수송비용을 대폭 낮추었다.
- 아마존에게 배달과 고객서비스를 취급하는 비용을 지불하는 Toys "R" Us 나 Target과 같은 회사의 물건을 판매하는 협력관계를 맺었다. 이러한 협력관계는 아마존의 전반적 25% 마진의 두 배가 되는 이익마진과 함께 $225million의 수익을 가지고 왔다.
- 다른 판매자로 하여금 중고 책을 제공하는 것을 허용함으로써 휴일기간 동안 38%의 판매의 증가를 가져왔다. 이 제품들의 아마존의 전체 마진은 약 85%로서 eBay와 유사한 비즈니스 모델이다.

아마존은 또한 가격을 책정하는데 도전을 하였다. 아마존은 20달러가 넘는 대부분 책의 경우 30%의 할인을 하였다. 아마존은 한때 베스트셀러의 경우 50%, 그리고 다른 책들은 20%의 할인을 제공하였다. 2001년 초 회사는 책값을 – 5%에서 10%의 할인이 보다 일반적으로 – 올리기 시작하였는데 이는 판매가 떨어진 것에 반대로 인상한 것에 불과하다. 책 사업에서는 아주 적은 수의 소매업자들이 베스트셀러가 아닌 것에 대하여 할인을 제공하는데 이것이 아마존이 책값을 싸게 공급하는 좋은 이유이다. 평균적인 책은 팔리기 전에 가게 선반에서 6개월에서 일 년 동안 재고로 있게 되는데, 수백 개의 체인점에서 이러한 재고 비용은 엄청나다. 반면에 아마존은 창고에 한권 혹은 두 권의 재고를 갖고 있으면서 고객이 이 책을 사면 신속하게 다시 채워놓는다.

(2) 자동차와 같이 긴 제조리드타임을 가지는 제품에 알맞은 다른 전략은 주요 유통센터에 많은 재고를 유지하는 것이다. 이러한 유통센터는 위험을 분산하고 고객에 자동차를 빨리 배달하는 장점을 취함으로써 제조업자로 하여금 재고수준을 낮출 수 있도록 한다. GM이 플로리다의 캐딜락 유니트에 이러한 접근을 시작하였

다. 딜러들은 하루 만에 자동차를 선적할 수 있는 지역창고에 재고가 없을 경우 자동차를 주문할 수 있다. 물론 이 전략을 고려할 때 두 가지 주요 이슈가 있다.

- 지역 창고의 자동차 재고비용 : 제조업체(즉, GM)가 지역 창고의 재고비용에 대해 지불하는가? 그렇다면 제조업체의 재고비용은 증가하겠지만 딜러들에게는 재고와 재고비용을 줄일 수 있게 하는 인센티브이다.
- 소형딜러와 대형딜러의 동일화 : 모든 딜러들이 지역 창고에 접근이 가능하면 딜러들 간에 차이가 없게 된다. 따라서 대형 딜러들이 왜 그러한 약정에 참여하는 것에 관심을 가져야 되는지 이해하기가 어렵게 된다. 특별히 그들이 지역 창고에 재고를 위해 비용을 지불해야 한다면 더할 것이다.

(3) 또 다른 가능성은 대부분의 고객요구를 수용하는 옵션의 고정된 세트를 제공하는 것이다. 예컨대 혼다는 그들 차의 제한된 수의 옵션을 제공한다. 델은 그들의 기계에 설치가 가능한 모뎀과 소프트웨어의 적은 수의 옵션을 제공한다. 제품의 다양성이 고객가치를 실제적으로 더한다는 것은 분명하지 않다.

2.3 가격과 브랜드

제품의 가격과 서비스의 수준은 고객가치의 중요한 부분이다. 가격이 고객이 고려하는 유일한 요소는 아닐지라도 어느 특정 제품에 수용되는 좁은 가격 범위가 있다. 예를 들면 생활필수품에는(PC와 같은 최신의 상품이라도) 가격에 유연성이 매우 적다. 그러므로 회사들은 그들의 공급사슬의 혁신을 통해서 가격 우위를 얻을 수 있다.

월마트는 공급사슬 혁신자인데 저가의 상품과 그들의 경쟁자보다 싸게 제공하는 것을 가능케 하였다. 게다가 월마트와 같은 소매업체와 프록토 갬블과 같은 제조업체에 의해 적용되었던 “everyday low price” 정책은 황소채찍효과를 줄이는 중요한 도구로 여겨져 왔다. 이 정책은 고객들에게 그들이 잘못된 시점에 물건을 사지나 않을까 하는 걱정을 할 필요가 없게 하고, 소매업자와 유통업자들에게는 판매촉진의 결과로서 수요 변화를 일으킬 필요가 없게끔 한다.

제품가격에 영향을 미치는 중요한 요소는 브랜드이다. 분명하게도 인터넷이 고객 행동에 미치는 영향은 브랜드명의 중요성을 더욱 증대시켰는데 왜냐하면 브랜드명은 구매자 마음 안에서 품질을 보증하기 때문이다. 메르세데스 자동차나 롤렉스 시계, 코치 지갑과 같은 브랜드는 고품질과 품위를 홍보해 주기 때문에 이러한 것을 지니지 못한 제품보다 훨씬 고가격을 책정할 수 있다. 더구나 높은 가격 자체가 품위와 지각된 품질의 커다란 부분일 수도 있다. 제품의 높은 마진은 서비스 수준에 집중을 요구하고 따라서 공급사슬은 보다 대응력이 요구된다. 공급사슬 비용의 증가는 높은 마진에 의해 상쇄될 것이다.

사례 9-5 : FEDex

가장 성공한 소형 패키지 배달자로서 Federal Express 부상의 핵심 요인 중의 하나는 이 회사가 속달(overnight) 배달에 집중한 최초의 회사이기 때문이었다. 이로 인해 시장에서 "overnight"라는 말을 얻게 되었다. 더 싼 대안이 있음에도 고객은 "Federal Express"에 의해 배달되는 것에 기꺼이 프리미엄을 지불하는데 이는 브랜드명과 이 회사가 전달하는 의존성의 지각 때문이다.

많은 산업에 있어 제품은 "물리적 제품(physical product)"과 거기에 따른 "서비스(services)" 모두를 의미한다. 전형적으로 물리적 제품에 가격을 책정하는 것은 서비스에 가격을 책정하는 것에 비해 어려운 일이 아니다. 동시에 서로 다른 서비스를 비교하는 것은 상당히 어려운 일이기 때문에 가격책정에 있어 변동성은 증가하게 된다. 이것은 회사로 하여금 상품으로 전환하기는 더욱 힘들 새로운 제공물과 서비스를 개발할 수 있는 기회를 제시한다.

2.4 부가가치 서비스

많은 회사들이 공급이 과잉인 경제체제에서는 제품가격만으로는 경쟁을 할 수 없다. 그러므로 그들은 수입의 다른 원천을 고려하여야만 하는데, 이것은 회사들로 하여금 그들의 경쟁자와는 차별되는 부가가치 제공을 하게 함으로써 보다 이익을 얻는 가격구조를 가지게 한다.

고객지원과 유지보수와 같은 부가가치 서비스는 어떤 제품, 특히 기술적 제품인 경우 구매에 주요 요인이 될 수 있다. 실제로 많은 회사들은 그들 제품에 많은 서비스를 추가하고 있는데 이는 다음과 같은 이유에서이다.

- 제품의 상품화는 오직 가격이 문제이고 다른 것은 동일하게 되는데, 이는 제품만을 판매해서는 수익성과 경쟁적 우위가 줄어들게 됨
- 고객에게 더욱 가까이 다가갈 필요
- 이러한 부가적인 것들의 제공을 가능하게 하는 정보기술 능력의 증대

사례 9-6 : Goodyear

Goodyear Tire & Rubber사는 트럭 제조사인 Navistar International Transportation사에게 자동조립라인에 JIT사용을 위하여 mounted 타이어의 전달을 포함하는 자동 공급사슬 서비스를 제공하였다. Goodyear사는 타이어 제조사의 자재관리부서를 전담하는 13명의 정보기술 그룹을 가지고 있다. 이 부서는 회사가 켄터키 헨더슨에 위치한 wheel 제조사 Accride사와 함께 하는 공급사슬 프로젝트에 대해 시스템 통합자의 역할을 하고 있다. AOT사로 명명된 합작 벤처 하에서 Goodyear와 Accuride사는 전체 wheel조립과 도장을 하여 바로 사용할 수 있는 것을 Navistar뿐만 아니라 미츠비시 자동차와 포드 자동차에 제공한다. 이와 같은 조립은 고객 요구에 따라서 Goodyear나 다른 경쟁자의 타이어를 포함한다.

낮은 진입장벽과 많은 회사들이 처음에는 주로 가격으로 경쟁하는 시장의 최근 예는 B-to-B 시장이다. 시장 참여자들이 그들의 서비스 제공을 확대할 필요가 있다는 것을 인식하는데 불과 몇 년이 걸리지 않았다. 그들은 현재 금융, 물류 그리고 공급사슬 서비스를 포함한 다양한 추가적 서비스를 제공하고 있다.

오랜 동안 IBM사와 같은 회사는 회사의 슬로건이 IBM은 서비스를 의미한다고 하였지만 그들의 서비스에 비용을 부과하지를 않았었으나 오늘날 서비스가 IBM수익의 대부분을 차지한다. Microsoft와 같이 고객지원을 강조하지 않았던 회사들은 이 영역에서 그들의 능력을 제고하는 중이다.

중요 부가가치 서비스의 하나는 정보 접근이다. 고객에게 그들 자신의 데이터에 접근을 허용함으로써 회사에 대한 그들의 경험을 상승시킨다. 예를 들면 어느 주문의 상황을 아는 능력은 고객에게 가치를 주는 것으로 잘 알려져 있다. 이러한 능력은 신뢰를 제공하고 계획을 가능케 한다. FedEx사는 패키지 위치확인 시스템의 선도자로서 현재 패키지 취급산업에서 그 표준이 되고 있다.

정보에 접근할 수 있는 고객의 능력은 공급사슬관리에서 필수적 요건이 되고 있

다. 인터넷은 이러한 능력을 제고시키고 회사들은 이를 지원하는 정보시스템에 투자할 필요가 있게 될 것이다.

2.5 관계(relationship)와 경험

고객 가치의 마지막 수준은 관계의 발전을 통해서 회사와 고객의 증가된 연결이다. 이는 고객으로 하여금 다른 제공자로 변환하기 어렵게 하는데, 왜냐하면 관계는 고객과 제공자 모두로부터 시간 투자를 요구하기 때문이다. 예를 들면 델은 많은 고객을 위해서 PC를 만들고 그것들을 지원한다. 델이 특별 고객사양을 포함한 많은 고객을 위하여 전체 PC를 구매하는 것을 관리할 때, 고객이 다른 벤더로 바꾸는 것은 더욱 더 어려워진다.

관계를 맺는 또 다른 유형은 학습적 관계이다. 기업이 특정 사용자에 대한 프로필을 작성하며, 고객을 유지하는 동시에 판매를 강화하기 위해서 이 프로필을 이용한다. 맞춤 정보서비스를 구축한 인디비쥬얼(Individual Inc.) 같은 기업들과 고객에게 다른 서비스와 제품을 제공하기 위해 데이터베이스를 이용하는 USAA는 학습적 관계를 보여주는 조직들이다.

사례 9-7 : Peapod

1989년 앤드류와 토마스 형제에 의해 설립된 Peapod는 미국 내 앞서가는 인터넷 그로서리 중의 하나로 성장하였다. Peapod는 국제적 음식 제공자인 Royal Ahold의 지사를 완전히 소유하였고, Stop & Shop과 Giant Food을 포함한 Ahold USA 수퍼마켓 회사들과 파트너십을 맺었다. 보스턴, 남부 코네티컷, 워싱턴, 시카고, 롱아일랜드, 뉴욕 등에서 운영되는 이 회사는 103,000명 이상의 회원을 위해 일한다. 구매자들은 지역에 따라서 개인적 연결을 통하여 인터넷상 Peapod가 제공하는 것을 여기저기 살펴보게 된다. Peapod의 컴퓨터들은 이 회사가 그로서리를 사게 되는 슈퍼마켓의 데이터베이스와 직접 연결되게 된다. 구매자들은 분류에 따른 정보에 접근함으로써 그들 자신의 가상 슈퍼마켓을 창출할 수 있고, 반복 사용을 위해 저장할 수 있는 고객화된 주문 리스트를 창출할 수 있다. Peapod는 "마지막 주문에 대해 우리는 어떻게 하였습니까?"라는 질문과 그들의 서비스에 대해 요구되는 변화를 조사할 때 35%라는 비교적 높은 응답율을 이용하여 그들 서비스에 대하여 알 수 있는 기회가 있다.

Peapod에 의해 사용되는 접근은 일대일 기업(one-to-one enterprise)의 한 예이다. 이 개념은 회사가 데이터베이스와 상호 의사소통을 통하여 개별 고객에 대하여 알게 되고, 고객애용의 평생기간을 통하여 가능한 많은 제품과 서비스를 한 고객에게 파는 것이다. 실제로 Peapod는 그들의 데이터베이스를 고객에게 새로운 것을 제공하고, 고객의 취향과 필요를 추적하고 더 나아가 고객에게 회사의 제공물을 맞추는데 사용하고 있다.

사례 9-8 : 실리콘 그래픽

실리콘 그래픽사는 1996년 Visionarium Reality Center를 개설하였다. Visionarium은 판매와 마케팅의 도구로서 사용코자 하는 가상현실 센터이었다. 아이디어는 실리콘 그래픽 기술을 이용하여 제품을 개발한 디자이너들이 신제품을 만드는 경험을 가상 실험할 수 있게 하는 것이었다. 가상현실 센터는 자동차, 비행기, 그리고 건축설계의 디자인을 위하여 사용되었다. 이것은 개발자나 잠재적 고객들로 하여금 원형 제품 모양을 보고, 듣고, 만지고, 운전까지 하고, 걷고 날을 수 있게끔 할 수 있게 하였는데, 이것은 고객들에게 그들의 제품이 제조되기 전 어떻게 보이고, 느끼고, 들리는지를 알게 하여 주었다.

2.6 고객가치 영역과 탁월한 성과달성

고객가치의 영역에 대한 분석을 통해 고객의 가치목표를 선택해야 한다. 공급사슬과 시장분할 그리고 이런 선택에 따라 성공할 수 있는 기술들이 차이나기 때문이다. "우수성에 대한 신화(the Myth of Excellence)"라는 책에서 기업들은 가격이나 제품, 서비스, 접근성, 관계형성 등 모든 영역에서 우수해질 수 없다고 주장하면서, 성공을 위하여 기업은 한 가지 영역에서 확실하게 특화시키고 그것을 다른 것과 차별화 시키며 나머지 모든 영역을 적절하게 맞추는 것이 필요하다고 이야기한다. 이런 사례는 다음과 같다.

① 월마트는 "언제나 낮은 가격, 언제나(always, low price, always)"의 모토에 따라 우선순위를 가격에 두고 대형 브랜드 선택을 차선책으로 하였다.

② 타겟(Target)사는 가격 이전에 브랜드 선택을 강조함으로써 경쟁하였다.

③ 나이키 매장은 고객경험을 첫 번째로, 그 다음 제품을 중요시한다.

④ 맥도날드는 거의 모든 지역에 매장을 운영함으로써 접근성을 첫째로, 그 다음 서비스를 중요시한다.
⑤ 아메리칸 익스프레스는 서비스를 최우선으로, 그 다음이 접근성이다.

3 가격결정(Pricing)

3.1 서론

델(Dell)사는 제품 가격책정 전략에 있어 인터넷의 영향을 매우 강조하고 있다. 고객이 민간소비자, 정부, 혹은 교육기관 또는 보건서비스기관이냐에 따라서 동일한 제품이 웹상에서 다른 가격으로 판매되고 있다. 델의 전략을 보다 자세히 검토해 보면 동일산업의 동일제품에 있어서도 가격은 고정되어 있지 않는 것을 알게 된다. 가격은 시간이 흐름에 따라 크게 변한다.

델만이 최신의 가격책정 전략만을 사용하는 것은 아니다.

① IBM과 Compaq사는 어느 기계의 수요에 따라 그들의 가격이 조정되는 것을 허용하는 소프트웨어를 연구하기 시작하였다고 말하고 있다.
② Nikon Coolpix Digital Camera는 온라인이나 매장에서 약 600달러에 판매되고 있다. 제조사는 카메라가 구매되는 장소와 관계없이 100달러의 할인을 제공한다.
③ Sharp VL-WD255U Camcorder는 소매상이나 가상매장에서 약 500달러에 판매되고 있다. Sharp사는 제품이 구입되는 장소와 관계없이 고객에게 100달러를 환불(rebate)한다.
④ Boise Cascade Office Products사는 온라인상으로 많은 제품을 판매한다. Boise Cascade사는 주문된 12,000개 품목의 가격이 일일단위보다 더 자주 변경될 수 있다고 이야기한다.

그러므로 질문은 이 회사들이 무엇을 하고 있는 것인가? 왜 델사는 서로 다른 고객에 다른 가격을 책정하는 것인가? 만약 델이 이것을 가능케 한다면 다른 회사들은 왜 안하고 있을까? 메일을 통한 할인의 영향은? 사실 Nikon사나 Sharp사는 고객에게 쿠폰을 메일로 보내라고 요청하는 대신 판매가격을 낮추면 되는 것이 아닌가? 보다 중요하게 할인이 작용한다면, 소매업자가 고객에게 할인을 해 주면 안 될까? 그리고 마지막으로 전통적인 고정가격 정책은 무엇이 잘못되었나?

이러한 회사들을 잘 살펴보면 한 가지 공통점이 있는데, 그들은 수입관리(revenue management)기법을 이용하여 이익을 올리려고 노력하고 있다. 이 기법은 항공, 호텔, 그리고 렌트카 산업에서 매우 성공적으로 적용되어 왔었다. 항공 산업에서 수입관리기법은 수입을 크게 증가시켰다. 아메리카 항공사는 수입관리가 년 간 10억 달러의 추가적 수입을 제공하였다고 추정하고 있는데, 실제로 수입관리와 항공일정계획 시스템의 통합된 기여가 없었다면 아메리카 항공사는 지난 10년 동안 오직 1년만 흑자를 보았을 것이다.

3.2 수입관리(Revenue Management)

수입관리기법은 최근 수익을 개선하기 위하여 노력하는 회사들로부터 많은 관심을 받고 있다. 시장의 수요에 영향을 주기 위한 가격과 재고 전략을 통합한 이 기법은 기본적인 것을 개선하기 위해서 회사에게 통제를 제공한다. 수입관리는 "적정한 재고단위를 적정한 형태의 고객에게 적정한 시간에 적정한 가격으로 파는 것이다"라고 표현할 수 있다.

사례 9-9

400개의 동일한 방을 보유하고 있는 리조트를 생각해 보자. 경영층은 다음 5일간의 휴일동안 객실 가격을 책정하는데 초점을 맞추고 있다. 목표는 수입을 최대로 하는 객실 가격을 정하는 것이다. 과거 경험으로 경영층은 수요와 가격간의 관계를 다음과 같은 선형함수로 추정하였다.

$$D = 1,000 - 0.5p$$

(D : 수요, p : 가격)

이것은 가격이 1,600달러이면 200객실의 수요가 있고, 1,200달러이면 400객실의 수요가 있다는 것을 의미한다. 수입은 가격에 그 가격에서의 수요를 곱한 것이

다. 그러므로 휴일동안의 객실가격이 1,200달러로 책정되었다면, 수입은

1,200 × 400 = 480,000

다음 그림은 수요-가격 선을 나타내며, 빗금 친 부분이 총수입을 나타낸다. 공급이 400객실이기 때문에 얼핏 보면 이것이 최적의 가격전략이라고 보여 진다. 그러나 수요-가격 선에 의하면 1,200달러보다 기꺼이 더 지불하려는 많은 고객들이 있다는 것을 볼 수 있다. 실제 400명중에 객실 당 1,600달러를 기꺼이 지불하려는 약 200명의 고객이 있다. 200명의 고객 중에는 1,800달러까지 지불하려는 약 100명의 고객이 있다. 이 모든 고객이 동일한 가격인 1,200달러를 지불하게 된다.

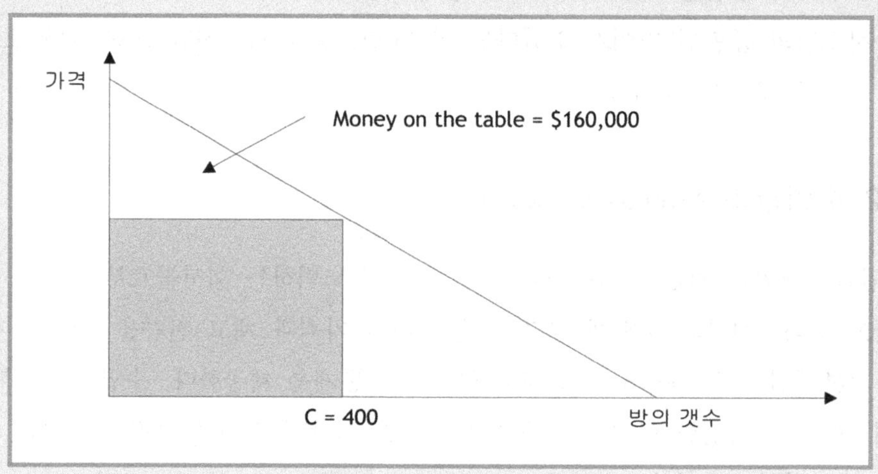

[그림 9-1] 수요-가격 선

이 간단한 분석은 단일 가격을 책정함으로써 테이블 상에 있는 많은 양의 금액을 포기하게 된다. 실제 위의 삼각형으로 표시되는 테이블 왼쪽의 금액은 다음과 같게 된다.

(2,000 - 1,200) × 400/2

그러므로 질문은 어떻게 경영층이 테이블 왼쪽 금액의 이득을 취해서 수입을 늘리느냐라는 것이다.

이 목적을 위해서 호텔이 차별화 혹은 고객맞춤형 가격책정 전략으로 알려진 보다 최신의 가격책정 전략을 고려해 보자. 차별화 가격책정에서는 회사는 서로 다른 시장 분류에 따라서 가격을 정한다. 즉, 보다 높은 가격을 지불하는 사람들과 낮은 가격만 지불하려는 사람들로 분류한다. 예를 들면, 호텔이 1,600달러와 1,200달러의 두 가지 요금정책을 정할 수 있다. 1,600달러 가격에는 200객실의

수요가 있고, 1,200달러 가격에는 400객실의 수요가 있는데, 200명의 고객 중에는 더 높은 가격을 지불하려는 고객도 있다. 그러므로 이 경우 총수입은

$$1,600 \times 200 + 1,200 \times (400 - 200) = 560,000$$

따라서 이 전략을 사용함으로써, 호텔은 테이블 왼쪽의 50%의 금액을 획득하여 수입을 80,000달러 증가시킬 수 있었다.

호텔이 더 많은 수입을 올릴 수 있을까? 세 가지 가격책정 전략은 더 나은 결과를 가져다 줄 수 있다는 것을 관찰할 수 있다. 실제로 호텔이 세 가지 다른 가격 - 1,800달러, 1,600달러, 1,200달러 - 을 책정하는 전략을 고려할 수 있다. 1,800달러에서는 100객실의 수요가 있다. 1,600달러에는 200객실의 수요가 있는데 그 중의 100명의 고객은 보다 높은 가격을 지불하려는 사람도 있다. 마지막으로 1200달러에서는 400객실의 수요가 있는데 그 중의 200명의 고객은 그보다 더 높은 가격을 지불한다. 따라서 총수입은 다음과 같게 된다.

$$1,800 \times 100 + 1,600 \times (200 - 100) + 1,200 \times (400 - 200) = 580,000$$

두 가지 가격전략을 택할 때와 비교해서 20,000달러의 증가가 있게 된다.

사례 9-10

다음으로 수입관리의 기회와 도전을 설명하고자 한다. 가격 종류의 수를 늘림으로써 회사는 총수입을 증가시킬 수 있다. 사실 테이블 왼쪽의 모든 영역을 취할 수 있다. 물론 주요 도전은 높은 가격을 지불하려는 사람은 낮은 가격을 지불하지 않는다는 확신을 하는 것이다. 이것은 고객의 여러 층간에 펜스를 구축함으로써 이루어 질 수 있다. 즉, 이 펜스는 고객으로 하여금 한 계층에서 이동하여 낮은 가격을 지불하는 것을 어렵게 만든다.

이를 설명하기 위해 항공 산업을 생각해 보자. 항공여행자들은 크게 두 그룹 – 여가와 비즈니스 여행자 – 으로 크게 분류할 수 있다. 여가가 목적인 고객들은 항공요금에 매우 민감하지만, 여행기간에는 별로 민감하지 않다. 반면에 비즈니스 여행자들은 여행기간에 매우 민감하고 항공료에는 크게 민감하지 않다. 마찬가지로 비즈니스 여행자들은 필요에 따라 그들의 계획을 변경 가능할 수 있는 높은 유연성을 필요로 하나, 일반적으로 여행을 목적으로 하는 여행자들은 높은 유연성 수준을 필요로 하지 않는다. Duadel과 Vialle가 개발한 프레임워크는 다음과 같다.

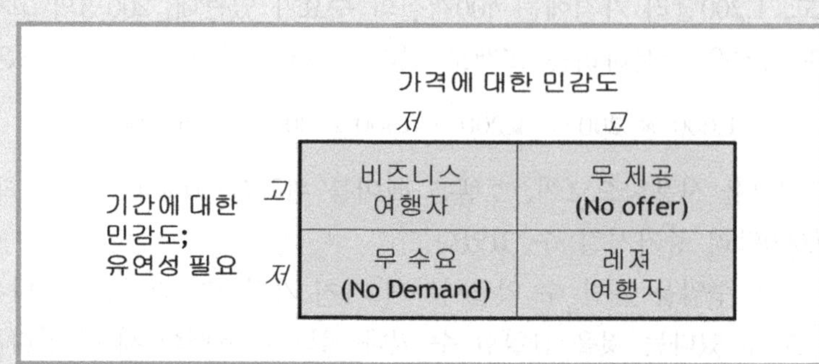

[그림 9-2] 가격과 기간의 민감도에 따른 분류

그러므로 항공사는 비즈니스 여행자가 위 표의 좌상으로부터 우하로 이동하는 것을 막기 우해서 펜스를 구축한다. 이것은 예컨대 주말에 체류하는 것과 조기 예약을 요구함으로써 이루어질 수 있다. 물론 가격 계층이 많을수록 서로 다른 시장 구분 간에 더욱 많은 펜스를 구축하는 것이 필요하다.

4 영리한 가격책정(Smart Pricing)

델, 니콘, 샤프, 그리고 Boise Cascade Office Products사에 의해 적용되는 가격책정 전략에는 하나의 공통점이 있다. 이 회사들은 가격을 고객수요에 영향을 미치는 도구로서 사용한다. 즉, 그들은 서로 다른 산업에서 수입관리기법의 원칙을 적용한다. 두 개의 서로 다른 그러나 보완적인 접근이 사용되어진다.

4.1 고객맞춤 가격책정(Customized pricing)

고객맞춤 가격책정의 목표는 가격 민감도에 따라서 고객을 구분하는 것이다. 델은 개인소비자, 중소 비즈니스, 정부기관 그리고 보건서비스 제공자들 간을 구분함으로써 이를 이루었다. Sharp와 Nikon은 가격 민감도에 의해 고객을 구별하기 위하여 우편을 통한 할인제도를 사용한다. 이는 구매 프로세스에 커다란 장벽을 추가함으로써 이루어진다. 할인을 받기 위해서는 양식을 완성해서 쿠폰을 제조업자에게 보내야만 한다. 여기에서 가정은 높은 가격을 기꺼이 지불하려는 고객은 쿠폰을 보낼 필요가 없다는 것이다. 물론 이러한 가정의 문제점은 전통적인 수입관리기법과는 달리, 우편을 통한 할인은 높은 가격을 기꺼이 지불하려는 고객이 쿠폰을 보내 할인을 요청하려는 것을 막을 수 있는 펜스를 포함하지 않는다는 것이다. 따라서 우편을 통한 할인은 더욱 상세한 분석이 요구된다.

- 할인이 없는 경우, 각 소매업자는 그들의 이익이 최대가 되도록 제조업체로부터 가격과 양을 정한다. 소매업자의 trade-off는 명백하다. 즉 가격이 높으면 수요가 줄어든다. 따라서 소매업자는 그들의 기대이익이 최대가 되는 가격과 주문량을 찾는 것이 필요하게 된다. 반면에 제조업체는 소매업자가 가능한 많이 주문하기를 원한다. 이들의 이익은 도매가격에 비례하는 것이지 최종고객이 지불하는 것이 아니다.
- 우편 할인이 있는 경우, 제조업체는 고객수요에 영향을 미치어 소매업자로 하여금 그들의 주문량을 증가시키는 인센티브를 제공한다. 실제로 할인을 함으로써 소매업자에게 고객이 지불되는 실제적 가격은 낮아지게 되고 이에 따라 소매업자는 보다 높은 수요 수준을 맞게 된다. 따라서 소매업체의 이익은 증가한다. 물론 수요의 증가는 소매업자가 제조업체로부터 보다 많은 주문을 하게 된다. 할인을 적절하게 선택함으로써 할인을 위한 보상보다 더 많은 주문량의 증가를 가져오고 이는 제조업체의 기대이익을 증가하는 것을 의미한다.
- 제조업체의 관점에서 보면, 질문은 왜 도매가격을 할인하지 않느냐는 것이다. 여러 가지 답이 있을 수 있다. 첫째, 할인전략은 모든 소비자들이 쿠폰을 제조업자에게 보내지는 않는다는 장점이 있다. 둘째, 제조업자가 단순히 도매가격을 할인한다면 소매업자는 할인을 고객에게 전하지 않고 자신이 가질 수 있다. 마지막으로, 가장 중요한 것은 소매업자가 할인된 도매가격을 그들의 가격과 주문의사결정의 최적을 위하여 사용할지라도 또 모든 소비자들이 할인을 받기 위하여 제조업체에게 우편을 보낸다 할지라도 우편을 이용한 할인제도는 제조업자에게는 보다 나은 전략이다. 즉 이것은 제조업자에게 도매가격을 할인하는 것보다 더 많은 이익을 증가시킨다. 이 이슈를 이해하기 위하여 소매업자가 두 가지 전략 – 우편을 이용한 할인과 도매가격을 할인하는 전략 – 으로 동일한 양의 주문을 한다고 가정해 보자. 두 가지 상황을 고려

해 볼 수 있다. 하나는 주문량이 실제 실현된 수요보다 작은 경우와 다른 하나는 주문량이 실제 실현된 수요보다 큰 경우이다. 주문량이 실제 수요량보다 작다면 두 가지 전략은 제조업자에게 정확히 같은 이익을 제공한다. 반면에 주문량이 수요보다 크다면 할인에 의한 제조업자의 이익이 도매가격을 할인해서 얻는 이익보다 크게 된다.

4.2 동적 가격책정(Dynamic pricing)

서로 다른 형태의 고객을 반드시 구별할 필요 없는 동적 가격책정 또는 시간에 따라 가격이 변하는 것은 오랜 기간 동안 사용되어져 왔으나, 전통적으로 세일기간 혹은 홍보기간에만 사용되어 왔다. 예를 들면 패션의상 소매업자는 재고를 줄이기 위해 시즌 뒤에 할인을 하는데 이 할인은 주어진 기간 동안 모든 고객에게 동일하다. smart pricing의 최근 추세는 이 전략을 수요와 공급의 보다 나은 일치를 위한 도구로서 가격을 사용함으로써 제조환경에 적용한다. 물론 이것은 공급사슬의 최전방의 집행자들 – 가격책정 결정을 하는 사람들 – 로 하여금 그들 자신의 생산 계획뿐만 아니라 공급사슬의 후방 – 공급자의 재고 – 까지 완전한 가시성을 요구한다.

동적 가격책정 전략을 고려할 때 핵심 도전은 어떠한 조건에서 이 전략이 고정가격책정 전략에 비해 많은 이익을 가져다 줄 것인지 찾아내는 일이다.

- **활용 가능한 능력** : 모든 조건이 동일할 때, 평균수요보다 생산능력이 작을수록, 동적가격책정의 이득은 커질 것이다.
- **수요변동** : 동적가격책정의 혜택은 변동계수(coefficient of variation)에 의해 측정되는 수요 불확실성의 정도가 커질수록 증가한다.
- **수요패턴의 계절성** : 동적가격책정의 혜택은 수요 계절성의 정도가 커질수록 증가한다.
- **계획기간의 길이** : 계획기간이 길어질수록 동적가격책정의 혜택은 줄어들 것이다.

연구결과에 따르면 데이터와 모델에 대한 가정에 따라서 동적 가격책정은 이익을 2~6% 증가하는 것으로 타나났다. 동적가격책정에 의한 이러한 이익의 증가는 소매업이나 컴퓨터산업과 같이 낮은 마진의 산업의 경우 매우 큰 것이다.

제10장 구매 및 외주전략

1 서론

90년대에 외주는 많은 산업의 제조업자들에게 주된 관심사였다. 기업들은 구매부터 제조까지 전 분야에 걸쳐서 외주를 고려했다. 경영자들은 재고가치에 관심을 두고, 이익을 증가시키기 위한 조직의 변화에 많은 노력을 기울였다. 그 중 이익을 증가시키기 위한 손쉬운 방안은 외주를 통한 가격절감이었다. 실제로 90년대 중반에 총판매량 대비 외주를 통한 구매는 괄목할 만큼 성장을 하였다. 또한 1998년에서 2000년 사이 전자산업 시장에서 외주는 전 분야에 걸쳐 15%에서 40%까지 증가되었다.

운동화 산업을 예로 들어보면, 운동화와 같이 유행에 민감한 제품들은 끊임없는 기술투자가 필요하다. 이런 산업에서 나이키만큼 성공한 기업은 없었다. 나이키는 바로 외주를 이용하여 생산하고 있었다. 세계에서 가장 큰 운동화 생산 업체인 나이키는 내부적으로 연구 개발에 주요 초점을 두고, 마케팅, 판매, 유통 부문은 외주를 주었다. 이런 전략은 90년대에 매년 20%대의 성장을 가능하게 하였다.

시스코(Cisco)의 성공 또한 주목할 만하다. 시스코의 인터넷에 기반을 둔 사업 모델은 1994년부터 1998년까지 4배 이상의 규모로 성장하였고, 그들의 생산성이 증가되는 동안 매분기마다 약 1,000명의 새로운 고용을 창출하였다. 또한 매년 5억 6천만 달러의 사업관련 비용을 절약하였다. 시스코의 CEO인 존 챔버스(John Chambers)에 따르면 시스코는 전 세계 분산 제조전략을 사용하여 기업 간 네트워크에 관한 문제점을 해결하였다. 챔버스는 우선적으로 전 세계에 제조공장을 설립하고 주요 공급자들은 근거리에 위치하게 하였다. 그리고 표준화된 작업방식 하에서 공급자들과 함께 작업을 수행하면 타이완이나 다른 지역에 있는 공급자들과 공장들 간의 품질 차이가 없을 것으로 생각하였다. 이런 접근방식은 시스코의 단일기업 시스템에 의하여 가능하였다. 단일기업 시스템은 시스코의 모든 활동에 있어서 토대를 제공하며, 고객과 직원뿐만 아니라 칩 제조업자, 부품 공급자, 외주생산업자 및 물류회사들을 상호 연결한다. 단일기업 시스템 하의 모든 구성원은 시스코의 일원으로 행동한다. 이는 그들이 동일한 웹기반 자료에 의존하기 때문이다. 모든 공급자들은 동일한 수요예측자료를 활용하며, 개별적 수요 예측에 의존하지 않는다. 또한 시스코는 재고감소를 위해 동적 보충시스템(dynamic replenishment system)을 개발하였다. 1999년 시스코의 평균화전율은 경쟁사의 평균회전율 4회에 비하여 훨씬 높은 10회였으며, 모듈생산품에 대한 재고 회전율은 25~35회에 달하였다.

애플 컴퓨터는 제조활동의 대부분을 외주로 수행하였다. 애플 컴퓨터는 프린터와 같은 주요 생산품을 포함하여 전체 생산의 70%를 외주로 생산한다.

2 외주의 장점과 위험요소

1990년대에 핵심요소들에 대한 전략적 외주는 가장 효과 있는 비용 절감방법으로 사용되었다. 외주를 통해 얻는 이점은 다음과 같다.

① **규모의 경제** : 외주의 주요 목적 중 한 가지는 다수 구매자들로부터 구매주문을 받음으로써 제조비용을 줄일 수 있다. 실제로 공급자에게 외주는 원재료 구매와 제조 양면에 걸쳐 경제적으로 많은 이점이 있다.

② **위험분산** : 불확실한 수요 하에서 외주를 선택함으로써 위험에 대비할 수 있다. 외주업자를 선택함으로 얻게 되는 이익은 외주업자들이 많은 구매자들로부터 구매주문을 받음으로 위험분산 효과를 통한 재고수준을 줄일 수 있다.

③ **자본투자 감소** : 외주의 또 다른 목적은 불확실한 수요를 외주업자를 통하여 대비하는 것 뿐 아니라 자본투자를 감소하는 것이다.

④ **핵심전략에 집중투자** : 무엇을 외주로 할 것인가를 선택한 후, 구매자는 기업의 핵심 전략에 집중할 수 있다. 이는 기업이 경쟁사에 비하여 우위를 가지고 있는

특별한 재능, 기술, 그리고 정보 등을 고객들에게 매력적으로 보이게 할 것이다.

⑤ **유동성 증가** : 다음의 세 가지 이슈로 인하여 유동성을 증가시킨다. 첫째, 고객수요의 변화에 보다 빠르게 대응할 수 있다. 둘째, 제품 개발 수명주기를 앞당기기 위해 공급자들의 관련 기술지식을 이용할 수 있다. 셋째, 새로운 기술개발과 기술혁신을 이룰 수 있다.

그러나 외주는 이익만 주는 것이 아니라 잠재적인 많은 위험을 내포하고 있다. 외주와 관련된 실질적인 위험은 다음과 같다.

① **경쟁우위의 핵심기술, 정보의 손실** : 외주를 통하여 자사의 핵심기술 및 정보가 외부 경쟁자들에게 노출될 수 있다. 또한 외주는 기업 자체의 계획에 의한 새로운 디자인을 발표할 기회를 상실하게 한다. 여러 공급업자들에 의한 다양한 요소들의 외주는 새로운 아이템 개발, 기술혁신, 그리고 여러 부서의 복합적인 팀워크가 요구되는 해결능력을 저해할 수 있을 것이다.

② **갈등** : 공급자와 구매자는 서로 추구하는 목표가 상이하다. 구매자가 다양한 요소들의 제작을 위하여 외주를 주었을 때 핵심목적은 유연성의 증가에 있다. 반면 공급자들은 구매자들로 부터 장기적이고 안정적인 공급을 원한다. 일반적으로 외주업자들의 목표는 유연성 제공보다는 비용절감에 초점을 맞춘다. 경제적 호황기에 공급자들은 하락기에 대비한 공급계약을 체결하려 함으로써 안정적인 장기 계약을 원하기 때문에 구매자들과는 갈등을 빚게 된다. 그러나 이런 장기 계약은 수요의 감소가 급격히 나타나는 경제적 하락기에는 많은 손실을 수반한다. 또한 디자인에 관한 문제도 공급자와 구매자가 추구하는 목적 차이로 인해 갈등을 야기한다. 공급자들은 가격절감에 초점을 맞추어 상대적으로 디자인의 변경을 꺼리는 반면 구매자들은 유연성을 요구하며 가능한 빠른 디자인의 변경을 요청한다.

3 구매/생산 의사결정 프레임워크

파인(Fine)과 휘트니(Whitney)가 개발한 외주 혹은 자체생산에 관한 의사결정 두 가지 주요 요인들은 다음과 같다.

① **가용 능력 기준** : 이 경우 기업은 자체생산을 위하여 요구되는 정보 및 기술은 가지고 있으나 기타 이유로 외주를 결정한다.

② **지식 기준** 이 경우 기업은 인력, 기술, 그리고 생산을 위하여 요구되는 정보를 가지고 있지 않으며, 이러한 것들을 가지고 있는 기업을 통하여 원하는 제품을 얻게 된다. 물론 구매 기업은 고객의 요구를 평가하는 지식과 정보를 가지고 있어야만 하며 이를 이용하여 외주업체를 통제하여야 한다.

위의 2가지 요인을 설명하기 위해 파인과 휘트니는 일본의 도요타 자동차의 외주결정 과정을 이용하였다. 도요타사는 디자인을 포함하여 전 부품의 30%를 자체 생산한다. 구체적으로 살펴보면,

- 도요타사는 자동차 엔진의 100%를 자체 생산한다.
- 트랜스미션의 경우 70%를 외주업자에게 의존한다.
- 자동차 전자 시스템은 100% 외주에 의존한다.

파인과 휘트니는 도요타사의 외주 결정이 핵심요소와 서브시스템의 전략적 역할에 따라 변한다는 것을 발견하였다. 전략적으로 중요한 요소일수록 외주업체의 능력과 지식에 가능한 적게 의존해야 한다. 이는 외주를 결정할 때는 생산구조의 정확한 이해가 필요함을 의미한다.

〈표 10-1〉은 파인과 파인/휘트니에 의하여 발전된 외주 및 자체생산에 관한 간단한 의사결정 구조를 보여준다.

〈표 10-1〉 자체 생산/구매 의사결정 프레임워크

제품	지식과 생산능력에 의존	지식에는 독립적이나 생산력에는 의존	지식 및 생산능력에 독립적
모듈 생산	외주 생산은 위험	외주 생산은 기회	외주 생산을 통한 원가 절감 기회
통합 생산	외주 생산은 매우 위험	외주 생산은 선택 사항	내부 생산

이 의사결정 구조는 모듈생산과 통합생산을 동시에 고려하고 있으며, 기업의 생산능력과 지식에 대한 의존을 고려하고 있다. 모듈생산에 관하여는, 지식의 습득이 매우 중요한 반면 자체생산 능력은 그다지 크게 중요하지 않다. 예를 들면 PC제조업자의 경우 지식의 습득은 각각의 부품들에 대한 설계능력에 의한 것일 것이다. 기업이 관련 지식을 습득하고 있다면 외주는 가격절감의 기회를 제공할 것이다. 반면 기업이 지식과 생산능력 모두 가지고 있지 않다면 외주는 공급자들에 의한 지식의 발전으로 경쟁업체로 부각할 수 있기 때문에 매우 위험한 전략이 될 것이다. 통합생산에 관해서는 생산능력과 지식 모두를 가지고 있는 것이 매우 중요하다. 그러나 두 가지 모두를 가지고 있지 않다면 그 기업은 경영을 잘못한 것이다.

위의 프레임워크는 구매/생산 의사결정에 대한 일반적 접근법을 제시하지만 부품 단위의 외주 전략에는 큰 도움이 되지 않는다. 어떻게 하면 특정 부품을 외주 혹은 자체 생산할 것인가를 결정할 수 있을까? 여기에 대해 Fine et al.은 다음과 같은 다섯 가지 기준을 제시한다.

① **고객 중요성** : 해당 부품이 얼마나 고객에게 중요한가? 부품이 고객 경험에 어떠한 영향을 주는가? 부품은 고객의 선택에 영향을 주는가? 즉, 고객이 그 부품에 대해 느끼는 가치는 무엇인가?

② **부품 기술변화 속도** : 시스템 내의 다른 부품 대비 얼마나 빨리 해당 부품기술이 변화하는가?

③ **경쟁적 지위** : 해당 부품을 만들어 내는 것에 경쟁우위가 있는가?

④ **역량 있는 공급자** : 역량 있는 공급자들이 얼마나 많은가?

⑤ **구조** : 전반적인 시스템 구조상에서 해당 부품이 얼마나 모듈화 또는 통합화 되어 있는가?

4 구매전략

최근까지도 구매 업무는 조직에 부가가치를 거의 창출하지 못하는 단순 사무직으로 간주되어 왔다. 그러나 오늘날 구매업무는 동종업계에서 차별화된 성공과 고수익을 가져다주는 경쟁무기로 자리 잡고 있다. 전자 업계에 대한 조사 결과 가장 성공적인 기업들과 가장 성공적이지 못한 기업들의 수익성 차이는 19%였으며 이 중 13%가 더 낮은 생산원가에 의한 것이었다. 전자업계에서는 생산원가의 60~70%가 상품과 서비스의 구매비용이다.

어떻게 하면 기업 차원에서 효과적인 구매전략을 수립할 수 있을까? 성공적인 구매업무 수행을 위해 필요한 역량은 무엇인가? 효과적인 구매전략을 가져오는 요소들은 무엇인가? 어떻게 하면 기업은 리스크 증가 없이도 지속적인 자재의 공급을 확보할 수 있을까?

이러한 질문에 대해 피터 클라직(Peter Kraljic)은 기업의 공급전략은 ① 이익에의 영향, ② 공급리스크 의 두 요인에 근거해야 한다고 주장하였다. 클라직의 프레임워크에 의하면 공급리스크는 가용성, 공급자의 수, 경쟁적 수요, 생산/구매 기회, 창고 리스크, 대체재의 기회 등으로 평가될 수 있고 반면 이익에의 영향은 구매량, 총 구매비용에서의 비중, 품질 및 사업성장에 있어서의 영향도 등으로 평가될 수 있다고 하였다.

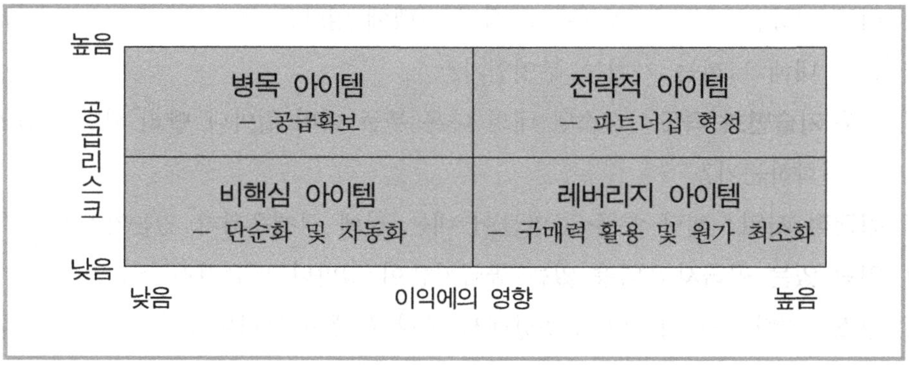

공급리스크 \ 이익에의 영향	낮음	높음
높음	병목 아이템 – 공급확보	전략적 아이템 – 파트너십 형성
낮음	비핵심 아이템 – 단순화 및 자동화	레버리지 아이템 – 구매력 활용 및 원가 최소화

[그림 10-1] 클라직(Kraljic)의 공급 매트릭스

이러한 두 기준에 근거한 평가구조를 클라직의 공급 매트릭스(Kraljic's supply matrix)이라고 하며 [그림 10-1]과 같다.

가로축은 이익에의 영향으로 수직축은 공급리스크로 하는 두 축으로 정의하면 다음과 같은 네 가지 영역이 도출된다.

① **전략적 아이템군** : 해당 범주 부품으로는 엔진과 트랜스미션 시스템 등이 있다. 전략적 아이템군은 고객 체험에 가장 큰 영향을 미치고 가격은 시스템 원가의 많은 부분을 차지한다. 전략적 아이템 군의 경우 단일 공급자인 경우가

많다. 즉, 전략적 아이템군에 대해서 공급전략은 장기적인 파트너십을 공급자와 가져가는 것이다.

② **레버리지 아이템** : 이익에의 영향은 크지만 공급리스크가 적은 아이템들이다. 이러한 아이템들은 공급자들이 많고 약간의 원가절감도 이익 개선효과가 크다. 따라서 공급자들 사이에서 경쟁을 조장하여 원가를 감소시키는 것이 바람직한 구매전략이 된다.

③ **병목 아이템** : 공급리스크가 높고 이익에의 영향은 낮은 아이템들이다. 이러한 제품들은 병목 제품들로 분류하는데 원가에서 차지하는 비중은 적으나 공급리스크가 큰 아이템들이다. 따라서 레버리지 아이템들과는 달리 공급자들의 지위가 높은 편이다. 이러한 병목 아이템들은 프리미엄 비용을 들여서라도 지속적인 공급을 유지하는 것이 중요하며 이는 장기 계약이나 재고보유, 또는 두 방법 모두를 사용함으로써 달성할 수 있다.

④ **비핵심 아이템** : 공급리스크가 낮고 이익에의 영향도 낮은 아이템들로서 이러한 아이템들에 대해서는 구매 프로세스를 가능한 단순화, 자동화시켜야 한다. 이 경우 분산화된 구매 정책이 필요하다. 가령 권한을 위양 받은 부서원이 공식적인 요청 및 승인이 없어도 발주를 직접 할 수 있도록 하는 정책이 그 예이다.

4.1 공급자 변화

많은 업체들이 지난 30년 동안 자신들의 공급 전략을 수정하였다. 1980년대에 미국의 자동차 회사들은 미국 또는 독일에 있는 공급자들을 주목하였다. 이러한 정책은 1990년대에 이르러 멕시코, 스페인, 포르투갈의 공급자들로 변화하였다. 마침내 최근 10년 동안은 이러한 OEM 업체들이 주요 공급선을 중국으로 전환하였다. 하이테크 산업에서도 비슷한 움직임이 발견되었다. 1980년대에는 미국 하이테크 회사들의 초점은 미국 내의 구매에 있었으나 1990년대에 이르러 싱가포르, 말레이시아로, 최근에는 대만과 미국으로 옮겨왔다.

따라서 적절한 공급자 교체를 결정하는데 도움을 줄 프레임워크를 개발하는 일이 중요하다. 마샬 피셔(Marshall Fisher)는 기능중심 제품(functional products)과 혁신 제품(innovative products)의 개념을 제안하였다. 〈표 10-2〉는 두 제품 범주의 주요 특징을 기술하고 있다.

〈표 10-2〉에서 보듯이 기능중심 제품은 낮은 제품 기술변화 속도, 예측가능한 수요, 낮은 이익률 등으로 대변되며, 그 예로는 기저귀, 비누, 우유, 타이어 등이 있다. 반면에 패션 아이템, 화장품, 하이테크 제품 등의 혁신 제품은 빠른 제품 기술변화 속도, 수요 예측의 어려움, 높은 이익률 등과 연관이 있다.

혁신 제품에 적용되어야 하는 공급사슬 전략은 기능중심 제품에 적용되어야 하는 공급사슬 전략과 상이하다. 즉, 기능중심 제품에 적합한 전략은 push이며, 이 경우 초점은 효율성, 원가절감, 공급사슬 계획에 맞추어진다. 반면에 혁신 제품에 적합한 전략은 pull로서 반응성, 서비스수준 극대화, 주문이행 수준 등에 초점을 맞추게 된다.

〈표 10-2〉 기능중심제품과 혁신제품의 차이

	기능중심 제품	혁신 제품
제품 기술변화 속도	느림	빠름
수요 특성	예측 가능	예측 불가능
이익률	낮음	높음
제품 다양성	낮음	높음
생산확정시 평균 수요예측 오차	낮음	높음
평균 품절율	낮음	높음

구매에 대해 서로 다른 공급사슬 전략이 주는 시사점은 명확하다. 가령 소매업자가 기능중심 제품을 구매한다고 하면 초점은 총 납품비용, 즉 구매부터 최종 도착지까지의 소요되는 총비용을 최소화 하는 것이다. 반면에 혁신 제품을 구매하면서 총 납품비용을 최소화하는 것은 잘못된 전략이다. 빠른 기술변화 속도, 높은 이익률, 수요예측의 부정확성 등을 고려하면 초점은 리드타임 감소와 공급의 유연성에 두어야 한다.

따라서 소매업자 또는 유통업자가 기능중심 제품을 구매할 때에는 중국이나 대만과 같은 저비용 국가에서 구매하는 것이 바람직하다. 반면에 혁신 제품을 구매할 때에는 초점이 시장 근접성이 높은 공급자에게 모아진다. 대안으로 짧은 리드타임은 항공 운송으로 달성될 수도 있으며 이 경우 제품자체 비용과 수송비 간의 차이를 비교해야 한다.

5 전자구매

1990년대 후반 B2B(business-to-business) 자동화는 공급사슬 관리에서 일반적인 모듈로 고려되기 시작하였다. 1998년에서 2000년 사이에 화학과 철강으로부터 산업재 시장 전반에 걸쳐 전자상거래시장이 형성되었다. 이러한 전자상거래는 구매비용을 절감시키고 절차를 간편하게 함으로써 구매자와 공급자 모두를 만족시켰다.

1990년대 중반부터는 새로운 사업을 위한 모델의 필요성뿐만 아니라 전자상거래시장을 통한 구매로부터 얻게 되는 엄청난 이득을 보다 잘 이해하기 위해 재조업자와 공급업자들을 위한 개선된 공급사슬 활동이 필요하였다. 1990년대 중반 많은 기업들이 구매에 관한 부분에 대해서 외주를 주었다. 이러한 기업들은 구매절차가 매우 어렵고, 복잡하며, 전문성이 요구되며, 많은 비용이 소요된다고 생각했다. 그런 이유로 B2B 거래가 B2C 거래에 비하여 많은 부분을 차지하였다. 따라서 B2B 시장에서는 다수의 공급자들이 같은 시장에서 유사한 제품을 가지고 영업을 하였기 때문에 경쟁이 매우 치열하였다.

물론 치열한 경쟁시장은 도전의 기회와 문제점을 동시에 제공하였다. 구매자들은 유사한 상품을 가지고 경쟁함으로 구매 비용을 절감할 수 있다. 그러나 이런 저비용을 실현하려면 구매 관련 전문가가 필요했으나 대부분은 전문가를 보유하지 못하고 있었다.

이러한 당시 상황은 수직적 또는 수평적 사업 아니면 기능에 기반을 둔 독립된 전자상거래시장으로 발전하는 계기를 마련하였다. 프리마켓(FreeMarkets, 현재 Ariba의 일부) 또는 버티컬넷(VerticalNet)과 같은 기업은 구매 과정 전문가와 많은 공급자들을 경쟁시킬 수 있는 기반 시스템을 가지고 있었다. 특히 전자상거래시장을 처음 이용하는 구매자들을 위해 값진 정보를 제공하였는데 다음과 같은 이점을 들 수 있다.

- 구매자와 공급자의 중간에서 서비스를 제공한다.
- 비용절감의 기회를 제공한다.
- 입찰에 많은 공급자들을 포함시킨다.
- 우수한 공급자들을 발굴하고 보증하며 지원한다.
- 입찰을 감독한다.

그러나 장기적인 유대관계가 중요한 상황에서 온라인 입찰을 통하여 공급자를 선정하는 것은 매우 위험한 일이 될 수 있다. 전자상거래의 문제는 공급자들에 관한 정보가 정확하지 않고 신뢰성이 떨어질 수 있다는 점이다. 왜냐하면 일부 전자상거래시장은 자체 시장을 확대하고 구매자들을 확보하기 위하여 비교적 소규모의 공급자들을 입찰에 참여시키기 때문이다. 따라서 구매자들은 장기적인 유대관계가 필요한 제품구매보다는 복수의 공급자들이 있고 경쟁이 치열한 영역에서 보다 싼 가격에 제품을 사고자 할 때 전자상거래를 이용한다. 또한 중요한 것은 이러한 시장에서는 공급자들이 마케팅 및 판매비용의 삭감을 통하여 기업 경쟁력을 향상시킬 수 있다는 점이다. 마지막으로 전자상거래는 공급자들의 생산능력과 재고를 유용하게 이용할 수 있게 한다.

전자상거래시장에서 많은 기업들은 그들의 핵심 운영방식을 수정하였다. 우선 그들은 낮은 구매가격뿐만 아니라 구매자와 공급자 모두를 만족시키는 정책을 수립하였다. 전자상거래에 대한 평가는 4가지 형태의 시장이 소개된 지난 몇 년간 매우 많이 변하였다.

6 구매통합전략

구매통합이란 경쟁우위 확보를 위한 능력을 갖추기 위하여, 구매부서 혹은 기능이 기업 내부의 다른 기능 및 기업 외부의 다른 조직과 밀접하게 통합되어야 한다는 것이다. 기업 내부의 다른 기능과의 통합을 내적 통합, 기업 외부의 공급자 등과의 통합을 외적 통합이라 한다. 통합이 이루어지면 다양한 사람들이 그들이 가진 정보와 전문지식을 공유할 수 있고 또한 관점이 다양해지므로, 예전에는 생각하지 못했던 관점에서 문제를 바라볼 수 있는 장점이 있다. 기업에서는 이러한 장점을 이용하고자 기업 내부의 여러 기능으로부터 사람들이 모여 이루어지는 다기능 팀을 조직하여 운영하기도 하며, 신제품 개발을 위한 조달기능, 엔지니어링, 공급자 등을 통합하여 운영하기도 한다.

6.1 내적 통합

구매는 기업 내부의 다른 기능과 밀접하게 연계되어야 한다. 예를 들어, 생산기능과의 관계를 살펴보면 구매가 생산에 필요한 투입요소의 조달에 책임이 있으므로, 구매 관리자는 생산부분과 협력하여 생산계획의 실행을 조정할 필요가 있다. 구매가 생산부분의 요구에 신속하게 대응할 수 있도록 하기 위해 구매인력을 생산구역에 상주하게 하는 기업도 있다. 아웃소싱의 증가에 따라 구매와 품질보증 기능과의 관계는 최근에 더욱더 중요하게 되었다. 즉 공급자가 좋은 품질의 원자재나 부품을 공급할 수 있도록 구매와 품질 보증 기능과의 밀접한 협력관계가 유지되어야 한다.

이들 두 기능이 함께 공급자 품질훈련, 공급자 프로세스 능력조사, 개선활동계획 등의 협력 프로젝트를 수행하기도 하고, 어떤 기업의 경우에는 공급자 품질관리에 대한 책임을 구매부서의 책임 하에 두기도 한다. 구매와 엔지니어링의 관계는 신제품개발의 개발속도를 높이는 차원에서 매우 밀접해야 한다. 엔지니어링은 구매부서에서 공급자를 선정할 때에 엔지니어링이 원하는 품질과 생산능력을 가진 공급자를 선정하기를 원하고, 또한 공급자가 디자인 프로세스의 초기에 참여하여 독창적인 아이디어를 제공하기를 원하며, 신제품에 통합될 수 있는 새로운 기술을 가진 공급자를 발굴해 주기를 바라고 있다.

구매는 또한 회계 및 재무 기능과도 연계되어 있는데 이러한 관계는 생산, 엔지니어링, 품질기능과의 관계보다 강하지는 않다. 구매와 관련된 정보는 모두 회계시스템으로 전달되며 구매성과의 측정에 회계시스템을 통하여 수집된 정보가 이용된다. 또한 구매는 자금획득 의사결정시 재무기능과 협력한다. 구매는 마케팅과는 간접적인 관계를 가지고 있다. 신제품에 대한 아이디어가 주로 마케팅에서 나오고 구매부서는 신제품의 개발 및 생산에 대한 지원을 해야 하므로 마케팅과 간접적으로 관계가 있다고 할 수 있으며, 또한 생산계획의 기본이 되는 수요예측도 주로 마케팅에서 담당하는 것이므로 구매와 간접적인 관계가 있다고 할 수 있다.

6.2 외적 통합

구매의 가장 중요한 외부관계는 공급자와의 관계이다. 대부분의 구매자와 공급자는 비용, 품질, 배송, 시간 차원에서의 개선을 위해서 공급자와의 협력이 중요하다는 점을 인식하고 있다. 이렇게 공급자와 협력관계를 유지하는 것을 협력적인 접근법(collaborative approach)이라고 한다. Monczka 등은 전통적인 접근법과 협력적인 접근법의 차이를 〈표 10-3〉과 같이 설명하고 있다.

구매자와 공급자가 협력적인 관계를 유지하게 되면 신뢰관계가 형성되는데, 신뢰관계가 형성될 경우의 이점은 서로 비용자료를 공유하게 되어 공동으로 비용절감을 위한 노력을 기울일 수 있게 된다는 것과 공급자가 구매자의 신제품 개발의 초기단계에서부터 참여함으로써 기여를 하게 된다는 것이다. 또한 구매자와 공급자의 협력적인 관계는 장기적인 계약을 맺을 가능성이 높아지므로 양측 모두 장기계약의 혜택을 얻게 된다.

예를 들어, 장기계약을 하게 되면 공급자는 구매자가 원하는 제품을 효율적으로 생산할 수 있는 공장이나 설비에 투자를 하게 되어 낮은 원가로 구매자에게 공급을 할 수 있게 된다. 또한 장기계약은 공동 기술개발, 공급자능력의 개발 등을 가능하게 한다. 그러나 이러한 협력적인 관계를 유지하는데 있어 비밀 유지, 법적 장애, 변화에 대한 저항, 공급자의 파워가 큰 경우 등 여러 가지의 장애요인이 있을 수 있는데 이러한 장애요인을 확인하고 극복할 수 있는 방법을 찾아야 한다.

〈표 10-3〉 공급자와의 협력관계 비교

	전통적 접근법	협력적 접근법
공급자 수	다수의 공급자와 거래	소수의 공급자와 거래
비용절약의 분배	구매자가 비용절약 모두 차지	비용절약 공평 배분
공급자 성과의 공동개선 노력	거의 무	상호 공동 개선의 노력
분쟁해결	구매자가 일방적으로 해결	분쟁해결 메커니즘 존재
의사소통	최소한의 의사소통, 양방향 정보교환 거의 무	개방적, 양방향 정보교환
시장 환경변화에 대한 조정	대응방안 구매자가 결정	구매자와 공급자가 공동으로 대처
품질	구매자가 제품 수령 후 검사	제품 자체가 무결점이 되도록 디자인 됨

7 전략적 조달

구매는 조직의 목표 및 목적과 연관된 활동이나 프로세스의 조정에 초점을 맞춤으로써 기업의 수익성에 공헌을 해야 하며, 기업이 경쟁우위를 확보할 수 있도록 구매전략이 수립되어야 한다. 이를 위해 우선 기업의 목적을 구체적인 구매목표로 전환하고, 이 목표를 어떻게 달성할 지에 대한 구체적인 행동계획인 전략적 구매프로세스의 동력으로 삼아야 한다. 구매전략의 형태로는 다음과 같은 것이 있다.

7.1.1 공급자 집단 최적화

적합한 공급자 수와 그 구성을 최적화하는 것으로 일반적으로 공급자 수를 감축하는 전략이다. 따라서 세계적 수준의 성과를 달성하지 못하는 공급자는 제거되는 것이 보통이다. 또한 이러한 프로세스는 한 번으로 끝이 나는 것이 아니라 지속된다.

7.1.2 공급자의 품질관리

공급자의 품질을 개선하기 위하여 공급자로 하여금 6시그마를 도입하게 하고 또한 통계적 공정관리, 공정능력분석, 품질검사, 프로세스 변동의 제거, 문제 확인 및 수정능력 등을 요구한다. 또한 공급자로 하여금 지속적인 개선을 추구함과 동시에 무결점 철학을 전개하도록 요구한다. 공급자의 품질관리가 중요한 것은 일반적으로 제품의 품질관련 문제의 발생에 있어 가장 큰 비중을 차지하는 것이 공급자가 공급하는 제품이나 서비스이기 때문이다. 이러한 추세는 아웃소싱의 증가와 더불어 확대되고 있으며, 공급자의 품질이 좋지 않은 경우 기업의 전체적인 품질개선 노력에 커다란 악영향을 미치게 된다.

7.1.3 글로벌 소싱

전 세계를 공급원으로 하는 글로벌 소싱을 추구한다. 글로벌 소싱의 목적은 비용이나 품질에 있어서의 개선뿐만 아니라 제품이나 프로세스 기술을 접할 기회를 얻고, 공급원의 수를 늘리며, 해외시장에서의 입지를 구축하기 위함이다. 또한 글로벌 소싱을 통하여 국내의 공급자에게 경쟁을 유발하기도 한다.

7.1.4 장기적인 공급자와의 관계

탁월한 성과를 내거나 혹은 독자적인 기술을 가진 공급자와 장기적인 관계를 맺는 것으로 이와 같은 장기적인 관계는 비용과 지적자산을 공유하는 공동제품개발도 포함하게 된다.

7.1.5 공급자의 설계 초기 참여

신제품 개발의 초기단계에 공급자를 참여시키는 전략이 중요한 것은 공급자가 단순히 부품의 생산뿐만 아니라 그 이상으로 기여할 수 있기 때문이다. 예컨대, 공급자의 설계 능력을 이용함으로써 신제품 개발의 효과를 최대로 할 수 있다.

7.1.6 공급자 개발

공급자의 능력이 미흡하지만 공급자 교체비용이 너무 많이 든다든지 등의 이유로 거래를 중단할 수 없는 경우에, 공급자와 공동으로 공급자의 능력을 개선하는 노력을 기울이는 것이다. 이러한 공동 노력의 동기는 공급자의 능력이 개선되면 공급자나 구매자나 모두 득을 보게 된다고 믿기 때문이다.

7.1.7 총 소요비용

제품의 가격 및 수송비뿐만 아니라 배송지연, 낮은 품질, 공급자의 성과 미흡 등으로 인한 비용 등을 포함하는 구매품목과 관련된 다양한 비용을 파악하여 구매의사결정에 이용하거나 비용변동의 원인 파악에 이용한다.

7.1.8 e-Reverse Auction(e-RAs)

구매자의 요구사항에 대하여 다수의 공급자가 인터넷상에서 온라인으로 입찰하고, 이 중에서 선택되는 공급자가 제품이나 서비스를 공급한다.

8 인소싱과 아웃소싱

제품이나 서비스를 직접 생산할 것인지 아니면 외부에서 조달할 것인지는 조직에 장기적인 영향을 미치는 복잡하고 중요한 의사결정 중의 하나이다. 최근에 비용감축의 일환으로 아웃소싱이 증가추세이기는 하지만 조직의 경쟁력과 직결되므로 신중을 기해야 한다. 이러한 의사결정과 관련하여 몇 가지 고려해야 할 사항이 있다.

① 기업의 핵심능력과 밀접하게 관련 있는 제품이나 서비스는 아웃소싱보다는 내부에서 생산하는 것이 바람직하다.
② 기술의 성숙도와 자신의 기술경쟁우위를 고려하여 [그림 10-3]과 같이 결정한다.
③ 총 인소싱비용에서 총 아웃소싱비용을 비교하여 비용절감의 크기를 고려하여 결정한다.
④ 비용과 관련이 없는 요인들을 고려한다.

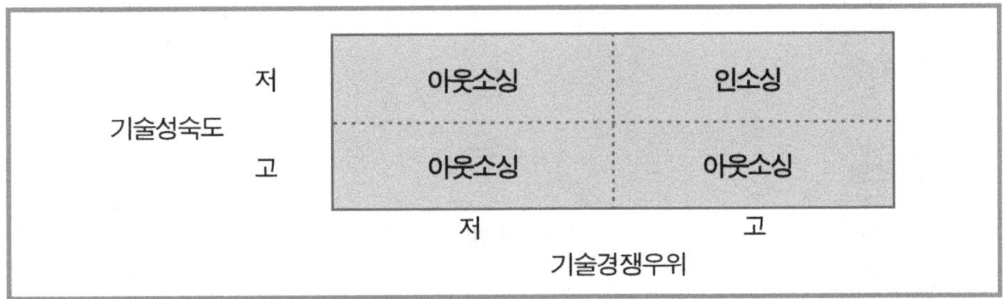

[그림 10-3] 기술성숙도와 기술경쟁우위를 고려한 아웃소싱 의사결정

인소싱과 아웃소싱의 장단점을 살펴보면 다음 〈표 10-4〉와 같다.

〈표 10-4〉 인소싱과 아웃소싱의 장단점

	인소싱	아웃소싱
장점	• 투입요소에 대한 높은 통제력 • 프로세스에 대한 가시성 증대 • 규모의 경제/범위의 경제	• 높은 유연성 • 낮은 투자 위험 • 현금흐름의 개선 • 낮은 노임
단점	• 높은 생산량이 요구됨 • 높은 투자 필요 • 전용설비의 사용이 제한적 • 공급사슬에 문제 있음	• 공급자를 잘못 선정할 가능성 • 프로세스에 대한 낮은 통제력 • 긴 리드타임/생산능력 부족 • 기업의 공동화

9 공급자 선정과 평가

구매과정에서 가장 중요한 활동은 필요한 물품들을 제공할 수 있는 수많은 공급자들 중에서 최고의 공급자를 선택하는 것이다. 구매 과정은 구매할 때 고려되어야만 하는 요인들의 다양성 때문에 복잡하다. 그 과정은 의사결정 단위를 형성하는 결정을 내리는 사람들과 결정에 영향을 미치는 사람들을 함께 포함한다.

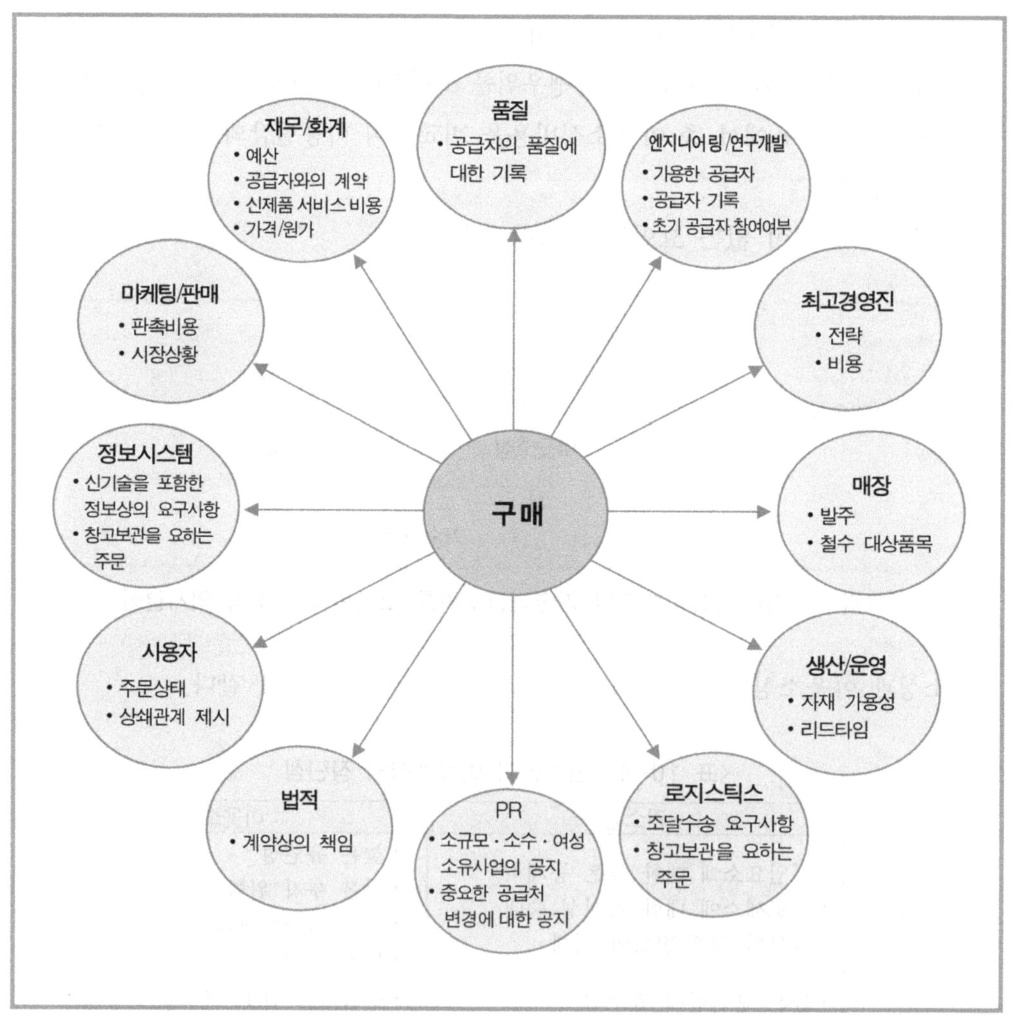

[그림 10-4] 구매에서 발생되는 내적 정보흐름

[그림 10-4]는 공급자 선정과 평가 시스템에 영향을 미칠 구매와 다른 내부적 기능들 사이의 많은 정보 흐름들의 일부를 보여준다. 이러한 흐름은 사용자들의 주문을 다루는 것에서부터 법무 부서에서 계약적 용어들을 인증하는 것, 적당한 재료들의 유효성을 확정하는 것, 마케팅의 판매 촉진들을 지원하는 것에까지 많은 부문들이 존재한다.

9.1 구매단계

[그림 10-5]는 구매의 필요량을 확인하는 것으로부터, 공급자 관계의 관리를 위한 기본적인 다섯 단계의 구매 과정을 보여준다. 구매 관리자들은 구매 결정을 할 때 리드타임, 정시 배달, 신속한 진행능력, 가격 경쟁력, 그리고 구매 후 판매지원 등과 같은 다양한 요인들을 고려할 것이다.

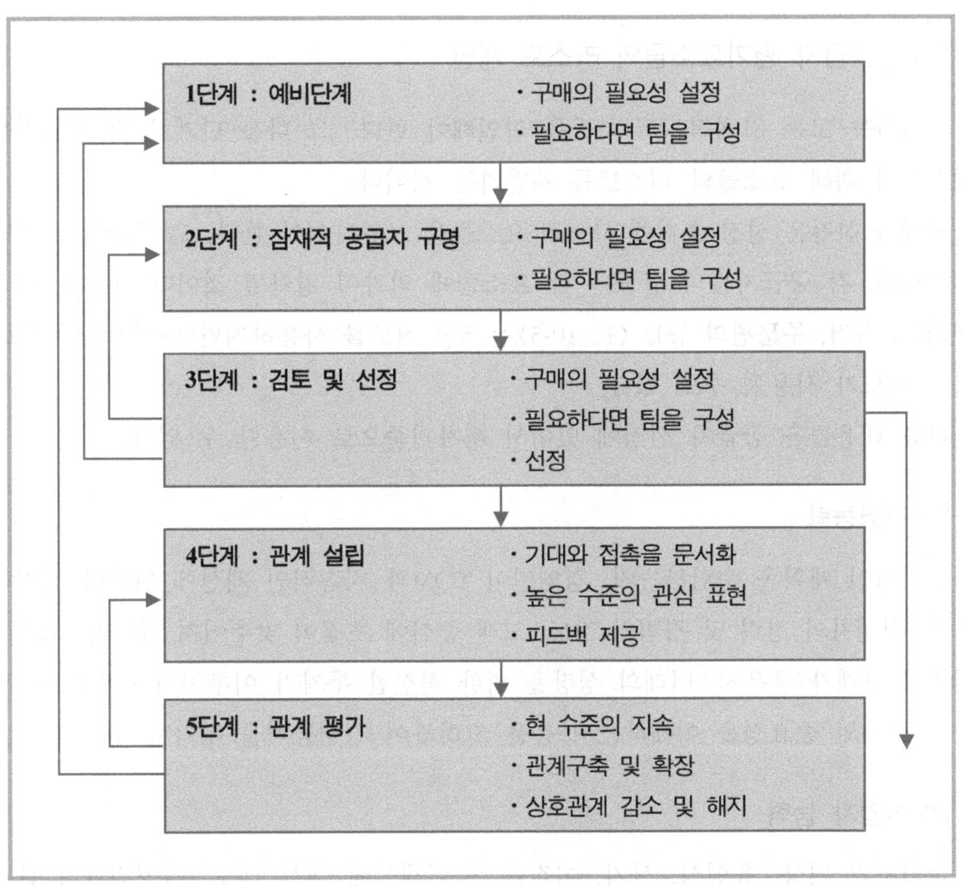

[그림 10-5] 구매 관계의 선택 과정과 관리의 다섯 단계

9.2 구매 카테고리

기업에는 6개의 구매 카테고리가 있다. 즉 ① 부품, ② 원재료, ③ 운영지원품, ④ 지원 설비, ⑤ 처리과정 설비, 그리고 ⑥ 서비스 등이다. 이러한 6가지 주요 구매 카테고리는 일상적 구매와 비일상적 구매로 구분 가능하다. 일상적 구매는 일상적으로 발생하는 구매를 의미하며, 비일상적 구매는 새로운 형태의 구매, 문제가 발생한 구매, 기업의 전략수립이나 비용절감에 미치는 구매 등을 뜻한다.

9.3 공급자 평가

다양한 평가단계들이 가능하며 무엇보다 중요한 것은 목표달성 가능성을 높이기 위하여 끊임없이 해당 절차를 반복하여야 한다.

9.3.1 공급자 평가요소들의 리스트 개발

관리자는 모든 잠재적 공급자들을 확인해야 한다. 그 다음 단계가 각 공급자를 평가하기 위해 요소들의 리스트를 개발하는 것이다.

공급자 선정은 선정 초기에 사용된 요소들을 보완하여야 한다. 그 요소들이 일단 결정되면, 각 공급자들의 활동은 각 요소들에 의하여 평가될 것이다(예컨대, 생산 신뢰도, 가격, 주문편의 등). 〈표 10-5〉는 5점 척도를 사용하지만(1=최악, 5=최고), 다른 척도가 사용될 수도 있다.

다음 내용들을 공급자 선정에 있어서 평가기준으로 이용할 수 있다.

(1) 경영능력

장기적인 계획을 수립하는지, 경영진이 TQM과 지속적인 개선에 얼마나 전력하는지, 경영자의 경력 및 경험의 정도, 고객 중심에 초점이 맞추어져 있는지, 노동조합과의 관계가 좋은지, 미래의 성장을 위한 적절한 투자가 이루어지고 있는지, 전략적 구매의 중요성을 이해하는지 등을 고려하여 경영능력을 평가할 수 있다.

(2) 작업자 능력

작업자의 기량, 유연성, 사기, 이직률, 품질개선에 대한 태도, 경영진과의 관계 등을 바탕으로 작업자 능력을 평가할 수 있다.

<표 10-5> 공급자 평가 예시

요 인	공급자 등급 (1=최하, 5=최고)	요인의 중요도 (0=중요하지 않음 5=최고로 중요함)	가중 결합 등급 (0=최소, 25=최대)
공급자 A			
제품신뢰도			
가격			
주문편의성			
⋮			
판매후 서비스			
공급자 A의 총합			
공급자 B			
제품신뢰도			
가격			
주문편의성			
⋮			
판매후 서비스			
공급자 B의 총합			
공급자 C			
제품신뢰도			
가격			
주문편의성			
⋮			
판매후 서비스			
공급자 C의 총합			

(3) 비용구조

공급자의 비용구조를 알게 되면 얼마나 효율적으로 품목을 생산할 수 있는지 혹은 서비스를 제공할 수 있는지를 알 수 있으며 또한 개선 가능성을 파악할 수 있다.

(4) 품질에 대한 성과, 시스템, 철학

많은 구매자들은 공급자들이 ISO 9000에서 제시하는 품질 가이드라인에 기반을 둔 품질관리시스템을 채택하기를 기대하고 있다.

(5) 프로세스와 기술적 능력

공급자 평가팀에는 공급자의 프로세스 및 기술적 능력을 평가하기 위해 엔지니어가 포함되는 것이 일반적이다. 생산이나 서비스를 제공하는데 공급자가 채택한 기술, 디자인 방법, 설비 등에 대한 검토와 더불어 공급자가 미래의 프로세스나 기술적 개선을 위해 연구개발에 투자한 자원에 대한 평가가 이루어진다.

(6) 환경 규제 준수여부

환경과 관련하여 공급자 평가기준으로 사용되는 것에는 ISO 14000의 획득 여부, 재활용 관리 실태, 위험물 처리 관리 실태, 오존 파괴물질의 통제 여부 등이다.

(7) 재정적 안정성

공급자의 재정적 안정성은 평가단계에서 초기의 적격심사 수단으로 이용될 만큼 중요하다. 재정적 안정성이 결여된 공급자는 사업 중단을 할 가능성이 높고, 투자자원이 부족해 미래의 프로세스 및 기술적 개선을 위한 여지가 적으며, 구매자에 대한 재정적 의존도가 높아지고, 재정적인 문제는 보통 다른 여러 가지 문제로 인해 발생하는 것이 일반적이므로 이러한 공급자와의 거래는 피하는 것이 바람직하다.

(8) 생산일정 및 통제시스템

공급자의 생산일정 및 통제시스템에 대한 평가는 공급자가 어느 정도 통제력을 가지는지에 대하여 가늠해보고자 함이다. 공급자가 납기 내에 공급을 할 수 있는지의 여부, 혹은 공급자의 생산시스템이 구매자의 JIT시스템을 지원할 수 있는지의 여부 등을 평가한다.

(9) e-commerce 수행능력

점차적으로 웹에 기반을 둔 B2B 전자상거래가 증가하고 있다. 공급자는 전자상거래를 수용할 수 있는 능력이 필요하다. 이 이외에도 e-mail을 통한 의사소통능력, 전자자금결제 능력, 바코딩 혹은 RFID 사용능력 등 공급자의 전반적인 정보기술에 대한 평가가 필요하다.

(10) 공급자의 조달전략, 정책, 기법

공급자의 공급자에 대한 정보도 공급사슬관리를 위해 중요하다. 하지만 공급자가 자신의 공급자에 대한 평가를 했을 경우를 제외하고는 정보를 얻기가 쉽지 않다. 이러한 경우 공급자의 구매부서와의 대화를 통하여 공급자의 공급자에 대한 정보를 얻을 수 있다.

(11) 장기적인 관계유지 가능성

구매자와 공급자 사이에 장기적인 관계를 유지하는 것이 유리한 경우에 공급자 평가시에 공급자가 장기적인 관계를 유지하는데 적합한지에 대한 평가가 이루어져야 한다. 평가의 기준에는 공급자의 장기적인 관계에 대한 의도가 있는지, 이러한 관계에 자원을 투자할 의도가 있는지, 정보공유에 대한 의지가 있는지, 구매자를 위해서만 생산능력을 독점적으로 제공할 의지, 구매자에 대한 이해심, 비용자료의 공유 의지 등이 포함된다.

9.3.2 각 평가요소의 상대적 중요성

공급자 평가에 앞서 관리자들은 평가 요소들의 상대적인 중요성을 판단하여 각각에 비중을 할당해주어야 한다. 예를 들어, 제품 신뢰도가 그 회사의 중요성을 가진 것이라면, 그것은 최고로 중요한 등급을 받았을 것이다. 만약 가격이 제품 신뢰도만큼 중요한 것이 아니라면, 가격을 더 낮은 중요성 등급에 놓을 것이다.

다음 단계는 각 요소의 중요성에 따라 공급자들에 대한 가중치가 반영된 전체 평가를 개발하는 것이다. 이는 공급자 평가를 확장하는 것으로, 각 요소와 중요성에 입각한 가중치가 포함된 측정방법이다. 전체 점수를 통해 공급자들에 대한 등급 매김이 가능하며, 비교가 이루어질 수 있다. 전체 점수가 높을수록 해당 공급자는 제품을 제공받는 기업의 필요사항과 특이사항을 보다 잘 만족시킬 수 있다.

이러한 과정을 통해 경영상에서의 구매결정시 중요한 요소를 공식화하고, 해당과정의 필요성을 인식하게 된다.

10 효과적 조달조직

조달조직은 전통적으로 집중화 또는 분산화되어 왔다. 최근에는 특별한 이점을 얻기 위하여 다음과 같은 형태로 발전되어 왔다.

10.1.1 중앙집중 조달

중앙집중 조달은 단일의 공동 소싱과 구매력을 회사의 본사에게 제공하는데 이러한 접근은 중앙집중의 물류조직과 운영을 포함한다. 이의 장점은 전체 회사의 공급사슬을 조정하는 능력과 공급시장에 관한 집중된 정보를 확보할 수 있다는 점이다.

10.1.2 분산조달

이 조직 형태에서는 조달은 현장에만 위치한다. 회사의 재무나 다른 운영정책을 통해서 공포된 것 외에는 중앙으로부터 조정이나 통제가 존재하지 않으며, 조달활동의 모든 책임을 현장에 두며 회사간접비를 최소화하는 정책이다. 이는 중앙집중 조달에 비해 시너지효과 창출이라든지 공급자나 운송업자에 대한 구매력 면에서는 불리하다. 실제 조사결과에 따르면 분산조달 조직을 채택하고 있는 많은 회사의 경우 서로 다른 사업부에 대한 공급자나 운송업자들의 가격에는 크게 차이가 있다고 한다. 분산조직의 변형은 현장에 조달협의체를 구성하는 것이다. 협의체는 유사한 제품과 서비스를 필요로 하는 여러 지역조달 담당자로 구성되는데 리더십과 상위 경영자의 참여부족으로 유명무실해지는 경우가 많다.

10.1.3 중앙조정자

현장에서의 조달은 공장장이나 사업부장에게 보고되지만 본사의 중앙집중된 조정 그룹의 지원을 받는다. GE와 United Technologies는 이러한 모델을 사용하는 대표적 예이다. GE는 본사 차원에서 조달과 운송 그룹이 존재하는데 이 그룹은 회사 전체의 관심사항을 살펴보고 개별 공장의 사람들이 전체를 보지 못하는 곳에서 전체로서 회사의 기회를 찾는다. 이 그룹은 서비스를 개별 사업부나 공장에 판매하는 컨설팅 역할을 한다. 장점은 회사가 공급업자에 대한 힘을 가질 뿐만 아니라 보다 넓은 범위를 포함하는 것인데 완전히 집중화된 그룹에서와 같이 전체 간접비용을 담당하지는 않는다.

10.1.4 지역계획자

중앙의 조달 그룹이 공급자들과의 관계를 창출하지만 현장의 조달·물류 계획자가 모든 실제 제품흐름을 주관한다. 이 시스템은 소싱 및 벤더 선정과 배달을 위한 주문 프로세스를 분리한다. 조달은 벤더와의 관계를 창출하고 모니터링하는 프로세스를 담당하며, 생산계획자나 물류담당자는 내부이동, 독촉, 그리고 팔로우업(follow-up)을 위한 매일매일의 주문을 처리한다.

10.1.5 공급관리자

이 시스템에서는 조달이 사업 대부분의 제품 라인에 대한 자재관리 책임을 갖는다. 이 접근은 모든 공급, 취득, 자재 및 생산 책임을 한 사람에게 지우는 것으로 이 관리자는 한 개 혹은 소수의 제품에 대해 두루 살피고, 그의 성과는 판매가격에서 마지막 포장까지 소요되는 모든 비용을 뺀 기여율(contribution margin)에 기초한다.

공급관리자는 공급자로부터 최종소비자로의 외부전달까지의 전 공급사슬에 걸쳐 모든 비용책임과 권한을 갖는데 이 방식은 각 제품에 대한 넓은 범위의 기술을 필요로 한다.

10.1.6 상품팀

이 접근은 원래 건설, 무기 시스템, 연구개발, 산업용 기계 등과 같은 프로젝트 환경에서 볼 수 있었으나 현재 많은 회사들에 의해 보다 널리 사용되고 있다. 이러한 접근을 채택하고 있는 대표적 회사는 Caterpillar사로서 회사 제품의 핵심 성공요소 주변에 상품팀을 설치하였다. 이 접근의 특징은 시작부터 마무리까지 제품을 포괄적으로 본다는 것에 있다. 각 부문의 관리자로 구성된 이 팀은 제품을 위한 설계, 생산기술, 구매, 제조, 영업 및 유통 등을 연속적·개별적으로 접근하지 않고 공동목표의 달성을 위하여 공조체제를 구축한다.

10.1.7 물류 파이프라인

소비재 산업에 있어 재고의 신속한 회전과 완벽한 고객서비스에 대한 압박은 구매와 판매 양측 기업을 포함하는 혼합된 고객조달·자재와 판매유통 모델을 가져왔다. 이와 같은 체제에서는 두 기업간에 중복되는 물류기능과 비부가가치를 가져오는 일들이 감소 혹은 제거되었다. 이러한 예는 프록토 갬블사와 월마트사 간에 볼 수 있다. 프록토 갬블사의 공장으로부터 월마트점의 선반에 이르는 흐름 시스템은 종전에 두 회사 간에 이루어졌던 청구서, 구매, 주문등록 및 출하 등의 과정들이 제거됨으로써 더욱 효율적으로 되었다. 판매자인 프록토 갬블사는 그의 고객인 월마트 상점 내에서 제품재고를 모니터링할 수 있다.

이러한 시스템은 양측 모두에게 장점을 제공한다. 판매자는 고객조직 내부에서 강력한 위치를 유지할 수 있기 때문에 이러한 방식으로 경쟁적 우위를 얻을 수 있으며 더구나 판매자는 그들의 제품에 대한 재고를 보다 관심을 갖고 정확하게 모니터링할 수 있다. 이는 뜻하지 않은 품절과 긴급출하에 대한 수요를 크게 줄일 수 있으며, 또한 구매자가 다른 브랜드로 바꾸는 가능성이 낮기 때문에 경쟁적 우위를 제공한다. 구매회사로는 판매자가 재고감시, 주문 및 운송과 같은 관리적 프로세스들을 하게 함으로써 이득을 얻을 수 있다.

11 구매관리 합리화 방안

11.1.1 구매업무의 표준화

구매업무의 표준화는 구매소요시간의 표준화와 각종 구매절차의 표준화로 대별되며, 다시 구매대상품의 품질·가격·구매원·구매조건 등과 같은 구매요건별 표준화로 세분된다.

구매업무를 표준화하기 위해서는 구매부문의 노력만으로는 불가능하고 수요부문의 적극적인 협조에 의해서만 가능하게 되는 것이다. 예를 들어 구매대상품의 품질을 표준화하기 위하여는 수요부문의 협조가 전제로 되는 것과 같다.

11.1.2 구매업무의 단순화

구매업무의 표준화가 이루어지면 그 다음 단계로 구매업무의 단순화가 요구된다. 단순화란 일반적으로 품종의 삭감이나 절차의 단일화를 의미하는 것이다. 즉,

구매대상품목에 있어서는 다양한 품목 중에서 불필요한 종류, 예컨대 형이나 용적이나 규격 등을 배제하고 순수하게 단일종류만을 구매하는 것이며, 구매절차에 있어서는 복잡한 과정을 단순하거나 또는 절차과정을 적절히 분류하여 각기 단일 책임만을 담당하게 하는 것이다. 이와 같이 함으로써 고차의 구매업무를 저차의 구매업무로 분해하여 편리하고 쉽고 빠르게 구매업무를 수행할 수 있게 되는 것이다.

11.1.3 구매업무의 전문화

구매업무의 표준화가 이루어지게 되면 최종단계로 구매업무의 전문화가 가능하게 되는 것이며, 표준화와 단순화는 업무의 전문화를 위한 준비작업이라고도 할 수 있는 것이다.

전문화란 단일의 기능만을 최고도로 철저히 추구하는 것이며, 모든 노력을 한 방향으로 집중시키는 것이다. 전문화의 효용은 업무에 종사하는 직원으로 하여금 당해 기능에 대한 전문가의 지식과 숙련된 기술자로서의 일솜씨를 체득케 하는 동시에 기술과 지식의 발전으로 고도의 능률을 발휘케 할 수 있는 것이다. 이러한 전문화는 분업과 유사한 것으로서, 구매기능자체의 전문화는 물론 나아가서는 다시 구매기능을 제요건별로 표준화하고 단순화하고 전문화할 수 있는 것이며, 이와 같이 함으로써 더욱 합리적인 구매업무를 수행할 수 있는 것이다.

제11장 공급사슬 통합

공급사슬 통합에서의 도전은 공급사슬 전체의 활동을 조정함으로써 회사의 성과를 개선하는 것이다: 즉 비용을 절감하고, 서비스 수준을 제고하고, 황소채찍효과를 줄이고, 자원을 보다 잘 활용하고, 그리고 시장에서의 변화에 효과적으로 대응하는 것 등이다. 많은 회사들은 이러한 도전들은 생산, 수송, 그리고 재고의사결정을 조정함으로써 뿐만 아니라, 공급사슬의 최전방 즉 고객수요부터 공급사슬의 최후방인 공급사슬의 생산과 제조부분을 통합함으로써 이루어 질 수 있다는 것을 최근에 인식하기 시작하였다. 이 장에서는 공급사슬통합과 연관된 기회와 도전을 설명하고자 한다.

1 Push, Pull, 그리고 Push-Pull 시스템

전통적으로 공급사슬 전략은 종종 push와 pull 전략으로 분류되었다. 아마도 이것은 1980년대 제조시스템을 이러한 분류로 나누었던 것에서 기인한 것으로 보인다. 그러나 흥미롭게도 지난 수년 사이에 많은 회사들은 혼합적 접근 즉, push-pull 공급사슬 방법론을 채택하여 왔다.

1.1 Push기반의 공급사슬

Push기반의 공급사슬에서, 생산과 유통에 관한 의사결정은 장기 예측을 바탕으로 이루어진다. 전통적으로 제조업자는 수요예측을 소매업자의 창고로부터 접수된 주문을 바탕으로 한다. 그러므로 Push기반의 공급사슬은 변화하는 시장에 대응하는데 시간이 많이 걸리고, 이는 다음과 같은 것을 가져올 수 있다.

- 변화하는 수요패턴에 부합하는 능력부재
- 특정 제품의 수요가 사라짐에 따라 공급사슬 재고의 진부화

더구나 소매업자와 창고로부터 접수된 주문의 변동은, 황소채찍효과로 인하여 고객수요의 변동보다 훨씬 크게 된다. 변동의 증가는 다음의 것들을 초래한다.

- 증가된 안전재고의 필요에 의한 과도한 재고
- 생산 배치가 커지고 변동이 심해짐
- 수용할 수 없는 서비스 수준
- 제품 진부화

특별히, 황소채찍효과는 비효율적인 자원의 활용을 가져오는데 이는 계획과 관리를 훨씬 더 어렵게 하기 때문이다. 예를 들면, 제조업자가 어떻게 생산능력을 결정해야만 하는지 분명하지가 않다. 최고수요(peak demand)를 기준으로 하여야하는가 혹은 평균 수요를 기준으로 하여야할 것인가 - 이는 최고수요기간 동안 추가적이고 비싼 능력을 필요로 한다. 마찬가지로 수송능력계획을 어떻게 하여야 할지 즉 최고수요기준이냐 평균수요기준이냐가 명확하지가 않다. 그러므로 Push기반의 공급사슬에서는, 긴급한 생산변경의 필요로 인하여 수송비의 증가, 높은 재고수준, 그리고 높은 제조비용을 종종 발견할 수 있다.

1.2 Pull기반의 공급사슬

Pull기반의 공급사슬에서는 생산과 유통이 수요에서 발생되며(demand driven), 예측수요보다는 실제 고객수요를 기반으로 조정이 된다. 순수 Pull시스템에서는, 회사는 어떠한 재고도 보유하지 않으며 특정 주문에 대해서만 대응한다. 이것은 고객수요에 대한 정보를 여러 공급사슬 구성원에게 전달하는 신속한 정보 흐름구조에 의하여 가능하다. Pull시스템은 아래와 같은 것들을 가져오기 때문에 직관적으로 매력적으로 보인다.

- 소매업자로부터 들어오는 주문을 보다 잘 예측하는 능력을 통한 리드타임의 감소
- 소매업자들에 있어 재고 수준은 리드타임에 따라 증가하기 때문에 소매업자에 있어 재고가 감소
- 시스템내 변동의 감소와 특별히 리드타임 감소로 인하여 제조업자가 겪는 변동의 감소
- 변동의 감소로 인한 제조업자의 재고 감소

그러므로 Pull기반의 공급사슬에서 상당한 재고수준의 감소, 자원을 관리하는 능력의 제고, 그리고 Push기반의 시스템과 비교할 때 시스템 비용의 절감 등을 볼 수 있다. 반면에, Pull기반의 시스템은 리드타임이 너무 길어서 수요정보에 반응하는 것이 어려울 때 실행하기가 힘들 수가 있다. 또한 Pull기반 시스템은 시스템이 미리 계획되어지는 것이 아니기 때문에 제조와 수송에 있어 규모의 경제를 이용하기가 매우 힘들다.

이와 같은 Push와 Pull시스템의 각각의 장단점은 회사들로 하여금 두 시스템의 장점을 택하는 Push-Pull시스템이라는 새로운 공급사슬 전략을 구상하게 되었다.

1.3 Push-Pull 공급사슬

Push-Pull전략에서는 공급사슬의 어떤 단계, 특별히 초기단계에서 Push기반으로 운영을 하고, 나머지 단계에서는 Pull기반의 전략을 사용한다. Push기반 단계들과 Pull기반 단계 사이의 접점(interface)은 push-pull 경계로 알려져 있다.

이 전략의 이해를 위해서 공급사슬 시간라인(timeline)을 생각해 보자. 공급사슬 시간라인은 원자재의 구입 즉, 시간라인의 시작에서 고객에게 주문을 배달하는 시간라인의 마지막까지 소요되는 시간이다. push-pull경계는 시간라인의 어느 한 곳에 위치하며 이는 회사가 하나의 전략(일반적으로 push전략)을 가지고 공급사슬을 관리하다가 다른 전략(일반적으로 pull전략)으로 바꾸는 시간상의 한 점이다.

재고생산을 하여 예측을 기반으로 모든 생산과 유통 결정을 하는 PC제조업체를 생각해 보면 이는 전형적인 Push시스템이다. 이와 대조적으로 push-pull전략의 예는 제조업자가 주문 생산을 하는 것이다. 이는 부품재고는 예측을 기반으로 관리되나, 최종

조립은 특정한 고객의 요청에 대응하여 하는 것이다. 그러므로 제조업자의 공급사슬의 push부분은 조립 전의 부분까지이고, 공급사슬의 pull부분은 조립과 함께 시작되고 이는 실제 고객수요에 근거하여 수행되어 진다. push-pull경계는 조립의 시작점이다.

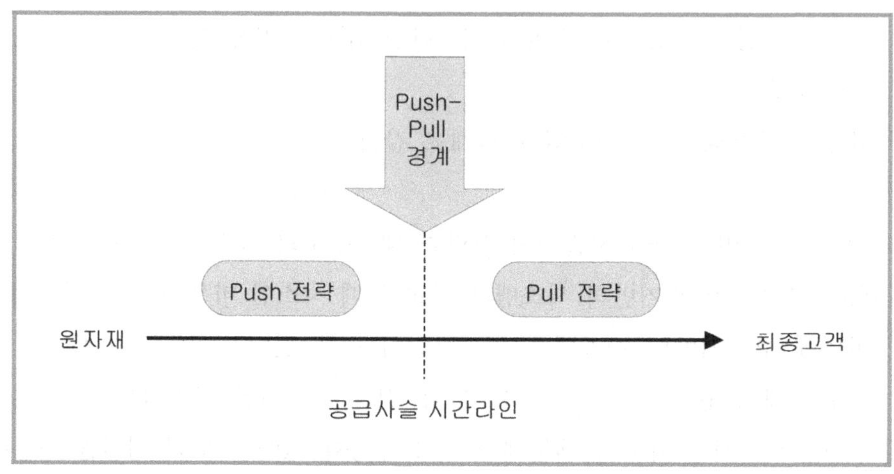

[그림 11-1] Push-Pull 공급사슬

이 경우 제조업자는 통합된(aggregate) 예측이 훨씬 정확하다는 사실을 잘 이용한다. 실제로 구성요소들의 수요는 이 구성요소들을 사용하는 모든 최종 제품들의 수요를 합한 것이다. 합해진 수요는 훨씬 정확하기 때문에 구성요소 수요의 불확실성은 최종제품 수요의 불확실성보다 훨씬 작게 되고, 이는 안전재고의 감소를 가져다준다. Dell사는 이 전략을 매우 효과적으로 사용해 오고 있으며, push-pull전략이 공급사슬 성과에 미치는 훌륭한 사례이다.

제품 설계에 있어서의 지연(postponement) 혹은 지연된 차별화 또한 push-pull 전략의 훌륭한 사례이다. 지연에서는 회사는 어느 특정한 제품을 제조하는지를 가능한 지연시켜 결정하도록 제품과 제조 프로세스를 설계하는 것이다. 제조 프로세스는 일반형(generic) 혹은 군(family) 제품을 생산함으로써 시작하여, 수요가 구체적으로 드러날 때 특정 최종제품을 차별화시키는 것이다. 제품차별화 하기 전의 공급사슬 부분은 일반적으로 push기반의 전략을 이용하여 운영이 된다. 다시 말해서 일반형(generic) 제품은 장기예측을 기초로 만들어지고 수송되어 진다. 일반형 제품의 수요는 이것에 대응하는 모든 최종제품 수요의 합이기 때문에, 예측은 훨씬 정확하게 되고 따라서 재고수준은 낮아지게 된다. 이와 반대로 특정 최종제품의 고객수요는 일반적으로 매우 높은 수준의 불확실성을 가지게 되어 제품차별화는 개인의 수요에 대응해서 일어나게 된다. 그러므로 차별화 시점으로부터 시작되는 공급사슬의 부분은 pull기반이 되는 것이다.

1.4 적절한 공급사슬전략

[그림 11-2]는 공급사슬 전략과 제품과 산업을 일치시키는 프레임워크를 제공한다. 세로축은 고객수요에 있어 불확실성에 대한 정보를 제공하고, 가로축은 생산이나 유통에 있어 규모의 경제의 중요성을 나타낸다.

모든 것이 동일하다면, 높은 수요 불확실성은 실현된 수요를 바탕으로 한 pull 전략을 통한 공급사슬 관리를 선호한다. 반면에, 작은 수요 불확실성은 장기 예측을 기반으로 한 push전략을 통한 공급사슬의 관리에 관심을 가지게 한다.

마찬가지로 모든 것이 동일하다면, 비용을 줄이는 규모의 경제의 중요성이 높을수록 또 수요를 합한 것의 가치가 클수록, 장기예측을 바탕으로 한 push기반 전략을 통한 공급사슬 관리의 중요성이 커질 것이다. 규모의 경제가 중요하지 않다면, 통합은 비용을 줄이지 못하기 때문에, pull기반의 전략이 더욱 합리적이 될 것이다.

박스 I은 높은 불확실성과 생산, 조립, 그리고 유통에서 규모의 경제가 중요하지 않은 컴퓨터 산업과 상황에 특징지어 지는 산업(보다 정확히는 제품들)을 나타낸다. 프레임워크는 pull기반의 공급사슬 전략이 이러한 산업과 제품들에 적합하다고 제시한다. 이것은 Dell 컴퓨터사가 사용하고 있는 바로 그 전략이다.

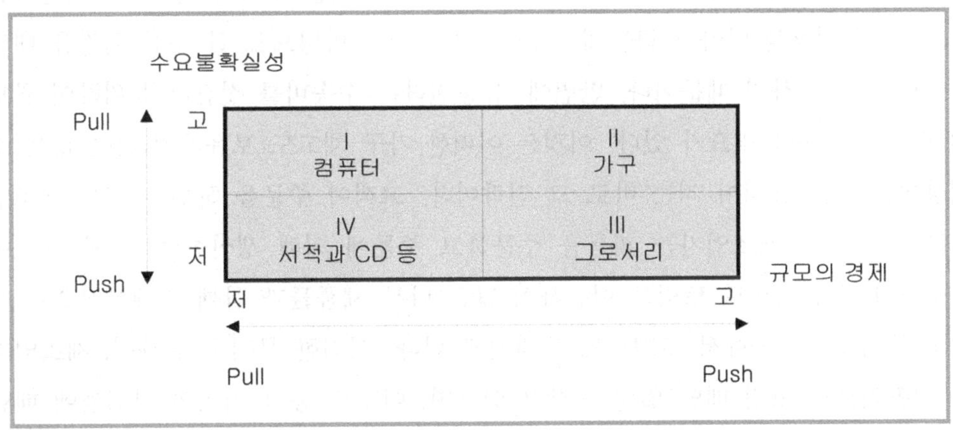

[그림 11-2] 공급사슬전략과 제품의 일치

박스 Ⅲ은 낮은 수요 불확실성과 중요한 규모의 경제에 의해 특징지어지는 제품을 나타낸다. 맥주, 파스타(pasta), 그리고 수프(soup) 등과 같은 그로서리 산업의 제품들이 여기에 속한다. 이러한 제품들의 수요는 꽤 안정적이며, 트럭을 가득 채워 선적함으로써 수송비를 줄이는 것은 공급사슬 비용을 통제하기 위해 매우 중요하다. 이러한 경우 pull전략은 적합하지 못하다. 실제로 전통적인 push기반의 소매전략이 적합한데, 이는 장기예측을 바탕으로 재고를 관리하는 것이 재고유지비를 증가시키지 않는 반면에, 배달비용은 규모의 경제를 이용함으로써 절감되기 때문이다.

박스 Ⅰ과 Ⅲ은 효율적인 공급사슬 전략을 발견하기가 상대적으로 용이한 상황들을 나타낸다. 나머지 두 경우는 두 가지 속성 즉, 불확실성과 규모의 경제의 중요성에 의해 제시되는 전략들 사이에 불일치가 존재한다.

예를 들면, 박스 Ⅳ는 낮은 불확실성에 의해 특징지어지는데 이는 push기반의 공급사슬을 권하는 반면에, 낮은 규모의 경제는 pull기반의 공급사슬 전략을 제시한다. 대량으로 빠르게 움직이는 책과 CD들이 이 분류에 속한다. 이 경우 보다 신중한 분석이 요구되는데 왜냐하면 전통적인 소매 push전략과 보다 혁신적인 push-pull전략이 특정 비용과 불확실성에 따라 적합할 수 있다.

마지막으로 박스 Ⅱ는 수요의 불확실성이 큰 한편, 규모의 경제가 생산이나 배달비용을 절감하기 위해 중요한 제품이나 산업들을 나타낸다. 가구산업이 이러한 상황의 좋은 예이다. 실제로, 전형적 가구 소매업자는 형태, 색상, 피륙, 기타 등에 의하여 구별되는 많은 양의 유사한 제품을 제공하는데 이에 따라 수요 불확실성은 매우 높다. 불행하게도, 이것들은 부피가 큰 제품들이기 때문에 배달비용이 또한 높다.

그러므로 이 경우에는 생산과 유통전략 간에 구별할 필요가 있다. 생산전략은 pull기반의 전략을 따라야 하는데 이는 장기 예측을 바탕으로 한 생산 결정을 내리는 것은 불가능하기 때문이다. 반면에, 유통전략은 수송비를 절감하기 위하여 규모의 경제를 이용할 필요가 있다. 이것은 어떠한 가구 재고도 보유하지 않는 많은 소매상에 의해 사용되어 지는 바로 그 전략이다. 고객이 주문을 하면 이것은 제조업자로 보내지고, 제조업자는 피륙을 주문하고 주문에 의해 생산한다. 일단 제품이 완성되면, 일반적으로 트럭을 이용하여 많은 다른 제품들과 함께 소매상점으로 선적되어 지고, 그 곳에서 고객으로 보내지게 된다. 이러한 목적을 위하여, 제조업자는 일반적으로 고정 배달 일정을 갖고 있으며, 이것은 동일 지역의 상점들에 배달되어지는 모든 제품을 합하는 데 사용되어 짐으로써, 규모의 경제에 의하여 수송비용을 줄이게 된다. 그러므로 가구 제조업자에 의하여 택해진 공급사슬 전략은 어떤 의미에서는 생산은 실현된 수요를 바탕으로 이루어지고 즉, pull전략을 이용하고 배달은 고정 일정에 따라 즉, push전략을 이용하는 pull-push전략이다.

1.5 Pull-Push전략의 실행

앞 절에서 설명한 프레임워크는 다른 제품들을 위한 pull과 push의 적절한 수준을 특성화하는 시도를 한다. 예를 들면, pull의 높은 수준은 박스 I에 속한 제품들에 적합하다. 물론 pull시스템의 설계를 얻기 위해서는 많은 요소들 즉, 제품 복잡성, 제조리드타임, 그리고 공급자-제조업자 관계 등을 포함하는 많은 요소들에 의존한다. 마찬가지로 push-pull전략을 실행하기 위해서는 push-pull경계의 위치에 따라서 많은 방법들이 있다. 예를 들면, 델(Dell)사는 push-pull경계를 조립시점에 놓는 반면에, 가구제조업자들은 경계를 생산시점에 놓는다.

사례 11-1 : GM

긴 수송리드타임으로 알려진 자동차 산업을 생각해 보자. 주문생산전략을 실행하기 위한 최근의 노력 이전에, push-pull전략을 실행하기 위한 시도들이 있었다. 1994년 GM사는 플로리다주의 올랜도에 지역 유통센터의 설립을 공포하였는데, 이곳에는 약 1,500대의 캐딜락의 재고가 유지되었다. 딜러들은 그들이 갖고 있지 않은 차들을 유통센터에 주문할 수 있었는데, 이때 자동차들은 24시간 내 배달이 되었다. 그러므로 GM사는 지역유통센터의 재고는 장기적 예측을 바탕으로 관리되고, 딜러에 대한 배달은 실제 수요를 바탕으로 하는 push-pull전략을 사용하려는 시도를 하였다. 따라서 push-pull경계는 제조업자의 유통센터에 위치하게 된다.

지역 유통센터의 설립이라는 이 전략의 실패가 두 가지 중요한 문제를 발생시켰다. 첫째, 이 전략은 딜러의 재고수준을 감소시키며 재고비용을 딜러로부터 GM으로 이전시켰다. 둘째, 지역 유통센터는 크고 작은 딜러들의 지위를 동등하게 만든다. 만약 모든 딜러들이 지역창고를 이용한다면, 크고 작은 딜러 사이에 차이는 없어질 것이기 때문에 결국 대형 딜러가 그러한 협정에 동조하기가 쉽지 않다.

push전략은 수요불확실성이 상대적으로 작고 따라서 이 부분을 장기적 예측을 바탕으로 관리하는 것이 적합한 공급사슬의 부분에 적용되어진다. 반면에 pull전략은 불확실성이 높은 공급사슬 시간라인의 부분에 적용되어지고, 따라서 실현된 수요를 바탕으로 이 부분을 관리하는 것은 중요하다.

공급사슬에서 push부분의 불확실성은 상대적으로 작기 때문에, 서비스 수준은 이슈가 아니고, 비용 최소화에 초점을 맞춘다. 거기다 공급사슬의 이 부분은 낮은 수요 불확실성과 생산과 수송에서 규모의 경제로 특징지어질 뿐 아니라, 여러 단계에서의 생산조립을 포함하여 긴 리드타임과 복잡한 공급구조를 갖는다. 따라서 비용 최소화는 재고와 수송과 생산 비용을 최소화하면서 생산과 유통 능력과 같은 자원을 보다 잘 활용함으로써 이루어질 수 있다.

반면에 공급사슬의 pull부분은 높은 불확실성, 간단한 공급사슬구조, 그리고 짧은 리드타임 등으로 특징지어진다. 따라서 여기서 초점은 서비스 수준이다. 특별히 높은 서비스 수준은 유연하고 대응력 있는 공급사슬 – 즉, 고객수요의 변화에 신속하게 적응할 수 있는 공급사슬 – 을 채택함으로써 이루어질 수 있다.

이것은 다른 프로세스가 공급사슬의 다른 부분에 사용될 필요가 있다는 것을 의미한다. 공급사슬 pull부분에서의 초점은 서비스 수준이기 때문에, 주문처리 프로세스가 일반적으로 적용된다. 마찬가지로 공급사슬 push부분의 초점은 비용과 자원 활용이기 때문에, 공급사슬 계획(planning) 프로세스가 향후 몇 주 혹은 몇 달 동안의 효과적인 전략을 개발하기 위하여 사용된다.

〈표 11-1〉은 공급사슬의 push와 pull 부분의 특징들을 요약한 것이다.

〈표 11-1〉 공급사슬 push와 pull 부분의 특징

구분	Push	Pull
목표	단가 최소화	서비스 수준 최대화
복잡성	높음	낮음
집중분야	자원 배분	응답성
리드타임	길다	짧다
절차	공급사슬계획	주문 이행

공급사슬의 push부분과 pull부분은 오직 push-pull경계에서만 상호작용(interact)한다. 이것은 두 개의 공급사슬 전략을 조정할 필요가 있는 – 일반적으로 완충

(buffer) 재고를 통하여 – 곳으로 공급사슬 시간라인을 따라 있는 점이다. 그러나 이 재고는 각 부분에서 다른 역할을 한다. push부분에서 완충재고는 전술적 계획 프로세스에 의해 만들어지는 산출물의 부분인 반면에, pull부분은 고객주문처리 프로세스의 투입물을 나타낸다.

그러므로 공급사슬의 push부분과 공급사슬의 pull부분 사이의 연계(interface)는 예측 수요이다. pull부분으로부터 얻어진 역사적 데이터를 바탕으로 한 예측은 공급사슬 계획 프로세스를 창출하고 완충재고를 결정하는데 사용되어진다.

사례 11-2 : 스포츠 오버마이어

스포츠 오버마이어(Sport Obermeyer)와 같은 패션 스키복 공급자를 생각해보자. 매년 이 회사는 많은 새로운 디자인과 제품을 소개하는데, 이것들의 수요예측은 매우 불확실하다. 스포츠 오버마이어에 의해 성공적으로 사용되었던 하나의 전략은 고 위험과 저 위험 디자인 간을 차별하는 것이었다. 저 위험 제품 즉, 불확실성과 가격이 낮은 것들은 장기 예측과 비용최소화, 그리고 push중심의 전략을 바탕으로 사전에 생산하였다. 그러나 고 위험 제품의 생산량을 결정하는 것은 각 스타일에 대한 고객수요의 확실한 시장 신호가 있을 때까지 지연시키는 pull 전략을 사용하였다. 원단의 리드타임은 길기 때문에 제조업자는 전통적으로 장기 예측에만 의존하고, 시장수요에 관한 정보를 얻기 전에 고 위험 제품의 원단을 주문하였다. 이 경우 제조업자는 델 컴퓨터가 적용했던 동일한 원칙 즉, 통합된 예측은 보다 정확하다는 원칙을 활용하였다. 원단의 수요는 원단을 사용하는 모든 제품들 수요의 합이기 때문에, 수요불확실성은 낮고 이에 따라 원단 재고는 push전략을 바탕으로 관리되었다. 따라서 스포츠 오버마이어사는 고 위험 제품에 대해서는 push-pull전략을, 저 위험 제품에 대해서는 push전략을 각각 사용하였다.

2 리드타임의 영향

우리는 공급사슬 전략에서의 리드타임에 대해 보다 자세히 살펴볼 필요가 있다. 직관적으로 리드타임이 길수록 밀기(push)식 공급사슬을 관리해야 할 필요성이 높아진다. 사실 리드타임이 길어서 수요 정보에 대응하기 어려울 때는 끌기 전략을 수행하기가 어렵다.

[그림 11-3]에서 공급사슬 전략에서의 리드타임과 수요의 불확실성이 주는 영향을 살펴볼 수 있다.

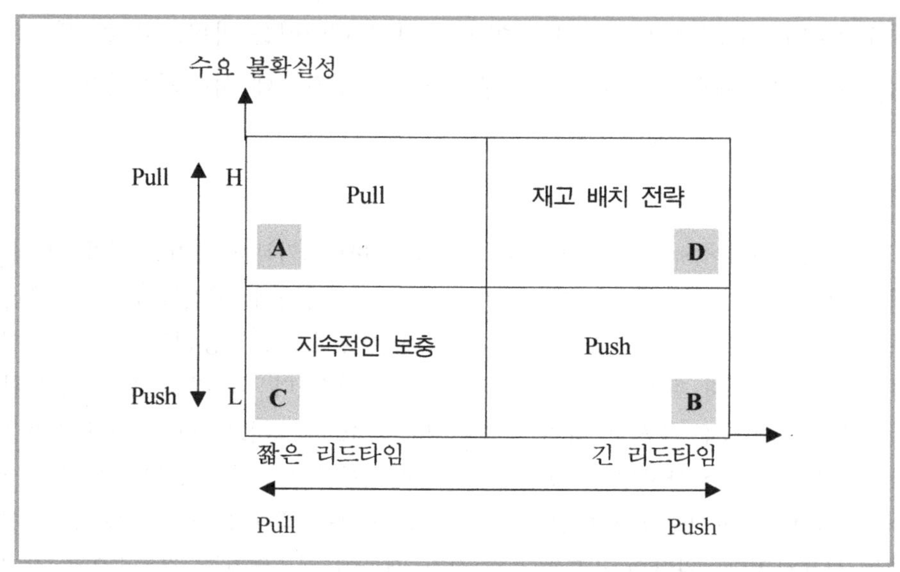

[그림 11-3] 제품에 맞는 공급사슬 전략: 리드타임과 수요의 불확실성의 영향

상자 A는 짧은 리드타임과 높은 수요 불확실성을 갖는 제품에 대한 것으로 가능한 한 끌기 전략을 사용할 것을 추천하고 있다. 다시 말해 PC 산업은 이런 유형의 상품에 대한 좋은 사례가 될 수 있으며, 높은 수준의 끌기 전략을 활용할 수 있을 것이다. 상자 B는 긴 공급 리드타임과 적은 수요 불확실성을 갖는 상품을 의미한다. 잡화 산업의 많은 상품들이 그 예가 될 것이다. 다시 말해 이 경우에 적절한 공급사슬 전략은 밀기(push) 전략이다.

상자 C나 D의 성격을 갖는 상품의 경우는 보다 어려운 상황이 될 것이다. 예를 들자면, 상자 C는 짧은 리드타임과 수요 불확실성이 낮은 제품을 포함한다. 짧은 수명 주기를 갖는 제품들, 예를 들면 빵이나 일용품같은 제품들이 좋은 예가 될 것이다. 소매업자들이 이런 제품들의 짧은 리드타임과 낮은 수요 불확실성을 통해 어떻게 이익을 내는지 지켜보는 것도 재미있는 일이다. 사실, 이런 상황에서는 소매상과 슈퍼마켓은 지속적인 보충(continuous replenishment)을 전략으로서 사용하고 있다. 지속적 보충 전략에서는 공급자는 POS 데이터를 받고 그 데이터를 주문 배송 사이의 기간에 특정 수준의 재고를 유지하기 위한 준비 배송의 근거로 이용한다. 이런 식으로 소비자의 수요가 공급사슬에서의 제품과 분배 방식을 결정하기 때문에 이 전략은 제품과 분배의 단계에서는 끌기(pull) 전략이 되고 소매점에서는 밀기(push) 전략이 된다.

마지막으로, 관리하기 가장 어려운 공급사슬은 상자 D와 연계된 것들로 리드타임이 길고 수요 예측이 어려운 것들이다. 이런 환경에서는 재고가 중요하다. 이는 공급사슬 상에서 재고위치전략을 사용해야 한다. 공급사슬의 각기 다른 단계에 각기 다른 관리 방법이 사용된다. 여기서 규모의 경제성에 따라 달라진다. 각 단계는 밀기(push) 전략이나 끌기(pull) 전략에 의해 관리된다. 다음 시례에서 보듯이 종종 전체 공급사슬이 밀기(push) 전략 위주로 관리된다.

사례 11-3

금속 구성품을 대규모로 생산하는 이 업체는 중국에 생산 시설을 가지고 있다. 이 업체는 또한 중국에 중앙물류센터가 있다. 시장에 대응하기 위한 많은 지역 및 주에 창고를 보유하고 있다. 고객은 GM, Ford, 그리고 그 외 자동차 생산 회사들이다. 생산자가 OEM 사업자들에게 약속한 내용은 어떤 주문이든지 8일 이내에 가장 가까운 창고로부터 배송된다는 것이었다. 이 공급사슬이 갖는 중요한 특징은 다음과 같다.

- 같은 구성품이 여러 가지 결합체에 걸쳐 사용된다.
- 원자재와 완성품에 대한 리드타임은 상당히 길다.

이 기업은 이 공급사슬이 효율적이지 않다는 것을 깨달았다. 재고가 너무 많은데다가 동시에 서비스 수준이 낮은 것이다. 현 공급사슬 전략에 면밀한 조사를 한 후 기업이 제시한 것은, 최종 고객들에 대한 높은 수준의 기한 준수를 위해 재고를 고객 가까이로 옮겨서 지역 및 주별 창고에 가져다놓아야 한다는 것이다. 이러한 재고관리는 부분최적화를 유도한다. 전체 공급사슬 상과를 위한 최적화라기보다는 해당 지역에서의 재고관리 최적화가 이루어진다. 이 전략의 최종결과는 3.5에 달하는 낮은 재고회전율을 갖는 공급사슬이다.

이런 과제들을 해결하기 위해서, 생산자는 그들의 공급사슬에서 재고의 위치를 선정하는 방법을 바꾸기로 결심했다. 이 절차의 결과는 다음 [그림 11-4]에 기존의 공급사슬과 변경된 공급사슬의 비교를 통해 나타난다. 각각의 원은 각기 다른 장소의 재고를 의미하여 흰색부분과 검은 부분은 각각 순환재고와 안전재고를 의미한다. 그림에서 보듯이 최적화된 공급사슬의 안전재고는 대부분이 공장의 원자재와 지역 물류센터에 저장되어 있다. 공장에 원자재로 보관되는 것과 지역 물류센터에 보관되는 것 모두 이유는 리스크 풀링이다. 사실 원자재 재고는 리스크 풀링 개념에 있어서 같은 부분품을 쓰는 모든 완제품에 대한 수요를 집결시켜 놓는 장점이 있다. 지역 물류센터는 각 주의 물류센터의 수요를 집결시킴으로써 리스크 풀링의 이점을 취하게 된다. 공급사슬에서 수정된 재고의 위치 변경이 유통망에 끼치는 영향은 주목할 만한 재고의 감축과 연간 4.6에 이르는 재고회전율로 나타났다.

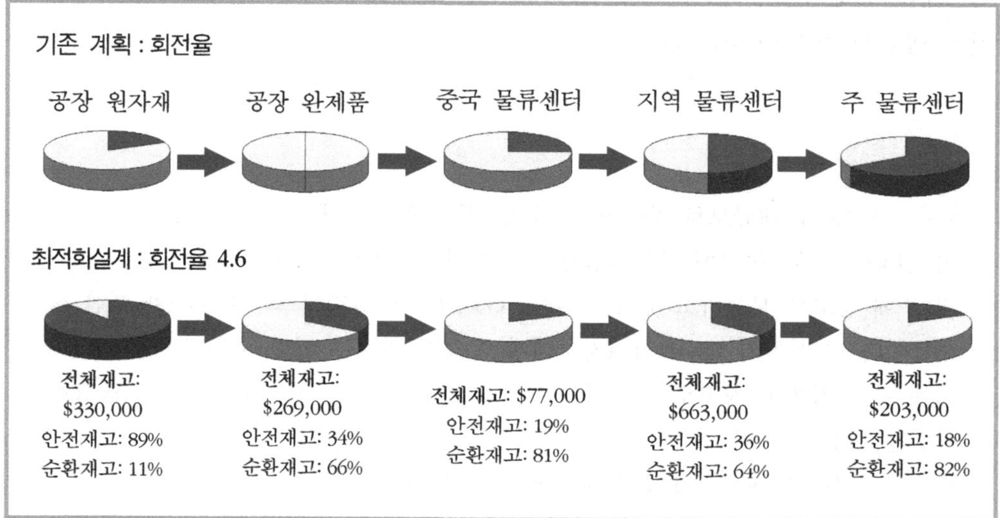

[그림 11-4] 전략적 재고 위치 결정의 영향

3 공급사슬전략에 있어서 인터넷의 영향

일반적인 경제와 비즈니스에 있어서 인터넷과 전자상거래(e-commerce)의 영향은 실로 엄청났었고, 변화는 빠르게 일어났다. 예를 들면 델 컴퓨터와 아마존 같은 회사들이 적용했던 직접 비즈니스(direct business) 모델은 고객들로 하여금 인터넷을 이용하여 제품을 주문하고 회사들은 3자의 유통업자들에 의존하지 않고도 그들의 제품을 판매할 수 있게 하였다. 마찬가지로 B-to-B(business-to- business) 전자 상거래는 편리성과 비용절감을 가져다주었다.

동시에, 인터넷과 부상하는 e-비즈니스 모델은 많은 공급사슬 문제들을 이와 같은 새로운 기술과 비즈니스모델들, 그리고 e-비즈니스 전략들을 단순히 사용함으로써 해결될 수 있을 거라는 기대를 가지게 하였다. 그러나 실제로는 이러한 기대들은 많은 새로운 e-비즈니스들이 성공적이지 못함으로 해서 이루어지지 않았다. 많은 경우에 있어서 인터넷 비즈니스의 상당한 실패는 그들의 물류 전략 때문이었다.

사례 11-4 : 피포드

일리노이주 스코키(Skokie)를 기반으로 1989년에 창설된 피포드(Peapod)는 미국의 오라인 그로서리의 선두 중의 하나였었다. 온라인 그로서리의 많은 경험으로써 이 회사는 13만 명이 넘는 고객을 서비스하였다. 1999년 피포드는 7,300만 달러의 매출과 2,900만 달러의 적자를 기록하였다. 피포드의 계속되는 적자와 추가적인 자금 확보의 실패는 2000년 4월 세계적인 식품회사인 Royal Ahold에게 반 이상의 주식을 넘겨야만 하였다. 그렇게 함으로써 피포드는 이미 최근 들어 온라인 그로서리 비즈니스를 떠난 Shoplinh.com, Streamline.com 그리고 프라이스라인의 WebHouse Club 등과 같은 운명에서는 피할 수 있었다. 이와 같은 실패들은 일반적으로 높은 배달 비용에 기인한 것이었다.

물론 몇몇 회사들은 그들에게 획기적인 수익과 커다란 시장점유를 가능하게 하는 새로운 비즈니스 모델을 개발함에 있어서 크게 성공적이었다. 이러한 회사들은 비즈니스 변혁의 동인으로서 인터넷을 사용하였다.

사례 11-5 : 델 컴퓨터

델 컴퓨터는 1988년부터 1996년까지 8년에 걸친 주식 성장률이 3000%가 넘음으로써 그의 경쟁자에 비하여 탁월한 업적을 이루었다. 이 사례는 우리의 논의에서 중요한데 왜냐하면 PC산업계의 경쟁은 새로운 기술을 바탕으로 한 것이 아니었기 때문이다. 실제로 거의 대부분 PC제조업체들은 Wintel 기준이라는 동일한 기술을 사용한다. PC산업계에서의 경쟁은 기본적으로 가격과 서비스 수준을 기반으로 한다. 델의 성공은 그의 가상통합(virtual integration)에 기인하는데 이는 공급자, 제조업자 그리고 최종 사용자간의 전통적인 경계를 흐리게 하는 전략을 일컫는다. 다른 제조업자들에 생산된 부품으로부터 만든 컴퓨터를 판매하는 델의 결정은 회사에게 자산의 소유, 연구개발 업무 수행 그리고 수많은 종업원의 관리 등의 부담을 덜어주었다. 동시에 델은 주문을 받고서만 생산을 함으로써 최종제품 재고를 유지하지 않았다. 이러한 비즈니스 결정은 델을 다른 경쟁자에 비하여 훨씬 빠르게 성장하게 하였고, 재고도 단지 8일분만 유지하게 하였다.

2001년 침체와 22억 5천만 달러의 초과재고 불용처리(writeoff)를 하였음에도 불구하고, 시스코(Cisco)는 인터넷을 혁신적으로 사용하는 회사의 좋은 사례이다.

사례 11-6 : 시스코

시스코사의 CIO인 피터 솔빅에 의하면, 시스코의 인터넷을 기반으로 하는 비즈니스 모델은 1994년부터 1998년까지 매출 규모를 13억 달러로부터 80억 달러까지 증가시키고, 그들의 생산성은 증가하면서 매분기 100명의 신입사원을 채용하며, 연간 비즈니스 비용을 5억 6천만 달러 절감하는데 도움이 되었다고 한다. 시스코의 고객 비즈니스(customer business)의 80% 이상은 인터넷을 통하여 수행되는데 이는 전체에 있어서 작은 부분에 불과한 것이다. 실로 본질적으로 상품 비즈니스(commodity business)에 있어 경쟁자로부터 차별화하기 위하여 시스코는 첨단기술을 가진 회사들을 획득하고 이러한 회사들을 신속하게 그들의 시스템과 통합하였다. 이 회사는 또한 그들의 고객에게 단지 부품뿐만 아니라 네트워크 솔루션을 판매하였다. 이것은 많은 경우의 판매에 있어서 하드웨어, 소프트웨어, 그리고 서비스들을 조정하는 것을 필요로 하였다. 이러한 서비스를 제공하고 통합하는 능력은 시스코의 단일기업(single-enterprise) 시스템으로부터 기인하는 것이다. 이 시스템은 회사의 모든 활동들의 백본(backbone)을 제공하는데 이는 고객과 종업원들을 연결시켜 주는 것뿐만 아니라 칩 제조업자, 부품 유통업자, 계약 제조업자, 물류 회사 그리고 시스템 통합자들을 연결시켜준다. 이와 같은 참여자들은 한 회사에서 일하는 것처럼 일하는데 이는 그들이 동일한 웹 기반의 데이터 소스에 의존하기 때문이다. 모든 시스코의 공급업자들은 동일한 수요를 보고, 공급사슬 내의 여러 점으로부터 흘러오는 정보를 기반으로 한 그들 자신의 예측에 의존하지 않는다. 시스코는 또한 공급자 재고를 줄이는데 도움을 주는 동적 보충시스템(dynamic replenishment system)을 구축하였다. 시스코의 1999년의 평균 재고 회전은 10회로서 경쟁자들의 평균 4회전에 비해 월등하다. 상품 항목의 재고 회전은 연간 25회~35회에 달한다.

앞의 사례들은 중요한 질문을 제기한다. 왜 어느 경우에 있어서는 이와 같은 새로운 비즈니스 모델이 실패하고 또 다른 경우에 있어서는 놀랄만한 성공을 거두는가? 만약 델과 시스코가 그와 같은 효과적인 비즈니스 모델들을 개발하기 위하여 인터넷을 사용하였다면, 무엇이 다른 회사들로 하여금 그와 같은 유사한 기법을 적용하는 것을 가로 막고 있는 것인가? 이러한 질문에 답하기 위해서는 인터넷을 기반으로 하는 공급사슬 전략에 대하여 보다 많은 이해를 필요로 한다.

3.1 e-비즈니스

공급사슬에 대한 인터넷의 영향에 대한 보다 나은 이해를 위해서 우선 e-비즈니스와 전자상거래(e-commerce)에 대한 정의를 내리는 것이 필요하다.

- e-business는 인터넷 기술에 의하여 촉진된 비즈니스 모델과 프로세스의 집합으로서 확대된 기업 성과의 개선에 초점을 맞춘 것이다.
- e-commerce는 주요 상거래를 전자적으로 수행하는 능력이다.

이러한 정의는 많은 주목할 점들을 가져다준다. 첫째, 전자상거래(e-commerce)는 e-비즈니스의 단지 하나의 부분이다. 둘째, 인터넷 기술은 비즈니스 변화의 뒤에 있는 힘(force)이다. 마지막으로 e-비즈니스에서의 초점은 확대된 기업, 즉, 조직내, B2C(business-to-consumer), 그리고 B2B(business-to-business) 간의 거래에 있다. B2C는 최종고객과 직접 거래하는 비즈니스를 뜻하며, 특별히 인터넷을 통한 소매활동 예를 들면, 제품, 보험, 은행 등을 포함한다. B2B는 인터넷을 통하여 주로 기업간에 수행되는 비즈니스를 뜻한다. 이것은 공동 목표를 달성하기 위하여 공급업자와 벤더들과의 현재의 어디에나 존재하는 교환과 협력을 포함한다.

많은 회사들은 인터넷이 공급사슬 성과에 엄청난 영향을 미칠 수 있다는 것을 인식하고 있다. 정말로 이러한 회사들은 인터넷이 대부분의 공급사슬에서 적용해 온 전통적인 push전략으로부터 그들을 이동시킬 있게끔 한다는 점을 주시하고 있다. 처음에는 이동이 pull전략으로 향하다가 마침내는 많은 회사들은 push-pull 공급사슬로 마치게 된다.

3.2 수송과 주문이행(fulfillment)에 대한 영향

인터넷과 그와 관련된 새로운 공급사슬 파라다임은 주문이행 전략에 있어 이동을 가져왔다. 케이스와 대량(bulk) 선적으로부터 단일 품목과 작은 사이즈의 선적으로, 그리고 적은 수의 매장으로의 선적으로부터 지역적으로 매우 분산되어 있는 고객을 서비스하는 것으로 이동하였다. 이러한 이동은 또한 역 물류(reverse logistics)의 중요성과 복잡성을 증가하게 하였다.

〈표 11-2〉 전통적 주문이행과 e-주문이행 비교

구 분	전통적 주문이행	e-주문이행
공급사슬 전략	push	push-pull
선적	벌크(bulk)	소포, 꾸러미(parcel)
역 물류	비즈니스의 작은 부분	중요하고 매우 복잡
배달 목적지	적은 수의 매장	지역적으로 분산된 많은 수의 고객
리드타임	상대적으로 길다(長)	상대적으로 짧다(短)

〈표 11-2〉는 인터넷의 주문이행(fulfillment) 전략에 대한 영향을 요약한 것이다. 특별히 공급사슬 전략 내에서 새로운 발전은 소포(parcel)와 LTL(Less than truckload)산업에는 매우 좋은 뉴스이다. pull과 push 시스템 모두 대량(bulk) 선적보다는 개별적(즉, 소포) 선적에 크게 의존한다. 이것은 특별히 e-fulfillment라는 새로운 용어를 만들어 낸 B2C 영역에서는 사실이다.

수송산업에 대한 e-fulfillment의 또 다른 영향은 역 물류(reverse logistics)에서의 커다란 증가이다. 실로 B2C영역에 있어서 e-fulfillment는 공급자들은 많은 반품을 취급할 필요가 있게 하는데 이러한 반품들의 각각은 작은 선적으로 구성되어 있다. 이는 온라인 소매업자들이 관대한 반품 조건을 통하여 고객과의 신뢰를 형성하는데 필요하기 때문이다. 소포(parcel)선적은 이미 이와 같은 반품을 취급하기 위하여 정착되었고, B2C의 주요 이슈이며, B2B 상거래 있어서도 많은 경우에 해당된다. 이것은 전통적으로 door-to-door 서비스를 포함하지 않았던 LTL(Less than truckload) 산업에 있어 도전이다.

e-fulfillment 물류는 단기 리드타임, 세계적으로 산재되어 있는 고객을 서비스할

수 있는 능력, 그리고 B2C로부터 B2B로 용이하게 흐름을 바꿀 수 있는 능력 등을 필요로 한다. 소포 선적만이 모든 이러한 것들을 할 수 있다. 소포산업의 하나의 중요한 장점은 실시간 추적을 가능케 하는 훌륭한 정보 하부구조의 존재이다. 그러므로 소포(parcel)산업의 미래는 밝아 보이고 특히, 그들 자신의 시스템을 고객의 공급사슬과 통합하게끔 수정하는 일을 하는 운반업자(carriers)와 합병 정리하는 회사(consolidators)들은 더욱 유망할 것이다.

4 유통전략

일반적으로 세 개의 분명한 유통전략이 사용되고 있다.

- **직접 선적**(direct shipping) : 제품들이 유통센터를 경유하지 않고, 공급자로부터 소매상점으로 직접 선적된다.
- **창고에 보관하기**(warehousing) : 전통적인 전략으로 창고에서 재고를 갖고 있다가 요구가 있으면 고객에게 제공한다.
- **크로스 도킹**(cross-docking) : 제품들이 창고를 통해서 공급자로부터 고객에게 연속적으로 배분된다.

창고에 보관하였다가 고객이 필요로 할 때 공급하는 것은 전통적인 재고관리 영역이라 할 수 있으며, 이미 우리가 논의를 한 바가 있다. 따라서, 여기서는 직접 선적과 크로스 도킹을 중심으로 보다 상세히 논의하고자 한다.

4.1 직접 선적(direct shipping)

직접 선적 전략은 창고와 유통센터를 건너뛴다. 직접 선적을 사용함으로써, 제조업자나 공급업자는 제품을 소매점에 직접 전달한다. 이 전략의 장점들은

- 소매업자가 유통센터를 운영하는데 드는 비용을 피할 수 있다.
- 리드타임이 단축된다.

동시에 이 전략은 다음과 같은 많은 주요한 단점들을 가지고 있다.

- 중앙 창고가 없기 때문에 위험공동부담(risk-pooling) 효과가 없게 된다.
- 작은 트럭들로 많은 지역을 보내야 하기 때문에 제조업자와 유통업자의 수송 비용이 증가한다.

이러한 이유로 직접 선적은 소매상점이 가득 채운 트럭을 요구할 때 일반적이다. 이는 창고가 수송비를 줄이는데 도움을 주지 않는 것을 의미한다. 직접 선적은 소매업자에 의해 강요되고 있으며, 리드타임이 매우 중요한 상황에서 사용된다. 종종 제조업자는 직접 선적에 관여하게 되는 것을 꺼리나 비즈니스를 유지하기 위해서 다른 선택이 없을 때 사용한다. 직접 선적은 또한 그로서리 산업에서 크게 활용되는데 이는 손상되는 제품들로 인하여 리드타임이 매우 중요하기 때문이다.

사례 11-7 : JCPenney

JCPenney는 직접 선적 전략을 성공적으로 시행하였다. JCPenney는 거의 천 개에 가까운 매장과 수백만 개의 카탈로그를 통하여 일반 상품들을 판매한다. 2만이 넘는 공급자로부터 20만개의 항목으로 제품의 흐름을 관리하는 것은 엄청난 일이었다. 각 개별 매장은 판매, 재고, 그리고 수익에 대해 전적으로 책임을 가지고 있으며, 판매 예측과 주문을 하는 것에 대한 책임을 지고 있다. 주문은 신속한 대응을 확인하기 위하여 유통담당자와 선적을 조정하는 구매자와 의사소통을 하게 되고, 자재의 흐름을 모니터링하기 위하여 내부 통제와 추적시스템이 사용되어 진다. 대부분의 경우, 제품은 JCPenney 매장에 직접 선적되어 진다.

4.2 크로스 도킹(Cross-Docking)

크로스 도킹은 월마트가 유명하게 만든 전략이다. 이 시스템에서는 창고는 재고저장 장소 보다는 재고조정 장소의 기능을 한다. 전형적 크로스 도킹시스템에서는, 제조업자로부터 창고에 도착한 제품은 소매업자들을 서브하는 자동차로 이동되어, 가능한 신속하게 소매업자에게 배달되어 진다. 제품은 창고에 아주 짧은 시간 재고로 머문다(12시간 이내). 이 시스템은 저장 시간을 줄임으로써 재고비용을 제한하고 리드타임을 단축한다.

물론, 크로스 도킹시스템은 상당한 초기 투자를 필요로 하고, 관리하는 것이 매우 어렵다.

- 유통센터, 소매업자, 그리고 공급자들은 모든 픽업과 배달이 요구되는 시간 내에 이루어지는 것이 확인될 수 있도록, 첨단 정보시스템으로 연계가 되어야만 한다.
- 빠르고 대응적인 운송시스템이 크로스 도킹시스템이 작동하는데 필요하다.
- 예측이 매우 중요하고, 정보의 공유가 필요하다.
- 크로스 도킹시스템은 어느 순간에도 크로스 도크(cross-dock) 설비에서 제품을 배달하고 픽업할 수 있는 많은 자동차(vehicle)들이 있는 거대 유통시스템에서만 효과적이다. 그와 같은 시스템에서는 공급자로부터 창고까지 가득 채운 트럭으로 선적이 가능한 매일매일 충분한 양이 존재한다. 이 시스템은 일반적으로 많은 소매업자를 포함하기 때문에, 수요는 충분해서 크로스 도킹 설비에 도착한 항목들이 트럭에 가득 채워져서, 소매 매장에 즉각적으로 배달될 수가 있다.

사례 11-8 : 월마트

과거 15~20년간에 걸친 월마트의 엄청난 성장은 재고 보충과 수송 정책을 조정하는 효과적인 전략의 중요성을 강조하였다. 이 기간 동안 월마트는 세계에서 가장 크고 가장 높은 수익의 소매업자로 발전하였다. 월마트의 경쟁적 전략에서 많은 주요 요소가 성공에 중요하였지만, 아마도 가장 중요한 것은 크로스 도킹의 사용이었다. 월마트는 크로스 도킹 기법을 사용하여 그들 제품의 85%를 배달하는데, 그의 경쟁사인 K-Mart는 약 50%에 그치고 있다.

크로스 도킹을 용이하게 하기 위하여, 월마트는 판매시점관리(POS: point-of- sale) 데이터를 모든 그들의 공급자에게 보내는 사설 인공위성 커뮤니케이션 시스템을 운영함으로써, 공급자들로 하여금 모든 매장의 판매의 명확한 모습을 알 수 있도록 하여 준다. 거기에 덧붙여서, 월마트는 2000개의 전용 트럭을 보유하고, 평균적으로 매점들은 일주일에 2회 보충한다. 크로스 도킹은 월마트로 하여금 트럭에 가득 채운 양을 구입함으로써, 규모의 경제를 얻을 수 있도록 가능하게 하였다. 이것은 안전재고의 필요를 감소시키고, 산업 평균과 비교해서 판매비용을 3% 절감하였는데, 이러한 것들이 월마트가 커다란 수익마진을 설명하는 주요한 요소이다.

4.3 환적(Transshipment)

빠른 운송 수단의 성장과 첨단 정보시스템은 공급사슬 전략을 선정할 때 환적을 고려하여야 할 중요한 옵션으로 만들었다. 환적이란 어떠한 즉각적 필요를 맞추기 위하여, 공급사슬 내의 동일한 레벨에서의 다른 시설들 간 품목의 선적을 의미한다.

대부분의 경우, 환적은 소매 수준에서 고려된다. 환적 능력은 소매업자로 하여금, 고객의 수요를 다른 소매업자의 재고로부터 맞추도록 허용한다. 이렇게 하기 위해서는 소매업자는 다른 소매업자들이 재고로 무엇을 가지고 있는지를 알아야만 하고, 고객이 처음에 구입하려고 하였던 매점이나 고객의 집에 품목들을 선적할 수 있는 신속한 방법을 가지고 있어야 한다. 이러한 요구들은 오직 첨단 정보시스템으로 부합할 수 있는데, 이 시스템은 소매업자로 하여금 다른 소매업자들이 재고로서 갖고 있는 것이 무엇인지 알게 해 주고, 소매업자간 신속한 선적을 용이하게 하여 준다.

만약 적절한 정보시스템이 존재하고, 선적비용이 합리적이고, 그리고 모든 소매업자가 동일한 소유주를 갖고 있다면, 환적은 타당하다는 것을 쉽게 알 수 있다. 이 경우에 시스템은 비록 중앙 창고가 존재하지 않더라도, 위험공동부담(risk- pooling) 개념을 효과적으로 이용하는 것인데, 왜냐하면 서로 다른 소매점포의 재고를 커다란 단일 풀(pool)의 부분으로서 볼 수가 있다. 독립적으로 소유되고 운영되는 소매업자들은 환적을 피하는데 이는 그들의 경쟁자를 돕는 일이기 때문이다.

〈표 11-3〉은 세 가지 유통전략을 요약하고 비교한 것이다. 창고에서의 재고 전략(warehousing strategy)은 재고가 창고에서 유지되는 전통적 유통전략을 의미한다. 표에서 할당(allocation)열은 서로 다른 제품을 필요로 하는 다른 소매점포에 할당하는 시점을 의미한다. 분명히 직접선적에서 할당 의사결정은 다른 두 개보다 먼저 이루어져야 하고, 따라서 예측기간은 보다 길어져야 한다.

〈표 11-3〉 유통전략의 비교

속성 \ 전략	직접선적	크로스 도킹 (Cross-docking)	창고에서의 재고
위험분산(Risk pooling)			유리함
수송비용		Inbound 비용 절감	Inbound 비용 절감
유지비용	창고비용 없음	유지비용 없음	
할당(Allocation)		지연	지연

4.4 중앙 집중(centralized) 대 분산(decentralized) 통제

중앙 집중 시스템에서는, 전체 공급 네트워크에 대한 의사결정이 중앙 위치(central location)에서 이루어진다. 전통적으로 목표는 어느 정도의 서비스 수준을 만족시키면서 시스템의 전체 비용을 최소화시키는 것이다. 이것은 네트워크가 단일 개체에 의해 소유되는 경우에는 분명하나, 많은 다른 조직들이 포함되는 중앙 집중 시스템에도 또한 맞는 말이다. 이 경우에 절약 혹은 이익은 어떠한 계약 메카니즘을 이용하여, 네트워크를 가로질러 할당할 필요가 있다. 중앙 집중적 통제는 전체 최적화를 가져온다. 마찬가지로, 분산 시스템에서는, 각 시설들은 공급사슬 내의 다른 설비들에 대한 충격을 고려하지 않고, 그들의 가장 효과적 전략을 찾기 때문에 분산 시스템은 부분(local) 최적화를 가져온다.

이론적으로 중앙 집중 유통네트워크는 분산시스템보다는 적어도 효과적이라는 것을 보는 것은 쉬운 일이다. 왜냐하면, 중앙 집중 의사결정자는 분산 의사결정자가 하는 모든 의사결정을 할 수 있을 뿐만 아니라, 그들은 공급 네트워크 내의 서로 다른 위치에서 이루어지는 의사결정의 상호영향을 고려할 수 있는 선택을 가지고 있기 때문이다.

각 설비가 그들 자신만의 정보에만 접근이 가능한 물류시스템에서는, 중앙 집중 전략이 가능하지 않다. 그러나 정보기술이 발전함에 따라, 중앙 집중 시스템의 모든 설비들은 동일한 데이터에 접근할 수가 있다. 이 경우에, 정보는 공급사슬 내 어느 곳으로부터 접근이 가능하고, 어떠한 질문의 형태가 사용되든 혹은 누가 정보를 찾든 간에 정보는 동일하다. 따라서 중앙 집중 시스템은 정보의 공유를 허용하고 보다 중요하게, 황소채찍효과를 줄여서 예측을 개선하는 방식으로 정보를 활용할 수 있다. 마지막으로 그들은 전체 공급사슬을 가로 지르는 조정된 전략 – 시스템 전체의 비용을 절감하고 서비스 수준을 개선하는 전략들 – 의 사용을 가능하게 한다.

물론 시스템이 본질적으로 집중화 될 수 없을 경우가 있다. 소매업자, 제조업자, 그리고 유통업자들은 서로 다른 소유자와 서로 다른 목표를 가질 수 있을 것이다. 이러한 경우에, 중앙 집중 시스템의 장점들을 이용하기 위해서 협약관계(partnership)를 구축하는 것이 종종 도움이 된다.

4.5 중앙 대 로컬 설비들

공급사슬 설계에 있어 또 다른 중요한 의사결정은 중앙 혹은 로컬 생산과 창고 설비를 이용하느냐 하는 것을 포함한다. 여기에 중요한 고려사항을 요약하였다.

- **안전재고** : 창고들을 연합하는 것은 공급자들로 하여금 위험 공동부담을 이용할 수 있도록 허용한다. 일반적으로 이것은 보다 중앙에서 운영하면 할수록, 안전재고 수준은 보다 낮아질 것이다.
- **간접비(overhead)** : 규모의 경제는 소수의 대형 중앙창고를 운영하는 것은, 많은 소형의 창고를 운영하는 것과 비교하여 전체 간접비용을 낮추게 될 것이다.
- **규모의 경제** : 많은 제조운영에 있어서 규모의 경제는 제조가 합하여 진다면 실현될 수 있다. 종종 동일한 전체 능력을 갖고서, 소수의 커다란 설비를 운영하는 것보다 많은 작은 제조설비를 운영하는 것이 훨씬 비용이 많이 소요된다.
- **리드 타임** : 시장으로의 리드 타임은 많은 수의 창고들이 시장 지역에 가까이 위치할 때 단축될 수 있다.
- **서비스** : 이것은 어떻게 서비스가 정의되느냐에 따라 달려있다. 중앙 창고들은 위험 분산을 활용할 수 있게끔 하는데, 이는 보다 많은 주문들이 보다 낮은 전체 재고수준으로 맞춰질 수 있다. 반면에, 창고로부터 소매업자까지의 선적시간은 길어질 것이다.
- **수송비용** : 수송비는 사용되는 창고 숫자와 직접적으로 관계가 있다. 창고 숫자가 증가함에 따라 생산설비와 창고간의 수송비는 또한 증가할 것이다. 왜냐하면 전체 운송거리가 커지고, 보다 중요하게는 수량 할인이 보다 덜 적용될 것이기 때문이다. 그러나 창고로부터 소매업자까지의 수송비는 떨어질 것인데, 이는 창고들이 시장에 보다 가까이 할 것이기 때문이다.

물론 효과적인 유통전략 하에서는 어떤 제품들은 중앙 설비에 저장되어지는 반면에, 다른 제품들은 여러 로컬 창고들에서 보유되는 것이 가능하다. 예를 들면, 고객 수요가 낮은 매우 고가의 제품들은 중앙창고에 재고로 비축될 수 있는 반면에, 높은 고객 수요를 가지는 저가의 제품들은 많은 지역 창고들에 재고로 보유할 수 있을 것이다. 게다가 중앙 혹은 지역 생산과 창고 설비의 사용은 이것 아니면 저것의 의사결정일 필요가 없다. 지역 혹은 중앙 운영의 정도의 차이가 있을 것이다. 마지막으로 첨단 정보시스템은 각 형태의 시스템으로 하여금 다른 형태 시스템의 어떤 장점들을 유지시켜 주는데 도움을 준다. 예를 들면, 중앙 창고로부터의 리드타임과 지역 창고들의 안전재고를 줄여 줄 수 있다.

제12장 공급사슬 제휴

1 물류관련 비즈니스 기능의 네 가지 방안

어느 회사가 특정한 업무를 수행할 활용자원이 있을 경우라도 공급사슬 내의 다른 회사가 그 업무를 수행하는 것이 적합할 수 있는데 이는 공급사슬 내에서 다른 회사의 상대적인 지역적 위치가 그 업무를 수행하는데 나은 위치에 있기 때문이다.

공급사슬 내에서의 위치, 자원, 전문성 등의 결합이 특정한 기능을 수행하기 위하여 가장 적합한 회사를 결정한다. 물론 특정한 기능을 공급사슬 내 누가 수행하여야 하느냐는 것을 아는 것만으로는 충분하지 않다 - 그러한 기능이 적합한 회사에 의해 실제적으로 수행될 수 있도록 필요한 단계들이 취해져야 한다.

다른 비즈니스 기능과 마찬가지로, 물류관련 비즈니스 기능을 수행하는데 기업들은 다음과 같은 네 가지 기본 방안들이 있다.

① **내부적 활동** : 회사는 그들이 활용가능하다면 내부의 자원과 전문성을 활용하여 필요한 활동들을 수행할 수 있다. 이 활동들이 회사의 핵심강점의 하나라면 이러한 방법은 그 활동을 수행하는데 최선의 길이 될 수 있다.

② **획득**(acquisition) : 회사가 내부적으로 전문성이나 필요한 자원을 가지고 있지 못한 경우, 그러한 것들을 보유하고 있는 다른 회사를 획득할 수 있다. 이러한 방법은 획득한 기업에게 특정한 비즈니스 기능을 수행하는 방법에 대하여 전적인 통제권을 부여하는 것인데 여러 가지 잠재적 단점들이 존재한다. 성공적인 회사를 획득하는 것은 어렵고 비용이 많이 들 수가 있다. 또한 획득되어

진 회사의 문화는 획득한 회사의 문화와 충돌될 수 있고, 획득되어진 회사의 효과성은 동화되어가는 과정에서 잃어버릴 수 있게 된다.

③ **독립기업간 거래**(arm's length transaction) : 대부분의 비즈니스 거래는 이와 같은 형태이다. 회사는 어떠한 품목들의 배달, 자동차의 유지관리 혹은 물류관리 소프트웨어의 설계와 장착, 제품 혹은 서비스의 구입이나 리스 등과 같은 특정한 품목이나 서비스를 필요로 한다. 많은 경우 독립기업간 거래는 가장 효과적이고 적절한 해결책이었다. 물론 공급자의 목적과 전략은 구매자의 그것들과 부합되지 않을 수 있다. 일반적으로 이와 같은 단기적 약정은 특정한 비즈니스 니즈를 해결해 주지만 장기적인 전략적 장점들을 이끌어내지는 못한다.

④ **전략적 제휴**(strategic alliances) : 이것은 일반적으로 위험과 이득을 공유하는 두 회사 간의 광범위하고, 목적 중심적이고, 장기적인 파트너십이다. 많은 경우 기업획득으로 인한 문제점들을 피할 수 있는 반면, 두 회사의 공동목적은 독립기업간 거래의 경우보다 많은 자원의 개입(commitment)을 이끌어 낼 수 있다. 전략적 제휴는 파트너 모두에게 장기적인 전략적 혜택을 가져다준다.

2 전략적 제휴의 프레임워크

특정한 전략적 제휴가 당신 회사에 적합한지를 파악하기 위하여 제휴가 다음과 같은 이슈들에 어떤 도움을 줄 것인지를 고려하여야 한다.

① **제품에 가치를 부가** : 적절한 회사와의 파트너십은 기존 제품에 가치를 더하는데 도움이 될 수 있다. 예컨대 시장에 출시시간, 수송시간 혹은 수리시간을 개선하는 파트너십은 특정회사의 지각된 가치를 증대시키는데 도움을 준다. 마찬가지로 회사 간 보완적 관계에 있는 제품 회사 간에서의 제휴는 양사 제품에게 모두 가치를 더하여 줄 수 있다.

② **시장 접근의 개선** : 파트너십은 광고를 보다 잘 만들고 시장에서의 새로운 채널에 접근하는 데 도움을 준다. 예를 들면 보완적 관계의 제품 제조업체는 주요 소매상의 요구를 파악하는데 공동으로 대응할 수 있으며 이는 소매상에 대한 매출을 증대시킬 수 있다.

③ **운영의 강화** : 적절한 회사들 간의 제휴는 시스템비용과 사이클 시간을 감소시킴으로써 운영을 개선하는데 도움을 얻을 수 있다. 설비들과 자원들이 보다 효율적, 효과적으로 사용되어 질 수 있다. 예컨대 보완적 계절제품 회사들은 일 년 내내 창고와 트럭을 효과적으로 이용할 수 있다.

④ **기술적 강점의 더함** : 기술이 공유되는 파트너십은 양쪽 파트너의 기술 베이스를 더하는데 도움을 줄 수 있다. 또한 기존의 기술과 새로운 기술 간의 어려운 이전이 파트너의 전문성에 의하여 용이해질 수 있다. 예를 들면 한 공급자가 특정고객과의 협동을 위한 진보된 정보시스템을 필요로 할지도 모른다. 이때 이 시스템을 이미 구축한 기업과 파트너십을 맺으면 어려운 기술적인 이슈들을 해결하기가 보다 수월해진다.

⑤ **전략적 성장** : 많은 경우 새로운 기회들은 높은 진입장벽을 가지고 있다. 파트너십은 이와 같은 장벽을 극복하고 새로운 기회를 얻기 위해서 전문성과 자원을 공유하는 것을 가능케 한다.

⑥ **조직 스킬의 제고** : 제휴는 조직학습을 위한 엄청난 기회를 제공한다. 학습효과를 얻으려면 파트너들은 상대방에 대하여 배우도록 노력해야 하고 유연성이 있어야 한다. 그렇게 함으로써 제휴가 이루어지는 것이다.

⑦ **재무적 강점 구축** : 위와 같은 경쟁적 이슈들을 해결해줄 뿐만 아니라 제휴는 재무적 강점을 구축하는데 도움을 줄 수 있다. 수익은 증대되고, 관리비용은 파트너 간에 분배되어질 수 있고 심지어 파트너의 한 쪽 혹은 양쪽의 전문성으로 인하여 줄어들 수도 있다. 물론 제휴는 위험 공유에 의해 투자를 제한하기도 한다.

전략적 제휴는 좋지 않은 점도 있다. 위의 리스트들은 단점들을 파악하는 데도 유용하다. 각 기업은 핵심 강점이나 경쟁력을 가지고 있는데, 이는 그들의 고객의 눈에 경쟁자와는 다른 차별성을 의미한다. 이러한 핵심강점이 제휴를 통해서 약해지면 안 된다. 파트너의 핵심강점이나 기술적 또는 전략적 강점들이 파트너십을 통해 성공적으로 수행되도록 해야 한다. 또한 경쟁자와 구별되는 주요 차이점이 줄어들어서는 안 된다. 만약 핵심기술이 공유되고 경쟁의 진입장벽이 줄어든다면 가능할 것이다.

핵심부분 강화를 위한 전략적 제휴시 다음 사항을 고려하는 것이 중요하다. 기업이나 사업의 본래 특성을 잘 파악하고 고려해야 한다. 핵심강점은 반드시 대규모 자원 투자를 필요로 하지 않으며 경영능력이나 브랜드 이미지와 같은 무형의 아이템일 수 있다. 기업의 핵심강점을 결정하기 위해서는 차별성을 부여하는 내부능력이 무엇인지를 앞에서 제시한 7개의 주요 아이템을 중심으로 고려해야 한다. 이러한 영역에서 전략적 제휴가 어떤 도움을 줄 수 있을까 아니면 해를 끼칠 것인가를 고려해야 한다.

다음 예는 전략적 제휴의 이점과 단점을 보여준다.

사례 12-1 : IBM PC

IBM PC사례는 핵심 비즈니스 기능의 아웃소싱의 장·단점을 잘 보여준다. IBM이 1981년 PC시장에 진출하기로 결정했을 때, IBM은 PC의 설계와 조립에 관한 하부구조를 가지고 있지 않았었다. 이러한 능력들을 자체적으로 갖추기보다 IBM PC의 거의 대부분 부품들을 아웃소싱하였다. 예를 들면, 마이크로프로세서는 인텔에서 디자인하고 생산된 것을 사용하였고, 운영시스템은 마이크로소프트에 의해 공급되어 졌다. IBM은 다른 회사의 전문성과 자원을 활용함으로써 PC를 15개월 만에 시장에 출시할 수 있었다. 출시 후 3년 만에 IBM은 Apple사를 제치고 PC의 가장 큰 공급자가 되었다. 1985년 IBM의 시장점유율은 40%를 넘게 되었다. 그러나 Compaq과 같은 경쟁자들이 IBM과 동일한 공급자들을 활용함으로써 시장에 진입했을 때, IBM전략의 하락은 곧 분명해지기 시작하였다. 더구나 IBM이 컴퓨터의 PS/2라인과 OS/2라 불리는 새로운 자체 설계의 운영시스템을 소개했을 때 다른 회사들은 이를 따르지 않았고, 시장에서는 원래의 설계가 우세하게 남게 되었다. 1995년 말 IBM의 시장점유율은 8% 미만으로 떨어져, 시장 선두인 Compaq의 10%에 뒤지게 되었다. 2005년 마침내 IBM은 컴퓨터 사업 분야를 레노보(Lenovo) 그룹에게 매각하였다.

3 전략적 제휴의 형태

다음과 같은 형태의 전략적 제휴가 특히 공급사슬관리에서 주목할 만하다.

3.1 3자 물류

3.1.1 3자 물류의 개념

3자 물류는 간단히 말해서 회사의 자재관리와 제품 유통기능의 전부 혹은 일부분을 수행하기 위하여 외부 회사를 이용하는 것이다. 3자 물류 관계는 전통적인 물류 공급자 관계보다 훨씬 복잡한데 그들은 진정한 의미의 전략적 제휴인 것이다. 회사들은 트럭배송과 창고와 같은 특정한 서비스를 제공하기 위하여 외부 회사들을 활용하여 왔지만 수년 동안 이들 관계는 거래 중심적이었고, 종종 고용된 회사들은 단일기능의 회사들이라는 특징을 지니고 있었다.

3자 물류(TPL; Third Party Logistics)라는 용어는 1988년 미국물류관리협회에서 처음 사용하였다. 3자 물류는 화주기업이 ① 물류서비스의 향상, ② 물류비용의 절감, ③ 물류활동의 효율향상 등을 목적으로, 물류활동의 전체 혹은 일부를 제3의 전문업체에게 위탁하는 것으로, 3자 물류는 수탁자의 전문지식을 활용하고 위탁자는 핵심 업무에 자원을 집중하는 경영전략이다.

1996년 일본 정부의 '경제구조의 변혁과 창조를 위한 프로그램'에서, 3자 물류를 "화주에게 물류개혁을 제안하고 물류업무를 포괄하여 수탁하는 업무"라고 정의하였다. 3자 물류는 화주기업과 물류업체가 기존의 거래관계에서 파트너십으로 전환되는 것이다.

3.1.2 3자 물류의 발전과정

물류관리는 1970년대부터 미국에서 주목받기 시작하였으나 그 당시는 각 운송수단마다 미국 특유의 엄격한 규제를 받았기 때문에 물류를 종합적으로 서비스할 수 없었다. 이러한 규제가 70년대 후반부터 완화되고(1978년 항공운송, 1980년 화물자동차 및 철도운송), 경쟁체제로 전환되어 서비스 개선을 기치로 다수의 신규사업이 출현하였다.

한편, 경쟁의 심화로 경영혁신이 절실하였고, 물류개선을 통한 비용절감이 기업의 혁신과제가 되면서, 물류업체들은 화주기업의 요청에 부응하고 자신의 생존을 위해 3자 물류업체로 변신하였다. 이처럼 3자 물류는 미국의 규제완화를 배경으로 급성장을 이루었다.

유럽의 3자 물류도 규제완화에 힘입었다. 규제완화는 국제운송뿐만 아니라 국내 운송의 운임에도 커다란 영향을 미쳤다. 특히 연안운송의 자유화로 운임이 인하되고 국가간 차이가 없어졌다. 이 때문에 오랫동안 운임규제가 이어져 온 독일 등에서 운임이 자유화된 1994년 1월 이후 반년 만에 20~30%가 인하되었다.

특히 포워더(forwarder)에 대한 규제완화가 커다란 변화를 가져왔다. 약 10만개에 달하는 유럽의 포워더는 통관업무가 주수입원의 하나였으나, 1993년 이후 관세통합에 의해 포워더의 수입이 급감하여 큰 타격을 받았다. 이에 포워더는 생존책의 일환으로 정보서비스를 핵심으로 3자 물류에서 활로를 찾게 되었던 것이다.

3자 물류는 수행 주체면에서 볼 때, 화주기업이 직접 수행하는 1자 물류, 자회사 형태인 2자 물류, 외부의 3자 물류로 구분할 수 있다. 그러나 이러한 단계적 발전 과정을 거치는 업체는 많지 않다. 도리어 오랜 기간 전문성을 축적하고, 탄탄한 영업기반과 정보시스템을 구축한 운송업체나 주선업체가 3자 업체로 변신하는 경우가 더 많다.

최근의 3자 물류는 장기적 참여와 종종 다기능 혹은 프로세스관리를 포함한다. 예를 들면, Ryder사는 Whirlpool사와 국내물류(inbound)의 설계, 관리, 운영에 관해 5년간의 협약을 체결하였다. 3자 물류 제공자는 매출 몇 백만 달러의 소규모 회사로부터 수십억 달러에 달하는 거대회사까지 다양한 규모와 형태를 갖는다.

3자 물류의 사용은 대기업에 더 널리 보급되어 있다. 3M, Eastman Kodak, Dow-Chemical, Time Warner 그리고 Sears와 같은 대기업들이 그들의 물류 운영의 많은 부분을 외부 제공자들에게 넘겨주고 있다. 3자 물류 제공자들은 중소기업들이 3자 물류를 사용하게 되면 3자 물류가 더욱 보급될 것이기 때문에 이들과의 관계를 형성하기 위해 많은 노력을 하고 있지만 여전히 이들을 설득하는데 어려움을 겪고 있다.

3.1.3 3자 물류의 장점

일부 기업은 물류와 같은 기본업무에 대한 통제권을 외부에 위임하는 것에 거부반응을 보이지만 대부분의 기업은 아웃소싱을 함으로써 전문성 및 대물량으로 비용을 절감했다고 긍정적인 반응을 보인다.

대표적인 3자 물류의 장점은 다음과 같은 것들을 들 수 있다.

1) 핵심강점에 집중

기업자원은 점점 제한되어 가기 때문에 비즈니스 모든 방면에 전문가가 되기에는 어려움이 있다. 물류를 아웃소싱하는 것은 회사로 하여금 그들의 특정한 전문분야에 집중할 기회를 제공한다.

사례 12-2 : Ryder사와 GM 새턴 사업부

Ryder Dedicated Logistic사와 GM의 새턴(Saturn) 사업부 간의 협력관계는 이러한 혜택의 좋은 본보기이다. 새턴은 자동차 생산에 집중하고, Ryder사는 새턴의 물류에 관한 고려사항들을 관리한다. Ryder는 공급자들과 거래한다. 부품들을 테네시주 스프링 힐에 위치한 새턴공장에 배달하고, 최종조립 자동차를 딜러들에게 배달한다.

새턴은 전자데이터교환(EDI)을 이용하여 부품 주문을 하며, 동일한 정보를 Ryder에 보낸다. Ryder는 수송비용을 최소화하는 경로를 효과적으로 계획하는 의사결정지원 시스템을 사용하여 미국, 캐나다 그리고 멕시코에 있는 300개의 공급자들로부터 모든 필요한 픽업을 선택한다.

2) 기술적 유연성 제공

계속적으로 증가하는 기술적 유연성의 필요성은 3자 물류 사용의 또 다른 중요한 장점이다. 고객요구가 자주 변경되고 기술이 발전함에 따라 3자 물류 제공자는 항상 그들의 정보기술과 장비를 업데이트한다. 종종 개별 기업들은 그들 기술을 지속적으로 업데이트하는데 필요한 시간, 자원 및 전문성을 가지고 있지 않다. 많은 소매상들의 경우 변화하는 배달 및 정보기술에 대한 기술적 요구에 부응하는 것은 회사의 생존에 중요하게 된다. 3자 물류 제공자들은 종종 이와 같은 요구들을 신속하고 보다 비용효과적인 방법으로 대응할 수 있다. 또한 3자 물류 제공자들은 회사의 잠재적 고객의 필요에 부응하기 위한 능력을 이미 보유하고 있을 수 있다.

3) 또 다른 유연성 제공

3자 물류 제공자들은 회사에게 보다 커다란 유연성을 제공할 수 있다. 하나의 예는 지역적 위치에서의 유연성이다. 점차적으로 공급자들은 신속한 보충을 요구받고 있어 이들로 하여금 지역 창고를 요구한다. 이와 같은 창고를 위한 3자 물류 제공자를 활용함으로써, 회사는 새로운 설비를 건설하거나 장기 임대계약으로 인한 자금소요와 유연성을 제약받지 않고서도 고객의 요구를 충족시킬 수 있다. 또한 서비스 제공의 유연성도 보다 다양한 서비스를 소매 고객에게 제공하기 위해 준비되어진 3자 물류를 사용함으로써 이루어질 수 있다. 어떤 경우에는 이러한 서비스를 요구하는 고객의 수는 회사에게는 작을 수 있으나, 3자 물류 제공자에게는 클 수가 있는데 이는 여러 다른 산업의 많은 회사를 위해 일할 수 있기 때문이다. 더구나 자원과 종업원 규모에서의 유연성도 아웃소싱을 통해서 얻어질 수 있다.

3.1.4 3자 물류의 단점

많은 기업들은 아웃소싱을 하면 규모의 경제가 작용하여 비용을 절감하고 서비스를 제고할 수 있다고 믿는다. 그러나 3자 물류가 비효율 및 고비용 물류시스템의 유일한 해결방안이 될 수는 없다. 화주기업이나 물류업체가 상호 충분한 사전조율이 전제되지 않고 아웃소싱이 이루어질 경우, 그리고 충분한 합의가 있었다고 할지라도, 다음과 같은 문제점에 대한 인식 없이 3자 물류의 편익만을 기대하면 자칫 낭패를 볼 수 있다.

3자 물류 제공자를 사용할 경우 가장 분명한 단점은 특정한 기능의 아웃소싱에서 오는 통제의 상실이다. 이것은 특히 3자 물류 회사 종업원들이 회사의 고객들에서로 영향을 끼치는 아웃트바운드 물류에 있어서는 더욱 그렇다.

많은 3자 물류 제공회사들은 이러한 우려를 불식시키기 위해 다양한 노력을 한다. 예컨대 트럭의 양 옆에 회사 로고를 표시한다든지, 3자 물류 종업원에게 고용회사의 유니폼을 착용시킨다든지 또는 각 고객에 대하여 영향을 미치는 것에 대한 광범위한 리포팅을 제공하는 것 등을 포함한다. 그러나 만약 물류가 회사의 핵심경쟁력의 하나라면 이러한 활동을 아웃소싱하는 것은 이치에 맞지 않는다. 예를 들면, 월마트는 그들 자신의 유통센터를 구축하고, 관리하며, Caterpillar는 그들의 부품공급을 운영한다. 이러한 것들은 경쟁적 우위에 있고 회사의 핵심경쟁력이기 때문에 아웃소싱은 불필요하다. 특별히 어떤 물류활동이 회사의 핵심경쟁력이고 다른 것은 그렇지 못할 때, 3자 물류 제공자에게 그들이 고용회사보다 더 낫게 일할 수 있는 영역만을 활용하는 것이 현명할 것이다.

예컨대 VMI(Vendor-Managed Inventory) 보충전략과 자재취급이 회사의 핵심경쟁력이고, 수송은 그렇지 못할 때 3자 물류 제공자는 도크(dock)에서 고객에게 독점적으로 선적을 담당하기 위해 접촉할 수 있다. 마찬가지로 제약회사들은 통제된 약을 위한 그들 자신의 유통센터를 건립하여 소유하지만, 종종 덜 고가이고 통제하기 용이한 품목들을 위해 고객에게 가까이 위치한 공공 창고를 이용한다.

그 밖에 ① 미미한 비용절감 효과, ② 시간 및 노력의 불감소, ③ 고객불만이 높아지는 현상 등을 들 수 있다.

화주기업과 물류업체의 파트너십 구축에 대한 경제적, 관리적, 전략적 측면의 잠재위험은 〈표 12-1〉과 같다.

〈표 12-1〉 아웃소싱의 잠재위험

구분	화주기업	3자 업체
경제적	• 파트너 교체시 비용증대	• 상당한 초기투자 • 비호환 장비에 대한 투자
관리적	• 제품 및 재고에 대한 통제력 약화 • 정보유출 우려 • 고객서비스의 평가곤란 • 3자업체의 기회주의 우려	• 화주교체의 어려움 • 화주의 기회주의 우려
전략적	• 장기계약에 의한 선택의 제약 • 간접적 고객접촉으로 서비스갭 발생	• 화주에 의한 흡수합병 • 화주의 자가물류화

그 외에 3자 물류를 이용함으로써 발생하는 변화에 대한 저항, 화주기업의 요구조건, 고객기업 시스템에 대한 3자 업체 요원의 교육, 그리고 정보시스템의 통합문제 등도 있다.

물류는 단순한 배송에 그치지 않는다. 물류는 시간이 고려된 자원의 배분으로 정의된다. 물류는 전략적 사고이며, 기업 활동 전반을 고려하는 분야로, 물류를 아웃소싱하면 전략적 사고의 반을 상실하게 되는 것이다. 최근에는 양극화 현상으로 바뀌어 3자 업체에게 모든 업무를 위탁하는 경우도 있지만, 직영하는 기업이 늘고 있다. 물류의 직영으로 고객만족을 높일 수 있어 3자 물류도 소비자의 이익을 위해 변하고 있다.

3.1.5 3자 물류의 선정요소

아웃소싱의 성공을 위해서는 물류업체를 신뢰하여야 하고, 아웃소싱을 통해 비용

절감 및 서비스가 향상되어야 한다. 이러한 요건은 3자 업체의 선정에 결정적 요소이다. 일반적으로 3자 업체의 선정기준은 서비스의 범위, 수탁경험, 동종 산업에 대한 사업경력, 재무상태, 소요비용 등이다. 그리고 서비스의 품질 및 비용이 물류업체의 가장 큰 선정기준으로 확인되었다. 이와 함께 보유하고 있는 정보시스템 및 전문지식, 업계내의 명성, 재무상태, 그리고 전국적 혹은 국제적인 네트워크의 보유여부도 중요한 기준이 된다.

〈표 12-2〉 3자물류업체의 선정요소

평가부문	평가항목
물류서비스에 대한 전문지식과 경험	• 제공하는 서비스의 범위 • 서비스의 제공경험 • 서비스의 하청여부 • 새로운 물류기술의 적용 • 업무의 특이성에 대한 올바른 이해 • 고객기업의 경영환경에 대한 이해
안정성	• 재무상태의 안정성 • 인적자원의 안정성
기존의 업무성과	• 요구사항의 이행정도 • 고객기업들의 만족도
파트너십 관리를 위한 하부구조	• 책임자의 지위 • 업무협조에 필요한 접촉점의 수 • 자원의 할당여부 • 고객기업과 원활한 업무연계
품질에 대한 관심도	• 품질에 대한 관심(ISO9000 획득) • 비용보다 품질이 우선하는 정도
파트너에 대한 배려	• 고객기업의 만족도 평가절차 • 고객기업의 이익과 이미지 제고노력 • 총체적인 비용절감을 위한 노력 • 보상과 위험의 공유
유연성	• 수량, 품질 등 요구변화에 대한 대처능력 • 계약조건의 유연성
기업간 커뮤니케이션	• 파트너간 비전과 전략의 일치성 • 올바른 조직문화와 가치의 소유 • 관리팀간의 호흡일치 • 정보시스템의 호환성

물류서비스의 품질, 품질관리 시스템, 최신 설비 보유여부 등 가격보다는 품질이 강조되고 있다. 이외에도 신뢰성, 유연성 및 정보제공, 원활한 의사소통, 평가지표, 전국적 혹은 세계적인 네트워크와 전산망의 확보, 원가관리시스템, 재무상태 등 많은 요소가 물류업체의 선정기준이 된다. 서비스의 품질과 소요비용 외에 산업내 경험, 총매출액, 그리고 거래중인 고객수 등도 평가기준이 된다. 딜로이트 컨설팅은 〈표 12-2〉와 같이 8개 부문 및 세부평가항목을 선정기준으로 제시하였다.

3.1.6 3자 물류의 국내현황

국내에서도 3자 물류가 상당한 각광을 받고 있다. 2006년 8월 한국무역협회가 국내 수출입업체 1000개사를 대상으로 조사한 결과 현재 3자 물류에 물류를 아웃소싱한다는 업체가 전체 중 38.8%로 전년도의 35.6%에 비해 증가한 것으로 나타났다. 3자 물류의 증가는 화주 기업들이 물류부문을 아웃소싱하는 것이 회사 경영 효율화에 도움이 된다고 인식하고 있기 때문인 것으로 해석된다. 비핵심부문을 아웃소싱하면서 자사의 핵심사업에 집중하고 있는 기업이 늘어나고 있다.

특히 외환위기 전후로 CJ, GLS를 비롯한 3자 물류 회사들이 생기기 시작해 경기가 하락한 2003년부터는 웅진그룹을 비롯한 대형 화주들이 전문 물류기업에 물류를 아웃소싱하는 경향이 더욱 높아지고 있다.

넥센타이어, 신도리코, GM대우, 신송식품 등은 트럭 창고 등을 갖고 전담직원까지 두며 비싼 고정비를 쓰던 물류처리를 물류전문회사에 일임하는 3자 물류 방식으로 바꾸고 있다. 넥센 타이이어는 2004년 7월 물류시스템을 개선하기 위해 육상물류 전문기업인 한진에 "물류 경쟁력 강화 방안"이라는 프로젝트를 위탁하였다. 한진은 30개이던 넥센타이어의 물류센터를 8개로 통합하고 각 물류 단계별 관리를 효율적으로 하기 위해 정보기술 솔루션인 창고관리시스템(WMS; Warehouse Management System)을 설치하였다. 넥센타이어는 2004년 8월부터 한진에 내수 물류를 맡긴 결과 연간 물류비 100억원 중 30% 가량을 줄였다. 이 회사는 2005년부터는 한진에 수출 물류도 일임하기로 하였다. 그동안 한진에 운송부문만 맡겼던 신도리코도 2004년 초 보관컨설팅까지 포함, 토탈 아웃소싱 계약을 맺은 것을 비롯, GM대우캐리어, 신송식품 등이 한진에 각각 물류를 전담시켰다.

3.1.7 4자 물류의 등장

물류활동이 고도화되면서 아웃소싱도 전략적 아웃소싱에서 인텔리소싱으로 발전되고 있다. 즉, 3자 물류가 연합운영모델(JOM; Joint Operating Model)로 진화되고 있는 것이다. 이는 장기적인 파트너십에 의한 통합시스템으로 단순한 비용절감보다는 기업의 성장 및 경쟁력·핵심역량 강화를 위한 대안으로써 임시적·단기적·반복적인 컨설팅, 외주, 하청 등과 구별된다.

3.2 4자 물류

3.2.1 4자 물류의 정의

3자 물류보다 조직상 유연하고 더욱 고도화된 물류서비스를 제공한다는 4자 물류(FPL; Fourth Party Logistics)가 등장하였다. 4자 물류는 주요고객과 장기계약이나 합작기업으로 설립된 별도의 조직을 일컫는다. 즉, 여러 부문의 서비스 제공자들과 주간조직의 자원, 능력 및 기술을 조합하고 관리하는 통합시스템을 4자 물류라 일컫는다.

4자 물류는 주로 유력한 3자 업체나 컨설팅회사가 중심이 되어, 각 부문의 전문업체를 조직하여 종합물류서비스를 제공하는 것이다. 즉, 4자 업체는 물류네트워크 전반을 총괄하고 관리하는 공급사슬의 통합자이며 조직자이다.

3자 물류는 배송, 보관, 조달 등 부문별로 이루어졌으나, 4자 물류는 공급사슬 전반의 최적화를 도모한다. 화주기업의 물류 전반을 고려하여 창고입지, 재고축소, 상품확보, 인력배치, 용처계약 서비스 등을 제공한다. 화주의 물류활동을 혁신하고, 극단적인 경우 처음부터 다시 해 나가는 경우도 있다.

3.2.2 4자 물류의 의의

4자 물류는 3자 물류의 발전된 형태, 즉 3자 물류에 컨설팅과 IT 등의 기능을 더한 것이다. 공급사슬 전반의 솔루션 제공자이면서 기업의 경영자원 및 기술을 관리하고 결합하는 공급사슬의 통합자(integrator)가 4자 물류라 할 수 있다. 따라서 4자물류의 핵심은 포괄적 공급사슬 솔루션 제공 및 공급사슬 전반의 원활한 통합에 의한 가치창출로 집약된다.

4자 물류는 고객기업 및 공급사슬 파트너의 역량에 따라 서비스 범위를 확대해야 한다. 4자 물류는 기업조직의 일부로 활동하고, 합작이나 제휴를 통해 다수의 서비스 공급자들을 관리해야 한다. 4자 물류는 3자 업체들을 최상의 상태로 묶어주는 프로그램이라 할 수 있다.

4자 물류의 핵심은 솔루션 통합이다. 4자 물류는 고객기업을 중심으로 공급사슬을 포괄적으로 운영하고 관리한다. 포괄적인 공급사슬 솔루션은 다수의 3자업체와 4자 업체의 자원, 능력, 기술 등을 통합한다. 4자 물류에는 화주기업과 다수의 3자 업체 서비스가 통합된다.

4자 물류는 아웃소싱 외에 기업내부에서 수행하는 인소싱의 장점도 살리는 조직이기 때문에 새로운 물류조직으로 각광받을 것이다. 4자 물류의 이점은 수입증대, 비용절감, 운전자본 및 고정자본의 감소 등이다.

① 수입증대는 상품의 품질향상, 판매기회의 확대, 고객서비스 향상으로 가능하다. 4자 물류는 공급사슬 전반을 관리하기 때문에 재고과잉 및 품절현상을 방지할 수 있고 고객서비스를 향상시킬 수 있다.

② 운영효율의 향상, 구매비용의 절감으로 운영비용을 절감할 수 있다. 규모의 경제를 통해 운영비를 절감하며, 모든 공급사슬 참여자의 활동을 동시화시켜 운영비를 절감하고 판매비를 절감할 수 있다.

③ 재고감소 및 사이클타임의 단축을 통해 운전자본을 절감할 수 있다. 주문처리 및 보관단위(SKU; Stock Keeping Unit)의 이동에 관한 기술을 통해 사이클타임의 단축은 물론 재고량을 최소화할 수 있기 때문이다.

④ 자산이전과 자산이용의 극대화로 고정자본을 감소할 수 있다. 물류업체가 자산을 보유하고 고객기업은 고정자산을 보유하지 않아도 되기 때문에, 고객기업은 연구개발, 디자인, 상품개발, 마케팅 등 핵심부문에 집중할 수 있다.

3.3 소매상-공급자 파트너십(RSP: Retailer-Supplier Partnership)

마진이 더욱 줄어들고 고객만족이 더욱 중요해짐에 따라 공급자와 소매업자는 그들 모두의 지식을 활용하기 위해 상호 협력적인 노력을 하고 있다.

3.3.1 RSP의 형태

RSP의 형태는 연속선상에서 볼 수가 있다. 한쪽 끝은 벤더에게 보다 효율적인 계획을 도와주는 정보공유 형태이고, 다른 한 쪽 끝은 벤더가 소매업자가 판매하기 전까지 완전하게 재고를 관리하고 소유하는 위탁판매(consignment) 형태이다.

기본적인 신속응답전략(quick-response strategy)에서 공급자는 소매업자로부터 POS(point-of-sale) 데이터를 받아서, 소매상에서의 실제 판매와 함께 생산과 재고 활동을 동시화시키기 위하여 이 정보를 이용한다. 이 전략에서는 소매업자는 여전히 그들의 개별적 주문은 준비하지만 POS데이터가 예측과 일정계획을 개선하고 리드타임을 줄이기 위하여 공급자에 의해 사용되어 진다.

연속보충전략(continuous-replenishment strategy)은 가끔 신속보충(rapid replenishment) 전략이라고도 불리는데, 벤더가 POS데이터를 받아 이 데이터를 재고의 특정 수준을 유지하기 위해 사전에 합의한 주기에 선적을 준비하기 위해 사용한다. 연속적 보충의 발전된 형태에서는 공급업자가 서비스 수준을 유지하는 한 소매점 혹은 유통센터의 재고를 점차적으로 줄일 수 있다. 따라서 구조화된 방식에서 재고 수준은 연속적으로 개선되어진다.

VMI시스템은 종종 VMR(vendor-managed replenishment) 시스템이라고도 하며, 이 시스템에서는 공급업자가 각 제품의 적정한 재고수준(사전에 합의된 범위 내에서)과 이러한 수준을 유지하기 위한 적절한 재고정책을 결정한다. 초기단계에서는 공급업자의 제안은 소매상에 의해 승인이 되어야 한다. 최종적으로 많은 VMI 프로그램의 목적은 특정한 주문에 대해 소매상이 간과하는 것을 제거하는 것이다.

이런 형태의 관계는 아마도 월마트와 프록토 갬블(P&G)에 의한 것이 가장 유명한 사례인데, 이들의 관계는 1985년에 시작되었으며 재고회전율을 증가시키면서 월마트에 대한 P&G의 적시배달은 놀랄 정도로 개선되었다. 다른 대형 할인매점들 예컨대 1992년 200개가 넘는 VMI 파트너를 개발한 K-Mart를 포함하여 이를 따라 하였다. 대체적으로 VMI 프로젝트들은 성공적이었다. 딜라드 백화점, JCPenny, 그리고 월마트 등은 매출이 20~25% 증가되고, 재고회전율은 30% 개선되는 결과를 가져왔다.

RSP의 주요 특징들이 〈표 12-3〉에 요약되어 있다.

〈표 12-3〉 RSP의 주요 특징

기준 / 형태	의사결정자	재고소유권	벤더에 의해 사용된 새로운 기법
신속응답	소매업자	소매업자	예측기법
연속 보충	계약으로 합의된 수준	양쪽	예측기법과 재고관리
고급 연속 보충	계약으로 합의와 지속적인 개선 수준	양쪽	예측기법과 재고관리
VMI	벤더	양쪽	소매관리

3.3.2 RSP의 요구조건

효과적인 RSP의 가장 중요한 요구는, 특별히 파트너십 스펙트럼 끝의 VMI로 향해 갈 때 공급사슬 내 공급자와 소매점 모두의 첨단 정보시스템의 구축이다. EDI 혹은 인터넷기반의 사설교환은 데이터 이전시간과 입력오류를 줄이기 위해 필수적이다. 바코딩과 스캐닝은 데이터 정확도를 유지하기 위해 필요하다. 또 재고, 제품통제 그리고 계획 시스템은 추가적인 활용 가능한 정보를 이용하기 위해서 온라인이어야 하고 정확하고 그리고 통합되어야만 한다.

모든 시도들이 회사의 운영방식을 급격히 변하게 함에 따라 최고경영자의 참여가 프로젝트의 성공을 위해 반드시 요구된다. 이것은 지금까지 비밀로 유지해왔던 정보가 이제는 공급자와 고객들과 공유하게 됨에 따라 당연하고, 비용할당 이슈는 최상위층 레벨에서 고려되어야만 할 것이다. 또한 그와 같은 파트너십은 조직 내에서 어떤 그룹에서 다른 그룹으로 힘을 이동시키기 때문에 당연히 최고경영자의 개입이 필요하다.

마지막으로 RSP는 파트너들 간에 특정 수준의 신뢰형성을 요구하는데 그러한 것이 없이는 제휴는 실패하게 될 것이다. 예를 들면 VMI에서 공급업자는 그들이 전체 공급사슬을 관리할 수 있다는 것을 보일 필요가 있다. 마찬가지로 신속응답(quick response)에서 기밀정보가 공급자에게 제공되어야 한다. 더구나 많은 경우 전략적 제휴는 소매상 매점에 재고를 상당히 줄이는 결과를 가져다준다. 공급업자는 추가적인 활용 가능한 공간은 공급자의 경쟁자의 이득을 위해 사용되지 않을 것이라는 확인을 할 필요가 있다. 더 나아가 공급자의 최고경영자는 소매점에서 줄어든 재고의 즉각적 효과는 판매수입의 일시적 손실이 될 거라는 것을 이해하여야 한다.

3.3.3 RSP의 재고 소유권

소매업자와 공급업자간의 파트너십 형성에 들어가기 전에 다음과 같은 사항들이 고려되어야 한다. 누가 보충 의사결정을 할 것인가는 매우 주요한 고려사항 중 하나이다.

전략적 제휴가 성공하려면 재고 소유권을 명확하게 하여야 한다. 이는 핵심 이슈가 된다. 특히 VMI시스템에서는 더욱 중요한 이슈이다. 재고에 대한 소유권은 제품을 수령할 때 생기게 된다. 일반적으로 소매업자가 제품을 수령하게 되면 소유권도 소유하게 된다. 최근 VMI 시스템에서는 공급업자가 제품이 소매상에서 팔릴 때까지 소유권을 가진다. 공급업자가 소유권을 가짐으로써 소매업자는 재고비용 감소 등의 이점이 있다. 한편 공급업자는 소매상에 위치한 재고에 대하여 소유권을 가지고 있으므로 그 재고에 대하여 보다 신경을 써서 가능한 한 효과적으로 관리하고자 한다.

VMI시스템에서의 소유권 문제와 관련하여, 공급업자가 가능한 한 많은 재고를 소매상에게 옮김으로써 인센티브를 얻는다는 비판도 있다. 만약 빠르게 회전되는 아이템이고 소매업자가 2주 분의 재고를 유지하는 것에 동의했다면 소매업자는 계약이 허용되는 한도 내에서 분명 많은 재고가 쌓이기를 원할 것이다. 왜냐하면 많은 재고를 가짐으로써 소매업자는 최종 소비자에 대한 서비스수준을 높이면서, 그 재고에 대한 소유권은 공급업자가 가지고 있기 때문이다. 이 때 만약 공급업자가 가능한 적은 재고를 유지하는 방향으로 전환하고자 한다면 기존에 협의된 서비스수준을 만족시켜야 할 것이다. 예를 들면 월마트는 식료품 등 많은 품목에 대하여 소유권을 가지지 않는다. 단지 그 품목들이 체크아웃 스캐너를 통과할 때 소유권을 가진다.

위탁방식인 경우 공급자가 비교적 오랜 기간 동안 재고를 보유하기 때문에 위탁방식이 공급자에게 유리하다고 말하기는 어렵다. 월마트처럼 시장 전체에서 위탁방식을 채택하는 경우가 많은데, 이럴 때 공급업자는 선택의 여지가 없다. 항상 그렇지는 않지만, 이런 경우에도 공급업자는 전체 비용을 줄일 수 있다는 이점이 있다. 예를 들면 위탁방식을 통해 배송과 생산의 조정이 가능하기 때문이다.

재고와 소유권 이슈 이외에 보다 진보된 전략적 제휴가 많은 분야에서 등장하고 있다는 것도 하나의 이슈이다. 예를 들면 공동수요예측, 보다 체계화되고 꽉 짜여진 계획의 반복, 심지어 공동제품개발 등도 고려되고 있다.

사례 12-3 : Ace Hardware

소매에서 사용되는 하드웨어의 딜러 조합인 Ace Hardware는 목재와 건축 자재 부문에서 위탁 VMI를 성공적으로 수행하고 있다. Ace Hardware는 소매상에 위치한 제품들에 대한 소유권을 가지고 있다. 소매업자는 제품의 보관에 대한 책임을 가지고 있다. 즉 제품이 파손되는 경우에는 소매업자가 책임을 져야한다. 이 프로그램을 작동함으로써 서비스수준이 92%에서 96%로 상승하게 되었다. 이는 매우 성공적인 것으로 평가된다. Ace Hardware는 다른 제품라인으로 확대하고자 한다.

3.3.4 RSP 실행에서의 이슈

모든 협정이 성공하기 위해서는 성과측정에 대한 동의가 반드시 이루어져야 한다. 성과측정 기준은 전통적인 재무적인 측면뿐만 아니라 비재무적 측면들도 측정하여야 한다. 비재무적인 측정 부문에 대한 예로서는 POS의 정확성, 재고의 정확성, 선적 및 배송의 정확성, 리드타임, 고객 충족비율 등이 있다. 공급업자와 소매업자간에 정보공유가 이루어질 때는 비밀유지가 중요한 이슈이다. 특히 한 소매업자가 다수의 공급업자와 동일한 카테고리 안에서 거래를 할 경우 카테고리에 대한 정보는 공급업자가 정확한 수요예측과 재고에 대한 의사결정에 매우 주요하다는 것을 해당 소매업자 또한 알고 있다. 마찬가지로 몇몇 공급자에 의해 의사결정이 이루어지는 관계가 형성될 수도 있다. 소매업자가 개별 파트너에 대한 정보를 비밀로 유지한다면, 혹시 발생할지 모르는 분쟁을 소매업자가 어떻게 조정할 수 있을 것인가?

어떠한 형태의 전략적 제휴이든지 양 당사자는 제휴로 인해 발생되는 문제들은 오직 의사소통과 협동을 통해 해결될 수 있다는 것을 알아야 한다. 예를 들면 퍼스트 브랜드(First Brand)가 K마트와 파트너 관계를 시작했을 때, K마트는 2주 분의 재고유지에 대한 협약을 공급업자가 지키지 않는다는 불평을 자주 했다. 나중에 이 문제는 양 기업이 서로 다른 예측방법을 이용했기 때문에 일어난 문제로 밝혀졌다. 이 문제는 K마트와 퍼스트 브랜드의 예측 전문가들이 직접 의사소통을 하여 해결되었다.

파트너십 상태에 있는 공급업자는 소매상에서 발생하는 갑작스러운 일이나 상황 변화에 보다 빠르게 대응하고자 하는 경우가 많다. 만약 공급업자가 생산기술이나 생산능력을 가지고 있지 않다면 그들은 기술이나 능력을 가질 필요성이 있을지도 모른다. 예를 들면 랭글러(Wrangler) 청바지의 생산업체이며, 섬유산업에서의 신속반응 물류 선구자인 VF 밀(VF Mills)사는 생산공정을 완전히 재설계해야 했으며, 여기에 재교육과 부가적인 자본투자를 해야 했다.

3.3.5 RSP적용의 단계

VMI 적용의 단계는 다음과 같이 요약할 수 있다.

① 초기에 협약의 계약조건이 협상이 되어야 한다. 이것들은 소유권과 소유권이 언제 이전될 것인지, 신용 조건, 주문책임, 그리고 서비스 혹은 재고수준과 같은 성과측정에 관한 결정들을 포함한다.

② 그리고 다음의 세 가지 태스크가 실행되어야 한다.

- 통합정보시스템이 양측 공급자와 소매업자를 위하여 개발되어야 한다. 이러한 정보시스템은 양쪽 당사자들에게 용이한 접근을 제공하여야 한다.
- 벤더와 소매업자에 의해 사용되어지는 효과적인 수요예측기법이 개발되어져야 한다.
- 재고관리는 수송정책을 조정하는데 도움을 주는 전술적 의사지원 도구가 반드시 개발되어야 한다. 물론 개발된 시스템은 파트너십의 특별한 성격에 의존할 것이다.

3.3.6 RSP의 장·단점

VMI관계의 하나의 장점은 다음 사례에 의하여 잘 설명되어질 수 있다.

사례 12-4 : Whitehall Robbins와 Kmart

Advil과 같은 의약품을 제조하는 Whitehall Robbins(WR)이라는 회사가 Kmart와 RSP관계를 맺었다. 초기에 WR은 Kmart와 수요예측에 대하여 이견이 있었다. 이 경우 WR예측이 훨씬 정확한 것으로 판명되었는데 왜냐하면 이 회사가 Kmart가 가진 것보다 훨씬 그들 제품에 대한 보다 광범위한 정보를 가지고 있었기 때문이었다. 예컨대 Kmart의 Chapstick 예측은 제품의 계절성을 고려하지 않았었다. 더구나 WR사의 계획자는 계획고장시간과 같은 생산에 관한 이슈들을 감안할 수 있었다. 또한 WR사는 다른 방법으로 이득을 취하였다. 과거에 Kmart는 종종 홍보와 연결하여 계절초기에 계절 품목의 많은 양을 주문하였다. 이러한 프랙티스는 가끔 반품을 가져왔는데 왜냐하면 Kmart가 그가 판매할 양을 정확하게 예측하는 것이 어렵기 때문이었다. 현재 WR은 매일매일 낮은 비용(Everyday Low Cost)으로 주간 수요를 공급함으로써 대형 주문과 계절 전 홍보들을 제거하였고, 이러한 것들은 반품을 엄청나게 줄이게 되었다. 계절품목의 재고회전은 3회에서 10회가 넘게 되었고, 비계절품목은 12~15회에서 17~20회로 증가하게 되었다.

장점

① 공급자가 주문 양에 대하여 지식을 가지게 된다. 이는 황소채찍효과를 통제할 수 있는 능력을 가졌다는 것을 의미한다.

② 공급업자의 보다 나은 서비스 수준, 관리비 절감, 재고비용 절감

③ 공급업자들이 예측 불확실성을 줄이는 능력을 갖추게 되어 제품과 유통의 보다 나은 조정이 가능하다.

④ 안전재고 절감, 보관 및 수송비용 절감

단점

① 종종 비용이 많이 드는 첨단 기술의 사용이 필요하다.

② 한때 적대적 관계였던 것을 신뢰관계로 구축하는 것이 필수적이다.

③ 전략적 파트너십에서 공급업자가 종종 전보다 훨씬 많은 책임을 지게 된다. 이것은 공급업자로 하여금 이러한 책임을 맡는 사람들을 추가로 고용하는 것을 필요로 한다.

④ 가장 중요한 것은 공급자의 관리책임이 증대함에 따라 공급자의 비용이 증가하게 된다. 또한 재고가 초기에는 공급자에게로 넘겨질 수 있다.

사례 12-5 : Western Publishing

Western Publishing사는 2000개가 넘는 월마트점에 포함된 여러 개의 소매점에 어린이용 책인 Golden Books라인을 위해 VMI를 이용하였다. 이 프로그램에서 POS데이터는 재고가 재주문점 아래로 떨어지면 재주문을 자동적으로 일어나게 하였다. 이 재고는 유통센터로 가든지 아니면 많은 경우 매점으로 직접 배달되었다. 이 경우 책의 소유권은 배달이 일단 이루어지면 소매점으로 이전되었다. Western Publishing은 이 회사뿐만 아니라 다른 공급자로 부터의 재고를 포함하

여 소매점의 전체 책 부분을 관리하였다. 회사는 이 프로그램이 비용을 상당히 증가시켰지만 두 경우 모두 상당한 추가적인 판매를 창출하였다: 이것들은 매점에 직접 선적함으로써 발생하는 추가적 운임뿐만 아니라 추가적인 재고관리 업무와 관련한 비용이다. 그럼에도 불구하고 경영층은 VMI가 회사를 위해 순이득을 제공한다고 믿고 있다.

3.4 유통업자 통합(DI: Distributor Integration)

유통업자들은 고객의 니즈(needs)와 원츠(wants)에 대한 귀중한 정보를 가지고 있으며, 성공적인 제조업자들은 새로운 제품과 제품라인을 개발할 때 이러한 정보를 이용한다. 마찬가지로 유통업자들은 일반적으로 필요한 부품과 전문성을 공급하기 위하여 제조업자에게 의존한다.

사례 12-6 : Caterpillar

Caterpillar사의 도널드 파이츠 회장은 이 회사의 최근 성공의 많은 부분은 Caterpillar 딜러들 때문이라고 이야기한다. 파이츠 회장은 딜러들은 회사보다 고객에게 더욱 가까이 다가감으로써 고객의 니즈에 보다 신속하게 대응할 수 있었다고 지적한다. 딜러들은 제품을 판매할 때 파이낸싱을 해결해 주고 제품에 대해 신중하게 모니터하고, 수리하고, 서비스하여 준다. 파이츠 회장은 딜러들이 제품 뒤에 단순히 서있지 않고 세계의 어느 곳이든지 그의 제품과 함께 있다는 회사의 이미지를 창출하였다고 말한다. Caterpillar는 그들의 딜러 네트워크가 회사로 하여금 그들의 경쟁자, 특히 고마츠와 히다찌와 같은 일본의 거대한 건설·광산제조업자에 비하여 엄청난 강점을 가져다주었다.

그러나 이와 같은 유통업자들의 견해는 고객 서비스 니즈가 새로운 도전을 가져오고 정보기술이 이러한 도전들을 맞추기 위해 부상함에 따라 변하고 있다. 강하고 효과적인 유통업자 네트워크에서 조차 고객의 니즈를 항상 맞출 수 없다. 밀려오는 주문은 재고로부터 만족시키는 것이 불가능할 것이고 또 고객은 유통업자가 갖추지 못한 특수한 기술적 전문성을 요구할 수도 있다. 과거에는 이와 같은 이슈들이 각 유통업자나 혹은 제조업자에 재고와 인력을 추가함으로써 해결되었다. 현대의 정보기술은 다른 해결책을 가져다주는데, 이는 유통업자들이 전문성과 하나의 유통업자에서 보유하고 있는 재고를 다른 유통업자들이 활용할 수 있도록 통합되는 것이다.

3.4.1 유통업자 통합의 형태

유통업자 통합은 재고관련과 서비스관련 이슈들을 해결할 수 있는데 사용되어 질 수 있다. 재고에 관련해서는 DI는 전체 재고비용은 낮추며 동시에 서비스 수준은 제고하면서 전체 유통업자 네트워크를 가로 지르는 재고의 커다란 풀(pool)을 창출하는데 이용되어 질 수 있다. 마찬가지로 DI는 고객의 전문적 기술서비스 요청을 맞추는데 사용할 수도 있는데 이는 이러한 요청에 가장 적합한 유통업자를 연결해 줌으로써 가능하다.

전통적으로 증가된 재고는 특별한 주문의 쇄도에 대비하고, 수리를 신속하게 하게끔 스페어 부품을 제공하는데 사용된다. 보다 앞선 회사에서는 위험분산(risk-pooling) 개념이, 필요할 경우 유통될 수 있는 공급사슬 내 초기 단계에 재고를 유지함으로써 사용될 수도 있다. DI협정에서는 각 유통업자는 필요한 제품이나 부품을 위치하게 하기 위하여 다른 유통업자들의 재고를 체크할 수 있다. 딜러들은 어떤 특정한 조건과 합의된 댓가 아래 계약에 의하여 부품을 교환하게끔 되어 있다. 이러한 형태의 협정은 첨단정보시스템이 유통업자로 하여금 각자의 재고를 점검하는 것이 가능하고, 또 통합물류시스템이 부품들이 값싸고 효율적으로 배달하게끔 할 때만이 가능하다.

사례 12-7 : 오쿠마

공작기계업체인 오쿠마(Okuma Ameriac Corp.)사는 DI시스템을 적용하여 왔다. 오쿠마는 많은 값비싼 공작기계와 수리용 부품을 유지하였는데 전체라인을 유지하는 것의 높은 비용은 북남미에 있는 오쿠마의 46개 유통업자가 그렇게 하는 것을 불가능하게 하였다. 오쿠마는 그의 각 딜러들에게 최소한의 공작기계와 부품을 유지하도록 요구하였다. 회사는 각 공작기계와 부품이 회사의 두 개 창고중의 하나에 있든지 혹은 유통업자의 한 곳에 있든지 시스템의 어느 곳에는 재고로 있게 전체시스템을 관리하였다.

오쿠마링크(Okumalink)라 불리는 시스템은 각 유통업자로 하여금 창고의 재고를 체크하고 필요한 부품을 발견하는데 다른 유통업자와 커뮤니케이션을 할 수 있게 하였다. 일단 부품이 찾아지면 회사는 신속하게 요청한 딜러에게 배달되도록 하였다.

각 유통업자가 모든 유통업자에 의하여 유지되고 있는 재고에 관한 모든 지식을 얻을 수 있게끔 이 시스템의 업그레이드가 계획되어 있다. 시스템이 실행된 이후 시스템을 통해서 재고비용을 줄어들었고 유통업자는 재고부족으로 인한 판매손실 가능성이 줄게 되었으며, 한편 고객만족은 높아지게 되었다.

마찬가지로 DI는 각 유통업자의 지각된 기술적 능력과 특수한 고객요청에 대응하는 능력을 개선하는데 사용되어 질 수 있다. 이러한 종류의 제휴에서 서로 다른 유통업자는 서로 다른 영역에서 전문성을 구축할 수 있다. 고객의 특별한 요청은 가장 전문성이 있는 유통업자에게로 가게 된다. 예를 들면, 약 70개의 전기도매 자회사를 보유한 네덜란드의 지주회사 Otra는 그 자회사의 일부를 창고설계 혹은 POS 자재와 같이 특정영역에서 우수센터(Centers of Excellence)로 지정하였다. 고객뿐만 아니라 다른 자회사들은 특별한 요청을 해결하기 위해서 이와 같은 우수센터를 찾게 된다.

3.4.2 DI의 이슈들

DI 제휴를 실행하는데 포함되는 두 개의 주요한 이슈가 있다. 첫째, 유통업자들은 그와 같은 시스템에 참여하여 얻는 보상에 대하여 회의적일 수 있다. 그들은 특히 어떤 유통업자들이 다른 유통업자들보다 크고 또 커다란 재고를 가진 경우에 재고관리에 대한 그들의 전문성을 능력이 덜한 파트너에게 넘겨줄 수 있을 거라는 생각을 할 가능성이 있다. 더구나 참여한 유통업자는 다른 유통업자에게 의존하기를 강요받는데 의존을 해야 하는 어떤 유통업자는 좋은 고객 서비스를 제공하기 위하여 어떻게 해야 할지조차 모르는 수가 있다. 또한 이와 같은 새로운 종류의 관계는 어떤 유통업자와는 거리가 먼 어떠한 책임과 전문성의 영역을 취하고 소수의 유통업자에게 그러한 것을 집중할 경향이 있다.

둘째, 유통업자들이 그들의 기술과 능력을 잃을 것에 대하여 신경을 쓸 수 있다는 것은 놀라운 일이 아니다. 이것이 왜 DI관계를 구축하는데 제조업체의 부분에서 자원과 노력의 커다란 합의를 필요로 하는지에 대해 설명된다. 유통업자는 이것은 장기적 제휴라는 것을 느껴야만 할 것이다. 조직들은 참여자 간에 신뢰를 구축하는데 많은 노력을 하여야 한다. 제조업체는 유통업자 합의를 확실하게 하기 위하여 담보와 보증을 제공해야 할지도 모른다.

사례 12-8: Dunlop-Enerka

Dunlop-Enerka사는 전 세계에 걸쳐서 광산과 제조업체에 컨베이어 벨트를 공급하는 네덜란드 회사이다. 전통적으로 이 회사는 유럽 전체를 통하여 유통업자에 많은 양의 재고를 쌓아 둠으로써 유지 및 보수에 대한 요구를 맞추었다. 재고를 줄이기 위하여 회사는 각 유통업자의 창고에 있는 재고를 추적하기 위한 Dunlocomm이라는 컴퓨터 기반의 정보시스템을 개발하였다. 부품이 필요하게 되면 유통업자는 부품을 주문하고 배달을 약속하기 위하여 이 시스템을 사용한다. 유통업자의 참여를 유도하기 위하여 Dunlop-Enerka사는 각 유통업자에 각 부품의 24시간 내 배달을 보장하였다. - 만약 부품이 재고로 있지 않으면 Dunlop-Enerka사는 고객주문에 따라 특별 제조하여 이것을 가능한 시간 내에 배달하겠다는 보장도 하였다. 이와 같은 보장은 유통업자들로 하여금 이 시스템에 참여시키는데 충분하였으며, 시간이 흐름에 따라 전 시스템 내의 재고는 20% 가량 감소하였다.

제13장 공급사슬관리를 위한 정보기술

정보기술은 효과적인 공급사슬관리를 위한 중요한 가능자(enabler)이다. 공급사슬관리에서 풍부한 데이터와 이러한 데이터의 정교한 분석에서 비롯된 절감들이 소개되고 있다. 전자상거래와 함께 다가오는 혁신적 기회는 정보기술에 대한 관심을 증가시키고 있다.

공급사슬관리는 전체 기업의 범위를 넘어서 한쪽 끝에는 공급자와 다른 한쪽 끝에는 고객을 포함하고 있다. 더구나 공급사슬관리는 회사 내의 많은 기능적 영역을 대상으로 하고 있으며, 다양한 그룹이 의사소통하고 상호 작용하는 방식에 의해 영향을 받는다.

많은 회사들에서 정보기술은 경쟁적 우위를 제공한다. 이것은 서비스산업의 경우, 은행이 대표적 예이지만, 대형 소매업자, 항공사 그리고 제조업체 등의 많은 회사들은 이미 정보기술을 활용하여 경쟁력을 강화하고 있다. 대표적 사례들로서 인공위성과 연결된 정보기술의 월 마트, 혁신적 예약시스템인 Sabre의 아메리칸 에어라인, 최고의 추적시스템을 보유한 Federal Express 그리고 가상 제조환경의 Cisco사 등을 들 수 있다.

대부분의 경우에 공급사슬 내 구성요소를 지원하는 정보기술은 다양하고 서로 연결이 안 되어 있다. 이 이슈는 만약 어느 회사가 공급 사슬을 효과적으로 관리하려면 반드시 집고 넘어가야 할 문제이다. 이러한 문제들을 극복하고 시스템에서 효과적으로 데이터를 사용하는 시스템을 창출하기 위하여 회사들은 다양한 전략들을 사용하고 있다.

1 공급사슬 정보기술의 목표의 개념

정보를 이용하기 위해서는 수집하고, 접근하고, 분석하고, 그리고 협력을 목적으로 공유하는 능력을 가지고 있어야 한다. 이러한 영역에서 공급사슬관리 시스템의 목표는 다음과 같다.

- 생산에서 배송 혹은 구매시점까지 각 제품의 정보를 수집해서 관련된 모든 당사자들에게 완전한 가시성을 제공한다.
- 단일접점에서 시스템의 어떤 데이터에도 접근한다.
- 전체 공급사슬로부터의 정보에 기초하여 분석하고, 활동들을 계획하고, trade-off를 만든다.
- 공급사슬 파트너들과 협력한다. 협력은 회사들로 하여금 위험분산이나 정보공유를 통하여 불확실성을 관리하고 전체 최적화를 이룰 수 있게끔 한다.

공급사슬에서 정보기술의 주요 목표는 생산시점을 배달이나 구매 점과 연결하여, 제품의 물리적 흐름에 따라서 정보를 추적하는 것이다. 이것은 실제 데이터를 바탕으로 계획을 세우고, 추적하고, 리드타임을 추정하는 것을 가능하게 한다. 제품이 어디에 있는지 관심을 가지는 어떠한 당사자도 이러한 정보에 접근 가능하여야만 할 것이다. [그림 13-1]에서 볼 수 있듯이 내부적으로 제조업자의 분배 시스템을 통해서 공급자로부터 제조업자까지 정보와 제품이 흘러가고, 그리고 소매업자에게로 흘러간다.

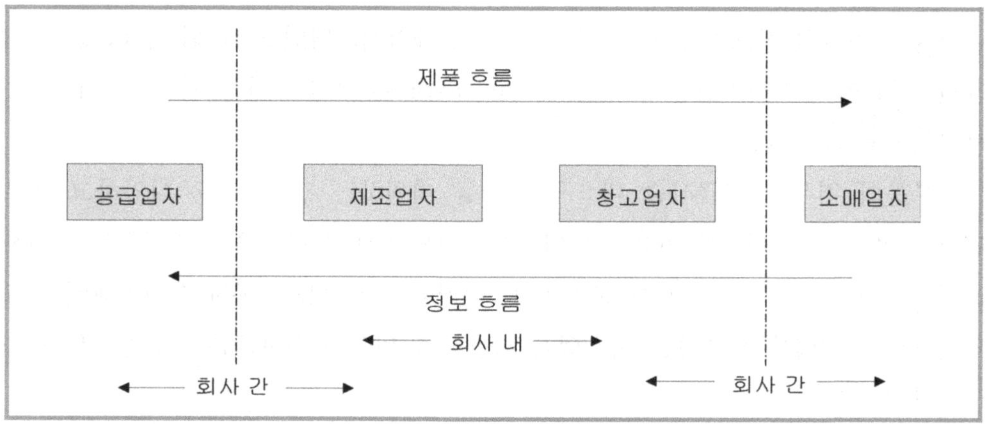

[그림 13-1] 공급사슬 내 정보와 제품의 흐름

1.1 정보의 수집

소매업자는 주문 상황을 알 필요가 있고, 공급업자들은 제조업자들로부터 들어오는 주문을 예상할 수 있어야만 한다. 이것은 회사 내부의 기능이나 지역적 위치를 가로 질러서 뿐만 아니라 다른 회사의 정보 시스템에 존재하는 데이터에 접근함으로써 가능하게 된다. 더욱이 참여자들은 그들 자신의 용어로 데이터를 볼 필요가 있다. 예를 든다면, 면 공급자가 Q-Tips의 수요를 본다면, 그들은 몇 파운드의 면이 소비될 것인지로 변환해야만 한다. 그러므로 BOM과 같은 변환 테이블이 시스템 전체를 통해서 필요하게 된다.

제품과 자재와 관한 정보의 활용 가능성은 지능적 공급사슬 의사결정을 만드는 기초가 된다. 공급사슬에 걸쳐 제품을 단순히 추적하는 것만으로는 부족하다. 만약 생산일정에 영향을 미치는 배송에 지연이 발생할 때 적절한 시스템은 일정을 연기하거나 다른 대안을 찾음으로써 적절하게 조정할 수 있게끔 알려주는 것을 필요로 한다. 이러한 목표는 회사와 산업 전체를 통하여 바코드와 같은 제품인식의 표준화를 요구한다.

1.2 데이터에의 접근

단일접점(single-point-of-contact)개념의 목표는 고객에게 제공되는 정보든지 내부적으로 요구되는 정보든지 모든 활용 가능한 정보는, 필요한 매체(전화, 팩스, 인터넷 등)와 누가 요청하는지 관계없이 한 번에 접근이 되어야 하며 동일하여야 한다. 이러한 요구조건은 고객의 문의를 만족시키기 위하여 정보가 어느 한 회사 내의 여러 곳에 위치해야 한다거나, 어떤 경우에는 여러 회사에 걸쳐 위치해야 한다는 사실에 의해 복잡하게 된다.

많은 회사들에서 정보시스템은 회사 내 그들의 기능에 따라 독립된 섬이 되려는 경향이 있다. 고객서비스는 한 시스템에서 작동되고 회계는 또 다른 시스템, 그리고 제조나 배송시스템은 완전하게 분리되어 있다([그림 13-2] 참조). 간혹 시스템들을 가로 질러 접근해야 할 필요가 있는 어떤 중요한 정보가 전달되는 수도 있으나, 전달은 실시간으로 이루어지지 않기 때문에 시스템들은 정확하게 동일한 데이터를 결코 보유하지 못한다. 주문을 받은 고객서비스 담당자가 선적 상황정보를 제공하지 못할 수도 있고, 공장은 현재 미결제된 주문에 대해서 문의할 수 없을지도 모른다. 이상적으로는 사용을 필요로 하는 모든 사람들은 어떠한 연결 매체를 통해서라도 실시간으로 동일한 데이터에 접근하여야만 한다.

은행에서의 적용은 이 점에서 앞서있다. 전화, 컴퓨터 또는 자동 현금지급기로부터 은행원이 이용하는 동일한 계좌정보에 접근할 수 있다. 그럼에도 불구하고 이

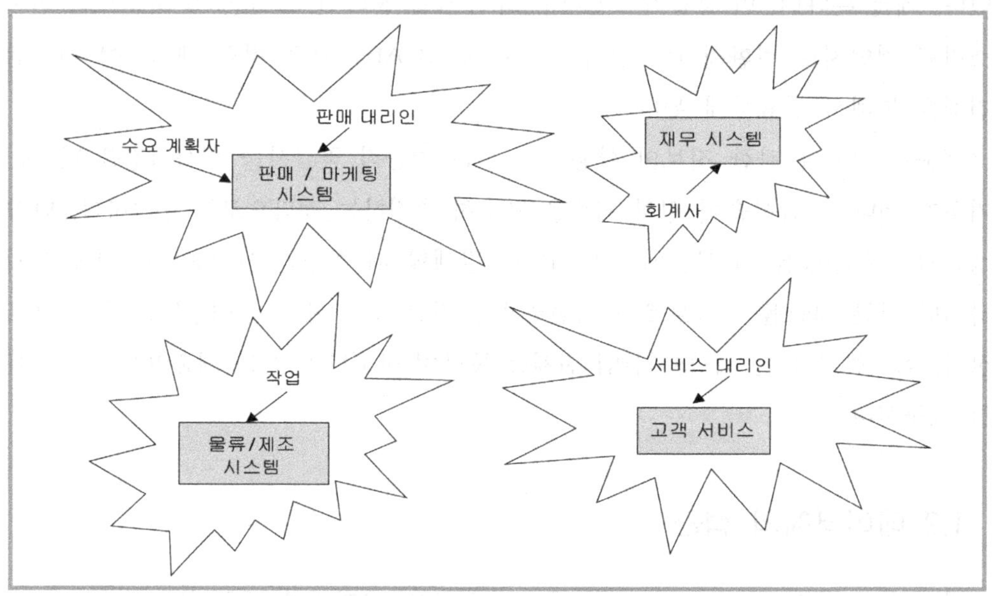

[그림 13-2] 현재의 정보시스템

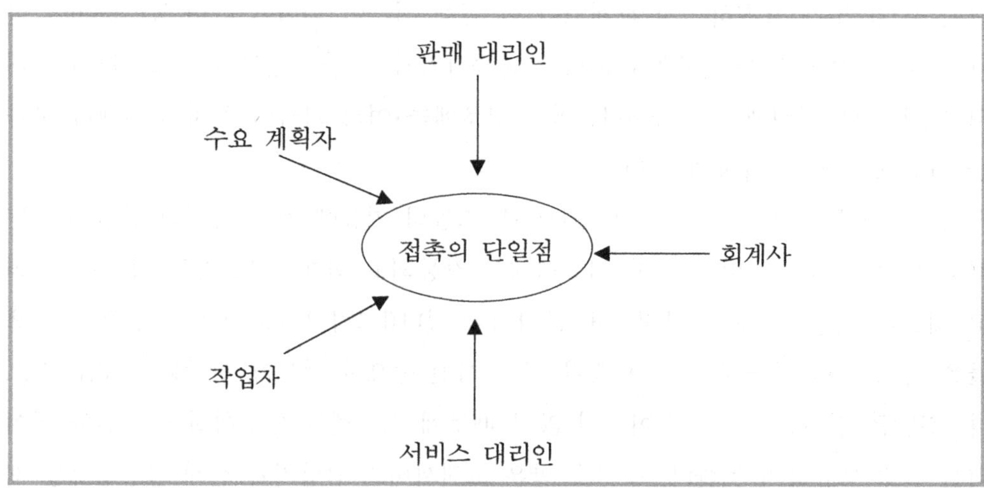

[그림 13-3] 정보시스템의 새로운 세대

시스템은 어느 고객의 모든 계좌 문의를 위한 단일 점으로 연결하는 데는 여전히 취약하다. 예를 들면 은행계좌로서 동시에 주택융자 정보에 접근하기는 아직 어려움이 있다.

1.3 공급사슬 데이터에 기초한 분석

세 번째 목표는 전체 공급사슬 모습을 고려하는 방식으로 데이터 분석을 하는 것과 관련이 있다. 정보시스템은 제품을 생산하고, 조립하고, 창고에 저장하고, 배송하기 위한, 다시 말해서 공급사슬을 운영하기 위한 최적의 방안을 찾기 위해서 이용되어야 한다. 이것은 여러 가지 수준의 의사결정과정을 수반한다. 즉, 고객주문을 이행하기 위한 일을 포함한 운영적 의사결정으로부터, 어떤 창고에 어떤 제품을 쌓아 둘 것인지 혹은 다음 3개월의 생산계획은 어떻게 세워야 할지와 관련이 있는 전술적 의사결정, 또한 창고를 어디에 위치하여야 할 것인지 그리고 어떤 제품을 개발하여 생산할 것인지에 관한 전략적 의사결정을 포함한다. 이러한 것을 용이하게 하기 위하여 시스템은 공급사슬 전략 하에서 변화를 충분히 수용할 수 있도록 유연할 필요가 있다. 이와 같은 종류의 유연성을 달성하기 위하여, 시스템은 고도로 변경가능 해야 하고 새로운 표준이 개발될 필요가 있다.

1.4 공급사슬 파트너들과의 협력

공급사슬 파트너들과의 협력하는 능력은 회사의 성공에 필수적이다. 실제로 공급사슬관리의 중요한 목표는 연속된 프로세스를 전체 최적화로 대체하는 것이다. 이것은 정보시스템의 첨단화뿐만 아니라 비즈니스 통합을 요구한다. 공급사슬 역할에 따라서 회사는 고객의 구매시스템을 통합하거나, 공급업체들을 그들 자신의 시스템에 연결하거나 혹은 두 가지 모두의 통합이 요구되어질 수 있다. 협력의 수준과 형태는 산업에 따라 다르다. 예를 들면, 협력을 통한 예측은 소비자 패키지 제품 산업에서 시작되었고, 주요 부품의 아웃소싱을 하는 하이테크 산업에서는 공급자 통합이 일반적이다.

최근 협력은 공급사슬 시스템의 초점이 되어 왔다. 공급자와 연결되어 효과적으로 같이 일할 능력은 공급자관계관리(SRM: Supplier relationship management)라고 불리는 새로운 시스템을 탄생시켰다. 더구나 90년대 후반의 인터넷 붐 시대 동안 발전된 각양각색의 교환은 협력의 플랫폼이 되었다. 공급사슬의 다른 한쪽 끝인 고객관계관리(CRM: Customer relationship management)는 고객과 보다 나은 접촉과 고객니즈를 이해하는 것을 제공하기 위해 발전하고 있다.

공급사슬관리의 네 가지 목표들은 동시에 이루어질 필요는 없고, 또한 서로 각자에 대해 의존적일 필요도 없다. 그들은 산업, 회사 규모, 내부적 우선순위 및 투자회수율 등을 고려한 것에 따른 중요도의 순서에 의해 병행으로 목표를 세울 수 있다. 예를 들면 단일점 접촉(single-point-of-contact) 능력이 없는 은행, 첨단 추적시스템이 없는 배송회사, 그리고 생산계획시스템이 없는 하이테크 제조회사는 생존할 수 없을 것이다.

이러한 목표들을 달성하고 이러한 것들을 어떻게 하여야 하는지 고려할 때 발생하는 의사결정과 문제점들을 극복하기 위해서 정보기술 발전에서의 많은 주요한 이슈들을 이해하는 것은 필요하다. [그림 13-4]에서 보듯이 다음은 이러한 목표들을 달성하기 위한 수단들이다.

- **표준화** : 정보기술 표준화는 시스템이 함께 작동하도록 한다. 그들은 비용을 드라이브하고 때로는 실제 적용을 가능하게 한다.
- **정보기술 인프라** : 회사 내부적이든 외부적이든 정보기술 인프라는 시스템 능력의 기본적인 구성요소이다. 의사소통과 데이터베이스 능력 없이는 어떤 목표들은 이룰 수 없게 된다.
- **전자상거래(Electronic commerce)** : 전자상거래는 지난 몇 년 동안에 가장 중요하게 출현한 정보기술 분야이다. 이것은 내부적 효율성뿐만 아니라 공급사슬 내의 파트너들과 협력하는 능력을 가능케 한다.
- **공급사슬 시스템 구성요소** : 이러한 구성요소들은 공급사슬 계획에서 직접 관여하는 여러 시스템들을 조정한다. 이것은 일반적으로 단기와 장기 의사결정 지원 시스템과 지능 요소를 합해주는 시스템이다.
- **통합관련 이슈들** : 위에서 논의한 목표를 달성하기 위해서 어떻게 우선순위를 세워야 하나? 단기적으로 또 장기적으로 어떤 종류의 투자가 이루어져야 하는가?

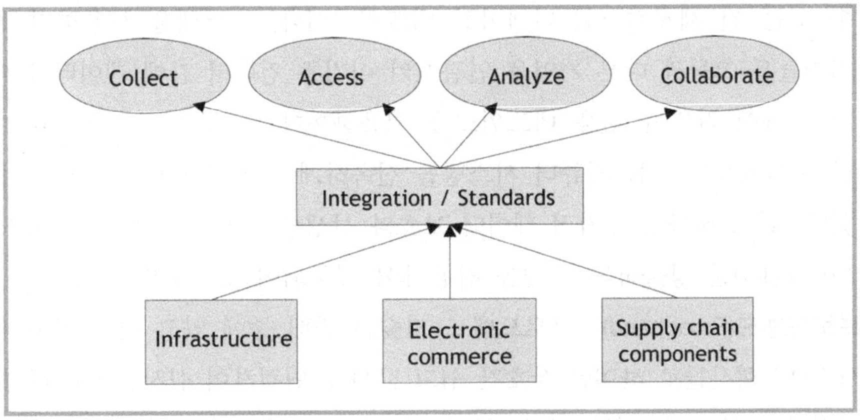

Collect
Access
Analyze
Collaborate
Integration / Standards
Infrastructure
Electronic commerce
Supply chain components

[그림 13-4] 공급사슬의 목표와 수단

2 공급사슬을 지원하는 정보시스템

정보기술은 내부 운영과 또한 공급사슬 내의 회사들 간의 협력을 지원한다. 고속 데이터 네트워크와 데이터베이스를 이용함으로써 회사들은 전체 공급사슬과 공급사슬 내 그들의 개별적 위치를 더 낫게 관리하도록 데이터를 공유할 수 있다. 이 기술의 효과적 사용은 회사의 성공의 핵심적인 면이다.

모든 정보시스템은 세 가지의 주요기능 즉, 데이터 획득과 커뮤니케이션, 데이터 저장과 검색 그리고 데이터 조작(manipulation)과 리포팅 등을 수행하는 기술로써 구성되어 있다.

2.1 데이터 획득과 데이터 커뮤니케이션

첫 번째 기능 영역은 고속 데이터 획득과 커뮤니케이션 네트워크를 창출하는 시스템과 기술로 구성되어 있다. 이것은 황소채찍효과를 발생시키는 시간적 격차와 큰 그림의 정보 부족을 극복할 수 있게 하는 기술이다. 대표적 기술들은 다음과 같다.

① **인터넷** : 인터넷은 한 점에서 다른 한 점으로 데이터를 이동하기 위하여 IP (Internet Protocol) 표준으로 알려진 것을 사용하는 국제적 데이터 커뮤니케이션 네트워크이다. 인터넷은 모든 컴퓨터와 커뮤니케이션 장치들을 연결할

수 있는 전 세계적 커뮤니케이션 네트워크이다. 인터넷을 사용하기 전에는 기업들은 그들과 다른 기업을 연결시켜 이기종 컴퓨터 간에 데이터를 이동하기 위하여 값비싼 전용 네트워크를 이용하여야만 했었다. 현재 인터넷으로 많은 기업들은 그들 컴퓨터 시스템을 신속하게 그리고 저렴하게 연결시킬 수 있다. 팔요 하다면 추가적 데이터 보호와 사생활 보호가 VPNs(Virtual Private Networks)를 창출하는 기술을 활용하여 제공되어 질 수 있다.

② **브로드밴드(Broadband)** : 브로드밴드 기술은 확대 중에 있고 이로 인하여 공급사슬 내 회사들로 하여금 상호간 쉽고 값싸게 연결하여 실시간으로 대량의 데이터를 교환할 수 있는 것이 가능하게 되었다. 대부분 회사들은 LAN을 이용하여 내부적으로 연결함으로써 엄청난 내부 커뮤니케이션 능력을 보유하게 되었다. 또한 많은 회사들은 T1, T3와 같은 WAN(Wide Area Network)를 이용하여 그들의 서로 다른 지역적 위치를 연결하였다. 현재 필요한 것은 서로 별개의 회사들 간에 고속의, 저비용의 연결인데 이것이 브로드밴드가 담당하여야 할 역할이다.

③ **EDI** : EDI는 상호 비즈니스를 하는 회사 간 데이터의 공통적인 형태를 전달하기 위해 개발된 기술이다. 많은 회사들이 EDI시스템에 많은 투자를 하고 있으며, 다른 비즈니스들과 커뮤니케이션을 하는데 이러한 시스템을 사용하는 것은 매우 비용 효과적이라는 것을 발견하였다. EDI시스템은 현재 메인프레임에서 PC까지 어느 형태의 컴퓨터에서도 작동되며 VAN뿐만 아니라 데이터 커뮤니케이션을 위해서 인터넷을 사용할 수 있다.

④ **XML(eXtensible Markup Language)** : XML은 컴퓨터 간 그리고 컴퓨터와 인간 간에 유연한 형태로서 데이터가 전해질 수 있도록 하기 위해 개발되어진 기술이다. EDI가 데이터를 앞뒤로 보내기 위해 엄격하고 미리 정해진 데이터 세트를 이용하는 반면, XML은 확대가능하고 한번 일정한 기준이 동의가 되면 XML은 서로 다른 종류 데이터의 넓은 범위와 의사소통하는데 이용될 수 있고 서로 다른 컴퓨터시스템 간 처리하는 지침(processing instruction)과 관련될 수 있다.

2.2 데이터 저장과 검색

두 번째 기능 영역은 데이터를 저장하고 검색하는 기술로 구성되어 있는 정보시스템이다. 이 활동은 데이터베이스 기술에 의해 수행된다. 데이터베이스의 형태들은 다음과 같다.

① **전통(Legacy) 데이터베이스** : 이는 일반적으로 계층적 또는 네트워크 데이터베이스들로 구축되어진다. 이러한 데이터베이스들은 주로 거래 데이터를 대량으로 저장할 수 있고 확대된 처리를 수행할 수 있다. 그들은 전통적으로 온라인과 배치 구성요소를 모두 가지고 있다. COBOL로 쓰여진 프로그램과 보고(reporting) 수단은 사용하기에 번거롭다.

② **관계형 데이터베이스** : 이 데이터베이스는 표준화된 리포팅과 관련 데이터의 문의를 용이하게 하는 방식으로 관련 데이터의 저장을 할 수 있게 한다. 예를 들면 SQL(Structured Query Language)은 관계 데이터베이스를 위해 설계되어 졌다. 관계형 데이터베이스는 메인프레임인 컴퓨터나 서버에 중앙 집중될 수도 있고, 또는 PC나 미니 컴퓨터의 네트워크 전체에 걸쳐서 분산되어 질 수도 있다.

③ **객체(Object) 데이터베이스** : 이것은 숫자나 문자뿐만 아니라 그림과 그래픽 구조와 같은 보다 복잡한 개체들을 저장할 수 있다. 객체 데이터베이스는 정보의 여러 가지 종류를 데이터베이스 운영과 연관되게 하는 방식으로 저장하는데 사용된다. 이러한 데이터베이스는 이미 어떠한 응용을 위해서 존재하지만 아직 표준이 아니고 유지하기에 비용이 많이 소요된다. 그래픽과 다른 비표준 데이터를 저장하는 것은 문서/숫자 데이터보다 상당히 큰 저장 공간을 필요로 하고 또한 조작하는데 훨씬 복잡하다.

④ **데이터 창고(Data Warehouse)** : 이 데이터베이스는 복잡한 분석도구에 의한 문의를 허용하기 위하여 다른 데이터베이스로부터 데이터를 결합한다. 데이터 창고는 일반적인 기업전체 데이터를 포함하고 매우 대량의 데이터를 저장한다.

⑤ **데이터 마트(Datamarts)** : 데이터 마트는 데이터 창고의 소규모 버전이고 일반적으로 데이터의 작은 세트를 저정하고 범위는 부서단위이다.

⑥ **그룹웨어 데이터베이스(Groupware Databases)** : 이는 업데이트를 추적하고, 다사용자 접근을 허용하는 등과 같은 그룹 기능을 적용하기 위하여 특별히 설계된 데이터베이스이다. 그룹웨어 데이터베이스는 또한 관련 데이터를 모든 사람에게 up-to-date로 유지하는 것이 공유된 데이터베이스 없이는 불가능한 telecommuting과 가상기업 시대에 매우 중요하다.

2.3 데이터 조작과 리포팅

서로 다른 공급사슬 시스템들은 데이터를 획득하고, 의사소통하고, 저장하고, 검색하는데 요구되는 기술과 데이터를 조작하고 표현하기 위하여 프로세싱 로직을 결합함으로써 창출되어 진다. 정보시스템은 그들이 지원하는 비즈니스 운영에 의해 필요한 프로세스 로직을 포함한다. Chopra와 Meindl은 공급사슬 운영을 지원하는 여러 종류의 시스템을 다음과 같이 정의하였다.

2.3.1 전사적 자원관리(ERP: Enterprise Resource Planning)

ERP시스템은 생산, 판매, 구매, 인사, 재무, 물류 등 기업업무 전반을 통합 관리하는 경영정보시스템이다. ERP에는 고유의 데이터베이스 관리시스템(DBMS)이 있어 모든 정보가 실시간으로 데이터베이스로 전환되어, 이것을 각 부서가 공유하게 된다. 즉, 영업사원이 수주내력을 컴퓨터에 입력하면 재고파악, 생산일정, 자재구매 등 일련의 과정이 자동적으로 진행된다. 모든 직원이 업무정보를 즉시 접할 수 있는 것이 ERP의 장점이다.

ERP는 1970년대의 MRP에서 시작하여, MRP를 생산계획 전반으로 확장시킨 1980년대의 MRPII를 거쳐, MRPII를 기업활동 전반의 모든 경영자원으로 확대시킨 통합시스템이 ERP로 발전된 것이다.

ERP의 기본기능은 강력한 계획기능(APO: Advanced Planning Optimizer)이다. 저렴한 컴퓨터 파워를 이용하여 모든 업무를 사전에 계획하고, 시뮬레이션을 통해 최적해를 찾아 자원 및 시간의 활용을 극대화하여 고객만족을 추구하는 것이다. ERP는 통상 SAP, Oracle 등 전문업체의 애플리케이션 패키지를 구매하여 구축한다. 즉, ERP는 복잡한 기업의 업무를 자동으로 연결하는 소프트웨어이다.

ERP의 필수적 전제조건은 업무의 표준화와 통합이다. 즉, 하나의 자료원(source)을 통해 들어온 정보를 연관된 모든 부서가 공유해야 하기 때문에 표준화가 필요하고, 표준화는 통합을 위해 필수적이다.

2.3.2 조달시스템(Procurement Systems)

조달(Procurement)시스템은 회사와 그의 공급자 간에 발생하는 구입활동에 초점을 맞춘다. 이 시스템의 목적은 구입프로세스를 유연하게 하고 이것을 보다 효율적으로 만드는데 있다. 그러한 시스템은 전통적으로 공급자 카탈로그를, 회사가 구매하는 제품에 대한 모든 필요한 정보를 담고 있는 제품 데이터베이스로 교체하게 만든다. 그들은 또한 부품 번호, 가격, 구매 경력 그리고 공급자 성과 등을 계속적으로 추적한다. 조달시스템은 사람들로 하여금 서로서로 공급자의 가격과 성과 능력을 비교할 수 있게 한다. 이러한 방식으로 최적의 공급자들이 찾아지고 이러한 공급자들과 관계가 구축되고 가격이 협상된다. 구매 프로세스에서 발생하는 일상적 거래는 상당 부분 자동화되어질 수 있다.

2.3.3 Advanced Planning and Scheduling

APS(Advanced Planning and Scheduling)시스템은 공장 능력, 자재 활용성 그리고 고객 수요 등을 평가하기 위한 목적의 매우 분석적인 응용시스템이다. 이 시스템은 무엇을 어느 공장에서 언제 만들 것인지 하는 일정을 생성한다. APS시스템은 그들의 계산을 ERP시스템 혹은 전통(Legacy) 거래처리 시스템으로부터 추출된 거래수준 데이터의 입력에 기초한다. 그리고 그들의 추천된 일정을 생성하기 위하여 선형계획(Linear Programming) 기법과 다른 복잡한 알고리즘을 사용한다.

APS의 가치는 기존의 무한능력계획으로는 얻을 수 없는 정확성에 있다. APS는 공장능력을 유한한 것으로 보고, 생산현장의 여러 가지 제약사항을 반영하기 때문에 정확하다. 정확성을 바탕으로 동시성 및 예측능력도 향상된다. 납품일자는 믿을 수 있고 고객서비스도 향상된다. 원자재의 재고수준은 생산현장의 요구와 동시화되며, 생산리드타임이 줄고 설비의 가동율이 높아진다.

2.3.4 수송계획시스템(TRS: Transportation Planning Systems)

TPS시스템은 얼마만한 자재의 양이 어느 위치에 언제 이동해야만 하는지 계산해주는 시스템이다. 이 시스템은 사람들에게 다른 수송수단, 다른 경로 그리고 다른 운송업자 등을 비교가능하게 한다. 그리고 난 후 수송계획은 이러한 시스템을 이용하여 창출된다. 이와 같은 시스템의 소프트에어는 시스템 벤더들에 의해 판매된다. 컨텐츠 벤더라고 알려진 또 다른 벤더들은 마일리지, 연료비용 그리고 선적 과세와 같은 시스템에 의해 요구되는 데이터들을 제공한다.

2.3.5 수요계획(Demand Planning)

이 시스템은 회사가 그들의 수요를 예측하는 것을 돕기 위하여 특별한 기법과 알고리즘을 사용한다. 이 시스템은 계획되어진 판매홍보에 대한 역사적 판매데이터와 정보, 그리고 계절성과 시장 추세와 같은 고객 수용에 영향을 미치는 다른 이벤트 등을 취한다. 그들은 미래 판매를 예측하는 데 도움을 주는 모델을 만들기 위해 이와 같은 데이터를 사용한다.

종종 수요계획시스템과 연결되는 또 다른 것은 수입관리이다. 이것은 회사로 하여금 예측된 수요로서 서로 다른 제품에 대한 서로 다른 가격배합의 실험을 할 수 있게 한다. 아이디어는 회사에 전체 수입을 최대화하는 제품과 가격의 배합을 발견하는 것이다. 항공사, 렌트카 그리고 호텔 등과 같은 여행 산업의 회사들은 이미 수입관리기법을 사용하고 있는 중이며 이러한 기법은 다른 산업에도 크게 확대될 것이다.

2.3.6 고객관계관리(CRM: Customer Relation Management)

고객관계관리(CRM: Customer Relationship Management) 시스템은 고객과 관련된 기업의 내외부 자료를 분석·통합하여 고객의 특성에 맞는 마케팅 활동을 계획하고 지원하며 평가하는 기법이다. CRM은 고객에 대한 정보와 지식을 활용하여 다양한 고객접점을 관리하고 고객과 관계를 맺고 유지하는 장기적인 고객관리 프로그램으로 모든 구성원과 고객에게 친밀감을 형성하여, 고객유지와 경영성과를 향상시키는 전략으로 정의된다. CRM은 DB 마케팅(Database Marketing)이 진화된 개념이다.

2.3.7 판매원자동화(SFA: Sales Force Automation)

판매원자동화(SFA: Sales Force Automation) 시스템은 고객관계관리(CRM)에서 고객충성도 향상을 위해 영업활동을 지원하는 영업촉진 자동화시스템이다. SFA는 고객의 상태변화를 감지하고 영업활동을 자동화하여 고객관계를 관리한다. SFA는 마케팅, 영업, 서비스 등 영업활동 지원기능을 포함하고 있어, 단순히 영업활동에서 발생하는 수작업을 자동화하는 영업자동화 시스템과 다르다.

SFA에서는 영업채널관리가 중요한 고려사항이다. 영업채널관리란 신규고객의 발굴 및 고객관계의 강화를 통해 고객기반을 강화하는 것이다. 영업사원은 잠재고객을 발굴한 후, 가망고객을 실제고객으로 유도해야 한다. 잠재고객과 가망고객을 정리해주지 못하면 영업현황에 대한 파악이 어렵고 예측도 불가능하다. 결국 직관이나 추세에 의한 판매예측으로 비현실적인 목표를 설정하게 된다.

따라서 가치 있는 고객에 대한 분명한 접근전략을 수립하여 고객데이터 및 영업채널의 분석을 통해 영업기회를 포착하고, 영업전략을 수립하여 세일즈에 집중함으로써, 비효율적인 영업활동을 지양하고, 영업 사이클 타임을 단축할 수 있어 세일즈 역량이 강화될 수 있다. SFA는 고객관계를 강화시키고 영업사원의 영업력 향상을 통해 영업활동의 생산성을 제고할 수 있는 가장 효과적인 CRM 기법의 하나이다.

SFA는 판매인력에게 판매기회를 쉽게 포착할 수 있게 도와준다. 목표고객의 탐색시간과 노력을 감소시켜 준다. 그리고 고객특성과 판매자료 등을 다각적으로 분석하여 판매예측, 고객이탈 방지, 필요재고 및 자재의 수급현황 등을 제시하여 판매원들에게 도움을 준다. 나아가 기존의 영업프로세스를 재평가하고 생산성 및 정확도가 높은 영업을 실현하기 위한 방법을 제시한다. IT의 신속한 데이터처리 능력을 활용해 영업활동의 효율화를 꾀하는 것이다.

2.3.8 재고관리시스템(Inventory Management Systems)

이 시스템은 제품의 과거 수요패턴을 추적하고, 서로 다른 제품들의 재고 수준을 모니터하고, 경제적 주문량과 각 제품의 유지되어야할 안전재고 수준을 계산하는 것과 같은 재고관리의 부분들인 활동들을 지원한다.

2.3.9 제조실행시스템(MES: Manufacturing Execution Systems)

MES는 ERP 시스템과 제조설비 사이의 정보를 이어주는 역할을 한다. MES는 공정개선을 통해 정시인도, 재고회전율, 총수익율, 현금흐름 등을 개선시켜 주는 애플리케이션이다.

생산현장의 모든 활동을 실시간으로 관리한다면 품질은 물론 생산성을 향상시켜 경쟁력이 강화될 것이다. MES는 바로 이러한 실시간 관리시스템이다. 즉, 수주로부터 납품에 이르기까지 생산활동의 최적화를 위해 각 공정에서 실시간으로 자료를 수집·분석해주는 소프트웨어이다.

MES는 스케줄링, 작업지시, 작업실적, 품질정보, 설비상태 등의 정보관리를 지원한다. 즉, 생산현장의 최신 정보를 현장관리자에게 제공하며, 신속한 조치로 생산조건을 변화시키고, 무가치 요소를 감소시켜 생산활동을 개선한다. 또한 생산계획 및 제어까지 온라인 시스템으로 통합하여 정보를 교환한다. 따라서 경영자는 투명하고 정확한 데이터를 바탕으로 신속정확한 의사결정을 내릴 수 있다.

2.3.10 수송일정관리시스템(Transportation Scheduling Systems)

이 시스템은 회사에서 사용되는 단기 수송과 배달일정을 창출한다.

2.3.11 창고관리시스템(WMS: Warehouse Management Systems)

WMS는 창고내의 재고관리를 비롯하여 모든 물류활동, 즉 발주, 입고, 픽킹 등의 물류정보를 실시간으로 취득하여 최선의 조치를 취하는 시스템이다. WMS는 창고정보화의 견인차로서 실시간 정보제공, 신속한 의사결정을 목적으로 한다. 어떤 시스템이든 정확한 데이터가 있어야 최선의 의사결정이 가능하다. WMS는 창고내의 모든 정보를 DB화하고, 필요한 곳에 실시간으로 제공하여 의사결정을 지원하는 시스템이다.

WMS는 재고의 투명성을 높여 재고관리비용을 낮춰주고, 각종 정보를 실시간으로 제공하여 공급사슬 전반의 효율을 높여준다. WMS는 전통적으로 창고내의 독자적 시스템으로 존재해 왔다. 그러나 재고관리의 중요성으로 창고부문이 사내외에 실시간 정보를 제공하는 정보센터로서 타시스템과 연계되어 의사결정을 지원하는 중추 역할을 맡게 되었다.

2.3.12 공급자관계관리(SRM: Supplier Relationship Management)

보다 나은 전략적 소싱과 공급사슬 실행을 통해 얻을 수 있는 잠재적 거래비용 절감은 엄청나며, 회사의 경쟁적 지위에 상당한 영향을 미친다. 회사의 핵심 공급자와의 파트너십 개발과 함께 아웃소싱과 공급자 기반의 축소에 점차 관심을 집중하고 있다. 공급사슬의 최적화, 관계경영, 그리고 회사 간의 통합 등에 대한 증가된 회사의 인식과 함께 이러한 요소들은 SRM 개념의 전반적 기반을 창출한다.

SRM은 단지 구매와 전략적 소싱뿐만 아니라 공급자들과 관계를 창출하고, 관리하고 그리고 지원하는 것을 포함한다. SRM의 목적은 벤더로부터 최종 고객까지 전체 공급사슬을 개선하는 것이다.

SRM에서의 원칙은 올바른 벤더를 선정하고 올바른 관계를 구축하는 것에 더하여, 정보, 협력, 통합 등의 3개 영역에 집중한다.

2.4 공급사슬 기술의 새로운 추세

세계경제의 수요는 기업과 전체 공급사슬로 하여금 운영의 보다 유연하고 대응적인 수단을 수용하라고 압력을 가하고 있다. 기업과 경제의 상호의존과 사건들의 빠르고 예측할 수 없는 정도의 속도는 기업들에게 보다 빠르고 또한 보다 적절한 대응을 요구한다. 이러한 도전을 극복하기 위하여 기업들은 공급사슬시스템을 이용할 수 있는 방안을 찾아야만 한다. 또 그들은 보다 시의적절하고 정확한 데이터와 이러한 시스템의 사용을 보다 잘 조정할 수 있도록 방안을 강구하여야 한다. 기존의 공급사슬시스템을 보완하기 위하여 사용되어질 수 있는 다음과 같은 새로운 기술들이 있다.

3 RFID(Radio Frequency IDentification)

3.1 RFID의 정의

RFID(Radio Frequency IDentification)란 판독기 및 안테나를 통하여 대상물에 부착된 태그(tag)에 기록된 정보를 서버급 컴퓨터를 이용해 판독하는 무선주파수 인식기술을 의미한다. RFID는 주파수 대역에 따라 다양한 응용분야에 사용되는데 현재 교통카드, 도서관리 등에 초기단계 기술이 활용 중에 있으며, 향후 유통·물류 분야에서 바코드를 대체해 나갈 것으로 전망되고 있다.

3.2 RFID 주파수별 이용 특성

아래의 표는 RFID 주파수 대역별 응용분야가 다양하게 나타나고 있다. 주파수대별 특징을 살펴보면 다음과 같다. 첫째, 135 KHz 이하의 주파수 대역에서는 공정자동화, 동물관리 등 근거리에서의 정보 인식에 활용되며, 시스템 구축비용이 저렴한 특징을 가지고 있다. 둘째, 13.56 MHz 주파수 대역에서는 IC카드, 신분증, 도서 등 대여물품 관리, 출입 및 통제, 보안 등에 이용되고 있으며, 1m 이내에서 정보를 인식할 수 있으며, 데이터 전송상의 신뢰성이 매우 높은 특징을 가지고 있다. 셋째, 433 MHz, 860-930 MHz 대역을 이용하는 UHF파 주파수 대역은 최대 수십 미터 정도에서 무선으로 정보를 인식할 수 있기 때문에 유통 및 물류에 이용되고 있으며, 컨테이너 관리 등에 활용되고 있다. 넷째, GHz 대역의 마이크로파는 고주파이므로 잡음의 영향을 적게 받는 특징이 있다. 그러므로 근거리보다는 원거리 통신용으로 적합하며, 시스템 구축에 고성능의 하드웨어가 요구되므로 구축비용이 많이 드는 단점이 존재한다.

이와 같은 특징을 요약하면 주파수별 RFID의 경우 인식속도는 주파수 대역이 낮은 경우 인식속도가 느리며, 주파수 대역이 높을 경우 인식속도가 빠르다. 또한 주파수 대역이 낮은 경우 환경에 영향을 받는 정도가 낮으나, 주파수 대역이 높은 경우 민감하다. 또한 태그의 크기에 있어서도 저주파수 대역에서는 대형 태그를 사용하지만, 높은 주파수 대역 즉, 마이크로파 대역에서는 태그의 크기가 작음을 알 수 있다.

〈표 13-1〉 주파수 대역별 RFID 특징

주파수 영역	특징	사용분야
저주파 영역 (100~500KHz)	• 짧은 인식거리(45cm) • 시스템 구축비용 낮음 • 저속 인식	• 보안, 출입통제 • 가축식별 • 재고관리
중간 주파수 영역 (10~15MHz)	• 중간 인식거리(~90Cm) • 시스템 구축비용 중간 • 인식속도(중간)	• 출입통제 • 스마트 카드
고주파 영역 (850~950MHz) (2,4~5,8GHz)	• 가장 긴 인식거리(~5m) • 시스템 구축비용(높음) • 고속 인식	• 차량인식 • 물류운송관리

3.3 RFID 기술의 분류

RFID 태그는 형태, 크기, 용도에 따른 분류, 전원을 내장하여 자발적으로 전파를 송신하는 것의 여부에 의한 분류(수동형, 능동형), 데이터 읽기 및 쓰기 가능 여부에 의한 분류 등과 같이 다양한 특징에 따라 분류할 수 있다.

수동형 RFID와 능동형 RFID의 특징을 살펴보면 다음과 같다. 수동형 RFID의 경우 전지가 없어 자신의 전파가 송신이 불가능한 특징이 있기 때문에 가격이 저렴하고, 도달거리가 매우 짧은 특징을 가지고 있다. 소형, 경량으로 반영구적 사용이 가능하다. 반면, 능동형 RFID는 전지 및 전력의 공급을 받아 전파를 송신할 수 있기 때문에 가격이 고가이며, 도달거리가 수동형 RFID보다 길다. 전지수명센서가 부착되어 있으며 다양한 기능을 제공한다.

<표 13-2> 송신여부에 따른 RFID 분류

종류	전파/전력	가격	도달거리	크기	특징
수동형 RFID	전지가 없어 자신의 전파 송신 불가능	저렴	짧은 편 (1.8m 이하)	작은 편	수신된 전파를 통해 유도전류를 생성하고 이를 통해 수동적 송신
능동형 RFID	전지, 전력공급을 받아 전파를 송신	고가	긴 편 (30m~1km)	큰 편	전파의 능동적 송신 전자수명 센서 부착, 고기능

데이터 판독에 따라 분류하면 데이터 읽기전용과 기록전용으로 구분된다. 데이터 읽기전용은 저렴한 비용을 지향하며, 최소한의 ID기능만 탑재한 RFID로 가격이 저렴하며, 주로 POS 라벨, 라이센스 플레이트 등에 사용된다. 데이터 기록전용은 ID 기능에 부가해서 데이터의 기입 기능을 가진 RFID로, 읽기 쓰기가 가능하고, 데이터의 저장이 가능하다. RFID와 판독기 리더간 통신 작업이 가능하며, 대용량 메모리를 이용하기 때문에 가격이 비교적 고가이다. 주로 공정자동화를 위한 화물분류, 이력관리 등에 사용된다.

<표 13-3> 데이터의 판독에 따른 분류

종류	개요	특징	가격	용도
데이터 읽기 전용	저렴한 비용을 지향하여 최소한의 ID 기능만 탑재한 RFID	ID 기능만 보유 바코드 진화판 저비용을 추구, 네트워크 서버 등과 연계가능	저렴 (소용량 메모리)	POS 라벨, 라이센스 플레이트 등
데이터 기록 전용	ID 기능에 부가해서 데이터의 기입기능을 가진 RFID	읽기, 쓰기 기능, 데이터 저장 기능, RFID와 판독기, 리더간 통신작업 가능	고가 (중·대용량 메모리로 가격은 기능에 상응)	FA 화물분류, 이력관리 등

또한 RFID의 이용 효과는 활용분야나 목적, 시스템의 규모에 따라 다양하며, 그것들의 애플리케이션에 따라 RFID 비용도 변화한다. 예를 들어, 군사, 의료 등에서는 비교적 고가의 RFID 도입이 예상되나, 소매, 교통기관 티켓 등의 분야에서는 극히 저렴한 RFID 도입이 요구된다. 다음은 RFID 활용 분야에 따른 분류이다.

<표 13-4> 활용 분야에 따른 분류

분야	이용목적	기능특성	가격
군사, 의료	군용품, 의료기기의 관리	위치특징, 진단기능, 보안	십만원 정도
교통(자동지불)	차량 주행 중의 자동지불	주행 차량의 지불보안 인증	만원 정도
접속제어, 유통 (컨테이너, 팔레트)	인원의 접속제어, 컨테이너, 팔레트, 가축 등의 추적	RFID의 도난, 분실을 약간 상정한 보안	천원에서 오천원
항공, 세탁, 가구, 미술품	항공수하물, 세탁물, 고급가구, 미술품관리	고속판독, 위조방지	백원에서 천원
제조(공장), 소매 (고가아이템), 목재	오피스나 공장 자산관리, 제품 및 목재 등의 추적	위조 방지기능 추적	오십원 정도
소매(저가아이템), 교통(티켓팅)	소매제품의 추적 교통기관 티켓의 추적	저가격, 저기능 추적	십원 이하

활용분야에 따라 분류하면, 군사 및 의료 분야에서 RFID는 위치 파악, 진단 기능에 사용되고, 통신 분야에서 차량의 이동 중 자동지불 등에 이용된다. 접속제어 및 유통분야에서는 사람들의 컨테이너, 팔레트 등의 추적관리 등에 이용된다. 항공 수하물, 세탁물, 고급가구, 미술품 관리에 있어 고속의 판독 및 위조 방지에 사용된다. 공장의 제조 및 소매업 분야에서는 자산관리, 제품의 추적관리 등에 이용된다. 저가 아이템 분야의 소매업 및 교통 분야에서는 소매 제품의 추적, 교통기관 티켓의 추적 등에 이용된다.

3.4 RFID 응용사례

RFID는 유통·물류 분야에서는 혁명적인 변화를 가져올 기술이고, 차세대 IT 주력산업으로서 엄청난 시장 규모를 예상하는 분야이다. 실제로 국내외 주요 IT 기업들이 RFID 기술 사업에 뛰어들고 있고, 특히 각종 유비쿼터스 환경에서 주목받는 기술로 손꼽히고 있다. 가트너 그룹은 전 세계의 RFID 시장 규모가 2005년 72억 달러에서 2010년에 768억 달러로 크게 성장할 것이라고 예측하였다. 국내 시장 규모도 2005년 1억 9000만 달러에서 2010년 39억 9000만 달러로 예측된다. 이렇듯 국내를 비롯해 전 세계적으로도 큰 시장이 형성되고 있는 셈이고, 이를 장악하기 위해 전 세계 주요 IT 기업들이 치열하게 경쟁하고 있다.

국내 사례 13-1 : 한국타이어

충남 금산에 위치한 한국타이어 금산공장은 연간 1천 2백만개의 자동차 타이어를 생산하는데 이 공장은 최근 관심이 높아지고 있는 RFID를 도입, 생산성 향상은 물론 재고를 줄이는 성과를 거두고 있다. 한국타이어는 지난 96년 금산공장을 세우면서 전격적으로 RFID를 도입했다. 당시 RFID는 국내에서 생소한 개념이었는데도 재고관리를 위해 파격적으로 도입을 결정하였다. 타이어는 천연고무와 합성고무 등 원재료를 한국타이어 공장 내에서 부분품으로 가공, 40여 가지 부분품에 대한 가공을 통해 완성된다. RFID는 원재료의 1단계 가공을 거치면서부터 적용된다. 모든 부분품에 가공지시와 작업자, 작업날짜와 시간, 부분품의 보관 장소와 운반할 장소 등의 정보가 들어 있는 RFID 태그가 장착된다. 태그가 부착되면 모든 공정과 지시가 자동화 시스템에 의해 이루어진다. 부분품이 운반돼야 할 작업대와 부분품 보관 장소에 대한 정보가 태그에 저장되어 중앙통제실의 지시에 따라 자동으로 작업이 이루어진다.

금산공장에 있는 모든 운반장비와 공정관리 시스템에는 RFID와 안테나가 부착되어 있다. 공정관리 시스템에만 2만 2천여 개 태그가, 운반지시 시스템에는 5천여 개의 태그가 부착되어 있다. 태그에 입력된 정보를 읽어 들이는 안테나는 각각 5백여 개와 40여개에 이른다. 그동안 RFID 시스템 구축에 1백억 원을 투자했다. 한국타이어 금산공장은 RFID 시스템 도입으로 인력을 60%가량 절감했고 연간 1백50억원 가량의 생산성 향상 효과를 거두고 있다. 재고는 실시간으로 파악되고 있으며 장기 재고는 80% 가량 줄었다. 그러나 아직 타이어 완제품에는 RFID를 적용하지 못하고 있는데 이는 태그 가격이 아직 비싼 탓이다.

해외 사례 13-2 : 대형 글로벌 유통업체

현재 미국, 유럽 등 10여개의 대형 글로벌 유통업체들은 자체 EPC(Electronic Product Code) 도입계획을 단계적으로 진행하고 있다. 세계 최대 유통업체인 월마트는 2004년 4-12월까지 8개 주요 납품업체를 대상으로 댈러스 물류센터 및 7개 매장에 대한 EPC 시범사업을 실시하였다. 이를 바탕으로 2005년 1월 상위

100대 기업에 EPC 네트워크 도입을 가시화하였다. RFID 태그 부착을 의무화한 것이다. 또한 2006년 2월까지는 250개 공급업체로 확산키로 했다.
독일 최대이자 세계 5위 소매업체인 메트로는 미래형 지능형 매장인 퓨처 스토어를 무대로 RFID를 활용한 자동계산, 재고관리, 고객지원 등의 시범사업을 실시하였다. 메트로는 2004년 11월 100대 공급업체를 대상으로 태그 부착을 의무화했으며, 2006년 1월까지 250개 매장에 RFID 시스템 구축을 추진할 예정이다.
글로벌 유통업체 이외에도 미국 국방부와 미국 식품의약국(FDA) 등 공공기관에서도 EPC 도입을 추진 중에 있다.

3.5 RFID의 한계점과 향후 방향

현재 서구의 많은 선진 기업들이 RFID를 도입하였다. 국내의 경우 정부 주도의 시범사업을 통해 몇몇 기업에서 RFID를 도입하고 있다. 하지만 RFID의 도입과 관련해 다음과 같은 여러 가지 한계점이 나타나고 있다.

① RFID 도입시 태그 가격이 비싸기 때문에 고가의 제품에 장착하는 데는 큰 문제가 없으나, 저가의 상품에 부착하는 데는 많은 어려움이 한계가 존재한다. 그러므로 비용 문제를 극복할 수 있는 대안이 요구된다.

② RFID 도입시 태그와 리더간의 인식률에 있어서 100% 인식하지 못하는 문제점이 존재한다. 그러므로 태그 인식률이 불완전해 실제 기업에서 활용하는데 문제가 발생할 수 있다. 따라서 연구와 개발을 통한 기술적 문제점 극복이 요구된다.

③ RFID 도입시 비싼 인프라 구축비용이 소요된다. 예를 들면, RFID 태그를 읽을 수 있는 리더기 및 관련 장비가 매우 고가이고, 시스템이 복잡해질수록 더 많은 장비가 소요되는 문제점이 있다.

④ RFID의 태그는 미국, 일본, 유럽, 중국 등 각 국가마다 독자적인 기준에 따라 표준화가 진행 중이다. 따라서 향후 세계적인 통합을 위해서는 국제표준화 제정이 요구된다.

현재 전 세계적으로 RFID에 대한 관심이 높게 나타나고 있다. 이는 e-마켓플레이스, e-카탈로그 등을 하나의 무선 네트워크로 묶어 기업의 물류 및 유통의 효율성을 높여주고, 더불어 상품에 대한 이력관리가 가능하기 때문에 다양한 정보를 획득할 수 있어 기업에서 매우 유용하게 응용될 수 있기 때문이다.

한국은 미국, 영국, 독일 등 선진국들에 비하여 RFID와 관련된 기술력이라든가 산업체의 태도, 활용 능력 등에 있어서 뒤쳐져 있는 실정이다. 그러므로 이를 극복하기 위해서는 기업체뿐만 아니라 정부차원에서도 RFID와 관련된 통합기구를 설치하고, RFID에 대한 투자 및 산업 활성화 정책을 수립해 산업체 전반에 혁신이 이루어지도록 지원해야 할 것이다.

4 기타 정보시스템

4.1 BPM(Business Process Management)

프로세스는 특정한 제품이나 서비스의 전달을 가져다주는 단계들의 연속이다. 비즈니스 프로세스 그 자체는 기업의 인력, 제품 그리고 정보와 마찬가지로 기업의 자산이다. BPM은 기업의 운영성과를 개선하기 위한 연속적이고 점진적인 프로세스를 수행하는 방식이다. 기업은 그의 핵심 프로세스를 계획함으로써 시작하는데, 프로세스 내 단계들을 정의하고 데이터의 연속적 흐름을 수집하고 디스플레이하기 위하여 BPM 소프트웨어를 사용한다. BPM 소프트웨어는 하나의 과업에서 다른 과업으로 서로 다른 종류의 데이터가 이동하는 것과 같은 많은 일상적 과업을 자동화하는데 사용될 수 있다. 효과적으로 사용될 때, BPM 소프트웨어는 비즈니스 프로세스를, 이의 효율적 운영을 책임지고 있는 사람에게 볼 수 있도록 하여 준다. 비즈니스 프로세스의 운영에 참여하는 사람들이 무엇이 일어나고 있는지 알게 되면, 그들은 문제들에 대하여 적절하게 대응하고 생산성을 제고하기 위한 효과적인 행동을 취할 수 있다.

4.2 BI(Business Intelligence)

BI시스템은 기업들에게 조직 내와 그들의 시장에서 어떠한 일들이 일어나고 있는지 이해할 수 있도록 도와준다. BI시스템은 데이터를 수집, 저장 그리고 분석한다. 그들은 많은 다른 소스(source)를 이용하여 데이터를 수집한다. 데이터는 센서와 RFID 스캐너로부터 얻어질 수 있다. 또한 데이터는 BPM시스템에 의하여 수집될 수 있고, ERP시스템, 주문입력시스템 또는 CRM시스템과 같은 회사 내의 많은 거래처리 시스템으로부터 얻어질 수 있다. 일단 데이터가 수집되면 사람들이 필요할 시 접근할 수 있는 데이터베이스에 저장된다. 종종 데이터베이스는 지속적 혹은 실시간으로 새로운 데이터로 업데이트 되어진다. 사람들이 데이터에 접근하면 그들은 데이터 분석과 결과의 디스플레이를 도와주는 BI 소프트웨어 도구를 사용한다. BI 소프트웨어는 단순한 스프레드시트(Spraedsheet)나 챠트(Chart)로부터 복잡한 다변량 선형회귀와 선형계획법까지 처리한다. BI 도구의 적절한 혼합은 어떤 상황에 있어서의 사람들의 필요와 그들의 스킬과 훈련수준에 따라 결정되어 진다.

4.3 시뮬레이션 모델링

시뮬레이션 모델링 소프트웨어는 빠르게 성장하고 있는 소프트웨어 군의 하나이다. 비즈니스에서 변화의 빠른 속도로 인하여 기업들은 보다 자주 중요한 의사결정을 내려야 할 필요에 직면해 있는데, 이와 같은 의사결정은 기업의 운영과 수익에 상당한 영향을 미친다. 회사들은 신 공장 혹은 유통센터를 어디에 설립할 것인지 또는 새로운 시설의 배치를 하기 위한 최적 방안에 대한 의사결정을 하여야 한다.

시뮬레이션 모델링 소프트웨어는 사람들에게 공장이나 공급사슬 혹은 배달경로의 모델을 생성하게끔 하고 서로 다른 입력과 상황을 모델에 반영하여 어떠한 결과가 나오는지 관찰할 수 있게 하여 준다. 도면상으로는 좋게 보였던 설계가, 모델화되어 여러 가지 다른 상황에서 시뮬레이션해 보면 문제들을 지니고 있는 것으로 판명되어 질 수 있다. 실제 경험을 통해서 어려움을 발견하는 것보다 시뮬레이션을 통해서 발견하는 것은 훨씬 신속하고 비용이 적게 든다.

작업 프로세스를 관리하기 위하여 BPM시스템을 사용하는 기업들은 프로세스 모델을 생성하기 위하여 BPM프로세스 정의를 사용할 수 있다. 그리고 난 후, 그들은 여러 다른 비즈니스 조건하에서 그들의 프로세스를 시뮬레이션하기 위한 입력값을 제공하기 위하여 BI시스템에 수집된 데이터를 사용할 수 있다. 비즈니스 조건이 변화됨에 따라 그들의 일을 조직하기 위하여 새로운 방안들을 실험할 수 있다. 시뮬레이션 모델과 BI 시스템으로부터의 데이터를 이용함으로써 기업들은 실제적으로 시행하기에 앞서 새로운 비즈니스 모델을 시험하는 것이 가능하다. 그리고 새로운 모델이 적용될 때 이미 시험을 했었기 때문에 보다 덜 위험하게 된다. 선택되어진 모델은 최적의 성과와 심각한 문제들이 없는 것을 제공한다.

제14장 공급사슬 성과측정과 SCOR모델

1 공급사슬성과 측정

공급사슬성과는 고객가치를 제공하는 능력에 영향을 미친다. 그러므로 공급사슬 성과를 측정하기 위한 독립적 기준을 개발할 필요가 있다. 공급사슬과 같은 조직간 시스템에 있어서 전체 시스템과 개별적 시스템 구성에 있어서 적시의 정확한 평가는 매우 중요하다. 효과적인 평가측정 시스템은 ① 시스템을 이해하는 기초를 제공하며, ② 시스템 전체를 통해서 행위에 대해 영향을 미치며, ③ 공급사슬 구성원들과 외부 주주들에게 시스템 노력의 결과에 관한 정보를 제공한다. 실제로 평가측정은 복잡한 가치창출 시스템을 함께 묶어주며, 전략의 수행을 모니터링하는 주요한 역할을 수행할 뿐만 아니라 전략적 구축에 관한 방향을 제시한다. 거기에 덧붙여서 많은 연구결과들은 공급사슬의 성과를 측정하는 것은 전체적 성과의 개선을 가지고 온다고 주장하고 있다. 또한 공급사슬에 있어 명확하게 정의된 측정치가 필요한 이유는 프로세스 내에 많은 파트너가 존재함으로 인한 공통 언어의 요구 때문이다. 이것은 SCOR모델과 같은 표준화 작업 시도의 동기부여가 되고 있다.

1.1 SCOR모델

SCOR(Supply Chain Operations Reference) 모델은 회사의 프로세스와 목표의 현재 상태를 분석하고 운영적 성과를 정량화하여 이를 벤치마크 데이터와 비교하는 것을 포함하는 프로세스 참조 모델(process reference model)을 사용한다. 이러한 목적을 위해 SCOR은 공급사슬 평가의 측정치 세트를 개발하였다. 아래의 <표 14-1>은 SCOR에서 공급사슬성과를 평가하기 위한 측정치들의 예이다.

어느 특정 회사의 측정치가 계산되면 이것들은 평균치나 그 산업에서 베스트인 산업의 벤치마크와 비교되게 된다. 이것은 공급사슬 개선의 기회뿐만 아니라 회사의 장점을 알 수 있게 하여 준다.

PRTM에 의해 수행된 전체비즈니스 성과("Overall Business Performance")에 아래와 같은 측정치들의 예가 있다.

<표 14-1> SCOR 1단계 성과측정치

관점	측정치	측정단위
공급사슬 신뢰도	• 적시배달 • 주문이행 리드타임 • 충족율 • 완전주문이행	• 퍼센티지 • 일 • 퍼센티지 • 퍼센티지
유연성과 대응성	• 공급사슬 응답시간 • 상승 생산 유연성	• 일 • 일
비용	• 공급사슬관리 비용 • 수입에 대한 보증비 비율 • 종업원 당 부가가치	• 퍼센티지 • 퍼센티지 • 달러
자산/이용율	• 공급의 총재고일자 • 현금화 사이클 시간 • 순 자산 회전	• 일 • 일 • 회

① **전체 공급사슬관리 비용**(Total supply chain management costs) : 이것은 주문처리, 자재를 획득하고, 재고를 관리하고, 공급사슬 재무와 정보시스템을 관리하는데 소요되는 모든 비용을 포함한다. 조사에 의하면 일류회사들은 이 비용이 판매액의 4~5%를 차지한다. 중간정도 회사들은 5%에서 6% 조금 넘는다.

② **현금화 사이클 시간**(Cash-to-cash cycle time) : 원자재에 대해 지불하는 시점과 제품에 대해 현금화하는 시점 사이의 일수를 의미한다. 이것은 공급의 재고일자에 판매의 미결제일자를 더한 뒤 자재를 위한 평균지불기간을 차감하여 구해진다. 조사에 의하면 최고수준의 회사는 30일보다 작은 사이클 시간을

가지고 있으며, 중간 정도의 회사는 100일 정도가 된다.

③ **상승생산 유연성**(Upside production flexibility) : 계획되지 않은 생산의 20% 증가를 달성하기 위해 요구되는 날짜 수를 의미한다. 이 측정치는 현재 최고 수준의 회사에서는 2주일이 소요되나 어떤 산업의 경우에는 일주일도 안 걸린다. 주요 제한조건은 자재 활용가능성이며 내부 제조나 노동력 제약이 아니다.

④ **요청한 것에 대한 배달성과**(Delivery performance to request) : 주문 중 요청한 일자 혹은 그 전에 채워진 퍼센트로 계산된다. 조사에 의하면 최고 수준의 회사는 적어도 94%를 나타내고 어떤 산업에서는 100%에 근접한다. 중간정도의 회사는 69%에서 81%의 사이에 있다.

SCOR모델은 공급사슬 측정의 좋은 사례이며 동일 산업 혹은 다른 산업의 다른 회사들과 성과를 비교하기 위한 방법이다. 이것은 산업표준이 될 수도 있는 추가적인 장점이 있다. 그러나 델 사례에서 본 바와 같이, 각 회사들은 그들 자신의 특별한 환경을 이해하고 직관에 기초해서 그들의 측정치를 결정해야만 한다. 예를 들면, 델사는 재고속도를 측정하지 재고회전을 측정하지 않는데 이것은 재고관리성과의 표준측정이다.

1.2 균형점수카드(Balanced Score Card)접근

공급사슬관리는 공급사슬의 각 구성조직들이 최종 고객의 요구를 만족시키기 위한 전반적 공급사슬의 성과를 평가할 수 있는 수단을 가질 것을 요구한다. 이에 더하여 공급사슬 내에서 개별 구성조직들의 상대적 기여도를 평가해야 하는 것이 필요하다. 이는 성과측정 시스템이 여러 다른 단계에서 작동되는 것뿐만 아니라 공급사슬의 목적에 맞추도록 이러한 여러 단계에서의 노력들을 연결하고 통합하도록 요구한다. 1996년 카플란과 노튼(Kaplan & Norton)은 이러한 필요에 맞춰서 공급사슬 성과측정에 있어서 획기적인 새로운 접근을 제안하였다. 즉, 그들이 제안한 '균형점수카드(Balanced scorecard)' 접근은 공급사슬의 모든 단계에서 사용할 수 있는 재무와 운영지표를 포함하고 있다. 조직간 공급사슬 환경에 있어서 공급사슬 단계는 균형점수카드를 위한 시발점을 나타낸다.

공급사슬 카드는 공식적으로 전반적 공급사슬 목표와 공급사슬 전반의 성과측정을 위하여 이러한 목표들을 맞추기 위해 택하여진 전략들을 연결시킨다. 조직간 공급사슬을 관리하기 위하여 요구되는 균형점수카드의 서로 다른 단계의 예가 [그림 14-1]에 나타나 있다.

공급사슬 점수카드(Supply chain scorecard)
조직 점수카드(Organization scorecard)
기능 점수카드(Function scorecard)
팀/개인 점수카드(Team/Individual scorecard)

[그림 14-1] 공급사슬관리의 균형점수카드

공급사슬 단계에서의 목표, 전략 그리고 성과지표들이 조직 단계로 연결될 수 있다. 여기에서 개별 조직들은 조직 수준에서의 목표, 이 목표를 달성하기 위한 전략, 그리고 결합된(associated) 성과지표들을 개발한다. 이러한 프로세스는 개별 공급사슬 구성 조직 내에서의 기능 단계까지 반복된다. 예를 들면, 제조 공급사슬 구성 조직 내에서의 조달기능은 조직의 목표, 전략, 그리고 성과지표를 기초로 하여 그들 기능의 목표, 전략, 그리고 성과지표를 개발할 것이다. 이와 같은 프로세스는 그 후 여러 기능 내에서 팀 혹은 개인으로 세분될 것이고, 여기에서 팀이나 개인들은 그들의 개별적 기능 영역을 바탕으로 하여 그들 자신의 목표, 전략, 그리고 성과지표들을 개발한다.

각 단계에서 균형점수카드는 ① 재무(financial), ② 고객(customer), ③ 비즈니스 프로세스(business process), 그리고 ④ 학습과 성장(learning and growth) 등 네 가지 성과 영역을 포함한다. 이러한 영역들의 각각에서 점수카드 계층에서 바로 다음 상위단계의 목표와 전략에 의해 추진된 핵심목표들이 정해진다. 그 후 목표와 성과목표 그리고 목표들을 얻기 위한 실천(initiatives)과 결합된 특정한 성과지표들이 개발된다.

균형점수카드는 장·단기 계획 기간의 비재무적 결과와 재무적 결과 간의 균형을 얻기 위한 공식적 프레임워크를 관리자들에게 제공하기 위하여 만들어진 것이다. 균형점수카드 체계는 [그림 14-2]와 같이 네 개의 관점으로 구성되어 있다.

① **재무적 관점** : 수입 증가, 제품 믹스, 비용 절감, 생산성, 자산 활용도 및 투자 전략들을 포함하는 측정치

② **내부비즈니스 프로세스 관점** : 품질, 유연성, 프로세스의 혁신적 요소 그리고 시간중심(time-based)의 측정치를 포함하는 조직의 가장 중요한 내부적 비즈니스 프로세스의 성과에 초점을 맞춤

③ **고객 관점** : 고객만족 순위, 고객 유지, 새로운 고객 확보, 고객 가치 요소, 고객 수익성 그리고 시장점유율 등을 포함하는 고객의 요구와 만족에 초점을 둔 측정치

④ **학습과 성장 관점** : 지능 자산(intellectual assets), 종업원 재훈련, 정보기술과 시스템의 제고 그리고 종업원 만족도 등을 포함하는 조직의 사람, 시스템, 그리고 절차에 초점을 맞춘 측정치

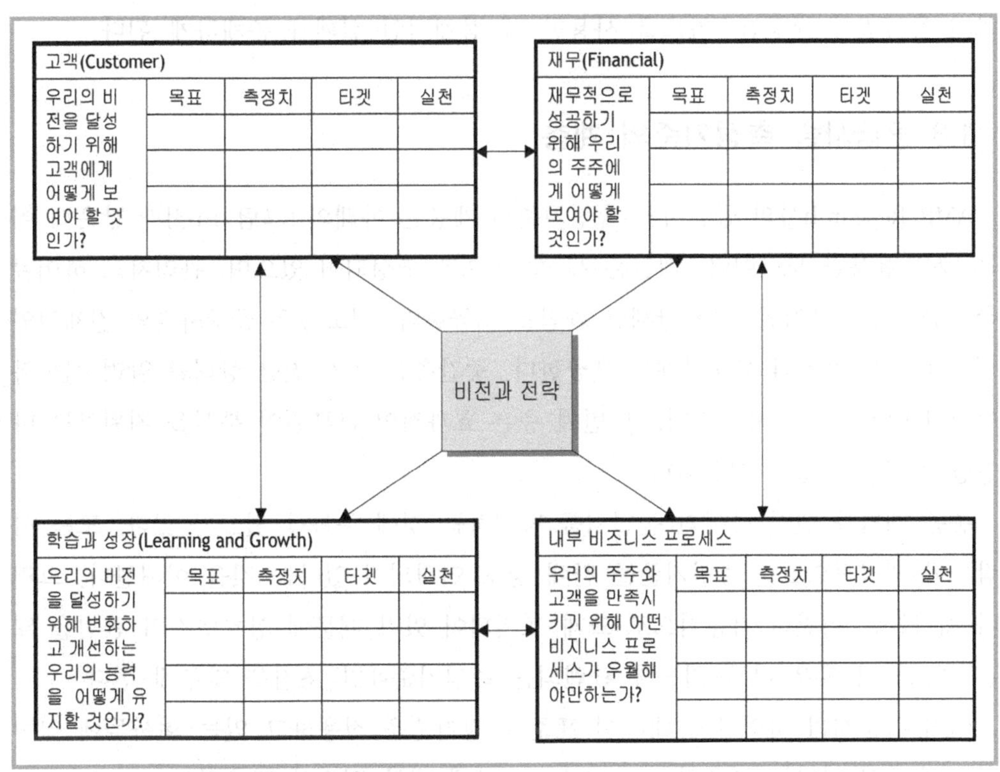

[그림 14-2] 균형점수카드(Balanced Scorecard) 프레임워크

이러한 관점들은 네 개의 영역의 각각 안에서 성과측정을 통하여 서로 모두 연결되어있다. 측정치들은 조직의 전략적 계획안에서 각 목표를 위해 개발되어지고, 결과측정치와 그러한 결과의 성과 동인(driver)들을 포함한다. 이와 같이 함으로써 최고경영자들은 회사의 목적을 달성하기 위한 조직 안에서 능력들의 특별한 조합에 관심을 돌리게 할 수 있다. 적합하게 만들어진 점수카드는 회사의 전략을 지원하여야만 하고, 일관되고 강화된 연결된 측정치들의 시리즈로 구성된다.

균형점수카드를 개발하는 프로세스는 회사의 전략을 정의하는 것부터 시작한다. 일단 회사의 전략이 이해되어지고 최고경영층에 의해 승인이 되면, 다음 단계는 전략 목표를 성과측정의 시스템으로 변환하는 것이다. 균형점수카드의 네 가지 관점의 각각은 4~7개의 성과측정치를 필요로 하는데, 이에 따라 단일 전략에 관련하여 약 20여 가지의 측정치들이 산출된다. 그러나 회사가 그들이 무엇을 얻기를 원하는 것이 불분명하고, 회사전략과 연결된 적합한 성과측정의 최선의 점수카드라고 확신하지 못하면서 균형점수카드를 사용할 때 잠재적인 실패가 존재하게 된다.

1.3 공급사슬 측정기준의 계층

AMR Research사의 공급사슬 측정기준의 계층은 아래의 [그림 14-3]과 같은데 이는 매우 유용한 도구이다. 계층은 세 개 층으로 구성되어 있으며, 관리자로 하여금 측정성과의 점차적인 보다 상세한 관점을 제공한다. 최고층은 공급사슬의 전체적인 성과와 높은 차원의 상충관계를 제공한다. 중간층은 초기 진단 상태를 알려주는 복합적인 현금흐름을 사용하며, 세 번째 층은 효과적인 근본원인 분석을 지원하는 다양한 측정 기준들을 사용한다.

종종 개념과 현실 사이의 불일치를 발견하는 것에 주목할 필요가 있다. 모든 사람들이 개념적으로는 측정기준들 간에 상호 연결되어 있다는 것을 이해한다. 그러나 회사들은 여전히 기능적으로 크게 조직되어 있기 때문에 상호연결의 관점을 잃은 채 한 개 혹은 다른 기능과 관련되는 측정기준에만 초점을 맞추게 된다.

여러 복수개의 사업장에 대하여 표준 측정기준을 적용하고 있는 회사들에 있어서 이슈들의 하나는 표준화(standardization)에 대한 필요와 맞춤화(customization)에 대한 필요 간에 어떻게 균형을 잡느냐하는 것이다. 종종 각 사업부는 매우 다른 시장과 지역에서 사업을 하며, 이에 따라 각 사업부는 크게 다른 공급사슬을 운영한다. 동시에 어떠한 환경에서 사업을 하든 관계없이 어떠한 공급사슬에 적용되는 기본 측정기준들이 존재한다. 모든 공급사슬은 수익성 있는 완전한 주문의 배송을 목표로 하여야 하며, 마찬가지로 모든 공급사슬은 수요예측 정확도, 완전한 주문, 전체 공급사슬 비용, 그리고 현금화(cycle-to-cycle) 사이클 타임을 측정해야 한다.

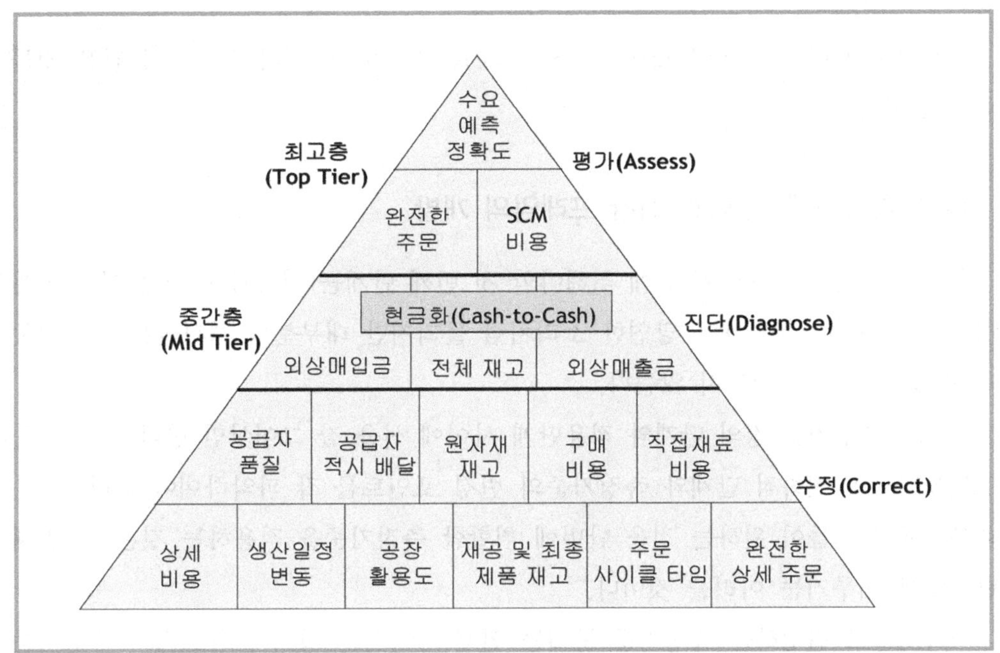

[그림 14-3] 공급사슬의 측정기준 계층

여기서 중요한 것은 공급사슬 전체를 통하여 유사점과 차이점이 존재하며 그것들을 감안한 규칙(rules)을 적용하여야 한다는 점을 인식하는 것이다. 하나의 옵션은 전체 측정치들의 어떤 부분을 표준으로 강제적으로 사용하고, 다른 제한된 부분만 어느 정도의 맞춤화를 적용하는 것이다.

또 다른 기법은 측정치 이름은 동일하게 사용하되 절대적으로 필요한 경우에, 측정기준 속에 있는 개념적 의도를 유의하면서 어느 정도의 수정을 허용하는 것이다. 견적요구(request-to-quote) 측정치의 예를 들어보자. 이 측정치는 고객으로부터 요구에 대하여 응답하는 시간이다. 고객이 개별적으로 요구하는 것이 아닌 사전에 정의된 약속에 의해 끌어내는(pulling) 자재 불출(release)환경에서 이 측정치는 부적절하게 여겨진다. 그러나 고객요구에 대하여 응답하는데 걸리는 시간을 측정한다는 측정의 정신을 생각하는 것은 중요하다. 자재 불출 환경일지라도 가끔 계약 범위를 초과하는 요구들이 있으며, 그러한 요구들에 대한 응답에 걸리는 시간을 추적하기 위하여 이 측정치가 사용되어 질 수 있다.

1.4 측정기준의 베스트 프랙티스

측정기준의 베스트 프랙티스(best practice)를 달성하기 위하여 다음과 같은 것들이 필요하다.

1.4.1 측정 기준 전략과 시간 프레임의 개발

측정 기준들을 적용하기 전에 취해야할 첫 번째 단계는 전략과 시간 프레임을 설정하는 것이다. 이는 매우 당연한 소리처럼 들리지만 대부분의 회사들은 측정기준과 전략을 함께 고려하지 않는다.

전략은 측정기준 정의 단계와 적용단계 사이에 선을 잘 그어야만 한다. 측정기준 포트폴리오의 진화적 단계와 측정기준의 변경 포인트를 잘 파악하여야 한다. 많은 회사들에서 그들이 원하는 것을 단번에 취합할 측정기준을 적용하는 것은 첫 번째 단계에서 이루기는 어려울 것이다.

계속적으로 변경하는 측정기준 문제는 언제 측정기준 정의가 완료되고 측정기준이 변경될 것인지 혹은 아닌지에 관한 명확한 기술하는 것이 부족하다는 징표이다.

1.4.2 범위의 정의

적용전략은 또한 측정 범위를 대략적으로 정하는 것이 필요하다. 대부분의 회사들은 하나 이상의 공급사슬을 가지고 있으며, 어떠한 것들이 공급사슬을 구성하느냐의 정의는 종종 회사의 조직 구조와는 별개가 된다. 예를 들면, 마른(dry) 것과 냉동(refrigerated) 제품 모두를 생산하는 식음료 제품 제조업체를 생각해 보자. 서로 다른 제품 라인이 하나의 비즈니스 팀에 있지만은 그들은 서로 다른 공급사슬을 가지며 이에 따라 별도로 측정되는 것이 필요하다.

1.4.3 역할, 책임, 구조, 그리고 프로세스에 대한 관심집중

측정의 목적은 문제 영역을 찾아내는 것 뿐 아니라 그것들을 바로 잡는데 있다. 이것은 프로세스(processes in place)와 변화를 일으키는 권한을 갖는 자원의 팀을 요구한다.

또한 데이터 취득 노력을 관리하는 적합한 자원을 선정하는 것은 중요하다. 실제 데이터는 서로 다른 영역에 책임을 지고 있는 조직의 다수의 사람들로부터 얻어지게 될 것이다. 그러한 노력들의 조정을 책임지는 사람은 조직에 영향력을 가지고 있어야 하며, 조직 내 사람들의 노력을 진작하는데 성공적이려면 그들의 동료로부터 존경을 받아야만 할 것이다.

1.4.4 문화의 관리

마지막으로 관심을 가져야할 가장 중요한 이슈중의 하나는 조직의 측정 문화이다. 측정을 둘러싸고 있는 문화는 보다 큰 기업문화와는 분리되어 있지만 서로 연관이 있다. 현재의 문화가 측정의 결과를 수용하는 것인가 아니면 사람들을 방어적으로 만들 것인가? 사람들로 하여금 측정 결과의 상세부문에 민감하게 할 것인가 아니면 한발 물러나서 큰 그림을 보게 할 것인가?

사람들이 결과에 대하여 반응하는 길은 이 결과가 어떻게 활용될 것이고, 보다 중요하게는 어떻게 결과들이 사용될 것인지 사람들을 믿게 하는 것과 연결이 되어 있다. 만약에 사람들이 측정결과가 그들에 부정적으로 방식으로 사용될 것이라고 믿는다면, 예컨대 그들의 보너스가 삭감되는 것에 사용된다고 믿는다면, 그들은 드러나는 어떠한 문제들에 대하여 비난할 것이며, 그들의 성과에 부정적으로 영향을 미치든지 아니면 단순하게 그들의 일을 하지 않는 행동을 하는 등 자연스럽게 저항과 방어적인 자세를 취하게 될 것이다.

여기에 최고경영층의 중요한 역할이 있다. 사람들은 그들의 최고경영자의 말, 태도, 그리고 무엇보다 중요하게 행동으로부터 그들 행동에 영향을 받는다. 경영자들은 측정의 목적을 누구를 비난을 하려는 것이 아니라 지속적으로 개선하는데 있다는 점을 명확하게 이야기할 필요가 있다. 그리고서는 그들의 행동이 말(statement)과 일치한다는 것을 확인시켜 줄 필요가 있다. 그렇게 하는 것이 측정프로그램을 성공으로 만들게 하는 길인 것이다. 〈표 14-2〉는 회사들이 세계적 수준의 측정으로 가는데 방해물을 극복하는데 도움을 주는 길을 요약한 것이다.

<표 14-2> 도전과 해결방안

도전	해결방안
너무 많은 측정기준들	명확하게 정의된 목표 측정 기준들의 상호관계에 대한 명확한 정의 정의에 대한 Top-down과 Outside-in 접근
측정기준정의에 대한 끝없는 논쟁	문화적 저항 변화 관리
항상 변하는 측정기준	명확하게 정의된 측정기준 전략
오래된 데이터	적합한 크기의 측정기준 포트폴리오 실제적 측정기준의 선택 소프트웨어 도구 (비즈니스 인텔리전스, 분석적 응용, 최적화 엔진 등)
시스템게임(Gaming the system)	목표한 동기부여 기법들로서 문화 관리

2 SCOR(Supply Chain Operations Reference) 모델

2.1 The Supply-Chain Council

공급사슬협의회(Supply-Chain Council)는 1996년 설립된 독립적 비영리단체로서 공급사슬 적용모델을 개발하기 위하여 많은 시도를 하고 있다. 총 69개의 세계적 선도 기업들이 이의 창립에 참여하였다. 오늘날 이 협의회의 사명은 기술개발, 연구, 교육 그리고 컨퍼런스 등을 통하여 SCOR모델의 사용을 계속적으로 확산시키는데 있다. 2001년 말까지 협의회의 기술공동체는 SCOR의 다섯 가지의 연속된 버전을 발표함으로써 프로세스 요소, 성과측정(metrics), 실행 그리고 기술 등을 최신의 것으로 만들었다.

2.1.1 SCOR(Supply Chain Operations Reference) 모델의 정의

프로세스 레퍼런스 모델은 BPR(Business Process Reengineering), 벤치마킹(Benchmarking), 프로세스 측정(Process Measurement)를 기능 간 프레임워크로 통합시킨

모델이라고 할 수 있으며, [그림 14-4]와 같이 나타낼 수 있다.

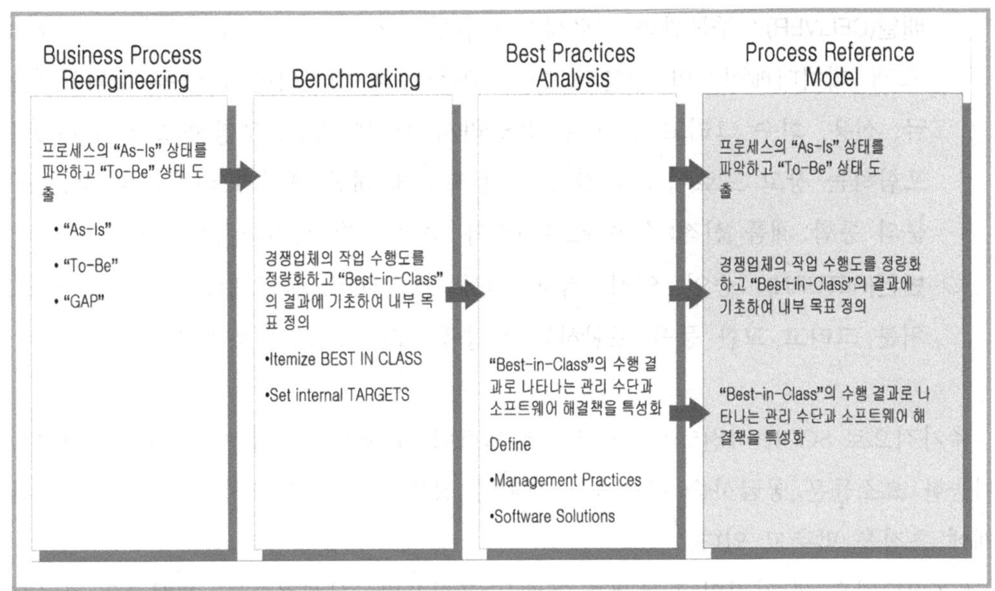

[그림 14-4] SCOR 프로세스 레퍼런스 모델

그리고 SCOR범위는 주문 입고부터 송장 발송까지의 모든 고객의 상호작용, 공급자의 공급자로부터 고객의 고객까지 모든 물리적 거래 활동, 그리고 통합된 수요의 이해로부터 각 오더의 수행까지의 시장 상호작용을 포함한다.

2.1.2 SCOR 프레임워크

SCOR는 비즈니스 프로세스 엔지니어링(business process engineering), 벤치마킹 그리고 앞서가는 실천(leading practices) 등의 요소를 하나의 단일 프레임워크로 합한 것이다. SCOR에서 공급사슬관리는 계획(PLAN), 구매(SOURCE), 생산(MAKE), 배달(DELIVER) 그리고 반환(RETURN) 등의 통합된 프로세스로서 정의한다.

이러한 프로세스 요소의 각각은 다음과 같다.

- **계획(PLAN)**: 공급자원 평가; 수요요구의 총괄 및 우선순위 설정; 유통, 생산 및 자재 소요를 위한 재고 계획; 모든 제품과 경로를 위한 개략적 능력 계획
- **구매(SOURCE)**: 원자재와 구입 최종제품에 대한 획득, 수령, 검사, 보유, 발행 그리고 지불의 승인

- **생산(MAKE)** : 자재의 요청과 수령; 제품의 제조와 시험; 포장, 보유 그리고 제품의 양도
- **배달(DELIVER)** : 주문관리 프로세스의 집행; 견적서 생성; 제품 구성(configure); 고객 데이터베이스의 창출과 유지; 제품/가격 데이터베이스 유지; 외상매출금, 신용, 회수 그리고 송장 관리; 골라서 끄집어내고, 포장하고 configure를 포함하는 창고 프로세스의 집행; 특정 고객에 대한 포장과 라벨링의 창출; 주문의 통합; 제품 선적; 수송 프로세스와 수입/수출 관리; 성과 확인
- **반환(RETURN)** : 승인, 일정, 검사, 이동, 보증관리, 불량제품의 수령과 확인, 처분 그리고 교환 등을 포함하는 불량품, 보증 그리고 초과반품 프로세싱

추가적으로 SCOR 버전5.0에는 각 프로세스에 가능한 요소의 시리즈를 포함한다. 가능한 요소들은 공급사슬 활동들의 계획과 집행을 가능하게 하는 정보정책과 관계에 초점을 맞추고 있다.

SCOR모델은 세 가지의 프로세스 레벨을 포함한다. 실제적으로, 레벨 1은 공급사슬의 수와 그들의 성과가 어떻게 측정되는지를 정의한다. 레벨 2는 재고형 생산(make-to-stock), 주문형 생산(make-to-order), 주문형 엔지니어(engineer- to-order)와 같은 표준분류를 사용하여, 자재흐름에 있어 계획과 집행 프로세스의 형태를 정의한다. 레벨 3은 판매주문의 거래, 주문의 구입, 주문을 실행하고, 승인을 반환하고, 주문의 보충 그리고 예측을 하는데 사용되는 비즈니스 프로세스를 정의한다.

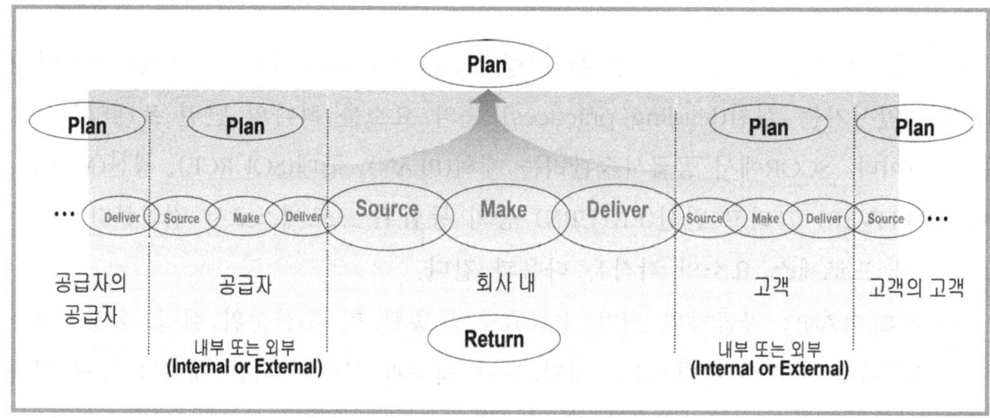

[그림 14-5] SCOR 모델

2.2 SCOR 프로젝트 로드맵

프레임워크는 간단하게 보일지라도, 거기에는 60개의 프로세스 단계, 200개의 측정치(metrics), 50개의 선도적 실천들 그리고 100개의 잠재적 자재 흐름 형태 등을 통합한 여러 가지의 상세 레벨들이 있다. 네 가지의 분명한 구분 하에, 로드맵은 운영 전략, 자재 흐름과 작업(work)과 정보 흐름을 이야기한다.(address)

① 당신의 경쟁 기반을 분석 : 공급사슬 측정치와 운영전략에 초점을 맞춤
② 공급사슬 자재흐름을 형성(configure)
③ 성과수준, 실행 그리고 시스템의 정렬(align) : 정보와 작업 흐름
④ 성과를 개선하기 위하여 공급사슬 변경을 수행

각 구분은 회사들로 하여금 공급사슬성과의 특수한 차원을 이해하고 개선하는데 도움을 주는 전달자(deliverables)들로 구성되어 있다. 첫 번째 부분(segment)은 회사가 얼마나 많은 공급사슬을 가지고 있고, 경쟁자와 비교해서 어떻게 수행하고 있는가를 이해하는데 도움을 준다. 두 번째 구분은 자재 흐름의 비효율성을 최적화하는데 도움을 준다. 세 번째는 거래의 생산성을 최적화하는데 도움을 준다. 그리고 네 번째는 공급사슬 개선을 계획하고 수행하는데 도움을 준다.

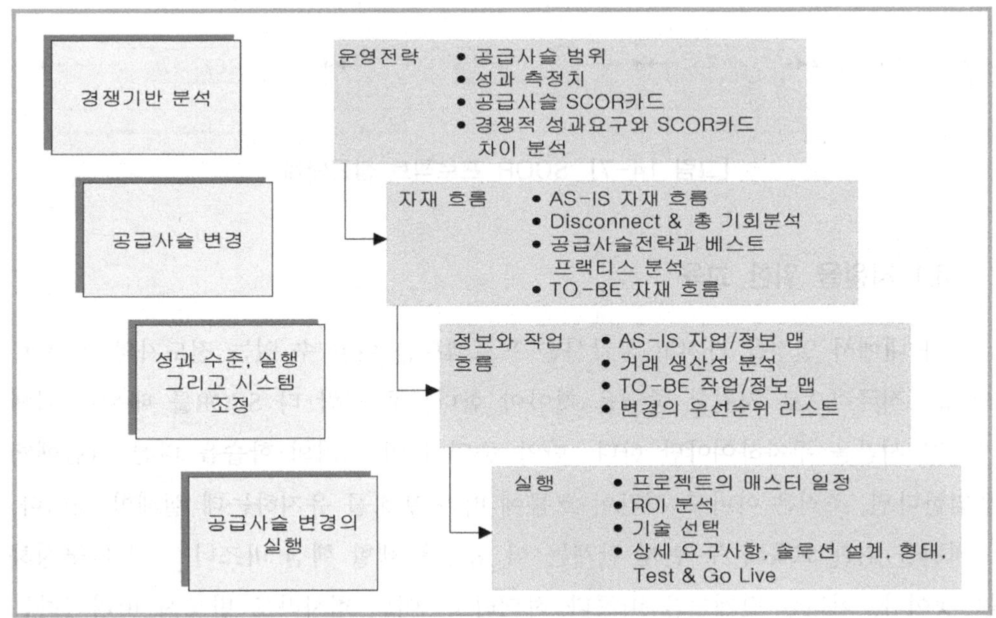

[그림 14-6] SCOR 프로젝트 로드맵

2.3 SCOR 프로젝트 로드맵의 적용

그의 능력과 유연성에도 불구하고, 프로젝트 로드맵의 방침 간에는 필수적인 성공 요소들이 존재한다. 그것들은 변화관리, 문제해결 기법, 프로젝트관리 통제 그리고 비즈니스 프로세스 엔지니어링 기법 들이다.

SCOR 프로젝트의 단계는 아래 그림과 같다.

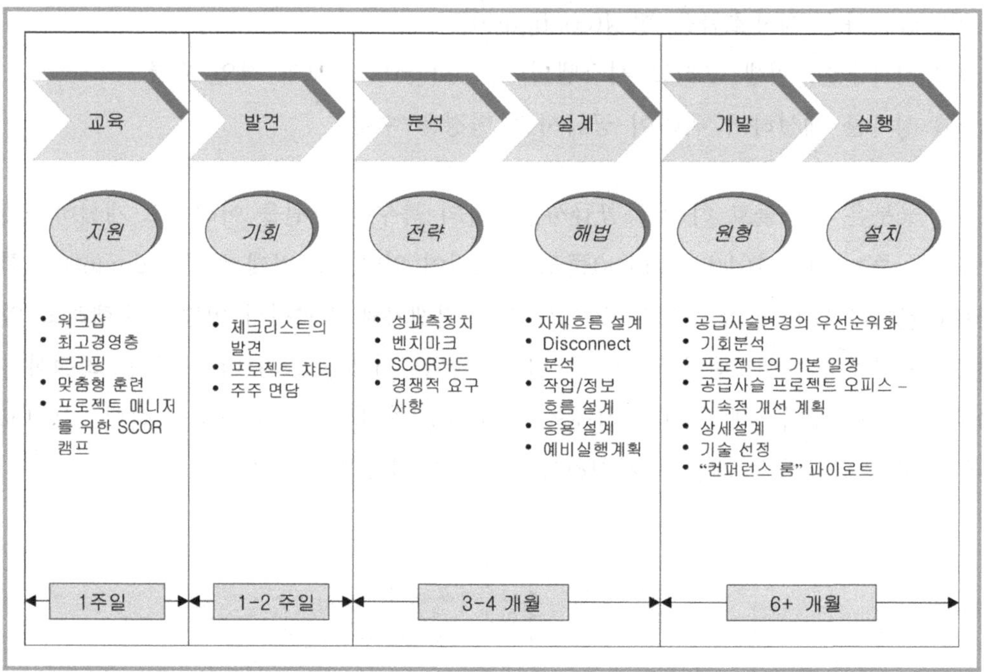

[그림 14-7] SCOR 프로젝트 접근단계

2.3.1 지원을 위한 교육

회사 내에서 열정을 가지고 공급사슬 프로젝트를 이끌 수 있는 전도자와 이 프로젝트를 적극적으로 지원할 중역을 찾아야 한다. 두 사람 다 SCOR를 배우기 위해 개인적 시간을 투자하여야만 한다. 만약 중역이 이 초기의 학습을 다른 사람에게 위임한다면, 조직은 아마도 시간이 흐름에 따라 변화를 유지하는데 실패할 것이다.

지원을 위한 교육의 두 번째 단계는 이 접근을 행할 핵심 비즈니스 팀을 구성하는 것이다. 이러한 단계들을 따른다 하더라도, 어느 회사라도 반드시 따라야하는 커다란 학습곡선이 존재한다. 이것은 SCOR에 대한 일반적 교육 – 이것이 어떻게 작동하고, 사용되어진 언어 그리고 이것을 지원하기 위한 활용 가능한 도구 – 으로부터 시작한다.

다음 교육단계는 SCOR의 개념적 적용을 당신 회사에 하는 것이다. 이 단계에서는 회사의 실제 공급사슬이 연구되고 비즈니스 사례로 요약되어야 한다. 그런 다음 강의실환경에서 프로젝트 로드맵과 함께하는 여행을 시뮬레이션한다.

세 번째 교육 단계는 기대치와 결과치를 정하고 로드맵을 실제 프로젝트에 적용하는 것이다. 공식적 SCOR 코치를 활용하는 것은 필요한 팀을 포함시킴으로써 개인부터 조직에 이르는 학습 프로세스를 확대하는데 도움을 줄 것이다. 마침내 공급사슬개선 프로젝트의 실행단계가 온다.

2.3.2 기회를 발견하라

발견은 공급사슬 프로젝트에 대한 투자를 정당화하는 비즈니스 사례를 형성하는데 도움을 준다. 이것은 비즈니스 팀이 성과 기회를 선별하는 곳이다. 공급사슬 발견의 복잡성은 다음의 세 가지 차원의 질문으로서 가시화할 수 있다. 첫 번째는 어느 성과수준으로 당신의 공급사슬이 운영되고 있는가? 두 번째는 바람직한 성과수준을 지원하기 위하여 올바른 작업, 정보 그리고 자재 흐름뿐만 아니라 올바른 전략을 가지고 있는가? 세 번째는 어떤 다른 성과 요소들이 공급사슬에 영향을 미치는가? 이것들은 조직적, 프로세스 그리고 기술 이슈들을 포함하며, 또한 기능, 지식 그리고 능력과 같은 인간관련 요소들의 이해를 포함한다.

발견 단계에서의 하나의 중요한 산출물은 프로젝트 선언(charter)인데, 이는 공급사슬 기회를 접근하는 길, 예산, 성공의 분명한 척도 그리고 의사소통 계획으로 체계화하는 것이다.

2.3.3 설계 단계

설계단계는 자재흐름과 작업과 정보흐름으로 분류할 수 있다. 자재흐름과 작업/정보흐름은 AS-IS 흐름을 정의하는 두 개의 핵심 구성요소로서, 프로세스 내의 연결되지 않은 것을 노출시켜 이러한 차이를 제거하는 TO-BE 흐름의 계획을 세우게 한다. 여기서 다음과 같은 기본적 질문이 뒤따른다. 나의 자재흐름의 문제는 무엇이고, 이것을 해결하는 것이 무슨 가치가 있는가? 나의 작업과 정보흐름은 얼마나 효율적이고 이를 변경시키는 것이 무슨 가치가 있는가?

2.3.4 개발과 실행

각 프로젝트를 개발하고 실행하는 것은 시작하고, 계획하고, 집행하고 그리고 공식적 종료하는 산업표준 실행을 따른다.

2.4 SCOR 이니셔티브의 가치

SCOR접근법을 사용하는 것은 프로젝트 기간, 비용 그리고 이득 측면에서 신뢰할 만 하고 예측가능하다. SCOR프로젝트는 주가개선, 손익계산서와 대차대조표의 개선, 현금흐름개선을 통한 기술구매, 비용절감 그리고 ERP최적화 등과 같은 기본 측정치를 갖고 수행되어 왔다.

수행 결과는 다음과 같다.

- 비용절감과 서비스 개선으로부터 얻어진 최초 SCOR 프로젝트의 성과는 평균 3%의 전체 판매운영수익의 개선을 가지고 왔다.
- 12개월 내에 2~6 배의 ROI(return on investment) 달성한다. 종종 비용중립적인 신속한 프로젝트는 5개월의 시간프레임을 가지고 진행된다.
- 고정자산 기술 투자를 위한 ROI 개선을 위해서 시스템 자본투자의 full leverage
- 고객화를 최소화하고 표준시스템 기능을 보다 잘 사용함으로써 정보기술 운영비용을 절감
- 연간 1~3%의 수익개선을 이루기 위하여 지속적인 공급사슬 개선을 활용하여 프로젝트 포트폴리오의 일상적인 업데이트

3 SCM 도입 기업의 과제

SCM을 도입하려는 기업의 경우 도입범위가 대단히 방대하고 큰 프로젝트이기 때문에 처음 도입 시부터 진행과정 순간순간이 인원, 시간, 돈과 연결되어있기 때

문에 이러한 도입 프로젝트의 실행에 있어서 기업 경영자와 실무자들은 많은 관심을 가지고 임해야 한다.

실제 SCM을 도입하는 기업 입장에서는 첫째, 기업 간 발생하는 미묘한 상황들이 어떤 내용들이 있으며, 이 문제를 어떻게 해결할 것인가와, 둘째, 기업 내부에서 발생하는 다양한 내용들과 이들을 어떻게 해결할 것인가 하는 차원에서 고려해야 할 점들이 많다.

3.1 기업 간의 과제

3.1.1 보안 문제

공급사슬상의 기업들은 서로 간에 정보를 공유하고 싶은 마음은 많겠지만 여러 가지 여건 때문에 실제로 이를 실행하기는 쉽지가 않다. 왜냐하면, 매출정보, 수요정보 등이 상대기업과 공유된다면 그 정보가 과연 안전하게 거래에만 활용될 것인가에 의문점이 발생하기 때문이다. 공유시킨 정보가 만약 외부에 노출된다면 경쟁기업에게 새로운 전략을 수립하게 만드는 근거를 제공할 수도 있으며, 또한 세금을 공정히 납부하지 않은 기업의 경우는 추가 세액징수와 같은 위험을 회피하고자 할 것이다. 이러한 보안 문제들이 선결되지 않는다면 SCM이 추구하는 원래의 방향과 어긋나 목표성과를 달성하기 힘들지 모른다.

3.1.2 수요의 가시성 확보문제

1991년에서 1993년 사이에 Motorola는 대리점들과의 공급사슬상의 정보공유 실패로 과다한 생산 능력을 보유하게 되어 결국 많은 이익의 감소를 초래했고, 주가도 크게 하락된 경험이 있다. 이유는 대리점들이 휴대폰의 수요가 가파르게 상승할 것으로 예상하고 실제 수요보다 많은 양을 Motorola에 주문했기 때문에 Motorola는 이를 믿고 생산능력을 확장한 것이다. 그러나 불행하게도 수요가 곧 감소되어 공장의 가동율은 떨어지고 그것이 재고의 증대로 연결된 것이다. 그러므로 기업 간의 실제 정보를 어떻게 확보할 것인가는 중요한 이슈이다.

3.1.3 의사결정의 공유문제

기업들은 종종 공급사슬상에 있는 다른 기업들이 내린 결정들을 잘 알지 못한다. 그러한 상황이 발생하면 결과는 난감해지는 경우가 많다. 만약 우리 회사가 HP이고, 지금 차세대의 레이저 프린터를 시장에 출시하려고 한다고 가정하자. 매출증대를 위하여 북미 지역에서 과감한 판매촉진 전략도 실시하려고 하는데 만약 소매업자들이 이러한 HP의 전략에 대해 통보를 받지 못한다면, 그들은 현재 HP가 추진하고 있는 프로젝트에 역행하는 다른 프로모션을 실시할지도 모른다. 이러한 실수 때문에 의사결정을 공유한다는 것은 SCM상에 대단히 중요한 이슈가 될 수 있다.

3.1.4 공급사슬의 인터페이스 부분의 취약 문제

기업들이 서로 협력할 때, 모든 사람들이 얼마나 잘하고 있는지를 파악하는 것은 어렵다. 우리 회사는 우리에게 발생되고 있는 것들을 잘 측정할 수 있으나 나와 파트너 기업 사이에 존재하는 활동들에 대해서는 정확히 측정할 수가 없다. 왜냐하면 그러한 활동들은 아무도 측정하지 않는 경향이 있기 때문이다.

예를 들면, 싱가포르 공항은 가장 효율적인 공항중의 하나로 알려져 있다. 공항은 비행기 승객들이 세관을 통과하여, 짐을 찾는 과정 등에 대한 모든 시간을 측정하며, 더욱 탁월한 것은 승객들이 택시를 기다리는 시간까지도 측정한다는 것이다. 그들이 이러한 노력을 하지 않는다면 아무도 하지 않기 때문이다. 그래서 공항 총책임자는 택시기사들과 비행기 스케쥴을 공유하고, 기사들이 짧은 시간 내에 승객들을 태우는지를 계속 추적하고 있다. 이와 같은 방법으로 공급사슬의 특정부분 대신에 전체 공급사슬의 성과를 개선시킬 수가 있었다.

3.1.5 최고정보경영자(CIO)의 역할

일반적으로 기업 내 CIO의 역할은 너무 기술적인 분야에만 국한된 경향이 있다. SCM이 잘 되려면 이러한 사고를 벗어나야 한다. CIO는 회사의 모든 정보가 가시화될 수 있게 하는 역할을 해야 한다. 그러므로 CIO는 시스템과 프로세스를 디자인할 필요가 있다.

CIO는 현재 우리가 어떤 기술을 도입할 것인가에 대해 질문을 하는 것 뿐 아니라, 어떤 종류의 정보를 공유해야 하며, 어떤 정보들은 보안을 유지하여야 하는가?

등의 질문에도 답할 수 있어야 한다.

3.1.6 중소기업 간의 연결문제

SCM이 실천되기 위해서는 고객도 중요하지만 중소업체들이 대부분인 공급자들을 어떻게 전산망으로 연결시킬 것인가가 중요하다. 왜냐하면, 중소기업의 경우 자금력의 부족과 직원들의 전산화 마인드 부족 등 여러 가지 문제점이 존재하기 때문이다.

3.1.7 이익배분 문제

정보공유, 의사결정의 공유 등이 잘 이루어지기 위해서는 상호간의 신뢰가 가장 중요한 문제이다. 실제 기업 간의 신뢰는 돈 문제가 결국 가장 민감하므로 협력을 이룬 결과로서 발생되는 이익의 배분을 정확하고 신뢰성 있게 하는 것이 가장 중요하다.

3.2 기업 내의 과제

SCM을 도입하기 위하여 기업 내부에서도 다음과 같은 해결해야할 과제들이 많다.

3.2.1 목표의 명확화

SCM 도입을 위하여는 명확한 목표의 설정, 즉 프로세스상 어떤 분야에 목표를 맞추어 진행시킬 것인지 등의 내용이 명확히 존재하여야 한다. 그러나 국내 대부분의 기업들은 이러한 목표의 설정이 미약하다. 외국 기업들의 경우 SCM, ERP 등을 도입하기 전에 분명히 무엇을 위하여 이러한 프로젝트를 하는지를 명확히 하고, 도입 전에 이미 실시하고 있는 기업들의 사례를 면밀히 분석 검토하여 자기 기업이 SCM을 도입할 때 시행착오가 발생하지 않도록 사전 준비를 철저히 하여야 한다. 이러한 주도면밀한 준비가 있을 때 CEO의 관심과 실무자들의 열의가 높아지고 효과적인 추진이 이루어질 것이다.

3.2.2 CEO와 조직원의 열의문제

새로운 혁신기법을 도입할 때 CEO의 역할은 성과에 지대한 영향을 끼친다. CEO가 철저하게 일을 파악하고 관여하는 경우, 비록 단기적인 차원에서는 종업원들의 불만을 사기도 하겠지만 프로젝트가 마무리 되어 가는 시간이 되면 이러한 관심이 높은 성과를 견인하고 있음을 알 수 있다. 조직원들의 열의 또한 중요한 데, 처음에는 열심히 참여하다가 어느 정도 시간이 지나 본격적으로 일을 추진할 때는 서서히 업무에서 빠진다든가, 혹은 다른 부서로 배치되던가 하는 관행들이 종종 보인다. 이렇게 되어서는 결코 새로이 시도하는 혁신 기법인 SCM을 정착시킬 수 없을 것이다.

3.2.3 전문 인력의 부족

SCM에 대한 전문적인 경험과 식견을 가진 사람들을 사내에서 찾기란 매우 힘든 일이다. 전반적으로 전문 인력이 부족한 상태로서 바로 이러한 점이 SCM을 정착시키는데 있어서 아쉬운 점이 되고 있다. 학계와 기업에서는 관련 전문가 양성을 위하여 적극적인 예산지원과 교육과정 및 경력관리 등 인력 양성에 힘을 기울여야 할 것이다.

3.2.4 조직 간의 장벽 문제

SCM은 기업의 전체 물자흐름과 관련된 모든 프로세스를 다루는 내용인 만큼 관련되지 않는 조직이 없다. 그러나 기능 간에 존재해 왔던 지금까지의 독특한 관습과 역할들 때문에 각 기능 간의 이해가 충분하지 않고 따라서 SCM을 위하여 조정하는 문제에는 모두들 익숙하지가 않다. 회사의 전체적인 최적화를 위하여 기능의 최적화는 과감히 버리는 자세가 필요하다. 물론 이러한 노력이 정착되려면 전체 관점에서 성과를 평가할 수 있는 준비가 함께 이루어져야 한다.

4 시스템 구축후 운영방식 – 힘의 논리

4.1 공급사슬관리 상의 힘의 균형

공급사슬관리를 위해 시스템을 구축하는 목적은 공급사슬 업무를 효율적으로 수행하기 위한 것이다. 원재료 구매부터 고객이 원하는 제품의 생산 그리고 고객에게 빠르고 정확하게 전달되는 배송의 문제가 원활하게 수행되어야 한다. 따라서 여러 기업들이 동시에 관여하는 공급사슬을 구축할 때는 이들 업체들 간의 원활한 의사소통과 업무협조가 필요하다. 이러한 업무협조는 참여업체들 간의 힘의 균형(Balance of Power)에 의해 결정되는 경우가 많다. 일반적으로는 참여업체들이 모두 동일한 힘을 가지고 있는 것으로 알려져 있지만, 실제로는 그렇지 않고 힘이 어느 한쪽으로 쏠리는 경우가 많이 발생한다. 제조업체와 유통업체가 공급사슬 구축에 동의했을 경우에 이 두 업체의 매출액 간에 상당한 차이가 날 경우에는 기본적으로 힘의 균형이 이루어지지 않는 경우가 많다. 이때에는 힘이 센 업체가 주도하는 대로 힘이 약한 업체가 따라가야 하는 경우가 종종 있다.

미국에서 1980년대와 1990년대에 공급사슬 구축이 많이 이루어지면서 참여업체 간의 힘의 균형이 중요한 문제로 등장하였다. 힘에서 차이가 나는 경우에는 강한 업체가 유도하는 대로 공급사슬이 운영되면서 이미 구축된 시스템에 보완이 필요해지는 경우가 많았다. 1990년대 중반부터 우리나라에 도입되기 시작한 공급사슬은 아직 구축사례가 많지 않으므로 이러한 문제의 심각성이 부각되지는 않았으나 앞으로는 이러한 문제가 중요한 이슈로서 등장할 것이다. 힘이 어느 한쪽으로 쏠리는 경우에는 이에 대한 시스템적 대비책 및 인간관계와 같은 비시스템적인 대비책이 필요해진다.

공급사슬 상에서 힘이 어느 한 쪽으로 쏠리는 경우를 일반적으로 단심적 공급사슬(Unicentric Supply Chain)이라고 부른다. 예를 들어, 일 년에 수 조원에 달하는 대형할인점 체인들과 거래를 할 경우에는 대형 할인점 체인 쪽으로 힘이 쏠리는 경우가 많다. 이에 반하여, 힘이 어느 정도 균형을 잡을 정도가 되는 경우를 보통 복심적 공급사슬(Polycentric Supply Chain)이라고 부른다. 예를 들어, 일 년 매출액이 2조 원 정도 되는 국내 대형 가전 제조업체들과 일년 매출액이 2조 원 정도 되는 국내 대형 백화점업체들과의 거래는 어느 정도 균형을 잡은 상태에서 이루어지는 경우가 많다.

공급사슬 운영에서 나타나는 힘에는 크게 다섯 가지가 있는데, 법률적인 힘(Legitimate Power), 강압적인 힘(Coercive Power), 보상적인 힘(Reward Power), 전문적인 힘(Expert Power) 그리고 준거적인 힘(Referent Power)이다. 이것들은 1980년대 중반에 미국에서 공급사슬관리의 핵심이론으로 등장했다. 공급사슬에 참여하는 업체들 간에 힘의 균형이 어느 정도 이루어진 Polycentric Supply Chain의 경우에는 보통 전문적인 힘이나 준거적인 힘이 주로 나타나는데 이러한 것들은 상당히 바람직한 현상이며 공급사슬의 장기적인 운영에 절대적으로 필요하다.

그러나 힘이 어느 한쪽으로 쏠리는 Unicentric Supply Chain의 경우에는 보통 강압적인 힘이나 경우에 따라서는 보상적인 힘을 주로 사용하고 있다. 이것은 단기적인 시각에서 나온 것으로 장기적인 공급사슬관리에서는 바람직하지 못한 것으로 미국에서 검증이 되었으며, 우리나라에서도 현실적으로 나타나고 있는 상황이다.

4.2 공급사슬관리상의 힘의 종류

공급사슬관리는 참여하는 주체 간의 힘의 행사과정에 의해서도 영향을 많이 받는다. 공급사슬관리에 참여하는 업체들 중에서 힘이 강한 업체는 공급사슬관리를 주도할 수 있다. 특정업체가 가지고 있는 힘이란 행사하지 않을 경우에는 별 영향력이 없으나, 행사를 하게 되면 상대방에게 강한 영향력을 줄 수 있는 것을 의미한다. 힘은 다음의 〈표 14-3〉과 같이 크게 다섯 가지의 종류로 나눌 수 있다.

〈표 14-3〉 공급사슬관리상의 힘의 종류

힘의 종류	의미 및 예시
보상적 힘 (Reward Power)	공급사슬관리에 참여하는 업체에게 각종 금전적인 혜택(예: 가격인하, 리베이트 제공)이나 비금전적인 혜택(예: 빠른 제품배송)을 제공
강압적 힘 (Coercive Power)	공급사슬관리에 참여하는 업체에게 각종 억압적인 강압 (예: 물품공급을 중단하겠다는 것)을 수행하는 것
법률적 힘 (Legitimate Power)	공급사슬관리에 참여하는 업체에게 각종 법적인 요구사항을 준수 (예: 계약서에 적혀있는 대로 수행)하기를 요청하는 것
준거적 힘 (Referent Power)	공급사슬관리에 참여하는 업체 간에 오랫동안 쌓아온 각종 인연 (예: 인간관계)을 활용하여 요청하는 것
전문적 힘 (Expert Power)	공급사슬관리에 참여하는 업체에게 각종 전문적인 사항 (예: 전문적인 지식, 정보)을 제공하는 것

이와 같은 여러 가지 힘을 공급사슬관리에 참여하는 업체 중의 리더격인 업체가 행사하는 것이다. 이러한 힘을 행사하게 되면 이것에 영향을 받는 업체는 상대방으로부터의 힘의 행사에 맞추어서 적절히 대응하게 된다. 실제적으로 이와 같은 힘을 행사한 경우는 흔히 찾아 볼 수 있다.

사례 14-1 : 호주 대형 소매상

호주의 한 대형 소매상이 물품을 공급하는 제조업체나 벤더들에게 다음의 요청 사항을 충실히 이행하는 공급업체의 제품만을 자사의 소매점포에서 취급하겠다고 통보하였다. 소매상은 EDI를 통해 ASN(Advanced Shipping Notices: 사전에 주문된 제품을 배송할 수 있도록 요청하는 통고)으로 요청을 한 제품을 24시간 이내에 가격표와 바코드를 붙이고 선반에 바로 올려놓을 수 있는 상태로 배달하는 공급업체의 제품만을 취급하겠다고 공급업체에게 통보하였다. 이 소매업체는 소비자에게 제품을 많이 판매하기 때문에 공급업체로서는 이 소매업체에게 공급을 중단하면 상당한 손해를 입게 된다. 다시 말해, 이 소매업체는 공급업체들에게 공급요청 중단과 같은 강압적 힘을 가할 수 있는 위치에 있었으므로 소매업체가 요청하는 것을 충족시키는 공급업체들만이 선정되었다. 이와 같은 과정을 거쳐 제품이 공급업체로부터 배송되자마자 바로 소매점포에 진열되면서 신속한 판매가 이루어지는 것이다. 결과적으로 소매업체와 공급업체들 양자가 모두 이득을 본 것이다.

5 SCM의 목표달성 여부에 대한 평가시스템

5.1 SCM 참여업체에 대한 활동측정과 보상체계 확립

공급사슬관리 업무를 실제로 수행할 경우에 가장 중요한 것 중의 하나는 이러한 업무들이 실제로 부가가치를 창출하느냐를 구분하는 것이다. 부가가치를 창출하는 업무들은 공급사슬관리 업무상에 그대로 있어야 하지만, 부가가치를 창출하지 못하는 업무들은 공급사슬관리 업무에서 제외시키는 것이 바람직하다. 그렇지 않으면 공급사슬관리 전체로서의 총괄적인 업무수행이 능률적으로 진행되지 못하게 된다.

또한 이와 같이 부가가치를 창출하는 업무와 그렇지 못한 업무를 분리하기 위해서는 공급사슬관리의 업무성과에 대한 철저한 평가가 이루어져야 한다. 공급망상의 각 구성원들은 최종소비자의 요구조건과 기대수준을 얼마나 잘 충족시키느냐에 따라서 그 성과가 측정되어야 한다. 고객의 욕구가 변화하면 총공급망의 성과측정방식도 변화한다. 식품업체들은 이와 같은 변화를 매일매일 겪는다. 소비자들이 제품을 구매하면서 그들의 취향이나 좋아하는 스타일, 브랜드와 가격에 대한 평가를 매일 내리게 된다.

일반적으로 공급사슬관리의 목표달성여부에 대한 가장 객관적인 평가기준으로 거론되는 것이 활동원가회계(ABC: Activity-Based Costing)이다. 총공급망 관리를 성공적으로 달성했는지의 여부는 전반적인 총공급망의 운영비용을 삭감하기 위해서 각 부문과 각 업체가 얼마나 협력하였는지와 밀접하게 관련된다. 총공급망의 부분적인 관점이 아니라 전체적인 관점에서 비용최소화가 되도록 노력하여야 한다. ERP의 각종 모듈을 통해서 얻을 수 있는 여러 재무관련 자료들을 바탕으로 총공급망 전체의 효과측정을 할 수 있는 활동기반의 원가관리가 수행되어야 한다. ABC의 목표는 총공급망에서 발생되는 모든 비용을 이를 토대로 산출되는 모든 생산 활동과 직접 연결시키는 것이다.

5.2 ABC(Activity-Based Costing)의 개념

활동기준원가계산(Activity Based Costing: ABC)이란 기업 내에서 수행되고 있는 활동(activity), 활동과 원가대상의 소모관계를 상호간의 인과관계에 근거하여 규명함으로써 자원, 활동, 원가대상의 원가와 성과를 측정하는 원가계산기법을 말한다. 활동기준원가계산의 기본적 산출물은 제품, 서비스별 원가와 활동원가로서 활동기준 경영관리를 위한 기초정보가 된다. [그림 14-8]은 ABC 십자가를 나타낸다.

활동기준원가계산이 전통적 원가계산방법과 근본적으로 다른 요소는 활동이다. 즉, ABC의 기본원칙은 활동은 자원을 소비하고 원가대상은 활동을 소비한다고 가정하고 있는 전통적 원가계산과는 다른 개념으로 보아야 한다.

활동기준원가계산 방법 하에서는 자원을 활동으로 추적하여 활동원가를 산정하는 것이 1단계이며 1단계에서 산정된 활동원가를 원가대상으로 추적하는 것이 2단계로서 두 단계의 원가추적 과정을 갖게 된다. ABC에 있어서 활동들의 원가는 원가를 제품이나 서비스와 같은 기타의 원가대상에 배부하는 데 사용된다. [그림 14-9]는 ABC의 구조를 나타낸다.

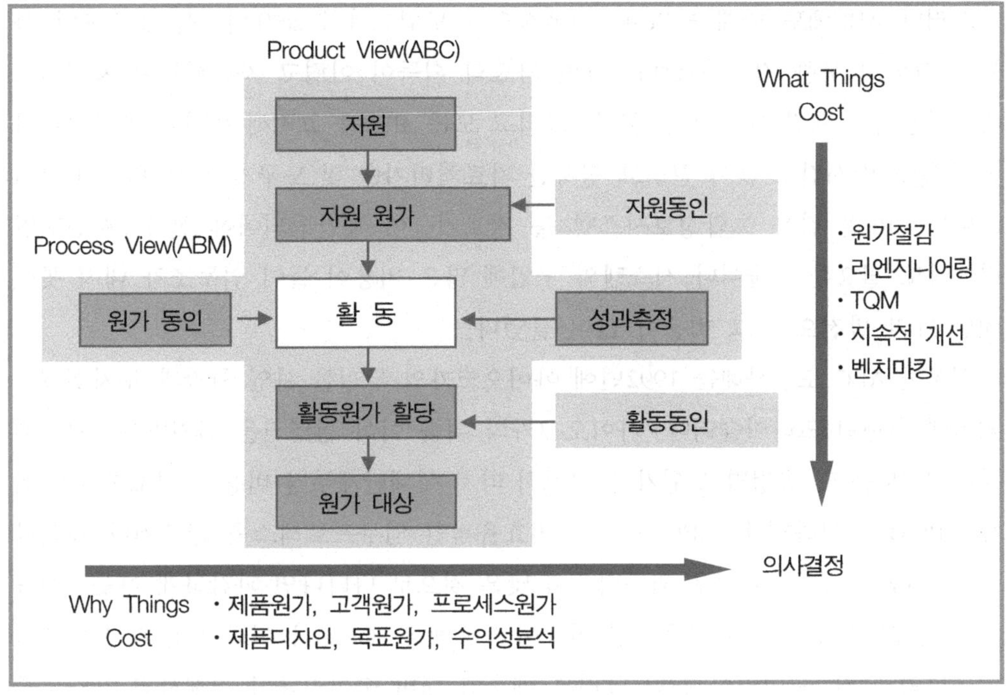

[그림 14-8] ABC 십자가

ABC의 기본전제는 제조활동은 원재료의 공급처로부터 완제품이 최종소비자에게 전달될 때까지의 연속과정이라는 것이다. 따라서 ABC는 프로세스 전반의 원가계산이다. A/S 등과 같이 소비자가 별도로 비용을 부담하는 항목에 대해서도 프로세스 전체원가의 일부분으로 간주한다. ABC는 원가계산시스템이라기 보다는 경영계획 또는 예산통제에 도움이 되는 경영관리시스템이라고 할 수 있다.

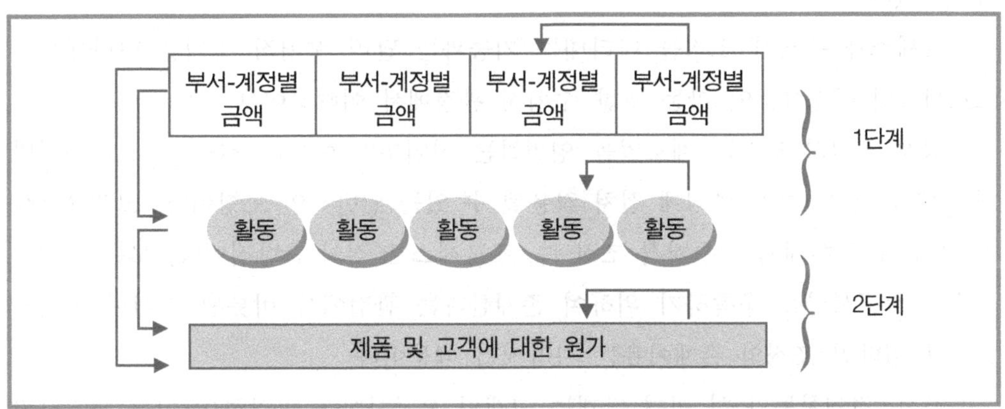

[그림 14-9] ABC의 구조

그러나 ABC에도 한계는 있다. 기본적으로 도입효과가 소요비용을 초과해야 하는데 그렇지 못한 경우가 많다. 관련 자료의 획득이 어렵고 자료획득이 용이해도 측정비용이 높으면 사용할 수 없다. 그리고 모든 요소를 고려해 원가를 배분하기가 쉽지 않으며 시간도 많이 걸리고 정확한 자료처리기술 및 도구가 필요하다. 따라서 ABC는 ERP와 같은 통합정보시스템 등 정보기술이 뒷받침되어야 한다. 수년전만 하더라도 필요한 기술이나 시스템의 구입에 많은 비용이 들어 엄두조차 내지 못했지만 IT의 발전으로 그 비용이 많이 줄었다.

성공한 ABC 도입사례는 1992년에 아이오코카의 무리한 사업 확장과 투자실패로 위기에 처했던 크라이슬러다. 아이오코카의 뒤를 이어 경영권을 넘겨받은 이튼 회장은 각 부품 및 공정별로 원가를 철저히 따져 설계단계부터 비용을 최소화하기 위해 ABC를 도입하였다. ABC 자료로 비효율적인 업무프로세스를 없애거나 개선할 수 있었다. 또 부품의 경우 외주비용이 낮은 것으로 나타나면 과감하게 아웃소싱을 하였다. 그 결과 부품의 아웃소싱 비율이 30%에서 70%로 늘어났고 1997년 매출액이 611억 달러, 순이익이 28억 달러로 매출액 대비 순이익률이 경쟁사의 2배로 증가하는 성과를 올릴 수 있었다.

5.2.1 활동(Activity)의 정의

활동(Activity)이란 조직 내에서 수행되고 있는 일이라고 정의할 수 있다. 이와 관련하여 특정의 목적을 달성하기 위하여 수행되는 일련의 활동들의 집합은 프로세스라고 정의할 수 있는 바, 활동은 프로세스와 비교하여 하위의 개념으로 이해할 수 있다.

프로세스가 수직적 조직을 나타내는 기능과는 달리 수평적 조직을 나타내므로 프로세스의 구성요소인 활동 또한 수평적 관점에서 이해하여야 한다.

수평적 조직의 체계는 제조업을 영위하는 기업뿐만 아니라 서비스업, 비영리법인, 정부기관 등 모든 조직에 걸쳐 적용될 수 있는 일반적인 모형이다. 고객요구사항 파악 및 실행계획이 수평적 조직 즉, 프로세스 조직의 출발점이다. 모든 조직은 고객의 요구사항을 충족하기 위하여 존재한다는 관점에서 비롯된 것이며 고객의 요구가 없다면 조직의 존재이유는 사라지기 때문이다.

따라서, 경영활동의 첫 번째 단계는 고객의 요구사항을 파악하여 이를 충족하기 위한 실행계획을 수립하는 것이며 두 번째 단계는 고객요구에 대응하기 위하여 실행을 수행하는 프로세스와 활동이다. 고객이 요구하는 재화 또는 용역 등의 산출물로 전환시키는 프로세스와 활동이 필요하다. 결국, 실행단계의 프로세스나 활동은 고객의 가치를 제고하기 위한 것으로 조직에 의한 부가가치의 창출 과정이다.

수평적 조직체계의 세 번째 단계는 조직이 효율적이고 효과적으로 실행하였는지에 대하여 측정하고 개선하기 위한 성과측정 및 피드백 과정이 필요하다. 성과측정의 대상은 최종 산출물인 재화와 용역뿐만 아니라 이를 생산하기 위하여 실행을 수행한 공급자, 고객서비스, 프로세스, 활동 등 조직 전반에 걸쳐 행해지며 해당 부문 또는 프로세스에 피드백을 주게 된다. 한편 재무성과에 대한 성과측정도 필요한데 이는 기업에 자본을 제공한 투자자의 요구에 부합되도록 경영활동을 수행하였는지에 대한 판단기준이 된다.

5.2.2 ABC의 기본요소

ABC를 구성하고 있는 5대 요소는 자원(resource), 활동(activity), 원가대상(cost object), 자원동인(resource driver), 활동동인(activity driver)이다.

① **자원** : 활동을 수행하기 위하여 사용되거나 소비되는 경제요소이다. 기업에서 운영하고 있는 자원에 대하여 소비되거나 사용된 것을 화폐단위로 표시한 것이 원가이며 일반적으로 총계정원장(General Ledger: GL)상의 비용 또는 원가항목으로 집계된다. 결국, 자원은 원가라고 할 수 있다.

② **활동** : 기업 내에서 수행되고 있는 일 또는 일의 집합으로 정의할 수 있다. 특정의 목적을 달성하기 위하여 수행되는 일련의 활동들의 집합은 프로세스라고 정의된다.

③ **원가대상** : 최종적으로 원가를 산정하고자 하는 측정대상을 말한다. 가장 공통적으로 설정되는 원가대상은 제품 또는 서비스이다. 제품별 수익성 분석을 할 때는 제품을 원가대상으로 설정하여 원가계산을 하여야 하며 유통경로별 수익성 정보를 산정하기 위하여는 유통경로를 원가대상으로 하여 원가계산을 하여야 하는 것이다. 따라서, 원가시스템을 구축할 때 중요하게 고려하여야 할 요소가 바로 원가대상이다. 원가계산시스템 상에 어떤 원가대상을 설정하느냐에 따라 원가정보의 종류가 결정되고 원가계산을 위한 설계에 영향을 미치기 때문이다.

④ **자원동인** : 활동에 의하여 소비되는 자원의 양을 측정하기 위한 기준으로 정의되며 자원을 활동별로 할당하여 활동원가를 산출하기 위한 것으로서 소비된 자원 즉, 원가와 활동과의 인과관계에 의해 결정된다. 자원동인은 첫째, 자원과 활동간의 논리적 인과관계에 기초하여야 하며, 둘째 계속적으로 수집이 가능한 계량적 형태의 것이어야 한다.

⑤ **활동동인** : 원가대상에 의해 소비되는 활동의 양을 측정하기 위한 기준으로서 활동원가를 원가대상으로 할당하기 위해 사용된다. 활동동인과 관련하여 파생되는 개념으로서 활동소요량(Bill of Activities: BOA)을 이해하여야 한다. BOA란 원가대상에 의해 요구되는 활동의 목록이다. 즉, 원가대상 1단위를 완성하기 위하여 필요한 활동의 목록과 요구되는 활동동인의 수량을 나타내는 것이다. 활동동인을 결정할 때는 원가관계성, 계량화 가능성, 측정의 용이성, 그리고 자료의 이용가능성 등을 고려하여야 한다.

5.2.3 전통적 회계시스템과 ABC시스템의 차이

총공급사슬에서는 비용과 비용 대비 수익에 대한 평가가 면밀하게 이루어지면 언제든지 총공급사슬을 구성하는 활동 상호간에 상쇄시킬 수 있는 것이다. 다시 말하면, 이러한 활동을 여러 기업들이 수행함으로써 비용 대비 수익성이 떨어지게 되면 이 활동을 포기하고 다른 활동을 할 수도 있다는 것이다. 예를 들면, 고객만족을 극대화하는 것이 제일의 목표라고 하자. 이러한 목표를 달성하기 위하여 긴급배송창고 시스템을 개발하고 심지어는 비행기로 배송을 해주는 시스템도 준비를 해 둘 수도 있다. 그러나 이것은 상당한 추가적인 배송비용을 야기시킨다. 이와 같이 고객만족 목표를 훼손시키지 않으면서 얼마만큼의 활동을 추가할 것인지에 대한 의사결정을 하기 위해서는 각각의 활동을 수행하는 데 소요되는 원가항목에 대한 면밀한 평가가 필요하다. ABC는 그러한 목적을 달성시켜 준다. ABC는 간접비 배분을 명확하게 잘 수행할 수 있도록 개발되었기 때문에 회계시스템이라기 보다는 최고경영자들이 의사결정을 하는 데 도움을 주는 운영시스템이면서 재무시스템이다. 또한 조직을 변경하는 데도 적절하게 활용될 수 있는 시스템이다. 전통적인 회계시스템과 ABC시스템의 차이는 다음의 〈표 14-4〉와 같다.

ABC는 총공급망에서 각종 비용이 어떻게 활용되었는가를 기준으로 분석하는 시스템이다. ABC를 활용하게 되면 여러 부문 간의 활동에서 야기되는 각종 비용의 발생 원인이 무엇이었는지를 쉽게 확인할 수 있다. ABC는 각 제품별로 총공급사슬에서 발생하는 모든 비용을 배분하기 때문에 어디에서 많은 비용이 발생하였고 어디에서 많은 절약이 있었는지를 쉽게 알 수 있다. ABC의 기본적인 목적은 제품포트폴리오를 적합하게 처리하고, 고객과 제품수익성을 향상시키며, 효율적인 마케팅과 투자전략을 개발할 수 있도록 하며, 비용낭비를 줄이고, 하나의 통일된 자료를 가지고 업무수행을 할 수 있다는 데 있다.

〈표 14-4〉 전통적 회계시스템과 ABC시스템의 차이

전통적인 회계시스템		제품별 ABC시스템	
봉급과 각종 수당	50,000	주문처리비용	50,000
각종 간접비	150,000	수납관련비용	50,000
시설감가상각비	305,000	제품스케줄링비용	25,000
여행경비	10,000	제품관리비용	250,000
운영소모품비	50,000	포장비용	100,000
		창고보관비용	15,000
		배송비용	50,000
		일반관리비용	25,000
총합계	565,000	총합계	565,000

ABC가 공급사슬관리에서 가장 중요한 개념 중 하나로서 간주되는 이유는 공급사슬관리가 수많은 활동들로 구성되어 있다는 것이다. 이와 같은 수많은 활동별로 원가를 산정하여 각각의 활동들이 실제로 부가가치를 창출하였는가를 평가하는 것이다. ABC의 장점은 공급사슬관리에서 나타나는 수많은 활동들에 대한 비용을 정확히 산정하는 것이므로 실제 관리단위인 제품 카테고리별이나 제조업체별로 정확한 수익과 비용의 산정이 가능한 것이다. 이와 같은 분석을 수행함으로써 공급사슬관리상의 각 구성원들이 전체적으로 노력하여 수익이나 손실을 냈는지를 확인할 수가 있다. 또한 최종소비자에게 제품을 판매하는 데 있어서 장애가 되어 축소되거나 제거되어야 할 활동들에 대한 판단자료를 확보할 수 있는 것이다. 원가를 효율적으로 할당하기 위해서는 ABC의 활용 여부가 공급사슬관리의 중요한 성과판정기준이 된다. 실제적인 수치로서 성과가 있었는지 여부를 판단하는 것이 공급사슬관리에서 상당히 중요하다.

제15장 GSCM과 공급사슬의 도전과제

1 기업의 GSCM 도입 필요성

다국적기업이 국내생산과 판매에서 점차 지역을 확장하는 기업 활동의 글로벌화가 추진되면서 해외 법인 수의 증가에 따른 글로벌 통합의 필요성 증대와 공급자, 고객과의 상호조정을 통한 요구를 충족시키고, 정보의 공유 및 리드타임 단축과 재고 및 물류비용이 증대되면서 이에 대응하여 공급사슬 전체를 대상으로 한 연계성 확보의 필요성이 증대되면서 GSCM(Global Supply Chain Management)의 도입 필요성이 증대되고 있다.

1.1 해외 법인 수 증가에 따른 글로벌 통합의 필요성 증대

글로벌 통합은 근본적인 경쟁우위를 개발하기 위하여 상이한 자원, 지식, 기능, 지식, 상표, 기술의 이용을 위한 자원이 필요하다는 것을 의미한다. 이로 인한 혜택은 전세계의 소비자들에게 우수한 성과와 가치를 포함하는 제품을 낮은 원가로 신속하게 배송되는 것으로 나타난다. 이와 같이 전세계를 대상으로 물류의 흐름을 전략적으로 구성하고 전반적으로 통제하여 비용의 세계적인 최적화를 이루기 위해서는 모든 기업 활동이 중앙집권화 되어야 한다.

1.2 공급자/고객과의 상호조정요구

〈표 15-1〉에서 볼 수 있듯이, 핵심능력을 제외한 모든 부분을 외부조달(아웃소싱)하는 추세가 증가함에 따라 글로벌 시각에서의 상호조정에 대한 요구가 점차 증가하고 있다. 글로벌 공급사슬은, 지리적으로 분산되어 있는 공급사슬 활동들의 관리가 효율적으로 조정되어지는 경우에만, 그러한 경쟁우위들이 실현되어 질 것이다. 또한 그러한 조정은 단지 각 단계와 위치에서 시장 조건들과 경쟁 환경의 변화에 대응하는 능동적 활동을 통해서, 기업들이 그들의 부가가치 활동들을 조절할 수 있는 능력을 가지고 있을 때에만 일어날 수 있다. 따라서 조정과 유연성은 글로벌 공급사슬 전략을 수행하는 데에 있어서 핵심적인 개념들이다.

Ellram은 글로벌 외부조달에 대한 필요성 증대야말로 조정에 대한 GSCM의 전략적 중요성을 증대시키는 핵심 사항이라고 보았다. Persson은 유연성이야말로 어느 누구보다도 시장에 좀 더 빨리, 더욱 신뢰할 수 있고 더욱 관심을 끄는 제품들을 전달하는 문제라고 주장하고 있다.

〈표 15-1〉 글로벌 상호조정과 현지(Local)관리

Global	Local
- 생산과 운송 최적화를 위한 네트워크 구성	- 주문 이행과 고객 서비스 관리
- 정보시스템 개발과 통제	- 재고관리와 통제
- 재고품 포지셔닝	- 창고관리와 현지 인도
- 조달 결정들	- 고객 수익성 분석과 유통채널 비용 통제
- 국제적인 운송방식과 조달 결정들	- 현지 판매와의 접촉과 마케팅 관리
- 상충관계 분석과 작업처리량 비용 통제	- 인적자원관리

자료 : Martin Christopher, "Logistics and Supply Chain Management", Financial Times, Pitman Publishing, 1993, pp.123.

Cooper & Ellram은 증가하는 정보의 공유, 친밀한 커뮤니케이션, 공동의 계획수립과 같이 구매자-고객 사이의 상호조정을 위한 요구는 공급사슬 내에서의 재화의 이동속도를 높이는 데에 도움을 주는 것으로 보고 있다. 이들 관행들은 공급사슬 내에서 최종 소비자까지 확대됨으로써, 잠재적인 리드타임의 감소를 위해 채널 내에 있는 모든 당사자들이 함께 작업하는 만큼 그들의 제품을 신속히 인도할 수 있

음을 의미한다. 물류 이론은 짧은 리드타임이 고객서비스의 높은 정확성과 낮은 수준의 재고와 일치함을 주장한다. 그러므로 GSCM의 접근방식은 경쟁우위의 원천으로서 "시장지향적인 신속성"의 개념에 충실하다는 관점에서 매우 중요하다.

GSCM은 경쟁가격 수준에서의 그들의 성과와 품질 측면에서 볼 때 국제적으로 습득한 지식을 조정함으로써 기업의 제품가치를 훨씬 증가시킬 수 있다. 이것은 기업들이 연구개발, 엔지니어링, 시장조사에 대한 지식기반과 지적 재산을 국내외에서 완전하게 사용할 수 있게끔 만들기 때문이다. 결국 글로벌 공급사슬은 지역적 차이, 즉 제품과 전문기술 프로세스, 노동력, 투입요소 비용, 현지 세율, 해외 판매인의 능력과 같은 수준에서의 차이를 인식하고 이를 이용함으로써 국제적인 환경에서의 다양성을 이용할 수 있도록 지원한다.

1.3 재고 및 물류비용의 증대

글로벌적인 물류정보 시스템은 글로벌 비용 최적화를 추구하면서 현지 서비스 욕구들을 충족시키는데 있어서 필수 불가결한 것이다. Carter & Narasimhan은 조달, 생산과 운송기능들의 시스템적인 관점을 채택함으로써 원료관리로의 가치사슬 접근법을 강조하면서 국제적인 외부조달의 전략적 중요성을 조사하였다. 국제적인 외부조달은 조직상의 연계와 상호작용, 복잡성의 증대로 인해 기업들 사이에서 더욱 밀접한 운영관계들을 필요로 한다. 글로벌 생산전략은 리드타임이 길어지면서 공급사슬의 확장을 더욱 요구한다. 그렇기 때문에 SCM의 또 다른 발전은 하나의 자원으로서 시간개념에 초점을 두는 "전략적인 리드타임 관리"의 개념이다.

1.4 글로벌 물류를 위한 조직화

기업들은 국제적으로 확장된 그들의 GSCM을 실행함에 따라 어떤 방법으로 글로벌 물류조직을 구성해야 하는지에 대한 문제에 직면하게 되었다. 다른 방법으로 이들 기업들은 같은 목적을 향해 움직여 왔으며 글로벌 물류에서의 유효성은 보다 강화된 중앙집권화의 요소들을 통해서만 이루어질 수 있다는 데에 인식을 같이 한다. 많은 관점에서 이것은 의사결정의 책임이 적어도 전략적 사업단위(SBU: Strategic Business Unit) 수준에서는 양도되고 분권화되어야 한다고 주장하는 기존의 의견과

대치된다. 이러한 철학은 많은 기업들에 있어서 종종 국가수준에서 자율적인 의사결정을 가진, 강력한 현지 경영의 형태로 나타난다. 비록 이것이 현지의 발언권을 장려하는데 좋을지는 모르지만 통합된 글로벌 전략들이 요구되어질 때에는 기능장애가 되는 경향이 있다.

분명히 현지의 의사결정이 선호되어지는 많은 업무영역(예컨대, 판매촉진전략과 마케팅 커뮤니케이션 전략들)이 여전히 존재한다. 게다가 글로벌 전략의 수행은 여전히 국가 간의 상이함과 요구들을 고려하여 조절되어야 한다. 그러면 어떻게 글로벌 의사결정과 현지적인 의사결정의 적절한 균형이 물류전략을 조직적으로 계획하고 수행할 수 있을까? 특정한 시장 환경들과 산업 특성들은 각 기업마다 서로 다르기 때문에 모두가 받아들일 수 있는 해결책을 제공하는 것이 위험하지만 다양한 대응방안을 모색하고 있다.

2 GSCM의 발전단계

Joseph Carter는 글로벌 공급사슬의 발전단계를 다음과 같이 세 단계로 구분한다.

2.1 국제구매(international purchasing)

글로벌 구매를 시작하는 기업들의 특성으로 가격 최소화, 재고비용관리 등에 초점을 맞춘다.

2.2 글로벌 소싱(global sourcing)

해외소싱을 해온 대부분의 기업이 여기에 속하며, 공급자의 능력, 생산전략의 지원, 소비자시장 서비스에 초점을 맞춘다.

2.3 글로벌 공급사슬관리(global supply chain management)

효과적 공급사슬관리를 통하여 공급망을 최적화한다. 해외소싱의 위험을 효과적으로 최소화하고 기술 리더십을 소싱한다.

글로벌 소싱은 국내소싱에 비하여 추가적인 노력을 필요로 하지만 그 이득은 크다. 글로벌 소싱을 하는 이유는 다음과 같다.

① **최상의 품질 확보** : 일등 기업이 아니면 도태되는 환경에서 최상의 품질의 제품을 생산하여야 경쟁우위를 확보할 수 있다. 따라서 최상의 품질의 부품을 제공할 수 있는 공급원을 찾는 것이 중요하다.

② **일정계획에 맞추어 공급할 수 있는 공급자 확보** : Dell의 성공 이유 중의 하나는 신제품을 시장에 신속하게 공급할 수 있다는 점이다. 물론 JIT와 같은 시스템에서는 공급자가 거리상 가까이 있는 것이 유리하지만, 빈번하게 글로벌 공급원을 이용하는 경우가 리드타임이 짧은 경우가 많다.

③ **발전된 기술의 획득** : 이제는 특정국가가 기술을 독점하던 시대는 지났다. 글로벌 공급원들이 진보된 기술을 가지고 있는 경우가 많다. 글로벌 경쟁력 확보 차원에서 이러한 공급원을 이용해야 한다.

④ **공급자 집단의 확대** : 공급원이 확대된다는 것은 공급자의 수를 늘리는 것이 아니라 더 나은 공급자를 선택할 수 있는 기회가 확대되는 것을 의미한다.

⑤ **고객집단의 확대** : 글로벌소싱은 공급원이 위치한 지역에 제품을 판매할 기회를 제공한다.

⑥ **비용의 절감** : 비록 글로벌소싱의 경우 국내소싱에 비하여 추가적인 비용이 발생하기는 하지만 제품의 가격 등과 함께 전체적인 비용을 고려하면 글로벌소싱이 유리한 경우가 많다.

3 GSCM의 개념과 구조

3.1 GSCM의 정의

GSCM은 원재료로부터 최종소비자까지의 모든 제품 및 정보의 흐름과 활동을 국내에 제한하지 않고 2개국 이상의 국가에 걸쳐 물품을 조달하고 조립 혹은 생산하여 완제품을 전세계 시장을 상대로 판매활동을 하는 것으로 정의할 수 있다.

GSCM은 SCM의 활동을 국외적으로 확장시킨 개념으로 최근 기업경영의 세계화와 더불어 이루어지고 있는 글로벌 조달, 글로벌 마케팅, 글로벌 조직구조 등에서 보는 바와 같이 전세계적인 기업 활동의 네트워크와 연계하여 생각해 볼 수 있다.

3.2 GSCM의 프레임워크

GSCM은 전세계를 대상으로 하는 SCM체계를 지향하는 개념으로써 미국 캘리포니아에 위치한 Adaptec기업과 일본과 타이완에 위치한 Water Fabricstors 부품 생산기업, 홍콩에 위치한 부품 조립기업인 ASAT사는 상호간 네트워크를 통해서 글로벌 시장에서 경쟁력 우위를 확보하기 위해 개방형 EDI 형태인 인터넷을 이용해서 기업 간의 정보교환과 신속한 수·배송 체계 및 50% 이상의 재고 감소 및 생산비용 절감, 리드타임의 감소 등을 달성한 것으로 나타났다.

GSCM의 과정을 살펴보면 미국에 소재하고 있는 본사(Adaptec)에서 일본과 타이완에 위치한 부품 공장에 구매주문 예측을 제공하면 일본과 타이완 공장에서 부품을 생산하여 홍콩에 소재하고 있는 부품 조립업체(ASAT)에 보내고, 조립된 부품을 완제품을 생산하는 싱가포르에 수송하여 완제품을 생산하게 된다. 즉, GSCM의 개념은 외부 자원을 활용하기 위하여 전략적 제휴를 실시하고 국내기업의 한정적인 지원을 효과적으로 이용하여 비용을 최소화하고 고객만족을 최대화하는 것이라 할 수 있다. 하지만 GSCM이 성공하기 위해서는 정보교환 기술과 상호간 네트워크를 구축해야만 한다. 결론적으로 이 그림은 부품을 생산할 수 있는 기술을 활용하고 인적자원을 최대한 활용하여 기업의 비용을 감소시킴과 동시에 신속한 운송을 통하여 시간과 공간의 제약이 심한 세계 시장의 고객에게 만족감을 줄 수 있는 시스템을 나타내고 있다.

4 GSCM의 구성요소

4.1 GSCM의 구조

기업의 글로벌 공급사슬 구성요소와 그 구조는 그들의 글로벌 경쟁력이란 의미로 볼 때 매우 중요슬의 각기 다른 요소들(R&D, 생산공장, 유통센터, 공급자들, 판매센터 등)의 관리와 하다. 기업의 글로벌 공급사슬구조는 세계 곳곳에 있는 그들의 공급사전략적인 위치선정을 다룬다. 전통적으로 다국적기업들은 국경을 가로 질러 발생하는 기업내 무역(intra-firm trade)을 통하여 자급자족의 물류구조를 사용해 왔다. 이들 기업들은 전형적으로 각 나라별 또는 일련의 국가 집단별로 분리된 생산라인들, 보관창고, 운송인과 포워더(forwarder)들을 가지고 있었다. 그러나 이제 다국적기업들은 그들의 글로벌 공급사슬을 통합된 단위로 바라보기 시작하였다. 이것은 최적화된 물류센터들을 사용하여 특별한 제품라인들이 운송되는 곳에서 발전되기 시작하였다. 이는 물류센터를 이용하는 운송자 수가 적고 많은 기능들을 제3의 외주업자들을 통하여 조달하거나 합작투자를 활용한 전략적 제휴기반에서의 통합된 시스템을 가리키고 있다.

Cohen & Lee는 기업의 성과는 국제적인 범위에 따른 공급, 생산과 유통시설과 관련된 그들의 자원 배치 결정들에 의해 결정되어진다고 주장한다. 그들은 공급사슬의 각기 다른 단계별로 다양한 공급사슬 전략들을 제시하고 있다. 이들 전략들은 중앙집권적인 전략 대 지역별 분산 전략으로 요약되어질 수 있다. 추가적으로 Huchzerneier & Cohen은 기업의 글로벌 공급사슬구조가 환위험을 방지하는 데에 사용되어질 수 있음을 보여 주었다. 이러한 GSCM의 구조를 각각의 구성요소를 중심으로 살펴보고자 한다.

4.2 GSCM과 정보기술 능력

1950년대 이후, 정보기술의 증가된 이용과 능력들은 기업의 글로벌 운영을 크게 촉진시켜 왔다. 정보기술은 전략적인 촉진자들이 기업들의 글로벌 공급사슬을 관리하고 조정하게 됨에 따라 더욱 중요해지고 있기 때문에 일부 선진국의 정부들은 이러한 실행을 장려하고 있다.

Bowersox은 거대한 다국적기업들이야말로 “컴퓨터 지식이 현지의 공간적인 물류의 개념과 긴밀하게 협력해 감으로써” 글로벌화된 제조환경을 가지게 된다고 하였다. 정보기술능력은 또한 그 기업의 글로벌 운영전략에 영향을 미칠 것으로 기대된다. 예를 들면, 향상된 정보기술능력들은 새로운 컴퓨터 기술들에 의해 제공되어지기 때문에, 다수의 공장과 조직상의 조정은 순식간에 진행될 수 있으며 이제 기업이 여러 국가들에서 동시에 제품을 출시할 수 있게 되었다.

또한 Itami & Numagami는 새로운 정보기술들이 기업들의 글로벌 운영전략에 직접적인 영향력을 가지고 있다고 지적하였다. 비록 일반적으로 모든 기업들이 생산성을 향상시키기 위해서 정보기슬능력들을 이용해야 하지만, 특히 중소기업은 그들의 핵심역량을 이용하기 위해서 더 많이 정보기술능력들을 이용해야 할 필요가 있을지도 모른다. 예를 들면, 대기업보다도 중소기업으로부터 더 많은 기술혁신과 혁신적인 활동들이 나온다는 몇몇 증거들이 나타나고 있다. 이것은 대기업들이 우위에 있는 산업에서는 중소기업의 생존은 때때로 그들의 혁신적인 능력들에 달려있기 때문이다.

또한 혁신으로부터 발생되는 제품 현실화주기는 상호 견제와 검증시스템이 철저한 관리계층과 지나치게 복잡한 관료조직이 있기 때문에 보통 대기업들에 있어서 그 기간이 길다. 그러나 중소기업은 보통 그들의 제품에 대하여 혁신적인 시장현실화를 더욱 빠르게 할 수 있는 능력을 가지고 있다. 예를 들면, 최근까지 대부분의 소규모 기업들은 해외시장들에 진입하기 위해서 단지 직접수출에만 의존하여 왔다. 자본과 자원 부족은 때때로 그들로 하여금 해외지역들에 물리적인 시설들을 건립하는 것을 불가능하게 만들었다. 그러나 정보기술능력들의 신속하고 만연된 유입은 이제 이들 기업들이 다른 자원들에서의 충분한 증가 없이도 해외지역들로 물리적인 확장을 가능케 하였다.

4.3 GSCM 전략 및 운영경험

4.3.1 글로벌 운영전략

기업의 글로벌 운영전략은 그들의 공급사슬구조들에 상당한 영향력을 가질 수 있다. 다국적기업들은 보통 국가지향적이고 현지반응전략들을 채택한다. 이들 기업들은 때때로, 분권화된 조직을 강조한다. 이러한 형태의 조직은 글로벌 기업들에서 사용되어지는 것과는 다르다. 글로벌 기업들은 보통 그들의 전체적인 규모와 비용의 우위를 이용하기 위해서 세계 곳곳에 펼쳐져 있는 사업들에 있어서 중앙집권화된 전략을 추구한다.

반대로 국제적인 기업들은 처음에 본국시장에서 제품들과 기술혁신들이 개발되어진다는 전통적인 제품주기 접근법을 사영한다. 이들 제품들이 성숙단계에 접어들게 됨에 따라 그들은 다른 글로벌 시장들에 적응하게 된다. 이러한 전략을 사용하는 기업들은 매우 계층화가 되는 경향이 있다.

한편, Bartlett & Ghoshal은 다국적, 국제적, 글로벌 조직으로 범주화하는 글로벌 조직을 소개하였다. 여기에 속한 기업들은 어떤 특정한 중앙집권화/분권화 또는 제품/지리적인 접근법에 의존하지 않는다. 대신에 그들은 어떤 특정한 상황 또는 제품 하에 일하는지 여부에 의존한다. 예를 들면, 중앙집권화된 조직은 거대한 규모의 경제를 가지고 있고 제품의 사용이 세계적으로 일치하고 높은 부가가치를 가진 제품들에 적절할지도 모른다는 것이다.

전략적 사업모형들은 기업수준의 전략과 구조가 잘 수행되기 위해서 기업의 빈약한 자원들과 그들의 환경에 의해 제약을 받게 된다. 이것은 기업의 전략적 구조와 그들의 공급사슬 지원들에 기반을 둔 것이지, 산업 여건들에 기반을 둔 것은 아니다. 예를 들면, 일본의 반도체 제조업자들 사이에서는 기업의 다국적성의 정도를 결정하는 데에 모두 중요한 수직적 통합의 정도, 범위, 기업의 크기와 같은 것을 측정하는 경우가 일반적이다.

경쟁기업들은 기업들이 세계적으로 생산과 운영전략을 개발하는 것을 필요로 하는 동시에, 그들의 경제적 글로벌화는 글로벌 자원에 접근하고 기업의 전환시스템 내에서 그들을 통합하기 위한 확장된 공급사슬을 허용한다.

4.3.2 GSCM의 운영경험

해외로 사업을 영위하는 데에 있어서, 기업의 과거 글로벌 경험이 그들의 향후 글로벌 활동의 결실에 직접적으로 영향을 미치게 되는 것은 당연한 것이다. 예를 들면, 웁살라(Uppsala) 국제화 이론은 해외시장에서 기업의 과거 경험은 이들 해외시장들과 기업의 “심리적인 거리”를 줄이는 데 도움이 된다고 주장한다. 글로벌 경험은 기업이 다른 해외시장들에서의 언어, 문화, 사업관행의 상이함을 해결하는데 많은 도움을 준다.

이와 유사하게 Hill은 기업의 과거 글로벌화 추진 경험이 그들의 현재와 미래의 글로벌 경쟁전략들에 상당한 영향력을 가진다고 주장해 왔다. 물론, 중소기업은 대기업들보다 적은 범세계적 경험을 가지고 있고 자원들도 부족하기 때문에, 그들의 경험이 그들의 향후 범세계적인 전략에 미치는 영향력의 이용 정도는 제한될 것이다. 소규모의 기업은 그들이 가지고 있는 어떤 범세계적인 경험을 사용하기는 하지만 대기업보다는 낮을 것이다. 한정된 경험 때문에 소규모의 기업들은 때때로 대기업들이 당연한 것으로 생각하는 많은 전략적인 상황들에서 대처능력에 한계를 가지고 있다.

예를 들면, Bonaccorsi는 중소기업이 한정된 지원을 가지고 있기 때문에 "수출을 하기로 한 결정과 수출계약을 늘리기로 한 결정은 소규모 기업들에 의해, 그들이 속한 기업집단의 모아진 경험을 기초로 하여 내려지는 것"으로 설명한다. 실제로, 제한된 범세계적 경험을 가진 소규모의 기업들은 때때로 그 산업에 있는 비슷한 기업들의 활동들을 지켜보고 모니터 함으로써 위험을 줄인다. 이러한 증거로 볼 때, 기업의 경험이 기업의 범세계적인 운영전략에 미치는 영향력의 정도는 대기업들보다는 중소기업이 더 적게 될 것으로 기대되어진다.

GSCM은 국제적으로 습득한 지식을 조정함으로써, 기업의 제품 가치를 훨씬 증가시킬 수 있다. 경쟁가격 수준에서 그들의 성과와 품질 측면을 볼 때, 이것은 기업들이 연구개발, 엔지니어링, 시장조사에 대한 지식기반과 지적 재산을 완전하게 사용할 수 있게끔 만든다. 결국 글로벌 공급사슬은 지역적 차이, 즉 제품과 전문기술 프로세스, 노동력, 투입요소 비용, 현지 세율, 해외 판매인의 능력과 같은 수준에서의 차이를 인식하고 이를 이용함으로써 국제적인 환경에서의 다양성을 이용할 수 있다.

5 글로벌 로지스틱스 전략

공급사슬의 효율성 및 효과성을 최대로 제고하기 위한 글로벌 로지스틱스 전략을 수립하는데 있어 고려해야 할 사항은 다음과 같다.

5.1 집중생산(focused factories)

집중생산이란 하나의 생산시설에서 만들어지는 제품의 종류를 제한하여 규모의 경제를 얻는 것을 말한다. 예를 들어, 각 나라마다 공장을 만들어 그 공장에서 다양한 제품을 생산하여 공급하는 것이 아니라, Heinz의 경우처럼 유럽의 전 지역에 공급하는 토마토 캐첩을 3개의 공장에서 생산하여 공급한다는 것이다. 즉 세계의 시장을 하나로 보고 세계수요를 소수의 시설에서 생산하여 제공하는 것이다. 이러한 집중생산은 지역생산에 비하여 규모의 경제효과로 인하여 단위당 평균생산비용이 감축된다는 이점은 있으나, 다음과 같은 몇 가지 단점이 있음을 유의하여야 한다.

① 공장이 지역에서 많이 떨어져 있게 되므로 지역생산에 비하여 수송비용이 증가하는 것과 배송 리드타임의 증가로 인하여 지역에서 보유할 재고수준이 높아진다는 것이다.

② 동일한 제품이라도 지역별로 다른 사양이 요구될 경우에 문제가 된다. 예를 들어, 사용 전압이 나라마다 다르므로 지역에 맞는 전압코드가 요구된다든지 혹은 나라마다 사용하는 언어가 다르므로 지역에서 사용하는 언어로 작성된 설명서가 요구되는 경우에, 이러한 제품사양을 집중생산 시에 고려하여 포장을 완료할 경우 수요예측의 불확실성으로 인한 재고부족 및 재고과잉의 문제가 발생하게 된다.

③ 고객이 한 기업으로부터 다양한 제품을 주문할 경우에 문제가 된다. 각 제품이 지리적으로 분산된 다른 시설에서 집중생산이 될 경우, 이를 고객에게 전달할 때에 주문제품을 통합하여 배송하는 것이 문제가 된다. 이 문제는 크로스 도킹 등의 기법을 이용하여 어느 정도 해결이 가능할 것이다.

5.2 재고의 중앙집중화

재고를 중앙에서 관리하게 되면 요구되는 재고보유수준이 감소하므로 기업들은 창고의 수를 줄여 하나의 창고가 보다 넓은 지역을 커버하게 한다. 이러한 추세는 거의 모든 산업에서 발견되고 있다. 그러나 비록 재고의 중앙집중화가 보유재고수준을 감축한다는 이점은 있으나 지역관리에 비하여 수송비용이 증가하고 리드타임이 증가한다는 단점이 있다. 최근에는 실제 재고는 지역이나 생산지에 있으면서도 재고관리는 중앙에서 이루어지는 가상재고의 개념이 등장하였다. 가상재고의 기본 아이디어는 재고를 지역에 두어 유연성을 유지하면서도 정보를 이용한 중앙관리를 통하여 보유재고수준 감소의 효과를 얻을 수 있다는 것이다. 이 방법이 재고를 실제로 중앙에서 관리하는 방법에 비하여 유리한 것은 제품을 중앙의 유통시설에서 관리할 때에 발생할 수 있는 여러 비용을 절감할 수 있다는 것이다.

5.3 지연(postponement) 및 현지화(localization)

현지화란 지역마다 고객의 요구가 다양하므로 제품을 현지상황에 맞게 변경하여 제공하는 것이다. 현지화가 문제가 되는 것은 다양한 제품을 한 곳에서 생산할 경우 제품의 표준화로 얻을 수 있는 생산비용 절감의 혜택을 얻을 수 없다는 것이다. 현지화를 통한 마케팅 성공을 극대화하면서 생산표준화를 통한 비용절감을 얻을 수 있는 방법은 없는가? 이러한 방법의 하나로 제시되는 것이 지연 혹은 차별화 지연(delayed differentiation)전략이다. 이 방법은 모듈러 설계를 통하여 최종생산 공전 전까지는 공동제품(generic product)이 되고 최종생산 공정을 거치게 되면 모델이 다른 제품이 되도록 설계하여 일단 제품을 공동제품상태로 보유하고 최종공정을 목적지 시장이나 고객의 요구사항이 알려질 때까지 연기하는 것을 말한다. 이러한 지연전략의 장점은 다음과 같다.

① 재고가 공동제품의 형태로 보유되므로 개별 모델별로 재고를 보유할 때보다 전체적인 재고수준이 낮다.

② 공동제품의 형태로 보유되므로 최종제품을 다양하게 만들 수 있어 유연성이 높으며 다양한 모델을 저렴한 비용으로 공급이 가능하므로 대량맞춤이 가능하다.

③ 최종모델별 수요예측보다 통합수요예측이 용이하며 불확실성도 덜하다. 이러한 지연전략이 성공하기 위해서는 제품이나 공정이 모듈러 설계되어 최종공정을 거치게 되면 고객에게 다양한 모델을 제공할 수 있도록 되어야 한다.

6 공급사슬의 도전과제

Accenture 경영 컨설팅회사는 성공적인 공급사슬 전략에 중요한 것들을 다음과 같이 기술하였다.

- **시장침투추진**(market-saturation-driven) : 강한 브랜드화와 곳곳에 존재하는 마켓팅과 유통을 통해서 고 수익률 창출
- **민첩한 운영**(operationally agile) : 제품 분류 혹은 지리적 지역에 따른 갑작스레

부상하는 소비자 경향에 대하여 신속하고 발 빠르게 대응하기 위한 자산과 운영의 구성

- **신선함 지향**(freshness-oriented): 경쟁자가 제공하는 것보다 더 신선한 제품을 소비자에게 전달함으로써 프리미엄 획득
- **소비자 고객화**(consumer customizer): 직접 판매를 통한 소비자와의 긴밀한 관계를 구축, 유지하기 위한 대량 고객화(mass customization) 적용
- **물류 최적화**(logistics optimizer): 공급사슬 효율성과 효과성의 균형 강조
- **거래 집중**(trade-focused): 저가와 소비자를 위한 최고 가치 우선

미래의 성공적인 공급사슬 전략으로 가는 길은 여러 길이 있다는 것을 인식하는 것은 중요하다. 기업에 의해 선택된 길은 그들의 결정에 영향을 미치는 많은 요소들, 예컨대 환경 조건, 조직의 능력 그리고 고객 요구 등에 좌우된다.

최근 많은 공급사슬의 핵심적인 도전들이 떠오르고 있는데 이러한 도전들은 기업, 소비자, 그리고 정부에 의해 추진되고 있다. 기업들의 주요 도전은 어떻게 개별 고객들에게 적은 비용으로 가치를 창출하느냐하는 것이다. 수많은 서로 다른 시장, 소비자시장, 기업시장 그리고 보건과 교육을 포함하는 서비스산업에서 고객에게 가치를 부가하는 공급사슬 전략을 창출하는 것은 매우 중요하다. 세계화(globalization)와 세계시장에서 상황의 변화, 그리고 이들의 지역 공급에 대한 영향 등은 또 다른 주요한 도전을 가지고 온다. 이것은 산업 활동을 통해서 지역과 세계 환경 파괴를 일으키는 것에 대하여 환경적으로 보다 민감하게 인식하는 세상에서는 특히 그렇다. 환경문제에 대한 관심과 덧붙여서 또 다른 관심은 지역과 세계 공급의 윤리문제와 그들이 속한 지역과 글로벌 지역사회에 대한 영향이다. 친환경적이고, 윤리적이고, 고객에 대한 부가가치 창출 그리고 효율적인 공급사슬 전략은 앞으로 다가올 향후 10년의 경영 도전이다.

6.1 대량 고객화(mass customization)

이 개념은 개별 고객 요구사항에 초점을 맞추는 것을 의미하며, 도전은 고객 요구를 어떻게 경제적으로 맞추느냐하는 것이다.

6.1.1 대량 시장으로부터 대량 고객화로

생산자, 공급자 혹은 소매업자로서의 목표는 수익성을 보장하도록 가능한 많은 고객들을 유인하는 것이다. 여기서 상충관계는 가치와 양이 된다. 가치는 고객들에게 그들이 원하는 것을 제공하든지 혹은 많은 고객들에게 표준 제품을 제공함으로써 얻어 질 수 있다. 고객들은 특별한 형태를 요구하든지 표준 제품의 변형과 지각된 바람직한 서비스 등 요구하는 것이 점차 많아지고 있다. 공급자의 수단(trick)은 수요를 만족시키기 위하여 공급사슬 프로세스의 통합에 의하여 수익성 있게 개별 고객 수요를 채우는 것이다. 이러한 것은 무엇이 필요하든지 간에 고객화된 서비스와 제품을 개발, 생산, 마케팅 그리고 경제적으로 배달하는 것이 가능할 수 있는 공급사슬을 통하여 고객 수요계획(customer demand planning)과 동시성(synchronization)에 초점을 맞추는 것을 필요로 한다. 소매업자와 공급업자의 문제는 'mass-customization'으로 칭한 고객중심 마케팅 전략을 수행하기 위하여, 재고와 주문생산으로 높은 비용을 발생시키지 않으면서 어떻게 공급사슬 프로세스들을 설계, 구성, 측정, 통합 그리고 동시화 하느냐 하는 것이다.

사례 15-1

■ **컴퓨터** : 델 컴퓨터는 '대량 고객화(mass customization)'개념을 설명하는 예로서 자주 인용된다. 델은 그들 제품의 최종 구성(configuration)을, 고객들이 요구하는 구성요소를 구체화하기 전까지 지연한다. 회사는 표준 가격으로 표준 제품을 제시하는데 이는 추가적인 가격 부담으로 고객 요구에 의한 구성요소의 업그레이드와 서비스를 가능케 한다. 이것은 표준 제품으로부터 가용할 수 있는 선택을 제한함으로써 재고를 최소화하기 위한 유연성을 가져다준다. 그리고 요구된 pc를 만들기 위한 핵심 구성요소에 따라 여러 가지 변형형태로 조립은 일어난다. 수용할 수 있는 범위 내에서 소비자 선택을 제한하는 것이 효과적 재고관리를 위한 핵심이다. 보유하여야 할 재고의 다양성은 최소화되고, 재고보충은 상대적으로 간단하게 된다. 설계기술이 발전함에 따라 가능한 선택을 재구성하는 것은 큰 어려움 없이도 가능하다. 새로운 부품들은 그들이 활용가능하게 될 때 오래된 부품과 반 조립품에 교체될 수가 있다. 최소의 재고가 유지되기 때문에 진부화되거나 과다한 재고품목에 따른 주요 문제는 없게 된다.

■ **구두** : 크리스토퍼(Christopher, 1998)는 미국의 소형 구두 회사인 Custom Foot

을 대량 고객화의 예로서 들었다. 이들 점포들은 스타일, 가죽 형태 그리고 색상 등의 견본품을 제외하고는 재고를 가지고 있지 않다. 실제로 점포는 제품들의 견본품만 보유한다. 전자 스캐너를 이용하여 고객 발의 치수를 정확히 측정한 후에, 이 데이터를 3주내에 미국 고객들에게 완성된 구두를 만들고 배달할 수 있는 이탈리아의 공급자에게 전자적으로 전달한다. 가격은 매우 경쟁적이고 고객에 대한 주요한 이득은 구두가 그들의 발에 정확하게 맞는다는 것이다. 이는 특별히 새로운 것은 아닌데 왜냐하면 정확한 스펙에 따라 손으로 만든 구두를 맞추는 것은 이미 오래전부터 가능하였기 때문이다. 그러나 여기에서 새로운 것은 이미 만들어진 구두가 없는 구두 매점의 개념인 것이다. 더군다나 정확도는 보장하면서 프로세싱 비용을 낮추는 전자 스캐닝과 '디지털 공급사슬' 프로세스로 인하여 적절한 가격으로 신속하게 구두를 만드는 점이 포인트라 할 것이다.

■ **의류** : 1950년대부터 1980년대까지 Burton Tailoring사는 고객화되어진 제품을 대량시장에 내놓았다. 이것은 Burton Store에 들어가서 신체 사이즈를 측정함으로써 가능하였다. 그러고 나서 고객은 샘플로부터 폭넓은 원단 종류와 색상을 선택할 수 있었다. 고객화된 양복이 Burton소유의 제조와 조립공장에서 만들어져 매장에 3~4 주후에 배달되었다. 가격은 기성복을 구입하여 몸에 맞추기 위해 수선비용이 드는 것보다 약간 높았다. 오늘날 몇몇 Saville Row 양복점은 매장에서 고객의 치수를 측정하고 이 정보를, 표준 제품의 재고에서 만들고 고객들이 일주일 내에 주문된 양복을 받을 수 있게 선적하는 낮은 노동비용 국가에 전달함으로써 수익성을 유지한다. 고객들은 가격이 일반적 Saville Row양복에 비하여 저렴하기 때문에 만족하고, 양복점은 그들이 비즈니스를 유지하고 또한 양복이 해외에서 만들어지는 것이 국내의 높은 인건비에 의해 만들어지는 것에 비하여 수익이 크기 때문에 만족한다. 이와 같은 고객화는 e메일 등과 같은 커뮤니케이션의 전자적 수단과 고객에게 제공될 수 있는 항공운임에 의하여 가능하게 되었다.

■ **음악** : 대량고객화를 이야기할 때 개인 디지털 레코딩의 성장보다 더 좋은 예는 없다. 30여 년 전에 사람들은 LP판으로 둘러싸인 지역 매장에 들러 부스에서 들어보거나 매장의 헤드폰을 통해 듣기 위하여 한두 개를 골랐다. 오늘날 CD, MP3 플레이어나 다른 디지털 시스템은 고객으로 하여금 음악을 그들 자신의 선택으로 구성하거나 또는 비용 지불 없이 인터넷 웹 사이트로부터 다운로드하는 것을 허용한다. Shawn Fanning은 무상 음악교환 서비스인 'Napster'를 설립하였다. 비용이 들더라도 이것은 음악 매장에 지불되었을 것과 비교하여 극히

작은 부분에 지나지 않는다. 음악은 거의 공짜 제품이 되어갔다. 직접 투자현상(disinter- mediation)이 시장에서 발생하였다. 출판에 관여하는 음악과 미디어 회사들은 back catalogue를 개발하거나 구매함으로써 그들의 자산 기반을 구축하여 왔다. back catalogue는 비용 지불이 있는 곳에서는 그들의 제재(material)를 출판하기 위하여 다른 공급자들과 라이센싱 협정을 보장한다. 많은 음악 공급자들은 그들이 장기적으로 구축한 카탈로그는 그에 대한 투자액에 상당하지 않다는 것을 올바르게 인식하였다.

이 밖에도 나이키의 경우 10달러의 추가비용으로 모양, 소재, 색상 등을 직접 설계할 수 있고 이름까지 새겨 세계에 단 하나밖에 없는 '나만의 운동화'를 제작하고 있다. 남성복 브랜드 '브룩스 브라더스' 뉴욕매장에서는 바디스캐너를 통해 12초 만에 고객의 다양한 치수를 측정하고 쇼룸에서 원하는 색상, 디자인, 직물 등을 선택해 3주 후에 '나만의 정장'을 가질 수 있게 하는 마케팅을 펴고 있다.

대량맞춤(mass customization)은 언뜻 모순처럼 보이나 '나만의……'라는 개성을 추구하는 고객의 욕구와 맞아 떨어지면서 새로운 마케팅 전략으로 부상하고 있다.

6.1.2 변화를 가져다주는 조건들

세계 경제의 부상과 거시 환경적 변화의 영향은 소비자 행동의 결과이다. 사람들은 그들의 부모세대보다 여행을 자주하고 보다 큰 기대치를 가지고 있다. 사회문화적 이동과 인구학적 변화는 새로운 시장 기회를 가져다주는 동시에 장기간 구축되었던 성숙산업과 제품의 쇠퇴를 빠르게 하였다. 제품생명주기는 많은 시장에서 더욱 짧아지게 되었다. 기술, 시장 그리고 제품에 있어서의 변화의 속도는 관리자로 하여금 부분적 정보와 불확실한 재무 결과를 바탕으로 신속한 의사결정을 내릴 필요가 있게 만들었다. 위험의 수준은 일반적으로 증가하여 왔다. Pine(1993)은 대량 고객화의 능력을 갖춘 기업만이 많은 시장에서 살아남을 것이라고 하였다.

소비자보호 운동(consumerism)의 부상이 구매활동을 보다 더 변하게 하였다. 소비자들은 실질적인 가격하락과 가격인상 없이 이득을 가져다주는 기술, 디자인과 다른 모양의 개선 등의 오랜 추세를 직접 보아왔기 때문에 더 낮은 가격에 대한 기대를 한다. 그들은 즉석 혹은 거의 즉석에 가까운 가용성을 원한다. 오늘날 일하는 소비자는 시간은 부족하고 돈은 풍족한 반면에 일자리에서 물러난 사람은 그 반대라고 종종 이야기하고 있다. 인구학적 변화는 소비자 행동의 변화를 가져온다. 이것은 특정한 소비자 요구로 수요, 서비스, 제품, 장소 그리고 이동을 의미한다. 그들은 보다 더 많은 선택을 가지게 되고, 덜 충성스럽게 되고, 차선을 받아드리려 하지 않고, 보다 그들 취향과 재품과 서비스 구매의 접근에 있어 더욱 복잡하게 한다.

지역적 국내시장을 뛰어넘기 위해 강력한 브랜드의 개발을 통해 시장지배를 이루기를 원하는 글로벌 회사들은 경쟁적인 시장을 형성하고 있다. 이들 회사들은 고객의 니즈를 보다 이해함으로써 그들을 만족시킬 필요가 있다. 그들은 시장추세와 목표홍보활동을 위해 활용할 수 있는 광범위한 데이터베이스를 제공하는 강력한 정보시스템을 개발하고 있다. 자산을 보유하는 것은 더 이상 고객을 보유하는 것보다 중요하게 간주되지 않는다. 이러한 믿음은 조직을 재구축하고 전에는 조직의 중요한 것으로 여겨왔던 많은 기능적, 전통적 활동들을 아웃소싱하는 최근의 추세에 의해 증명이 되어진다. 효율적이고 효과적인 공급사슬은 고객수요와 브랜드 운영을 관리하기 위하여 요구되어진다.

6.1.3 고객관계관리(CRM: customer relationship management)와 고객화(customization)

CRM이란 기존의 고객을 유지하는 동시에 신규 고객을 유치함으로써, 그 고객으로부터 수익을 창출하고 장기적인 고객관계를 유지하는 솔루션이라 할 수 있다. 즉, 수익을 창출하는 고객을 선별하고, 고객과 관련된 기업의 내·외부 자료를 분석·통합하여 고객특성에 기초한 마케팅 활동을 계획하고, 지원하며, 평가하는 과정으로써 고객수익성을 향상시킬 수 있는 시스템이다. CRM시장은 계속적으로 급부상하고 있으며, 기업에서는 수익성 향상을 위하여 이를 구축하려는 활동이 활발해지고 있다.

CRM은 전자상거래(e-commerce)에 의해 지원된다. 사무실 지원활동은 고객을 만족시키는데 보다 집중하게 되고, 마케팅 약속의 이행은 조직의 미래에 매우 중요하다. 조직들은 단순히 단기 수익을 추구하기 보다는 가치 창출에 초점을 맞춘다. 가치 흐름을 창출하는 것은 고객의 수요를 만족시키기 위해 네트워크상을 이동하는 부품, 제품 그리고 정보 등의 복잡한 사슬에서 마케팅 프로세스, 공급자 네트워크 그리고 운영 등이 전자 연결로 통합됨에 따라 중요하게 되었다. 인터넷 전략은 개념설계로부터 소비자에게 도달할 때까지의 복잡한 공급사슬을 통합할 수 있는 기회를 제공하였다. 시장과 시장기회는 지역과 세계 모두일 수도 있다. 기업들은 브랜드 가치를 활용하기 위하여 네트워크를 관리하여야 할 것이며, 이는 세계 어느 곳으로부터의 글로벌 커뮤니케이션 시스템(global communication system)을 활용하여 이루어 질 수 있을 것이다.

6.1.4 대량시장으로부터 소형시장(micromarket)

기업들은 소형 마켓팅이 제공할 수 있는 기회들을 또한 인식하여야 한다. 이것은 누구도 특별히 좋은 서비스를 하지 못하는, 작지만 수익성이 있는 시장 구분을 찾아내는 것이 필요하다. 적절하게 찾아낼 수 있다면 그와 같은 시장은 높은 수익을 창출할 것이다. 왜냐하면 그들은 도달하기에 상대적으로 비용이 낮게 들 것이고, 니즈를 잘만 맞춘다면 그와 같은 소형시장의 고객들은 충성스럽게 계속 남아있는 경향이 있다. 리드비터(Leadbeater, 1999)는 생산과 소비간의 경계가 점점 희미해지고 있다고 언급하였다. '구매자' 혹은 '판매자'라는 용어는 현대 공급 네트워크에서는 차이가 명확하지 않으며 그보다는 제품, 서비스, 돈, 정보와 감정들의 상호교환이라 할 수 있다. 이러한 교환은 많은 시장 상황에서 본질상 협력적으로 되어지고 있다. 공급자는 고객의 소리에 귀를 기울이고 가치를 전달하는 제품과 서비스에 조정을 한다. 어떤 경우에 있어서는 고객들이 제품 설계나 시방서(specification)에 참여를 통하여 협력을 한다.

6.1.5 제한된 변화의 표준제공

하나의 중요한 관점은 고객화를 고객가치를 제고하기 위하여 제공될 수 있는 서비스와 함께 표준제품의 변형으로서 여기는 것이다. 보통 회사들은 제한된 변형의 표준 메뉴로부터 제품선택을 제공한다. 제한된 변형은 비용을 낮게 유지하게끔 보장한다. 예를 들면, 셔츠가 6가지의 목 사이즈, 3개의 색상, 그리고 2가지 스타일인 경우, 36가지의 가능한 선택의 조합으로 재고를 유지하게 된다. 만약 이것이 목 사이즈가 10가지, 색상이 6가지, 스타일이 6가지로 늘어나게 되면, 재고의 조합은 360가지로 증가하는데, 앞의 경우보다 10배가 늘어난 것이다. 이러한 결정은 고객만족과 수익성을 달성하기 위하여 매우 중요하다. 이 예에서 회사가 360가지 모두 제공하기로 하였다면, 보다 많은 고객을 만족시킴으로써 보다 높은 회전률을 달성할 수 있다는 희망으로 보다 높은 재고유지비용과 구매비용이 발생할 것이다. 그러나 시장조사에 의해서 대부분의 구매된 셔츠가 목 사이즈의 제한된 범위 내에(14, 14.5, 15, 15.5, 16, 16.5인치 등의 6가지) 있고, 50%는 흰색, 20%는 청색, 10%는 갈색, 그리고 나머지 20%는 다른 색상의 혼합이며, 클라식 스타일이 인기가 높다고 가정했을 때, 대부분의 고객을 만족시키기 위하여 회사는 6가지의 사이즈, 3가지 주요 색상, 그리고 아마도 한 가지 스타일로 결정할 수 있을 것이다. 그러나 이와 같은 조합은 최적의 판매라인 즉, 위험을 제한하고, 수익성이 있으며, 재고에 묶인 현금을 제한하는 것으로 나타났다. 비록 제품을 제한하더라도 서비스의 범위는 무한정하게 보다 변할 수 있고 보다 개별적 특성을 가질 수 있다. 예로서 셔츠를 고객별로 잘 맞게 하게 위하여 조정을 위한 측정과 수선서비스 등을 제공할 수 있다. 또한 고객화된 장식, 인쇄, 패턴, 단추 등을 판매 시점에 추가할 수 있다. 이와 같은 서비스들은 고객을 위한 커다란 가치를 추가할 수 있고 소매점에게는 추가적 수익을 창출케 할 수 있다. 이러한 상황에서 고객화된 서비스의 정도는 기본적 제품 라인보다 고객을 더욱 유인할 수 있을 것이다.

본질적으로 고객화는 고객에게 가치를 더하는 것이고 그렇게 함으로써 높은 수익을 달성하고 전체 이익을 개선한다. 전통적으로 일들을 보다 낫게 빠르게 저렴하게 하는 기업의 능력은 종종 크기의 함수이었다. 크기는 공급자에게 규모의 경제를 창출하는 중요한 것이었다. 크기는 회사로 하여금 그들의 공급자에게 많은 양을 구매하는 것을 제안함으로써 구매 경제(purchasing economies)를 얻을 수 있고, 주어진 시간에 생산 능력을 활용하는 많은 양을 생산하고 낮은 단위비용으로 대량을 유통할 수 있는 능력을 통해서 생산경제(production economies)를 달성할 수 있다. 이와 같은 전통적 비즈니스 모델은 또한 회사의 고객에 의한 대량주문에 의존한다. 이는 구매자는 공급자로부터 낮은 단위가격을 얻을 수 있지만, 고객에 의하여 요구되기까지 재고를 가지고 있어야 하고 재고저장에 따른 비용과 그들의 시장채널을 통한 재분배에 비용이 발생한다. 어떤 산업의 어떤 기업들은 단순히 대량을 깨뜨리기(breaking-bulk)에 의하여 비즈니스를 유지한다. 예컨대 설탕, 밀 또는 쌀의 경우 이 부문의 공급자들은 종종 좋은 가격을 얻기 위하여 이것들을 대량 구매하여 창고에 저장하였다가 씻고 정제한 후 아주 소량으로 재포장하여 적정한 마진을 붙여 도매상이나 소매상에 판매한다. 오늘날 많은 회사들은 큰 재고를 보유하기를 꺼리는데 이는 그렇게 함으로써 진부화, 과다재고, 제품훼손, 질 저하 그리고 수요패턴의 변화 등과 같은 높은 위험이 따르기 때문이다.

기업들은 다른 방법을 통하여 가치를 창출하는 것이 가능하다. 목표시장의 니즈와 특정고객의 니즈에 대한 집중은 시장조사를 통한 수익성 있는 시장을 발견함으로써 달성할 수 있다. 개발시간과 생산과 보충 사이클을 단축하기 위한 스피드와 제품을 시장에 보다 빨리 출시하는 것은 높은 수익을 얻고 경쟁자를 이길 수 있는 중요한 요소이다.

6.2 세계화(globalization)

도전의 많은 것들은 상호연관이 있지만 세계화보다 더 큰 도전은 없다. 세계화의 영향은 모든 곳에서 느낄 수 있다. 대량 고객화는 세계의 변화에 따른 결과이기도 하고 동시에 기여 요소이기도 하다. 인터넷 커뮤니케이션의 속도에서 산다는 것은 많은 이슈들이 전 세계에 신속하게 전해진다는 것을 의미한다. 인터넷에 연결된 컴퓨터가 활용 가능한 곳이라면 세계 어느 곳에서도 웹 사이트에 공표된 것을 볼 수가 있고 e-메일을 보낼 수도 있다. 이동 통신은 디지털 네트워크를 통하여 사람들이 의사소통하고 그들의 생각을 전하는 방법을 크게 변화시켰다. 불과 10년 전까지만 하여도 수많은 사람들이 그들의 이동전화기를 통해 대화하고 문자메시지를 보내는 것을 생각할 수가 없었다. 은행, 여행 에이젠트, 호텔과 자동차 예약 등을 처리하는 것과 다른 수많은 제품과 서비스들이 디지털 커뮤니케이션의 일반적 모습으로 되어갔다.

즉석의 빠른 의사소통은 우리가 생활하는 여러 가지 면 — 사회적, 문화적, 정치적 그리고 경제적 등 — 에 영향을 미쳤다. 세계의 서로 다른 부분으로부터의 영향은 지역적으로 분산되어 있는 사회와 행위의 구분할 수 있는 패턴을 빠르게 동화시켰다. 사회적 변화는 고유한(endemic) 것이고, 변화속도 또한 신속하다. 50년 전에는 국제전화를 송신하기 위해서 바다 밑에 케이블을 설치하였고, 전화 소유자는 사회의 부유층이었고 평균적인 계층이 아니었다. 최초의 인공위성 'Telstar'가 1956년에 발사되었을 때, 사람들은 우리 자신의 은하계에서 멀리 떨어진 항성(planets)들과 의사소통할 수 있는 가능성에 흥분하였다. 지금 우리는 우리 자신의 세계로부터 멀리 떨어져 있는 곳과 의사소통하고 정보를 분배하고 받기 위한 위성 송신은 당연한 것으로 생각한다.

세계 변화의 경제적 영향은 더욱 크다. 당신이 세계 변화를 진화적 혹은 혁명적으로 보든 관계없이 변화가 매우 빠르다는 것에 대해서는 이론이 없을 것이다. 오늘날의 글로벌 현실은 기업들에게 기회를 주는 한편 반대로 위협을 주기도 한다. 공급사슬 전략은 많은 기업들에 있어 지역적인(local) 동시에 세계적(global)이다.

일 년 내내 미국이나 서유럽의 소매점에는 식품들이 선반에 놓여있다. 거기에는 거의 품절이 없게 되는데 이는 계획과 공급시스템이 연속성을 보장하기 때문이다. 도마도 뿐만 아니라 사과, 배, 포도 그리고 바나나 등 여름과 겨울 할 것 없이 수퍼마켓 매장에 있다. 계절이라는 것은 우리 지역 상점 어느 곳에도 존재하지 않는다. 식품들은 현재 전 세계를 돌아서 당신 근처의 상점에 당신이 수용할 수 있을 가격으로 존재하게 된다.

세계 공급사슬(global supply chain)은 우리가 원하는 시점에 지역적으로는 가용하지 못했을 제품과 서비스에 접근을 하게 한다. 또한 세계 공급업자들은 지역에서는 가용하지 못한 제품들을 공급한다. 그럼에도 불구하고 지역에서 획득되거나 획득할 수 있는 많은 제품과 서비스들은 세계 먼 곳으로부터의 가격이 지역에서의 가격보다 낮은 이유 때문은 아니다. 이것은 수송비, 보험과 관세 등을 감안했을 경우에도 마찬가지이다.

공급사슬의 세계적 확대는 또한 능력 있는 3자 공급사슬 서비스 제공자의 필요를 증가시킨다. 세계 공급사슬의 복잡성과 수요로 인하여 이러한 서비스를 제공하는 많은 회사들은 국내 창고와 유통회사와 함께 국제 물류 전문성을 제공하기 위하여 협력 체제를 맺고 있다. 예컨대, UPS와 Fritz사, FedEX와 Tower Group International, 그리고 AEI와 DHL은 기존의 인프라를 세계적 “one-stop” 공급사슬 네트워크를 창출하는데 사용하고자 모두 통합하고 있다. UPS사는 최근 “Global Logistics Footprint”를 창출하기 위하여 25개가 넘는 수송과 물류회사들을 획득하였다고 마이크 에스큐회장이 인터뷰에서 밝혔다. 동시에 그는 UPS는 전자상거래 능력을 포함하여 고객들이 세계 공급사슬을 통제하는데 도움이 되도록 설계된 기술 인프라를 구축 중에 있다고 하였다. 몇몇 거대 국제적 선적업자들은 LLPs(Lead Logistics Providers)로 전환하고 있다.

6.2.1 공급사슬의 친환경화

환경단체들은 과거 몇 년 사이에 크게 부상하였다. 이들 그룹들은 일반적으로 환경의 완벽성을 보호하는데 관심을 가지고 있다. 그들은 일상생활의 많은 면들이 환경에 적대적인 영향을 끼친다는 사실에 주목하여 왔다. 많은 에너지원(화석 연료, fossil fuels)은 재생할 수 없고 이의 소비는 대기의 오존층을 파괴한다. 시장 목적지에 도달하기 위한 제품의 운송거리의 증가는 에너지를 소비하고 환경에 해를 미친다. 많은 사람들은 이러한 특별한 이슈를 'food miles'로 이야기하고 있다.

또한 유전자 변형 식품 문제도 이슈가 되고 있다. 공급사슬 내에서 에너지 소비와 폐기물 처리와 관련한 이슈들에 덧붙여서, 제품 설계와 공급사슬 배달 구조와 관련한 이슈들이 있다. Purjari et al.(2003)은 환경적 성과와 관련하여 새로운 제품 개발을 위한 경쟁적 의미(implications)를 조사하였다. 제품과 서비스들은 재생 에너지원, 자재와 부품의 재사용 등을 사용함으로써 낭비를 제거하기 위한 보다 나은 설계를 할 수 있다. 지역 사회의 요구에 대해 봉사하는 공공기관에 있어서의 조달 정책은 특별히 지역사회의 넓은 관심을 잘 살펴야만 한다.

6.2.2 윤리적 공급사슬

사례 15-2 : Green Mountain 커피

커피 비즈니스는 지난 25년간 확대되어 왔다. 1979년 이래 미국의 프렌치 로스트(roast)와 헤이즐넛(hazelnut)에 대한 소비는 약 4배 정도 증가하였고, 커피전문점의 수는 900% 성장하였다. 그러나 그러한 가운데서도 Green Mountain Coffee Roasters의 성장은 인상적 이었다: 이 회사는 Fortune지의 가장 빠르게 성장한 기업 리스트에 연속 3년간 오른 4개 회사 중의 하나이었다. 1990년대 중반까지 회사는 12개의 소매 커피점을 개점하였는데 대부분 미국 북동부에 위치하였고 그들은 다른 체인점과 치열한 경쟁에 당면하였다. 최고경영자는 소매점에서 빠져 나와 원두를 편의점과 회사 사무실에 도매로 판매하는 것에 집중하였다. 그 후로 매출은 79% 증가하였다. 그와 같은 빠른 성장은 회사로 하여금 기술적 변화를 가져오게 하였다. Green Mountain은 판매가 3,800만 달러에 불과하였다. PeopleSoft사와 함께 일하면서 회사의 인력자원, 재무, 공급사슬과 다른 시스템들이 처음으로 그들의 여섯 개 창고에 재고를 가지고 있을 필요가 없게끔 잘 통합되어 있다. 기술은 시간을 절약하고 주문을 효율적으로 포장하는 훌륭한 능력을 가져다주었다. 이는 또한 돈을 절감하였는데 왜냐하면 비즈니스는 더 이상 호환되지 않는 데이터의 여러 갈래들을 관리할 필요가 없기 때문이었다.

운영이익의 약 5%는 자선 및 비영리단체에 기부하였는데 이의 대부분은 커피 농사하는 사람을 도와주는 것이다. 회사의 가장 빠른 성장 제품의 하나는 공정거래(Fair Trade) 커피라 부르는 것인데 세계시장에서 우세한 최저가격 보다 농부들이 그들의 원두에 대해 정당하게 보상을 받는 것을 보장하기 위해 선정된 것이었다.

6.2.3 정보, 통합 그리고 지능 시스템

지능형 시스템은 bluetooth 기술, 제조시스템 그리고 RFID(radio frequency identification)기술을 이용한 물류와 소매조직 등과의 지능형 냉장고(intelligent fridges)로부터 많은 형태를 취한다. 이러한 신기술들의 가용성과 접근은 조직으로 하여금 분석되어질 수 있는 방대한 양의 데이터를 얻고, 고객의 요구에 대한 보다 나은 이해를 할 수 있게 하여 준다. ICT시스템은 첫째 비즈니스를 매력 있게 하기 위한 고객 접근의 새로운 방법, 둘째 고객으로 하여금 조직을 위한 평생 가치를 제공할 수 있게끔 흔들리지 않고 충성스럽게 남게 확인할 수 있는 새로운 방법, 그리고 시장에 제품을 전달하는 새로운 방법 등을 개발하기 위한 기회를 창출하여 준다.

6.2.4 경영자, 조직 그리고 정책수립자에 대한 의미

21세기 공급자들에게 나타날 소비자들의 도전은 많아질 것이다. 소비자들은 그들이 원할 때, 적절한 가격으로, 가치가 있을 때 그리고 신뢰할만한 원천으로부터 제품과 서비스를 구매하기를 원하는데, 이는 공급업자가 윤리적이고, 환경에 대한 의식이 있으며, 그들의 제품과 서비스에 의하여 서비스되는 지역 사회에 참여하여야 한다는 것을 의미한다고 할 수 있다. 공급사슬 전략에 참여하는 정부, 조직 그리고 경영자들을 위한 많은 중요한 정책 의미가 있다. 정부는 소비자 관심과 그들이 봉사하는 넓은 지역사회의 관심들을 인지하는 규정적 근간(regulatory framework)을 수립할 필요가 있을 것이다. 그들은 이러한 관심을 단순히 비즈니스 관심보다 우선순위를 낮게 지속적으로 가지고 갈 수는 없을 것이다.

비즈니스부분은 이 같은 상황의 현실을 깨달을 필요가 있고, 고객에게 가치를 부가하는 효율적이고 효과적인 제품과 서비스를 전달하는 친환경적이고, 낭비가 없고, 윤리적인 공급사슬 전략을 설계함으로써 나타난 도전들을 맞을 수 있도록 필요한 단계들을 취하여만 한다. 균형적인 공급사슬 전략은 그들이 참여하는 시장과 공급의 원천들을 모두 고려하여야 한다. 높은 가치 시장을 서비스하기 위해 가장 낮은 가격의 공급자로부터 조달하는 것이, 만약 환경을 파괴하거나 국가나 인간에 사회적 부정의를 가지고 오는 것이라면 이는 윤리적으로 수용할 수 없게 될 것이다. 조직들은 환경비용을 최소화하고 단순히 그들을 무시하지 않는 공급사슬 전략을 설계할 사회적 책임을 가진다. 세계화는 많은 도전들과 역설적인 상황을 만든다.

예를 들면, 해외로부터 구매하는 것이 보다 저렴하기 때문에 그들이 지역 소매점에서 그것들을 보다 싸게 구매할 수 있고 이로 인해 지역에서 제품을 생산하는 그들의 일자리를 잃은 사람들이, 그러한 해외에서 수입된 제품을 소비하는 가족들에 대해 당신은 어떻게 설명할 수 있을 것인가? 정부와 조직들이 공급의 지역 자원을 완전히 증발시키는(evaporate) 것을 허용하는 것은 유지하기 어려울 것이다. 그것은 단기적인 사고이고 많은 산업과 상업 부문에서 장기적으로는 매우 위험이 높은 전략이다. 예를 들어, QR전략은 고객 수요를 맞추는데 효과적이려면 신뢰할 만하고, 대응적이고(responsive) 평판이 좋은 공급자들이 필요하다. 정부 입장에서는 지역 기업들이 해외로 그들의 생산과 운영 기지를 움직이게 되면 그 영향으로 인한 지불균형(balance of payments)과 고용에 대해 우려를 가지게 된다.

6.3 스마트화(smart SCM)

스마트 SCM은 공급사슬 전체에 대한 자동화(automatiom), 자율화(autonomy), 연결성(connectivity)을 강조하는 새로운 비즈니스 시스템이다. 당연히 실행능력의 범위는 단절된 '단일'의 기업으로부터 공급사슬 '전체'를 지능적, 체계적으로 아우르는 데까지 확장된다. 따라서 스마트 SCM은 다양한 기술을 활용해 데이터를 수집·분석하고, 공급사슬 각 구성원 간의 실시간 커뮤니케이션을 보장하며, 지능형 의사결정을 통해 고객의 만족도를 향상시키는 능력이 필수적이다. 이를 통해 스마트 SCM은 비즈니스 프로세스의 효율성을 향상시키고 비용을 줄여 새로운 비즈니스 모델과 가치를 창조해낸다. 더욱 많은 정보를 이용한 최적의 의사결정을 보다 효과적이고 효율적인 프로세스의 재구성을 통해 더 나은 제품과 서비스로 고객의 가치를 증대시키는 것이다.

스마트한 공급사슬은 '3I(Instrumented, Interconnected, Intelligent)'로 요약할 수 있는 3가지 빌딩블럭(building block)을 핵심 구성요소로 가지고 있다.

6.3.1 스마트 SCM의 구성요소

1) 기술활용기반(Instrumented)

SCM에 필요한 제반 정보는 RFID 등과 같은 다양한 센서나 기계에 의해 자동으로 생성되어야 한다. 과거에는 이들 정보가 사람에 의해 수집되고 기록되며 공유되었지만 스마트 SCM에서는 이런 정보의 생성과정이 기술기반의 디바이스나 장치, 혹은 시스템에 의해 이뤄져야 한다. 이렇게 생성된 정보는 공급사슬에 대한 전반적인 가시성을 향상시켜준다.

정보의 가시성은 직접적으로 관련 있는 이벤트를 볼 수 있게 해 줄뿐 아니라 직접적인 관련이 없는 이벤트라 할지라도 만일의 경우를 대비한 감시 차원의 정보수집도 가능하게 해준다. 따라서 단순 수작업에 기반해 사람이 일일이 정보를 모니터링하는 프로세스 대신 컨테이너나 트럭, 제품, 그리고 생산설비 스스로가 사람을 위해 보고하는 방식으로 전환된다.

2) 상호연결(Interconnected)

스마트 SCM에서는 공급사슬을 구성하는 기업들의 창고와 트럭, IT 시스템, 제품 등이 서로 연결된다. 그 덕택에 지금까지 우리가 경험해보지 못했던 새로운 수준의 상호연결성이 가능해진다. 이러한 상호연결성에는 고객이나 협력업체, IT 시스템과 같은 전통적인 연결 대상뿐만 아니라 공급사슬에서 모니터링되는 모든 사물 개체까지도 포함한다. 이러한 연결성은 공급사슬에 대한 전체적인 가시성을 제공해 줄 뿐 아니라 모든 공급사슬 구성원을 포함하는 대규모의 협업도 가능케 한다.

3) 지능화(Intelligent)

스마트 SCM은 부분 최적화(local optimization)가 아닌 전체 최적화(global optimization)의 해답을 제공해 줄 수 있어야 한다. 이를 위해서는 복잡한 문제를 해결할 수 있는 인텔리전스(Intelligence)가 필수적이다.

일반적으로 공급사슬의 의사결정 문제는 제약조건이 복잡하기 때문에 하나의 정답이 존재하는 경우는 거의 없다. 따라서 복잡하게 얽혀 있는 제약조건과 대안을 평가해 다양한 시나리오에 대한 결과를 시뮬레이션 할 수 있는 기능이 필수적이다. 스마트 SCM은 여기서 한걸음 더 나아가 인간의 개입 없이 학습을 통해 스스로 의사결정을 내릴 수 있는 역량을 갖출 수 있어야 한다. 공급사슬 네트워크상에 어떠한 교란 상황(가령, 자연재해나 예기치 않은 사고와 같이 수요와 공급상에 갑작스런 변동이 발생하는 경우)을 인지하게 되면 시스템은 스스로 네트워크를 재조정해 문제의 해결과 복구를 지시할 수 있을 것이다. 그뿐만 아니라 생산시설, 물류시설,

차량운영 등과 같은 물리적 자산의 이용에 관한 권한을 취득해 그때그때 상황에 따라 탄력적으로 의사결정을 내리고 실행할 수도 있을 것이다. 이러한 지능형 SCM은 실시간 의사결정뿐 아니라 미래의 예측에도 활용될 수 있는데 향후에는 '인지 후 대응(sense-and-respond)' 방식에서 '예측 후 실행(predict-and-act)' 방식으로 진행될 것이다.

이러한 세 가지 특징을 통해 스마트 SCM은 개별적인 기술의 도입을 통해 폐쇄적 환경하에서의 스마트화를 거쳐 구매와 생산, 판매 등에 이르는 공급사슬 전반으로 확장될 수 있다.

기술 활용 기반, 상호연결, 지능화라는 요건을 갖춘 스마트 SCM은 오늘날 공급사슬 현장에서 직면하고 있는 많은 문제점들을 해결할 수 있다. 스마트 SCM이 제공해주는 효율성과 가치는 다음과 같은 4가지 측면으로 이야기할 수 있다.

6.3.2 스마트 SCM의 효용성과 가치

1) 유연성 : 유연성을 통한 비용의 절감

스마트 SCM은 유연성을 기본으로 한다. 오늘날의 공급사슬은 태생적으로 공급자 및 협력업체, 생산자, 유통, 기타 서비스 제공자들의 네트워크로 구성되어 있기 때문에 주변 여건과 상황의 변화에 즉각적으로 대응할 수 있는 온디맨드(on-demand) 역량이 필수적이다. 공급사슬 관리자는 주어진 자원을 최적으로 활용하기 위해 다양한 상황에 대한 시뮬레이션을 통해 비용과 서비스 수준, 시간과 품질의 영향을 확인하고 대안별 장단점을 분석할 수 있다. 예를 들면, 판촉 기간 동안 협력업체가 보내온 재고 및 배송정보를 시스템에 내장된 비즈니스 규격과 기준에 따라 분석하고 이를 토대로 재고 등과 관련된 예외 상황의 발생 여부를 예측할 수 있다. 만일 이러한 상황이 예상된다면 유통업체의 시스템은 구매담당자에게 현 상황을 공지하고, 자동으로 해당공급업체의 주문을 발주할 수 있다. 제품 배송 지연이 예상되면 제3의 물류업체에게 배송을 의뢰할 수도 있다. 이러한 방식으로 기업은 결품에 따른 비용이나 판매 실기에 따른 막대한 손실을 줄일 수 있다.

아울러 유연성은 공급사슬의 리스크 관리에도 유용한 해답을 제공할 수 있다. 일정하게 연결된 공급사슬이 더욱 복잡해짐에 따라 지엽적으로 발생한 적은 문제는 종종 다른 곳에서 심각한 문제로 전이될 수 있다. 따라서 리스크 관리는 한 기업이 통제할 수 없는 광범위한 시스템의 문제이다. 스마트 SCM은 이러한 유연성을 바탕으로 수많은 연결대상으로부터 수집된 정보를 활용해 리스크를 절감할 수 있는 협력 전략을 신속하게 진행할 수 있다.

2) 가시성

기업의 경영진은 비록 문제가 당장 발생하지는 않았더라도 공급사슬의 모든 현황을 상세히 알고 싶어 한다. 납품업체의 창고에는 얼마만큼의 재고가 보관돼 있는지, 협력업채의 생산라인에서 조립되고 있는 제품의 수량은 어느 정도인지, 유통매장에 보관돼 있는 완제품의 재고는 며칠 분량인지 등이 바로 이러한 정보들이다. 그러나 이러한 정보에 대한 가시성을 해당 업체를 통해 확보하기란 생각만큼 쉽지 않다. 기존 비즈니스 관행과 시스템의 문제로 인해 관련 정보의 공유 자체가 어렵기 때문이다. 그러나 스마트 SCM에서는 '사람'이 아닌 '사물'이 정보 공유의 통로가 된다. 가시성을 확보해 주는 주요 데이터는 센서 기술의 발달로 인해 도로를 움직이는 트럭, 창고의 독(dock), 매장의 매대 등 다양한 사물 접점을 통해 수집된다. 사실 인터넷 시대에 가시성의 문제는 정보의 부족이 아닌 정보의 홍수에서 기인된다. 스마트 SCM은 지능적인 모델링과 시뮬레이션 역량을 통해 넘쳐나는 정보의 가시성을 확보할 수 있게 해준다. 이를 통해 보다 완벽한 계획을 수집할 수 있게 해주는 것은 물론 그 계획을 실행하고 상황 변화에 대처하는 데에도 기여한다.

3) 고객지향 : 전체 공급사슬에 투영되는 고객의 니즈

현재 기업들이 도입한 SCM의 기술 수준을 고려했을 때 사실 고객의 니즈를 정확하게 파악할 수만 있다면 이러한 니즈를 해결하는 방안을 찾는 것은 그리 어렵지 않을 수 있다. 가장 중요하면서도 어려운 부분은 어떻게 고객의 니즈를 만족시키느냐가 아니라 그 니즈가 무엇인지를 파악하는 일이다. 그렇기 때문에 많은 이들은 면밀한 분석 없이 그저 신속한 제품의 배송과 전달에만 모든 노력을 집중하고 있다. 그러나 스마트 SCM은 이러한 불편한 가정을 정확한 데이터 기반의 현실로 바꿀 수 있다. 제품의 전달 과정에만 고민의 영역을 한정하는 것이 아니라 제품의 전체 라이프사이클을 통틀어 고객과 상호작용하며 그들의 실제 니즈를 파악한다. 매일 매일의 제품 사용에 대한 실제 패턴은 물론 제품의 마지막 폐기 단계까지도 분석의 과정에 포함해 이를 제품의 디자인과 생산 과정 전반에 반영한다. 또한 스마트 SCM에서는 수요와 관련된 시그널을 다양한 출처를 통해 확인할 수도 있다. 제품이 매장에서 소비자의 손에 닿는 순간, 제품이 매장을 떠나는 순간, 공정 내부의 중요한 부품이 내구연한을 다해가는 순간 등에도 필요한 수요 정보를 파악할 수 있게 된다. 이러한 수요 정보와 관련한 시그널은 개별화된 고객 계층별 니즈를 분석해 맞춤화 전략을 구사하는 데 활용될 수 있다.

4) 통합과 최적화: 글로벌 공급사슬 관리를 위한 기본 역량

글로벌화는 새로운 시장 개척을 통해 기업들에게 새로운 기회를 제공해줬지만 관리 효율 면에서는 많은 문제점을 내포하고 있다. 반면 스마트 SCM에서는 글로벌 물류의 병목구간이 어디인지를 손쉽게 파악할 수 있어 관리의 효율화를 꾀할 수 있다. 그뿐만 아니라 제조공장의 입지나 협력업체를 선정할 때에도 단순히 인건비 같은 1차원적인 변수 외 다양한 고려사항들을 포함해 의사결정을 내릴 수 있다. 공급, 제조, 유통 전반에 걸친 복잡다기한 변수와 대안을 평가할 수 있기 때문이다. 이 밖에 상황이나 변수의 변화에 따라 공급사슬을 유연하게 재조정하는 것은 물론 긴급 상황에 대한 복구 방안도 신속하게 실행할 수 있다는 것 역시 스마트 SCM의 장점이다.

▌참고문헌▌

김남영, 공급사슬관리- Lean 접근법, 경문사, 2007.

김상수 외(2009), "납기준수제고를 위한 글로벌 공급체인관리에 관한 사례 연구", 한국 SCM학회지, 9(1), pp.1-14.

김선민 공역, 수정판, 물류관리론(D. Lambert et al., Fundamentals of Logistics Management), 한올출판사, 2005.

김숙한·이영해(2000), "공급사슬경영 연구의 현황 및 향후 연구 방향", IE Interfaces, Vol.13, No.3, pp.288-295.

김창봉, 글로벌 경쟁시대의 GSCM전략, 보명, 2006.

김태현 외, 전략적 물류관리, 한진물류연구원, 2007.

김태현·문성암 공역, 물류 및 공급체인 관리(D. Simchi-Levi, P. Kaminsy, E. Simchi-Levi, Designing & Managing the Supply Chain), McGraw-Hill Korea, 2008.

노부호 외, 물류관리의 종합적 이해, 형설출판사, 1998.

민정웅 외, 회수물류 체계 효율화를 위한 선진기업 사례의 비교분석 연구, 정석물류통상연구원, 2007.

박귀환 외, 최신물류관리론, 두남, 2003.

윤현덕·박재원 공역, 물류관리론(D. Bowersox & D. Closs, Logistical Management), 법영사, 1999.

이상범, 현대 생산운영관리, 2판, 명경사, 2005.

임석민, 전자상거래시대의 물류관리론, 두남, 2006.

임세헌·박연우, e-비즈니스시대의 SCM과 유통정보화 전략, 한올출판사, 2005.

장성기, 생산운영관리, 대명사, 2008.

장성기, 물류관리론, 두남, 2009.

장성기, 공급사슬관리의 실천적 이해, 21세기사, 2007.

추창엽, 김웅진, 물적유통론, 형설출판사, 2003.

한동철, 공급사슬관리, 시그마인사트, 2002.

한종길, 물류관리론, 청목출판사, 2000.

황규승 외, 오퍼레이션스 경영 제2판, 홍문사, 2006.

매일경제신문, "미국시장 '대량맞춤'시대 도래", 2004.1.14일자 .

매경 이코노미, "물류도 아웃소싱하라", 2004. 6.3일자.

조선일보, "물류, 숲을 보고 유연성을 확보하라", 2009. 4.25-26일자.

한국경제신문, "글로벌 유통업체, RFID 도입 가속화", 2005.9.29일자.

한국경제신문, "생산라인에도 '전자태그 시대' 활짝", 2004.11.4일자.

Benton, W. C. and M. Maloni, "The Influence of Power Driven Buyer/Seller Relationships on Supply Chain Satisfaction", Journal of Operations Management, 23, 2005, pp.1-22.

Chopra S. and P. Meindl, Supply Chain Management, 2nd ed., Pearson Prentice Hall, 2004.

Dion, P., Banting, P., Picard, S. and Blenkhorn, D.(1992), "JIT Implementation: A Growth Opportunity for Purchasing", International Journal of Purchasing and Materials Management, 28, 33.

Dixion, J. R., Nanni, A.J. and Vollmann, T.E.(1990), The New Performance Challenge-Measuring Operations for World-Class Competition, Homewood: Dow-Jones-Irwin

Duadel, S. and G. Vialle, Yield Management: Applications to Transport and Other Service Industries, Paris: ITA, 1994.

Dwyer, F. R., Schurr, P.H. and Oh, S.(1987), "Developing Buyer-Seller Relationships", Journal of Marketing, 51(2), 11-27.

Fredendall, L and E. Hill, Basics of Supply Chain Management, The St. Lucie Press, 2001.

Geanuracos, J. and Meiklejohn, I.(1993), Performance Measurement : The New Agenda, London: Business Intelligence.

Handfield, R. B. and Pannesi, R.T.(1995), "Antecedents of Lead-time Competitiveness in Make-to-Order Manufacturing Firms", International Journal of Production Research, 33, 511-537.

Hines, T., Supply Chain Strategies, Elsevier Butterworth-Heinemann Pub., 2004.

Hofman, D., "Getting to World-Class Supply Chain Management", Supply Chain Management Review, Oct. 2006, pp.18-24.

Hugos, M., Essentials of Supply Chain Management, 2nd ed., John Wiley Sons, 2006.

Ireland, R. K. and C. Crum, Supply Chain Collaboration, J. Ross Publishing, 2005.

Kaplan, R. M. and Norton, D.P.(1996a), The Balanced Scorecard: Translating Strategy into Action, Boston, Harvard Business School Press.

Kaplan, R. M. and Norton, D.P.(1996b), "Using the Balanced Scorecard as a Strategic Management System", Harvard Business Review, 75-85.

Kent, L. J. and Mentzer, T.J.(2003), "The Effect of Investment in Interorganizational Information Technology in a Retail Supply Chain", Journal of Business Logistics, 24(2).

Lee, H. L., and C. Billington, "Managing Supply Chain Inventory: Pitfalls and Opportunities", Sloan Management Review, Spring 1992, pp.65-73.

Kaplan, R. S. and D. P. Norton, "The Balanced Scorecard Measures That Drive Performance", Harvard Business Review, 70(1), 1992, pp.71-79.

Maloni, M. and Benton, W.C.(2000), "Power Influences in the Supply Chain", Journal of Business Logistics, 21(1), 49-73.

Medori, D., Steeple, D.(2000), "A Framework for Auditing and Enhancing Performance Measurement Systems", International Journal of Operations and Production Management, 20, 520-533.

Monczka, R. M., Peterson, K.J., Handfield, R.B. and Ragatz, G.L.(1998), "Success Factors in Strategic Supplier Alliances : The Buying Company Perspective", Decision Sciences, 29(3), 553-577.

Moorman, C., Zaltman, G. and Deshpande, R.(1992), "Relationships between Providers and Users of Marketing Research : The Dynamics of Trust within and between Organizations", Journal of Marketing Research, 29(8), 314-429.

Morgan, R.M. and Hunt, S.D.(1994), "The Commitment-Trust Theory of Relationship Marketing", Journal of Marketing, 58(3), 20-38.

Pine, J. B., II. Mass Customization, Boston: Harvard University Business School Press, 1993.

Poirier, C., M. Bauer, E-Supply Chain, Berrett-Koehler Pub., 2000.

Robeson, J. F. And W. C. Copacino, The Logistics Handbook, Free Press, 1994.

Ross, D., Introduction to e-Supply Chain Management, St. Lucie Press, 2003.

Safizadeh, M.H., Ritzman, L.P., Sharma, D. and Wood, C.(1996), "An Empirical Analysis of the Product-Process Matrix", Management Science, 42, 1576-1591.

Simchi-Levi, D., P. Kaminsky, E. Simchi-Levi, Designing & Managing the Supply Chain, 2nd ed., McGraw-Hill/Irwin, 2003.

Simchi-Levi, D., P. Kaminsky, E. Simchi-Levi, Managing the Supply Chain, McGraw-Hill, 2004.

Swaminathan, J. M., "Enabling Customization Using Standardized Operations", California Management Review, 43(3), 2001, pp.125-135.

Tersine, R. J. and Hummingbird, E.A.(1995), "Lead-time Reduction : The Search for Competitive Advantage", International Journal of Operations and Production Management, 15, 8-18.

Towill, D. R.(1997), "The Seamless Supply Chain-The Predator's Strategic Advantage", International Journal of Technology Management, 13, 37-56.

Tunc, E. A. and Gupta, J.N.D.(1993), "Is Time a Competitive Weapon among Manufacturing Firms?", International Journal of Operations and Production Management, 13, 4-12.

찾아보기

차

카

파

하

❚ 저자 약력 ❚

■ 장성기(張成基)

서울대학교 계산통계학과(1976년)를 졸업하고, 미국 조지아주립대학교(Georgia State University)에서 경영학 석·박사학위(1985년·1990년)를 취득하였다. 한국경제연구원, LG생산기술원에서 근무하였고, 1999년부터 영산대학교 경영학과에 교수로 재직하다 2018년 정년퇴임을 하였다. 동 대학 호텔관광·경영대학원장과 정보경영연구소장, 산학협력처장 및 교무처장 등을 역임하였고, 2006년 1월부터 2007년 1월까지 미국 휴스턴대학교(University of Houston)의 SCRC(Supply Chain Resource Center)에서 교환연구원(visiting researcher)으로 근무하였다. 2010년부터 2014년까지 학생처장, 법경대 학장을 역임하였다.

한국생산관리학회 및 한국 CAD/CAM학회 이사를 역임하였으며, 주요 관심분야는 생산전략, 생산정보시스템, SCM, ERP, CRM 등이다. 9년여 동안 LG생산기술원에 근무시 생산시스템그룹장, CIM연구실장 및 CAD/CAM/CAE 센터장을 역임하였다. 저서로는 『공급사슬관리의 실천적 이해』, 『물류관리론』, 『생산운영관리』, 『생산정보시스템』, 『품질경영』 등 다수가 있다.

● 공급사슬관리 – 개정2판

초　판 1쇄 발행 —— 2010년 1월 25일
초　판 2쇄 발행 —— 2011년 2월 20일
초　판 3쇄 발행 —— 2014년 8월 25일
개정1판 1쇄 발행 —— 2016년 3월 5일
개정1판 2쇄 발행 —— 2017년 8월 10일
개정2판 1쇄 발행 —— 2022년 1월 20일
지은이 —— 장 성 기
펴낸이 —— 전 두 표
펴낸곳 —— 도서출판 두남
서울시 강동구 성내로6길 34-16 두남빌딩
신 고 : 제25100-1988-9호
TEL : 02) 478-2065~7, 2311
FAX : 02) 478-2068
E-mail : dunam1@unitel.co.kr
http://www.dunam.co.kr

● 정가 26,000원

ISBN 978-89-6414-935-5　93320